竹峰誠一郎

# マーシャル諸島

## 終わりなき核被害を生きる

新泉社

［本扉写真］
1946年3月，日本の敗戦の半年後，
米国の核実験場建設のために
移住を強いられるビキニ環礁の人びと．

マーシャル諸島を統治下に置いていた
日本にとっての〈戦後〉の始まりは，
マーシャル諸島の〈核時代〉の幕開けであった．

# はじめに――視野の外に置かれた「視《み》えない」核被害

本書は、中部太平洋のマーシャル諸島を繰り返し訪ね、米国による核実験の被害に遭った現地の人たちとの出会いを重ね、かれらの体験に耳を傾けることを出発点に、米核実験の被害の実態に迫っていく書です。

マーシャル諸島の人びとは、なぜ核被害を受けなくてはならなかったのでしょうか。そして、被曝を背負いながらかれらはどう生きてきたのでしょうか。

マーシャル諸島と聞いても、どこか遠い世界の話のように思われるかもしれません。しかし、マーシャル諸島は、第一次世界大戦中の一九一四年から太平洋戦争敗戦までの三〇年間にわたり、日本が「南洋群島」として統治下に置いたところです。「ニカイ」「アミモノ」「サンポ（チャンポ）」をはじめ現地語になった日本語があり、「ヤマムラ」や「モモタロウ」をはじめ日本語名をもつ住民が今もいます。

そして日本の敗戦後、占領した米国が、「自由に使える場所である」などの理由でマーシャル諸島に核実験場を建設し、六七回におよぶ核実験が実施されました。マーシャル諸島は米国の核開発の母胎となったのです。

日本は敗戦後、米国の核の傘のもとで安全保障体制を築き、戦後復興から急速な経済発展を遂げ、「平和」を謳歌してきました。その過程で米国製の原発を導入しました。まさに米国の核を抱きしめながら、「被爆国」日本は歩んできたのです。

その時、マーシャル諸島をはじめ、かつて自国領として「南洋群島」と呼んでいた太平洋の島々とその土地の人びとのことは、視野の外にありました。米国の核を抱きしめた日本と、米国の核開発の母胎となったマーシャル諸島の関係性は問われることなく、「被爆国」日本の戦後の「平和」は語られてきました。「第五福竜丸事件」は認識されることがあっても、第五福竜丸の後ろ側にいる現地住民への想像力は乏しかったと言わざるをえません。

そもそも「第五福竜丸事件」は一回の水爆実験によってもたらされた被害ですが、それも含めて六七回におよぶ米国の核実験にともない、マーシャル諸島は住民とともに大地が被曝し、地域社会、文化、生活、心、そして身体に、被曝は忍び寄っていきました。しかし、「被爆国」日本において、被曝がもたらしたこれらの現実は十分に探究されないまま、見過ごされてきたのではないでしょうか。

＊

二〇〇九年四月、バラク・オバマ米大統領が、チェコのプラハで表明した「核なき世界」を求める演説は、世界をかけめぐりました。報道や研究の場で特集が組まれ、日本の被爆者団体や平和運動団体にも歓喜をもって迎えられました。プラハ演説に希望を託し、オバマ大統領にはノーベル平和賞までもが授与されました。

「核なき世界」の演説を機に、核問題への国際的な関心は久方ぶりに高まりをみせました。しかし、注目を集めたのは兵器であり、マーシャル諸島をはじめ核被害を受けた人びとや地域の存在は顧みられませんでした。核開発を推進してきた加害者によって核問題の課題設定がなされてきた延長線上に、プラハ演説があることを忘れてはなりません。被害者側が提起する核問題、すなわち終わりなき被曝問題は、「核なき世界」からこぼれ落ち続けているのです。

そうしたなかで起こった二〇一一年三月一一日の東京電力福島第一原子力発電所事故以来、被曝という現実は、時と空間を超え、生活実感をともなって、日本に住むわたしたち一人ひとりの身にも迫ってくるようになりました。核・原子力に対し、「無関心」でいることはできますが、「無関係」ではいられなくなったことが明瞭になりました。

あの時から、わたしたちが抱いた被曝をめぐる恐怖と混乱の先に、何を見つめていけばいいのでしょうか。「核エネルギー」の軍事利用と平和利用の線引きは氷解しました。しかし、マーシャル諸島をはじめとしたグローバルヒバクシャの存在は、チェルノブイリを除けば、多くの場合、依然として視野の外にあるようです。「核なき世界」が叫ばれ、「脱原発」の機運が高まった時においても、マーシャル諸島の存在は視野の外に置かれ、いまだ周縁にあり続けています。

3・11原発震災は、原発の稼働停止や廃炉問題、あるいはエネルギー消費の削減やエネルギーシフトの課題とともに、被曝が生んだ恐怖と喪失から、平和な暮らしを、少しずつでもいかに取り戻していくのか、その難題をわたしたちに突きつけています。

＊

被曝という現実は、生きとし生けるもの、とりわけ人間集団に、また地域社会に何をもたらしてきたのでしょうか。一九九八年から二〇一四年にかけて一一回、のべ一年にわたりわたしはマーシャル諸島に滞在しました。

島々をめぐり、各地で住民の家に居候させてもらい、住民と生活をともにすることから、わたしの調査は始まりました。一二〇人を超える住民の方々に、核実験にまつわる体験を聞きました。ややもすると、被曝の影響は科学的にわかっているものだと、断定的に捉えられる傾向があります。しかし、わたしは断片的な数値を拾い、「安全だ」「危険だ」などと影響の有無を線引きすることはせず、まずは住民の声に耳を傾けることに注力しました。

そのうえで、マーシャル諸島住民の側だけでなく、核実験を実施した米政府側の目線を捉えようと、機密解除された米公文書を収集しました。本書は、住民の聞き書きと米公文書の両面から、マーシャル諸島の米核実験被害の実態に迫ります。

人間集団あるいは地域社会は、被曝にどう向き合い、生き抜いてきたのでしょうか。それを探るため、住民の抵抗の側面も丹念に掘り起こしました。除染や再居住をめぐる問題、補償をめぐる問題、さらには人体実験疑惑の探究も本書に盛り込みました。マーシャル諸島の米核実験場の選定と実施の経緯を掘り下げ、住民の抵抗、さらに原水爆禁止を求める世論の国際的高まりが、米政府の政策決定に一定の影響を与えていた事実も、本書で明らかにしています。

また、原子力発電を推進してきた日本政府は一九八〇年代以来、マーシャル諸島に対して、原発から出る放射性廃棄物の最終処分場受け入れの実現可能性を探ってきたという事実もあります。受け入れ反対の現地世論の高まりなどを受け、マーシャル諸島政府は一九九九年に、処分場計画の検討は今後行わないことを閣議決定しましたが、「どうせ放射能で汚染された土地だから」という発想が今も一部に残っているという看過できない問題があります。

＊

世界地図を広げても、マーシャル諸島は見過ごしてしまうほど、砂粒のような小さな島々です。しかしマーシャル諸島は、「安全保障」や「平和」の名のもとで実施されてきた米国の核開発がもたらした現実を明瞭に照らし出す現場です。「米国と核」にまつわる歴史とともに、「被爆国」日本を「違った視座から再訪する旅の出発点」（テッサ・モーリス＝スズキ）に誘う現場です。さらにマーシャル諸島は、3・11原発震災とその後を生きる私たちにとって、被曝とどう向き合うのか、未来を啓示する一つの現場でもあるのです。本書で探究していくマーシャル諸島の核被害の問題は、小さな島のかわいそうな人たちの過去の話で片づけられるものではとうていないのです。

目次

# 第一章 終わりなき核被害 ……065

## 第二章
# 核被害〈非認定〉の地域
## 「視野の外」に置かれたアイルックの人びと

## 第三章 核実験場に選ばれた土地
### 「核の難民」となったビキニとエニウェトクの人びと

# 第四章 核実験反対の声と米政府の対応
## 核実験をめぐるもう一つの攻防

## 第五章　被曝を生き抜く
### 追跡調査の対象とされたロンゲラップとウトリックの人びと

ブックデザイン　藤田美咲

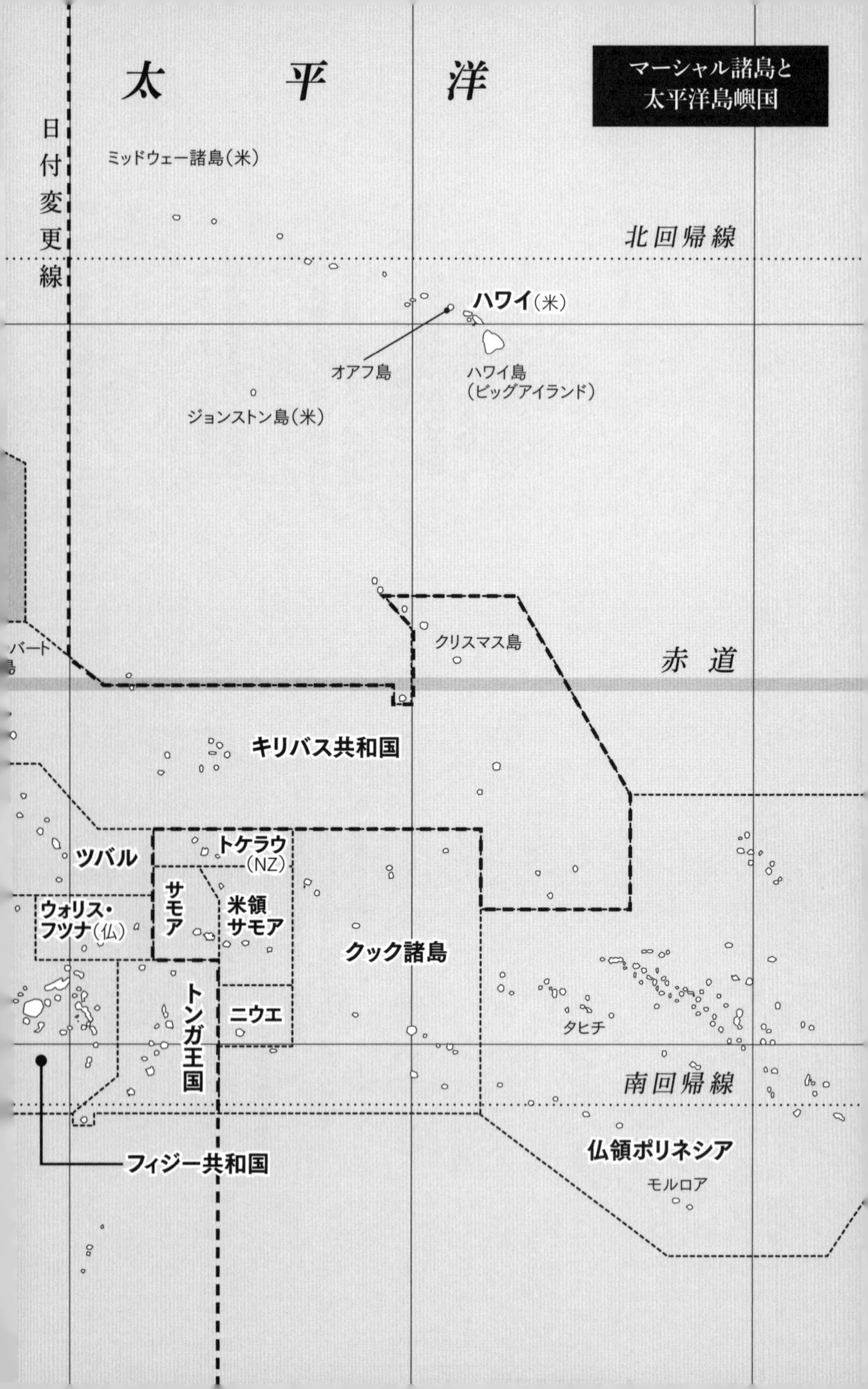

マーシャル諸島と
太平洋島嶼国
太　平　洋
日付変更線
ミッドウェー諸島（米）
北回帰線
ハワイ（米）
オアフ島
ハワイ島
（ビッグアイランド）
ジョンストン島（米）
クリスマス島
赤　道
バート
キリバス共和国
トケラウ
（NZ）
ツバル
サモア
米領
サモア
ウォリス・
フツナ（仏）
クック諸島
トンガ王国
ニウエ
タヒチ
南回帰線
仏領ポリネシア
モルロア
フィジー共和国

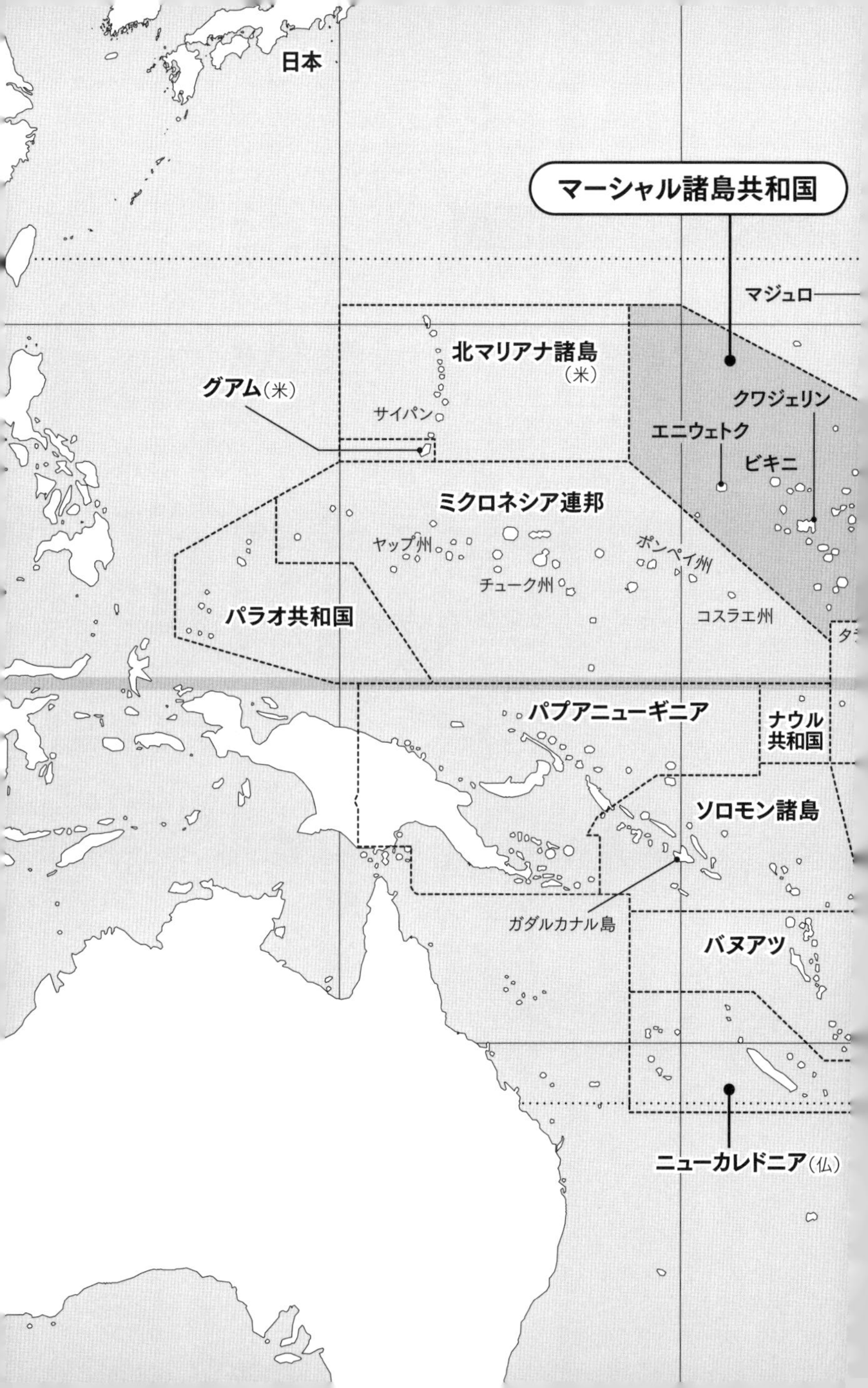
日本
マーシャル諸島共和国
マジュロ
北マリアナ諸島
（米）
グアム（米）
サイパン
クワジェリン
エニウェトク
ビキニ
ミクロネシア連邦
ヤップ州
ポンペイ州
チューク州
パラオ共和国
コスラエ州
パプアニューギニア
ナウル
共和国
ソロモン諸島
ガダルカナル島
バヌアツ
ニューカレドニア（仏）

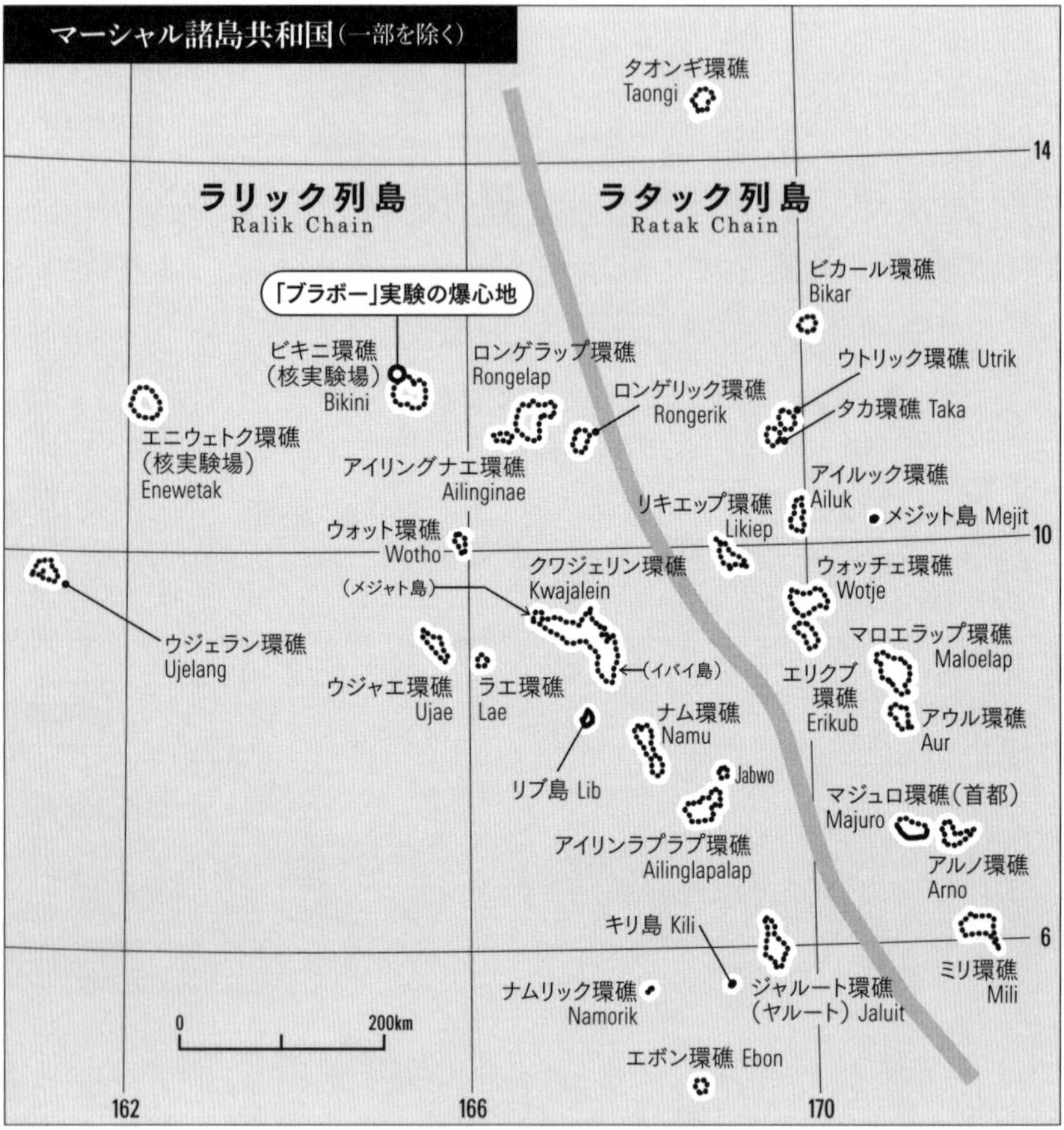


*ビキニ環礁:66頁, アイルック環礁:115頁, エニウェトク環礁:157頁, ロンゲラップ環礁:285頁に拡大図を掲載.

出所:Firth and von Strokirch [1997: 327]をもとに筆者作成.

序章

# 「核の遊び場」とされた太平洋諸島はいま

ラグーンに浮かぶマーシャル・カヌー，白い砂浜が広がる
（2001年7月，アイルック環礁）．

## 一 グローバルヒバクシャの射程

### ◐「核の遊び場」

「地球上でもっとも『楽園』に近い」[1]とも形容される太平洋諸島は、核開発の「中枢」と直接的に結びつけられ、核兵器爆発実験(以下、核実験)をはじめ核開発が集中した地域である。核保有国が太平洋の地をいわば好き勝手に利用してきた様から、太平洋は核保有国の「核の遊び場」(Nuclear Playground)とも呼ばれた[Firth 1987]。核時代の生成と拡大は、太平洋と不可分に結びついてきた。ジャーナリストの前田哲男の言葉を借りるなら、太平洋は、核戦略に不可欠な「養育の場」となったのである[佐藤編 1998: 231]。

そうしたなか、一九七五年にフィジーで第一回非核太平洋会議が開かれるなど、七〇年代から八〇年代にかけ、太平洋諸島では反核運動が活発に展開された。「第三世界では欧米諸国に比べ反核運動は盛り上がってこなかった。……ところが、太平洋地域だけは第三世界としては例外的に反核運動が盛んで(あった)」[横山 1987: 58]と、太平洋諸島での反核運動に直接関わっていた平和学者の横山正樹は指摘する。太平洋を舞台にした反核運動は独立運動と対になり展開され、核開発は植民地主義や人種差別と密接に関わっていることなど、欧米や日本の反核運動では見落とされがちな、核開発の背景にある差別構造が浮き彫りにされた。

運動だけではない。スチュアート・ファースやロニー・アレキサンダーあるいは前田哲男らの手で、調査研究という点でも「太平洋と核」は一定の光が当てられてきた[Firth 1987; アレキサンダー 1992; 前田 1979, 1991]。

しかし今、太平洋諸島が一体となって反核運動が盛り上がっている様子は、管見の限りはうかがえない。一九八五年に「南太平洋非核地帯条約」(South Pacific Nuclear Free Zone Treaty)が締結され、太平洋の非核化が実現したことを境に、地域全体としての広がりある運動は下火となった観は否めない。一九九六年には仏領ポリネシアのモルロア(ムルロア)環礁でフランスが核実験を強行し、太平洋の核問題はふたたび注目を浴びたものの、その後の被曝問題にはほとんど注目がおよぶことなく、関心は一過性に終わった。

研究としても「太平洋と核」への関心は、南太平洋非核地帯条約の締結を境に潮が引いていった。非核地帯条約の締結や核実験の停止をもって、非核化が実現し、「太平洋と核」は過ぎ去った問題だと捉える向きがあるからであろう。

しかし、「マーシャル諸島の人びとの生活にふりかかった恐ろしい混乱は、まだわたしたちに付きまとっているのです」、「アメリカ合衆国がその責任を覚えておくようわたしたちは求めます」[Matayoshi 2004; 前田監修 2005: 359–366]との訴えが、中部太平洋に浮かぶマーシャル諸島から発し続けられている。核実験で自分たちの土地が奪われ、移住生活を強いられ続けている人びとが、マーシャル諸島には今なおいるのである。

マーシャル諸島だけではない。フランスの核実験場とされた仏領ポリネシアでは、フランス政府を相手に核実験被害補償を求める動きが近年活発化している[真下 2008]。またイギリスの核実験をめぐっては、クリスマス島(現在はキリバス共和国に属する)で行われた英核実験に動員されたフィジー人が、被害者組織をつくり、英国政府に補償を訴えて裁判を起こしている[Ahpoy 2009]。

太平洋諸島の核実験場とされた地域の人びとや、実験に動員された人びとによって、実験のその後の被曝問題が提起されている。核被害を訴える人びとの声に耳を傾けると、核実験終了後もみるべき核問題、すなわち継続する被曝の問題が明瞭に浮かび上がってくる。

核実験は停止され、太平洋の非核地帯条約は締結された。軍縮という尺度で捉えると、たしかに太平洋の核問題は進展をみている。「核なき世界」の実現に向けて、軍縮の実行は必須であり、将来の核被害を未然に防ぎ、被害を繰り返さない証を築いていくうえで、軍縮は重要な意味をもつ。しかし軍縮の視点だけでは、兵器の数は焦点化されても、国家間の外交交渉にのみ目が奪われる傾向があり、核被害を受けてきた人びとの存在が後景に置かれ、被曝問題は等閑視される。

核開発で被害を受けた人びとが、今なお被曝を背負い、核の脅威と隣り合わせで暮らしている現実を置き去りにして、「核なき世界」はありえるのであろうか。核被害を訴える人びとにとって、核の脅威は、「核攻撃を受けるかもしれない」という、漠然とした将来の話ではない。被曝は、人びとの日々の暮らしを揺るがす現在進行形の問題であるとともに、地域社会の未来を奪う問題である。

「オバマ大統領の登場によって、世界は冷戦の負の遺産である核兵器開発競争から核兵器廃絶へと歩み始めていますが、もう一つの負の遺産の核実験被害は放置され続けている」[豊﨑 2009: 7]と、世界の核被害の現場を取材し続けてきたジャーナリストの豊﨑博光は指摘する。「エリートによる平和の独占」が行われ、「民衆の平和」が「深い闇の中にうち捨てられたままにある」とのイバン・イリイチ（Ivan Illich）が遺した平和研究への警鐘［イリイチ 2004］は、経済開発の問題だけに向けられたのではあるまい。

核問題をどう捉えるのか。核保有国家や疑惑がもたれている国家の首脳の動向ばかりに目を奪われ、核被害と背中合わせで暮らす人びとの「民衆の平和」が、「深い闇の中にうち捨てられ」てはいないのだろうか。

「核なき世界」を目指すというオバマ政権下で軍備管理・国際安全保障を担当するローズ・ゴッテモラー(Rose Gottemoeller)米国務次官代行(当時)が、二〇一四年三月、ブラボー実験から六〇年の記念式典にあわせてマーシャル諸島を訪れた。ゴッテモラー国務次官代行は、核被害者らを前に挨拶に立ち、米国が進めてきた核軍縮の成果を強調したものの、マーシャル諸島の人びとが訴える核被害補償要求には何ら応答しなかった。さらに、核実験は「世界の平和と安定の促進に貢献した」との認識を演説の冒頭で示した。

太平洋の核をめぐって軍縮は進展し、国際的に核軍縮の機運が一定程度盛り上がるなかでも、核開発で被害を受けた人びとが提起する被曝問題は、国際世論の間でも、また学術研究の分野でも、不可視化され後景に置かれる。「核テロ防止」という射程、あるいは核保有国の軍備管理という射程ではもちろんのこと、軍縮という射程でも、核被害を訴える人びととの存在と、かれらが提起する被曝問題は、こぼれ落ち周縁化されているのが現実である。

どうすればいいのだろうか。社会科学のあり方を問うた内田義彦は、電子顕微鏡を通して肉眼では見えない世界を見るように、社会科学は、概念という装置で現象の奥にある本質を見きわめていくと説明し、自前の概念装置を組み立てていく必要性を説く〔内田 1985: 141–151〕。

周縁化されている被曝問題を正面から見据え、核問題に迫っていくには、新たな概念装置が、今こそ求められるのである。核被害の究明を後景に退けた状況で、核問題が捉えられることを批判的に捉え、その延長線上に、「グローバルヒバクシャ」という新たな概念装置を本書は措定する。そして、核開発で被害を受け周縁化されている人びととの存在を中心に据える。

## ◒地球規模に広がる核被害

「唯一の被爆国日本」――、核問題をめぐる議論でしばしば登場する決まり文句である。たしかに一九四五年八月、米国が広島・長崎両市に原子爆弾を投下して以降、戦争で核兵器が使用されることは、幸いにして反核運動の力で押しとどめられてきた〔Wittner 2009〕。

しかし核兵器の実戦使用に至らなくとも、「核抑止力」あるいは「核の平和利用」のかけ声のもと、核兵器や原子力の開発（以下、核開発）自体は推進され、その過程で、放射線被曝の問題は「周縁」に、とりわけ先住民族の地に重く押しつけられ、放射線被曝者が生み出されてきた〔上村 2001: 216–273〕。核被害は、日本というナショナルな枠内で捉えきれる問題では決してない。

核開発にともない放射線被曝が地球規模で広がりをみせていることは、学術研究に先立ち、先駆的なジャーナリスト(2)や原水爆禁止運動の場で告発され、「ヒバクシャ」との新たな言葉が一九七〇年代後半に登場した。一例を挙げれば、広島市に本社を置く中国新聞社は、「広島・長崎以後の放射能被害の全容を地球規模で捉えなおす作業が必要と考え、特別取材班を編成し」、「際限のない核実験、核兵器製造、ウラン採掘、原子力発電所事故などによる被害が続発し、『ヒバクシャ』は増え続けた」現実を、被爆地広島から鋭く問いかけた［中国新聞「ヒバクシャ」取材班 1991: 1］。同企画に関わった中国新聞の田城明は継続取材を行い、冷戦体制が終結しても、米ソ核軍拡競争の結果生み出された核被害が累積されている実態を浮き彫りにした［田城 2003］。核兵器のみならず、劣化ウラン兵器という形での放射線被曝問題も、新たに提起されている［NO DU ヒロシマ・プロジェクト編 2008］。

さらに、放射線被曝の問題は先住民族の地に重く集積する一方、核実験や大規模な原発事故で放出された放射性降下物は、拡散し、地球規模の環境にも影響を与えたことが明らかになっている。濃度は異なるが、放射性降下物による汚染は地球規模に達したことが、日本気象学会の「水爆実験禁止に関する声明書」［増田 1985: 36–37］をはじめ、自然科学者の手で、すでに一九五四年当時から警鐘が鳴らされてきた［三宅 1972: 85–121］。また超高空核実験は、オゾン層破壊など地球を取り巻く大気にも影響を与え、いまだに回復していないと、ロザリー・バーテルは指摘する［バーテル 2005: 120–132］。大気圏核実験の核分裂で生成されたセシウム１３７は地球規模に拡散し、北極の氷塊にその痕跡が残されていることが、工藤章の研究チームによって発表されている［朝日新聞 2004.12.20］。

放射線被曝が世界的な広がりをみせていることに着目した調査研究が、自然科学分野では一定程度なされてきた。しかし「世界各地で行われてきた核開発によるヒバクシャは、依然として隠されたままで、ヒバクシャとしての認知もされず、補償も受けられないまま忘れられようとしている」［豊﨑 2009: 7］と、ジャーナリストの豊﨑博光は警鐘を鳴らす。

「被爆国日本」と呼ばれるが、そもそも広島・長崎原爆被害の調査研究自体も十分実施されてきたとは言えない。「〈原爆〉がもたらした被害の全体像は、もう解決済みのものとしてよいであろうか。はたまた〈原爆〉は、その全貌をすでに顕わにした、と言い切ってしまってよいであろうか。そのことをしかと確かめないまま、私たちは、なすべき探求を怠っているのではないだろうか」[濱谷 2005: vi]と、広島・長崎の原爆被害者の実態調査を続けてきた社会学者の濱谷正晴は、世に問いかける。

広島・長崎とともに、地球規模に広がる核被害を射程に収めた研究の促進が必要であると、広島平和研究所の高橋博子研究員と筆者は共鳴し、グローバルヒバクシャ研究会を二〇〇四年に創設した。同研究会を母体に、人間集団の実現可能性を阻む「暴力」に対峙し、平和を追求する日本平和学会(3)に新たな分科会「グローバルヒバクシャ」が設立され、二〇〇五年に始動した。

## ◒「グローバルヒバクシャ」とは――「唯一の被爆国」を超えて

グローバルヒバクシャとは、広島・長崎の原爆被害とともに世界で核被害を訴える人びとの存在を視野に収め、甚大な環境汚染が地球規模で引き起こされてきた現実をくみ取るべく措定した、新たな概念装置である。

「世界のヒバクシャ」と広島・長崎の原爆被害者は、「被曝」と「被爆」で切り分けられる。しかし、核開発にともなう被害を包括し捉えていくことを志向して、「グローバルヒバクシャ」とひとくくりの概念にし、周縁化され埋もれている問題を結びつけ浮上させた。

グローバルヒバクシャとは、放射線被曝という共通項で、広島・長崎原爆を含めさまざまな核被害の問題を横断的に捉え(4)、核被害を訴える人びととその支援者を世界規模で結びつけ、協力し向き合うことを志向した、実践性をもたせた言葉でもある。

グローバル化には「経済のグローバル化」だけでなく、「意識のグローバル化」という側面がある[西川 2011: 5]。「唯一の被爆国」という枠組みを超えた「意識のグローバル化」を図り、それぞれの地域で核被害を訴える人びとの声を、個別特殊な問題と切り分けるのではなく、空間を超え、地球規模で結びつける回路をグローバルヒバクシャの射程は開こうとするものである。

広島・長崎の原爆被害者の全国組織である原水爆被害者団体協議会(以下、日本被団協)が一九五六年に誕生した時、初代事務局長に就いたのは藤居平一であった。藤居は、世界の核被害者を結集し世界の被団協をつくることを後に提唱し、遺言にのこしている[舟橋 2006]。

「戦後補償」という概念が、戦後半世紀以上経ても未解決の平和の課題を鋭く現在に問いかけ、アジア太平洋戦争に未来的な意味を付与している。「戦後補償」がそうであるように、核実験をはじめ核開発が停止しても、被害を訴えている人びとの存在や、かれらが背負い続ける諸問題を埋もれさせることなく、連綿とした一本の糸として時代を超え、現在さらに未来に位置づけようとするのが、グローバルヒバクシャの射程である(5)。

沖縄戦を研究している人類学者の北村毅が、戦死者をめぐる「その後」に光を当てて「戦死後」という新たな視角を提示した[北村 2009]ように、核開発の「その後」の永続する被害、とりわけ被曝問題に光を当てた概念が「グローバルヒバクシャ」である。

日本平和学会が「被爆体験に根ざした戦争被害者としての立場からの普遍的な平和研究を制度化しよう」(設立趣意書)と設立され、また「被害者や居住者、生活者に視点を定め」日本の環境社会学会が設立された[飯島 1995: 10]ことを踏まえ、グローバルヒバクシャを概念装置に、周縁に置かれてきた核被害を受けた人びとの存在を視野に収め、議論の中心に据える。

広島・長崎原爆や東京電力福島第一原子力発電所事故、さらに地球規模に広がる核被害を念頭に置き、本書は、マーシャル諸島で核被害を訴える地域社会の人びとに焦点を当てる。

## 二 マーシャル諸島の概要

### ◉中部太平洋に浮かぶ「真珠の首飾り」

本書が焦点を当てるマーシャル諸島[6]は、太平洋上のグアム島とハワイ諸島のほぼ中間に位置する。マーシャル諸島の首都マジュロからグアムまでは約三一〇〇キロメートル、同じくハワイのホノルルまでは約三六〇〇キロメートルの距離にある。

マーシャル諸島はしばしば「南太平洋」と枕詞をつけて紹介されるが、実際は北半球に位置している。日付変更線よりやや西、赤道よりやや北に位置し、東経一六二度から一七三度、北緯四度から一九度の範囲に一二〇〇を超える島々が点在している。緯度と経度に照らせば、マーシャル諸島は「太平洋中西部」あるいは「中部太平洋」に位置していると言える。そして、パラオ、ミクロネシア連邦、キリバスなどとともに、太平洋のミクロネシア地域にマーシャル諸島は属する。

　サンゴ礁が隆起してできた二九の環礁と五つの独立した島から成るマーシャル諸島は、ラリック列島とラタック列島に大きく分けられる。環礁は一つの島ではない。小さな島々(islets)がポツン、ポツンと環を描き、海に浮かぶ。エメラルドの海に、小さな島々がネックレスを広げたように並ぶ環礁の様は、「真珠の首飾り」と形容される。環の内側には穏かな海面ラグーン(礁湖)が広がり、その外側には太平洋の大海原であるオーシャンが広がる(写真0−1)。

**写真0−1**　上空から眺めた環礁.
「真珠の首飾り」とも称される(2013年8月, マジュロ環礁).

　島々を足しあわせた面積はわずか一八一平方キロと、沖縄県の総面積と比べてもその一〇分の一にも満たない。一方、環礁の内側に広がるラグーンの総面積は、陸域の六〇倍を超える一万一六七〇平方キロ、さらに排他的経済水域は中国の二・四倍を超える二一三万平方キロを誇る。小さな国ではあるが、広大な海世界が広がるのである。人口は五万三一五八人を数える(二〇一一年国勢調査)。

### ◒日本人の父を探し求めて——日本による委任統治

　マーシャル諸島は、日本からはずいぶん離れた、遠い世界のように思えるだろう。しかし、「デンキ」「ゾウリ(ジョウリ)」「サ

写真0-2　「モモタロウ」家が首都マジュロで経営する商店（2012年5月）.

ンポ（チャンポ）」「バクダン」、さらには「バカヤロウ」など、日本語の単語を耳にする。ほかにも「アミモノ」「フロシキ」「ジドウシャ」「ヒコーキ」「ニカイ」「カケアシ」「バッキン」「アメダマ」「コウタイ」「ボーヤ」、さらには「コマッタナア」も、マーシャル語として用いられている。マーシャル諸島では、「イチロー」「ヒロコ」「コダマ」という名や、「ヤマムラ」「マタヨシ」、さらには「モモタロウ」との姓をもつマーシャル人もいる（写真0-2）。首都のスーパーに行けば、米と醤油がうず高く積まれている。

　マーシャル諸島と現在呼ばれている場所は、ほかのミクロネシア地域とほぼ同様に、一六世紀の大航海時代にスペイン領に組み込まれ、一九世紀にドイツの保護領となった。その後、一九一四年に第一次世界大戦が勃発した時、日本海軍がそれらの島々を占領し、長く日本の支配下に置かれることとなる。当時は「南洋群島」と呼ばれ、一九二〇年には国際連盟の委任統治領として日本の施政下に置かれた。二〇一四年は、「ビキニ事件」などと記憶されている水爆ブラボー実験から六〇年目の年であったが、一九一四年に日本海軍がドイツ領ミクロネシアを占領し、臨時南洋群島防備隊を置き軍政を敷いてから一〇〇年目でもあったのである。

　日本統治下のミクロネシア地域には、多くの日本人が移民した。一九三九年には七万七二五七人に達し、そのうち沖縄県出身者が四万五七〇一人あまりと、全体の六割近くに達していた［松島

2007: 49–50]。ほかに、東京府から四五〇〇人、福島県から三七〇〇人、鹿児島県から二五〇〇人、朝鮮から二〇〇〇人あまりが南洋群島に渡った。そして、日本本土出身者は「一等国民」、沖縄出身者や朝鮮半島出身者は「二等国民」、現地住民は「三等国民」とする序列が作られていた。

マーシャル諸島への移民は、他のミクロネシア地域と比べて少なかった。しかし、首都マジュロで「アミモノ」(手工芸品)の店を営むクレードルのように、日本人の父や祖父をもつマーシャル人は少なくない。二〇一四年九月に八〇歳を迎えたクレードルだが、まだ一度も日本人の父に会ったことはない。「お父さんはフジタという名で、太陽丸に乗っていた技術者だった」と思い出しながら、「日本にいる家族に一目会いたい」とクレードルは胸のうちを語る。

第三章で詳述するが、マーシャル諸島を含む南洋群島の島々は、軍事的価値をもつ「海の生命線」とされ、住民は太平洋戦争に巻き込まれた。一九三三年に国際連盟を脱退した日本は、太平洋の島々を軍事要塞化していったのである。ウォッチェ環礁の公学校に通っていたクレードルは、戦争が始まったために一年生で終わったという。ウォッチェ環礁の本島は日本軍が占領し要塞化しており、住民は同環礁の端にある小さな三つの島々で、「数カ月にわたり、大きな穴の中で隠れて爆弾におびえながら、タシロイモ(アロルート)とジャガルで飢えをしのいでいた」とクレードルは語る。以下は、彼女の話をもとに再構成したものである。

戦争が激しくなるなか、住民は大型のマーシャル・カヌーに乗り、ある夜、ウォッチェ環礁を逃げ出した。青い旗を掲げ、米軍がいると聞き、南のエリクブ環礁(Erikub Atoll)を目指した。ウォッチェ環礁カイジェン島(Kaijen)にはまだ残っていた住民がいた。一隻の艦船がウォッチェ本島から

**写真0–4**　激しい戦闘のなか，
壕に隠れていた地元女性が発見される
（1944年2月5日，
クワジェリン環礁ロイ・ナムル島）．
所蔵：米国立公文書館

**写真0–3**　クワジェリン環礁ロイ・ナムル島に
米軍が上陸し，日本軍を攻略．
中央は日本人捕虜（1944年2月2日）．
所蔵：米国立公文書館

やってきた。日本兵が銃を構えていた。住民を銃撃しようとしていたのである。まさにその時、米軍が空から日本兵を攻撃し、全員亡くなり、マーシャル人は助かったという。ウォッチェ環礁を逃げ出したマーシャル人は、エリクブ環礁の近くで米軍に救出された。米艦船で、アルノ環礁トゥートゥー島（Tutu）に移送され、その後、マジュロ環礁ローラに移された。「住民を撃ち殺そうとしたのよ。なぜその時の日本軍はそんなことをしたのかしら、わたしにはわからない」と、クレードルは心のうちを語った（**写真0–3～0–5**）。

**写真0–5**　「日本統治下で辛抱強く耐えた原住民が
起立し，海兵隊の星条旗掲揚に敬意を表する……」
とキャプションに記されている
（1944年6月，マーシャル諸島エリクブ環礁）．
所蔵：米国立公文書館

## ◒「戦略地区」指定——米国による信託統治

第二次大戦後、マーシャル諸島は米国の支配下に置かれ、一九四七年、国連憲章第一二章に定められた国連信託統治領に、現在のミクロネシア連邦とパラオ共和国などとともに組み込まれた。世界で一一の地域が国連信託統治領となったが、太平洋諸島信託統治領(TTPI:Trust Territory of the Pacific Islands)は、米国が施政権を握り、国連憲章第八二条に規定される「戦略地区」に世界で唯一指定された。戦略地区の指定は、核実験の実施と密接に関わる。くわしくは、第三章で見ていく。

一九六〇年の植民地独立付与宣言(国連総会決議一五一四(xv))を契機に、六〇年代から七〇年代にかけ世界各地で独立が相次いだが、マーシャル諸島が信託統治領から脱するのは、一九八六年のことであった。しかも宗主国からの完全独立ではなく、宗主国の米国との間に、自由連合協定(Compact of Free Association)を締結し、そのもとで独立する形態であった。自由連合協定は、非自治地域が自治を達成する一形態として、一九六〇年の国連総会決議一五四一(xv)に規定されている[五十嵐 1995: 46]。

## ◒米国が戦争に備える母胎

マーシャル諸島が米国との間に締結した自由連合協定は、ミクロネシア連邦やパラオと同様に、米国がマーシャル諸島内に軍事・安全保障上の権限を引き続き有し、その代わり米国はマーシャル諸島に財政援助を行うことが柱となっている(7)。

マーシャル諸島共和国は、一九九一年に国連加盟を果たし、現在、国際機関の場では独立国家と

**写真0–6**
米軍に従軍し，イラク戦争で戦死したマーシャル人兵士をたたえる「サム軍曹メモリアル」（2013年8月）.

して対等に扱われている。ただし、マーシャル諸島は引き続き米国の強い影響下にあり、二〇一三年度の国家予算一億四四二〇万ドルの六割ほどが米政府からの歳入で賄われている。独自通貨は発行しておらず、米ドルが流通している。

そもそも米政府は、自由連合協定締結後も、マーシャル諸島を国務省ではなく内務省の管轄下に置き続けている。内務省島嶼局（U.S. Department of the Interior, Office of Insular Affairs）のもと、グアム、北マリアナ諸島、米領サモア、米領ヴァージン諸島、プエルトリコなどと同列に、マーシャル諸島は位置づけられている。

マーシャル諸島は、イスラエル、パラオ、ミクロネシア連邦などとともに、国連で米国と一致した投票行動をとる常連である[8]。マーシャル諸島は国連総会の場で、二〇一二年は八三％（平均四二・五％）、米国とまったく同じ投票行動をとった［U.S. Department of State ed. 2013: 21–22］。

イラク戦争の開戦の是非が問われた二〇〇三年二月、国連安全保障理事会が、すべての国連加盟国に意見を聞く討論会を開催したが、その時、戦争を回避して平和的解決を求める意見が大半を占めるなかで、マーシャル諸島の政府代表は、アメリカの軍事行動を明確に支持する、突出した演説を行った。二〇〇一年の9・11テロ事件の後には、星条旗が首都マジュロの市街地に翻っていた。

マーシャル人は、米軍に入隊することができ、入隊は一つのステータスになっている。

二〇一三年八月、米政府の援助で、マジュロにあるマーシャル諸島短期大学のバスケットボール場に屋根がつけられ、イラク戦争で米軍に従軍し戦死したマーシャル人の名に因み、「サム軍曹メモリアル」と名付けられた（写真0‐6）。落成式で、米大使は「最も目に見える形で、米国とマーシャル諸島のパートナーシップを示すものが完成した」と述べた。

**写真0‒7**　クワジェリンの米軍基地（2003年9月）．
「大陸間弾道ミサイルを大気圏外で迎撃する実験ができる世界唯一の施設」（カールモント研究所）である．
劣化ウラン弾を用いたミサイル実験も1980年代に実施された．

現在、マーシャル諸島で核実験は実施されてはいない。しかしマーシャル諸島のクワジェリン環礁には、米軍ミサイル基地「ロナルド・レーガン戦略ミサイル防衛実験場」（The Ronald Reagan Ballistic Missile Defense Test Site）が置かれ続けている[9]（写真0‒7）。米軍基地には二〇〇五年現在で一一七四人が勤め、マーシャル諸島の定職者全体の八人に一人が、米軍基地で働いている計算になる［中原・竹峰 2013: 101］。

二〇〇九年の「核なき世界」を目指すとのオバマ米大統領のプラハ演説以後も、核弾頭搭載可能な大陸間弾道ミサイル「ミニットマンIII」の実験が、マーシャル諸島を用いて行われている。米本土のカリフォルニア州のバンデンバーグ空軍基地から、約八〇〇〇キロ離れたクワジェリン環礁のラグーンをめがけてミサイルが発射され続けている[*Yokwe Online* 2009.6.29; *ABC News* 2009.8.4]。マーシャル諸島は今なお、米国が戦争に備える母胎であり続けているのである。

## 三　マーシャル諸島の米核実験

### ◒六七回におよんだ米核実験

マーシャル諸島で、米国による核実験が始まったのは、広島・長崎に原爆が投下されたわずか一年後のことであった。一九四六年七月、ビキニ環礁でクロスロード作戦と名付けられた原爆実験が開始された。同実験は、第二次世界大戦後初となる核実験であった。翌四七年には、ビキニの西隣のエニウェトク環礁が新たに核実験場に選定され、太平洋の核実験本部が同地に置かれた。

こうして一九四六年から五八年にかけて、ビキニで二三回、エニウェトクで四四回、あわせて六七回におよぶ米国の原水爆実験がマーシャル諸島で実施された(表0-1)。米核実験の爆発威力は六七回でのべ一〇八メガトンに達し、広島型の原爆に換算すれば、じつに七〇〇〇発以上に相当する。

一九五〇年一一月には、エニウェトクで人類初となる水爆装置の爆発実験「マイク」が実施された。さらに一九五四年三月、第五福竜丸の乗組員らが放射性降下物を浴びた「ブラボー」との暗号名がつけられた水爆実験も、ビキニで実施された。

第四章で詳述するが、六七回の中でも、一九五四年三月一日のブラボー実験は、日本さらには世界に衝撃を与え、「ビキニ水爆被災」「ビキニ事件」あるいは「第五福竜丸事件」などという名で記憶されている。

ブラボー実験は、核実験場とされたマーシャル諸島の住民にも当然ながら甚大な影響を与え、現地では「われわれの人生を永久に変えた」[Matayoshi 2004]とも語り継がれている。ブラボー実験が実施された三月一日は、一九八六年にマーシャル諸島共和国が信託統治領から脱した後の一九八八年一〇月、核被害を思い起こし追悼するための国の公休日に指定され、"Nuclear Victims Remembrance Day"と名付けられた。マーシャル諸島現地では、三月一日は、水爆ブラボー実験だけでなく、六七回におよんだすべての核実験を思い起こす日となっている。ビキニの人びとの間では「ビキニデー」と呼ばれているものの、この呼称のマーシャル諸島全体への広がりはない。後で詳述するが、核実験はビキニだけでなく、エニウェトクでも実施され、さらに被曝の影響は核実験場とされた地域にとどまるものではとうていない。核実験の問題はビキニという一つの地域に限定されるものでは決してなく、マーシャル諸島現地では、「ビキニ水爆被災」や「ビキニ事件」といった呼び方では三月一日は記憶されてはいない。

## ◒水爆ブラボー実験から半世紀を迎えて

ブラボー実験から半世紀を迎えた二〇〇四年三月一日、マーシャル諸島政府主催の式典が執り行われた。会場となった首都マジュロの政府合同庁舎(capital building)前の広場には、思い思いのプラ

**ハードタック作戦Ⅰ＊3**

| | | | | |
|---|---|---|---|---|
| 35 | 1958/4/28 | ユッカ(Yucca) | エニウェトク | 1.7キロトン |
| 36 | 1958/5/5 | カクタス(Cactus) | エニウェトク | 18キロトン |
| 37 | 1958/5/11 | フィー(Fir) | ビキニ | 1.36メガトン |
| 38 | 1958/5/11 | バターナッツ(Butternut) | エニウェトク | 81キロトン |
| 39 | 1958/5/12 | コア(Koa) | エニウェトク | 1.37メガトン |
| 40 | 1958/5/16 | ワフー(Wahoo) | エニウェトク | 9キロトン |
| 41 | 1958/5/20 | ホリー(Holly) | エニウェトク | 5.9キロトン |
| 42 | 1958/5/21 | ナツメグ(Nutmeg) | ビキニ | 25.1キロトン |
| 43 | 1958/5/26 | イエローウッド(Yellowwood) | エニウェトク | 330キロトン |
| 44 | 1958/5/26 | マグノリア(Magnolia) | エニウェトク | 57キロトン |
| 45 | 1958/5/30 | トバコ(Tobacco) | エニウェトク | 11.6キロトン |
| 46 | 1958/5/31 | シカモール(Sycamore) | ビキニ | 92キロトン |
| 47 | 1958/6/2 | ローズ(Rose) | エニウェトク | 15キロトン |
| 48 | 1958/6/8 | アンブレラ(Umbrella) | エニウェトク | 8キロトン |
| 49 | 1958/6/10 | メープル(Maple) | ビキニ | 213キロトン |
| 50 | 1958/6/14 | アスペン(Aspen) | ビキニ | 319キロトン |
| 51 | 1958/6/14 | ウォルナット(Walnut) | エニウェトク | 1.45メガトン |
| 52 | 1958/6/18 | リンデン(Linden) | エニウェトク | 11キロトン |
| 53 | 1958/6/27 | レッドウッド(Redwood) | ビキニ | 412キロトン |
| 54 | 1958/6/27 | エルダー(Elder) | エニウェトク | 880キロトン |
| 55 | 1958/6/28 | オーク(Oak) | エニウェトク | 8.9メガトン |
| 56 | 1958/6/29 | ヒッコリー(Hickory) | ビキニ | 14キロトン |
| 57 | 1958/7/1 | セコイア(Sequoia) | エニウェトク | 5.2キロトン |
| 58 | 1958/7/2 | セダー(Cedar) | ビキニ | 220キロトン |
| 59 | 1958/7/5 | ドックウッド(Dogwood) | エニウェトク | 397キロトン |
| 60 | 1958/7/12 | ポプラ(Poplar) | ビキニ | 9.3メガトン |
| 61 | 1958/7/14 | Scaevola(スカエボラ) | エニウェトク | 出力0の安全性試験 |
| 62 | 1958/7/17 | Pisonia(ピソニア) | エニウェトク | 255キロトン |
| 63 | 1958/7/22 | Juniper(ジュニファー) | ビキニ | 65キロトン |
| 64 | 1958/7/22 | Olive(オリーブ) | エニウェトク | 202キロトン |
| 65 | 1958/7/26 | Pine(パイン) | エニウェトク | 2メガトン |
| 66 | 1958/8/6 | Quince(クインス) | エニウェトク | 0(失敗) |
| 67 | 1958/8/18 | Fig(フィグ) | エニウェトク | 0.02キロトン |

＊1　日付は米本土の時間である．そのためブラボー実験は1954年2月28日とあるが，マーシャル諸島の現地時間では3月1日であった．
＊2　レッドウィング作戦の実験名は，すべてアメリカ先住民族の名前に由来する．
＊3　ハードタック作戦Ⅰでは，マーシャル諸島のほかにジョンストン島でも2回の核実験が実施された．ハードタック作戦Ⅱは，1958年9月12日から10月30日にかけてネバダで核実験が実施された．
出所：Nuclear Claim Tribunal, Republic of the Marshall Islands ed., "U.S. Nuclear Testing Program in the Marshall Islands" をもとに筆者作成．

**表0-1　マーシャル諸島の米核実験**

| | 日付*1 | 実験名称:暗号名 | 実験場 | 爆発威力 |
|---|---|---|---|---|
| **クロスロード作戦** | | | | |
| 1 | 1946/6/30 | エイブル(Able) | ビキニ | 23キロトン |
| 2 | 1946/7/24 | ベーカー(Baker) | ビキニ | 23キロトン |
| **サンドストーン作戦** | | | | |
| 3 | 1948/4/14 | エックスレイ(X-Ray) | エニウェトク | 37キロトン |
| 4 | 1948/4/30 | ヨーク(Yoke) | エニウェトク | 49キロトン |
| 5 | 1948/5/14 | ゼブラ(Zebra) | エニウェトク | 18キロトン |
| **グリーンハウス作戦** | | | | |
| 6 | 1951/4/7 | ドック(Dog) | エニウェトク | 81キロトン |
| 7 | 1951/4/20 | イージー(Easy) | エニウェトク | 47キロトン |
| 8 | 1951/5/8 | ジョージ(George) | エニウェトク | 225キロトン |
| 9 | 1951/5/24 | アイテム(Item) | エニウェトク | 45.5キロトン |
| **アイビー作戦** | | | | |
| 10 | 1952/10/31 | マイク(Mike) | エニウェトク | 10.4メガトン |
| 11 | 1952/11/15 | キング(King) | エニウェトク | 500キロトン |
| **キャッスル作戦** | | | | |
| 12 | 1954/2/28 | ブラボー(Bravo) | ビキニ | 15メガトン |
| 13 | 1954/3/26 | ロメオ(Romeo) | ビキニ | 11メガトン |
| 14 | 1954/4/6 | クーン(Koon) | ビキニ | 110キロトン |
| 15 | 1954/4/25 | ユニオン(Union) | ビキニ | 6.9メガトン |
| 16 | 1954/5/4 | ヤンキー(Yankee) | ビキニ | 13.5メガトン |
| 17 | 1954/5/13 | ネクター(Nectar) | エニウェトク | 1.69メガトン |
| **レッドウィング作戦*2** | | | | |
| 18 | 1956/5/4 | ラクロス(Lacrosse) | エニウェトク | 40キロトン |
| 19 | 1956/5/20 | チェロッキー(Cherokee) | ビキニ | 3.8メガトン |
| 20 | 1956/5/27 | ズニ(Zuni) | ビキニ | 3.5メガトン |
| 21 | 1956/5/27 | ユマ(Yuma) | エニウェトク | 0.19キロトン |
| 22 | 1956/5/30 | エリー(Erie) | エニウェトク | 14.9キロトン |
| 23 | 1956/6/6 | セミノール(Seminole) | エニウェトク | 13.7キロトン |
| 24 | 1956/6/11 | フラットヘッド(Flathead) | ビキニ | 365キロトン |
| 25 | 1956/6/11 | ブラックフット(Blackfoot) | エニウェトク | 8キロトン |
| 26 | 1956/6/13 | キカプー(Kickapoo) | エニウェトク | 1.49キロトン |
| 27 | 1956/6/16 | オサゲ(Osage) | エニウェトク | 1.7キロトン |
| 28 | 1956/6/21 | インカ(Inca) | エニウェトク | 15.2キロトン |
| 29 | 1956/6/25 | ダコタ(Dakota) | ビキニ | 1.1メガトン |
| 30 | 1956/7/2 | モホーク(Mohawk) | エニウェトク | 360キロトン |
| 31 | 1956/7/8 | アパッチ(Apache) | エニウェトク | 1.85メガトン |
| 32 | 1956/7/10 | ナバホ(Navajo) | ビキニ | 4.5メガトン |
| 33 | 1956/7/20 | テワ(Tewa) | ビキニ | 5メガトン |
| 34 | 1956/7/21 | ヒューロン(Huron) | エニウェトク | 250キロトン |

**写真0–8**　2004年3月1日，ロンゲラップの人びとは，
人体実験疑惑を象徴する「PROJECT 4.1」とプリントされたTシャツを着て
式典に姿を現し，抗議の意を示した．

**写真0–9**　2004年3月1日の式典に参加する，
ビキニの人びとの移住先エジット島の小学生．

カードを掲げて住民が集まってきた。プラカードには、奪われた自分たちの土地に対する思い、核実験による被曝の認知やその補償を米政府に求める文言が記されていた。人体実験疑惑を象徴する「プロジェクト4・1」[10]とのロゴが入ったTシャツを着た人たちの姿が、ひときわ目についた。そして、核実験で奪われた故郷を想う歌が会場に響いた（**写真0–8・0–9**）。

駐マーシャル諸島米大使(当時)のグレタ・モリスは挨拶[Morris 2004; 前田監修 2005: 354–358]に立ち、冒頭で「ブラボー実験から五〇周年のこの機会に、米政府とアメリカ人を代表し、冷戦時代、核実験の実施を通じ、マーシャル諸島の人びとが自由世界を守ることに貢献されたことに、心から感謝の意を表します。マーシャル諸島の人びとは、冷戦を平和的にそして成功裡に終結させ、世界の多くに民主主義と自由を確立していく重要な貢献をしました。この多大なる貢献は、すべてのマーシャル諸島の人びとが誇りを持つべきものです」と強弁した(写真0–10)。

そのうえで、「同時に、ある一回の実験によって、予期せぬ被害が風下地域におよんだ」と続け、「四つの環礁の人びとが耐えてきた苦難に対して」遺憾の意が表された。

**写真0–10** 2004年3月1日の式典で挨拶を行う駐マーシャル諸島米大使(当時).

「ある一回の実験」とは、水爆ブラボー実験を指す。また「四つの環礁」とは、核実験場のビキニとエニウェトク、実験場ではないが放射性降下物がおよんで被曝したロンゲラップとウトリックの四つの地域を指す。

米大使は続けて、「実験の思わぬ事故によって影響を受けた人びとには、米国は厳粛な責任のもとで医療サービスを施し、再居住という希望に向け環境の追跡調査や島々の復興のため数億ドルの金銭を費やしてきました」と、被害対策の実績を強調した。

米政府の公式見解では、マーシャル諸島で核実験を実施したことは過ちではなく、冷戦を勝利に導いたものとされているのである。この言説は、広島・長崎両市への原爆投下は第二次世界大戦の終結を導いたとする言説と重なり合う。

米大使の挨拶と最も対照的であったのは、ロンゲラップ自治体のジェームス・マタヨシ首長の演説[Matayoshi 2004; 前田監修 2005: 359–366]であった。「ブラボーは生き続けています。ロンゲラップ環礁やマーシャル諸島の人びとの生活にふりかかった恐ろしい混乱は、まだわたしたちに付きまとっているのです」と、核実験が現在進行形の問題であることを強く打ち出した演説であった。さらに同首長は、「米国から来た科学者による定期健康診断に、わたしたちは疑念を抱き続けてきました。プロジェクト4・1の存在を発見したことにより、わたしたちは科学者に治療されていたのではなく、研究対象とされていたとの確信を強固にしました」と、人体実験疑惑にも言及した。人体実験の問題は第五章で追う。

マーシャル諸島共和国政府は二〇〇〇年、これまでの補償は「不十分である」と、核実験補償の追加的措置を求めて米議会に請願した[RMI ed. 2000]。二〇〇六年には、元核実験場のビキニとエニウェトク両自治体が、相次いで米連邦裁に提訴した。

マーシャル諸島共和国は、米国との間で自由連合協定を締結したことは先に述べたが、同協定第一七七条で、米国は核実験で被害が生じたことを認めた。しかし、被害がおよんだと米国が認めた地域は、マーシャル諸島の二四ある自治体のうち、核実験場であったビキニとエニウェトク、そしてロンゲラップとウトリックの計四つの地域に限定された[Marshall Islands. Committee on Political Education ed. 1983: 145–162]。先に述べたように、ほかの地域には核被害はおよんでいないとの見解を、米政府は今もとり続けている〔U.S. Department of State ed. 2004〕。

ところが式典には、米国が核被害を認めてこなかった、ブラボー実験の爆心地から東南五二五キロに位置するアイルック環礁や、同東南四七〇キロに位置するリキエップ環礁の人びとが自治体ぐるみで参加していた（写真0–11・0–12）。アイルックの人びとが手にしていたプラカードには、「わたしも被曝した」、「アイルックを汚染した／アメリカ／ブラボー」、「アイルック／無視された半世

**写真0–11**　2004年3月1日の式典に参加し，
「わたしも被曝した」などと訴えるアイルックの人びと．

**写真0–12**　2004年3月1日の式典に参加し，
「マーシャル諸島がこうむった放射性降下物の歴史の中で，
リキエップは忘れられた環礁の一つだ」と訴える人びと．

紀」、「アメリカよ／なぜ無視をする」、「償いなき半世紀」、「半世紀にわたる心の痛み」などの訴えが、英語やマーシャル語で書かれていた。リキエップの人びとが手にしていた手書きのポスターには、「リキエップもブラボー実験の被害に耐えてきた」、「忘れられた環礁の一つ／リキエップ」との訴えが書かれていた。米政府が核被害を認めていないこれら地域への核被害の広がりについては、第二章で論じる。

水爆ブラボー実験から半世紀を経てもなお核実験による被害は継続していることが、参加者の口から次々に訴えられた。被害の訴えと補償要求の声は、米国が核被害を公式に認めていない地域の人からもあがったのである。

## 四　核実験被害の探究

### ◉本書のねらいと問題意識

以上の背景を踏まえ、本書は、グローバルヒバクシャを概念装置に、核被害に直面している地域社会の人びとの被曝問題を中心に据え、マーシャル諸島の米核実験被害の実態に迫っていく。そのことを通じ、東京電力福島第一原発事故も見据え、地球規模に広がる核被害者と、かれらが背負う被曝問題をどう捉え、被害の実態に迫っていくのか、その一つの方途を提示していく。

マーシャル諸島の米核実験被害の解明は、たしかに一定程度なされてはきた。放射性降下物を浴びたマーシャル諸島の住民調査は、核実験を実施した米原子力委員会(今日の米エネルギー省)が独占する状況が長く続き、国家安全保障上の理由から被害の実態はベールに包まれてきた。しかし、一九七〇年代に入り、マーシャル諸島の被害は徐々に対外的に知られるようになった。

一九七三年、米国を施政権者とする国連信託統治領下にあったミクロネシア議会が、マーシャル諸島の核実験被害を調査する特別委員会を立ち上げた。一年間の議論を経て、調査報告書[Congress of Micronesia. Special Joint Committee Concerning Rongelap and Utirik Atolls ed. 1973]が出され、米原子力委員会による調査の独占管理に一石が投じられた。

時をほぼ同じくして、原水爆禁止日本国民会議がマーシャル諸島現地調査団を組織し[原水爆禁止日本国民会議ミクロネシア調査団編 1972]、斉藤達雄、前田哲男、島田興生、豊﨑博光ら日本からのジャーナリストが後に続いた[斉藤 1975; 前田 1979, 1991; 島田 1994; 豊﨑 1995, 2009]。その結果、核被害を入口にマーシャル諸島住民と日本との間で一定の交流が生まれた。

学術研究として、核実験場とされたビキニやエニウェトクの人びとと、また、実験場ではないが米政府が核被害を認めているロンゲラップの人びとを対象に、人類学者による調査[11]が一定はなされてきた。

しかし、米政府が核被害を認めていない地域への注目と、米政府が規定した核被害地域の線引きのあり方を、具体的な資料を積み上げ検証する作業が、先行研究で十分なされてきたとは決して言えない。米政府が核被害を認定していない地域に暮らす住民の核実験体験は、対外的にほとんど知られていない状況にある。

こうしたなか、本書では、第二章で米政府が核被害を認めていないアイルック環礁という地域に焦点を当て、マーシャル諸島の米核実験被害の地理的な広がりを具体的な資料を用いて裏付けていく。核被害の線引きを問い、核被害地はどこなのか、核被害像の見直しを提起する。

核被害像の見直しは、核被害の内実という観点からも提起する。核被害をめぐっては、甲状腺を中心に、癌が発病しているか否かなど個々人の疾患に注目が集まる。福島第一原発事故でも然りである。健康被害が重大な問題であることはもちろんであるが、疾患に注目が集まるなかで、核被害の全体像に目を閉ざし、たとえ無意識であろうとも、結果的に核被害を過小評価することが起こってはいないだろうか。

社会学者を中心に、広島・長崎原爆被害者の生活史調査が実施され、原爆被害の全体像について、「いのち」だけでなく、「くらし」と「こころ」の面からも接近していくことの必要性が、一九七七年の「被爆の実相とその後遺・被爆者の実情に関する国際シンポジウム」で打ち出されている［ISDA JNPC 編集出版委員会編 1978: 124–126］。

また、公害研究の先駆者の一人である飯島伸子は、健康被害に始まる家族や地域社会への被害の連鎖を明らかにし、「被害構造論」を提示している［飯島 1993: 77–144］。マーシャル諸島の米核実験被害をめぐる先行調査の中でも、個々の疾患の有無だけでは核被害はとうてい捉えられない広がりをもつことが、ジェーン・ディブリンや豊崎博光などの著作［Dibblin 1990; 豊崎 2005］で読み取ることができる。

これらの先行調査研究を踏まえつつ、本書は、疾患の有無だけに注目するのではなく、文化や暮らし、心の問題など、より包括的に核実験の被害を捉えていく。

しかし、そもそも「被害だけを見て、被害は捉えられるのか」――。グローバルヒバクシャ研究会などの場で筆者に対し、繰り返し問いを投げかけた方がいた。在野の立場から占領史研究に取り組み、『米軍占領下の原爆調査』〔笹本 1995〕を上梓した笹本征男である。

被爆者であり、また社会科学者として原爆被爆者の生活史調査に携わってきた伊東壮は、「原爆がもつ物理的威力は、(a)熱線、(b)爆風、(c)放射能であり、一般的にはとくに放射線が原爆の特殊性であると言われてきた。しかし、この問題を社会科学の面から考えると、そもそも原爆の開発および投下それ自身、社会的、政治的現象であり、被害もまた人間のうえにまた社会のうえに生じた」〔ISDA JNPC 編集出版委員会編 1978: 126〕と指摘する。

笹本や伊東が教示するように、社会科学の見地から核被害の実態解明に取り組んでいく場合、物理的現象のみを追うのではなく、背景にある社会的政治的要素を押さえることが不可欠である。

なぜ米国はマーシャル諸島を核実験場に選んだのか、その後マーシャル諸島で、米国はどうして六七回もの核実験を実施できたのか、米政府が被曝地へ医師を派遣し続けた狙いは何だったのだろうか。なぜ住民を帰島させたのか。マーシャル諸島の住民にのみ着目するのでなく、核実験を実施した米政府の動向も押さえ、より立体的に、核実験の被害実態に迫っていく。

すなわち、核実験を実施した米国の「核権力」（金井利博）の動向〔金井 1970〕を押さえながら本書は展開するが、マーシャル諸島住民を、米国の核権力下で被害を受けた「弱者」だと固定的に捉える見方はしない。社会学者の石田忠は、「原爆は人間に何を与えたのか」だけでなく、「人間は原爆にどう立ち向かってきたのか」との問題意識を持って、広島・長崎の原爆被害者の生活史調査を進めてきた［石田 1986a, 1986b］。石田の先行研究を踏まえ、本書は、被曝した地域社会の人びとが核実験にどう立ち向かってきたのか、という点も注視していく。

マーシャル諸島住民の抵抗の側面に目を配り記述されている書に、豊﨑博光『マーシャル諸島核の世紀』［豊﨑 2005］がある。同書を手がかりに、独自の聞き書きと公文書調査を重ねる。そして、被曝の受苦を抱えながら、どう生き抜いてきたのか、マーシャル諸島の人びとの被曝のその後の足跡を本書は追う。

加えて、現地住民の抵抗を描写するだけでなく、米政府が、現地住民の抵抗や原水爆禁止を求める国際世論をどのように認識し、どのような政策をとっていったのかという点にも本書は切り込んでいく。

### ◒実態調査の学術的位置づけ

マーシャル諸島住民の抵抗の側面も視野に入れ、核実験被害の実態解明に取り組み、核被害に接近する一つの方途を導き出す本書は、先に述べた平和学のグローバルヒバクシャ研究とともに、社会学を中心とした広島・長崎原爆被害者の生活史調査、さらには環境社会学をはじめとする公害研究の蓄積の上にある。

広島・長崎原爆被害者の生活史調査(12)に先駆的に取り組んだ社会学者の石田忠は、「原爆と人間」という新たな視座を確立し、被害者の証言を積み上げ、核兵器問題に接近する新たな社会科学的研究を切り開いていった［石田 1986a, 1986b］。同生活史調査は、国家の戦略的論議を追う社会科学分野の核兵器研究では抜け落ちやすい、核被害を訴える市井の生活者が抱える問題に光を当てた。

同生活史調査に取り組み、広島で展開された「爆心地復元運動」の支柱であった湯崎稔は生前、「爆心地復元運動」を世界の核実験被害地でも実施する構想を持っていたことを、湯崎のもとで学んだ児玉克哉は明かしている［児玉編 1995: 94］。しかし、湯崎の構想は未完のまま現在に至る。爆心地復元だけでなく、原爆被害者の生活史調査を世界の核被害者に援用していく研究は、旧ソ連のセミパラチンスク核実験場調査で広島大学の川野徳幸が行っている先例［川野責任編 2003］はあるものの、管見した限りほかに例はない。

そうしたなか本書では、広島・長崎原爆被害者の生活史調査で確立されてきた「原爆と人間」の視点を援用し、核実験にまつわる住民の体験を積み上げ、マーシャル諸島の米核実験被害の実態に迫っていく。本書は原爆被害者の生活史調査の蓄積を、世界の核被害者に援用していく性格をもっている。また、社会学の分野において、公害研究の積み重ねを軍事活動にともなう被害の調査に援用していく試みは、朝井志歩の先例［朝井 2009］はあるものの、公害研究の蓄積が豊富な環境社会学会内でも稀少である。

マーシャル諸島の米核実験被害の実態調査に取り組む本研究は、朝井らとともに、社会学、とりわけ環境社会学の分野で、公害研究の蓄積を援用し、軍事活動が地域社会と環境におよぼす被害を焦点化させ、戦争の備えが生み出す現実を地域社会から浮き彫りにする研究を切り開こうとするものでもある。

## 五　実態調査の方法——聞き書きと米公文書調査

### ◉核実験体験の聞き書き

マーシャル諸島の米核実験被害の実態解明に向け、社会学者の石田らによる原爆被害者の生活史調査を踏まえ、核実験にまつわる体験（以下、核実験体験）を持つ人びとと直接出会い、その声に耳を傾けることから本調査は着手した(13)。

聞き書きは、核実験が人間に何を与えてきたのかを浮き彫りにし、「人間の視座」（石田忠）を獲得していくものである。同時に、聞き書きは、軍事・安全保障論の議論、あるいは文字資料からこぼれ落ちるマーシャル諸島の住民の核実験体験を引き出し、住民を核実験問題における欠くことのできない当事者としてすくい上げていくものでもある。さらに、住民の聞き書きは、米国政府側の言説を批判的に読み解く手がかりをつかむものでもある。

しかし、聞き書きだけでは、語り手の記憶の忘却やあいまいさ、あるいは現時点での過去の回想という限界があり、信頼性という点で疑義が提起される余地がある。とりわけ、米国が核被害を否定している地域の核実験被害の実態や、人体実験疑惑に迫っていくうえで、口述資料がもつ限界性は、十分認識しておく必要があろう。マーシャル諸島住民への聞き書きでもって米政府の政策を論じるのは、一面的であるとの批判も想定される。

また、マーシャル諸島で米核実験が実施されていたのは一九四六年から五八年にかけてであり、世を去った体験者も少なくない。現時点での聞き書きだけでは、亡くなった人びとが持っていた核実験体験を直接くみ取ることはできない。

さらに、「(広島・長崎の)原爆体験はそう話せないものだ。あの語り部のYさんにも、いやなことは話しませんとはっきり言われた」と、被爆者運動に三〇年以上関わってきた弁護士の池田眞規は指摘する。[14] 住民が語れない、語り尽くせない被害が、マーシャル諸島にも無数にあることは容易に想像ができる。そもそも被害を受けた住民自身が、被害をすべて認識しているわけでもない。

マーシャル諸島住民を対象にした聞き書きが持つ可能性を活かしつつ、口述資料に依拠することへの疑義や限界にどう応えていけばいいのであろうか。遠まわりにはなるが、聞き書き調査は次の三つのプロセスを踏んだ。

### ◒多様な声を拾う

第一に、マーシャル諸島の中の一つの地域社会に絞らず、四カ所の地域社会を重点的に追い、聞き書きはできる限り多様な声を拾うように努めた。二〇〇一年から二〇〇六年にかけて六度にわたり、約八カ月間マーシャル諸島に滞在し、聞き書きを進めた。[15] 加えて二〇一二年に二週間あまり、また二〇一三年に一カ月弱、二〇一四年にのべ五週間ほど滞在し、近年の状況を補足した。

聞き書きは、米国が核実験被害を認めていない地域の人びとの声を拾い、「隠されてきた声を外に引き出(していく)」[トンプソン 2002: 191]ことにまず力点を置いた。そして、アイルック環礁で水爆ブラボー実験に遭った四八人に証言を得た。[16] アイルック環礁の地域社会の構成員(以下、アイルックの人びと)[17]の核実験体験の聞き書きが、これほどの規模で実施されたことは、世界的に見ても、ほかに類がない。

四八人のうち三九人はアイルックで聞き書きを実施した。アイルックでブラボー実験に遭った人の名簿等の記録は一切存在しない。そうしたなか、アイルック環礁アイルック島に滞在し、ブラボー実験に遭った人を探すことから調査は始めた。そして二〇〇一年六月に全七五世帯(当時)を訪問し、水爆ブラボー実験を直接体験した四三人を特定した。そのうち約九〇%にあたる三九人に聞き書きを得た。三九人のほかに、アイルックでブラボー実験を体験し、首都マジュロに移住している七人にも証言を得た(写真0-13)。

ブラボー実験当時アイルックにいたと米公文書に記録されている人数は四〇一人であり、聞き書きを得た四八人は、その約一二%にあたる。内訳は男女それぞれ二四人で、ブラボー実験当時の年齢は、一〇歳未満が一八人(三七・五%)、一〇代が一七人(三五・四%)、二〇代が八人(一七%)、三〇代が四人(八%)、四〇代が一人(二%)であった。

アイルックだけでなく、米国が核実験被害を認めている、ビキニ、エニウェトク、ロンゲラップの各地域の人びとの聞き書きも実施した。

核実験場とされたビキニの人びとの聞き書きは、首都マジュロの市街地だけでなく、移住先に足を延ばし、キリ島とマジュロ環礁エジット島で実施した。

ビキニの人びとの聞き書きは、一九四六年に核実験場建設にともなう強制移住の体験をもつ人を優先的に進め、一一人に同体験を聞いた。一九四六年当時のビキニの人口は一六七名と米公文書に記録されており、その約一五％にあたる人から当時の話が得られたことになる。

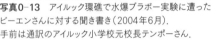

　第三章で詳述するが、ビキニの人びとは一九四六年の強制移住後、ロンゲリック環礁で移住生活を送り、クワジェリン環礁でのテント暮らしを経て、一九四八年、キリ島に移り住んだ。おおむね一九六〇年代頃までの話は、一九人に聞くことができた。一九七〇年代以降の話は、先の一九人に加え一〇人に聞いた。

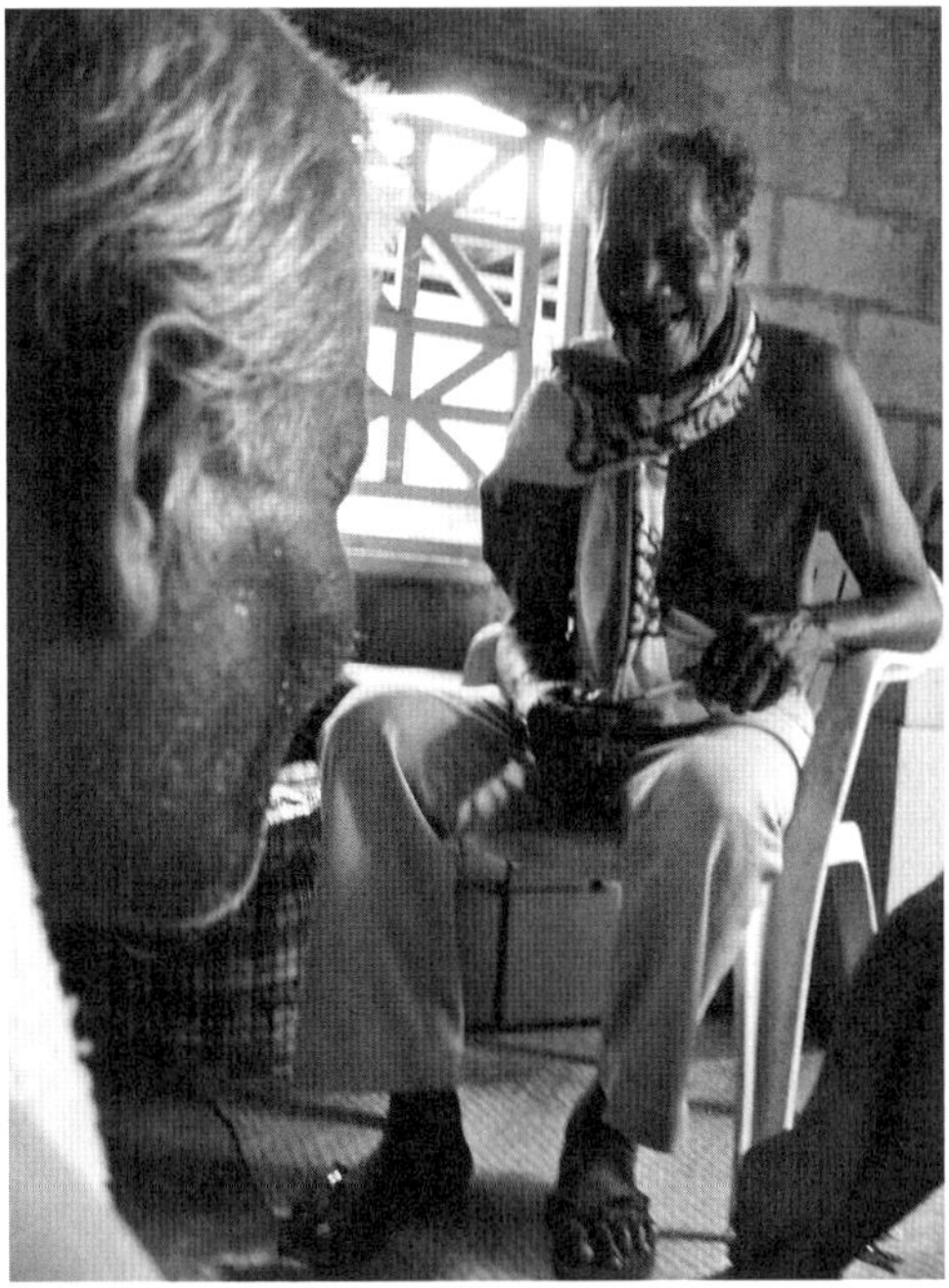

**写真0–13**　アイルック環礁で水爆ブラボー実験に遭ったビーエンさんに対する聞き書き（2004年6月）．手前は通訳のアイルック小学校元校長テンポーさん．

　核実験終了後、米国は一部除染を実施した。ビキニの人びとの中にも、除染作業に従事した人がおり、その話を四人に聞くことができた。除染作業を経て「安全宣言」が出され、一九七三年、一部の人びとがビキニに帰島した。しかし、五年あまりでビキニはふたたび閉鎖され、立ち退いた人びとはマジュロ環礁エジット島に移住した。ビキニへの帰島や、その後の再移住については、体験をもつ三人に話を聞いた。

　ビキニの人びとへの聞き書きは、のべ三四人におよんだ。三四人とあわせて、ビキニ自治体の渉外担当を務める米国出身のジャック・ニーデンタル(Jack Niedenthal)や、ほかの地域出身でビキニの人びととキリ島に暮らす牧師などにも話を聞いた。

ビキニとともに米国の核実験場とされたエニウェトク環礁の地域社会の構成員(以下、エニウェトクの人びと)にも聞き書きを実施した。ビキニと同様に、エニウェトクの人びとも、核実験場の建設で立ち退きを余儀なくされた。ただし、第一章でくわしく述べるが、ビキニと異なり、エニウェトクの人びとは一九八〇年に帰島し、エニウェトク環礁の南半分だけであるが再居住を果たしている。エニウェトクの人びとへの聞き書きは、二〇〇三年九月にエニウェトクを訪ね実施した。

エニウェトクの人びとへの聞き書きは、のべ一一人に行った。一九四七年の核実験場建設にともなう強制移住を体験した当事者の聞き書きを優先的に進め、八人に話を聞いた。一九四七年当時のエニウェトクの人口は一三六名と米公文書に記録されており、約八%の人に当時の話を聞いたことになる。

一九八〇年に帰島した時の話や、帰島後の生活は、七人のほかに、一九五〇年代、六〇年代生まれの三人を加えた計一〇人に話を聞いた。また、エニウェトク自治体の顧問弁護士を務める米在住のダヴォール・ペヴェック(Davor Pevec)が、マーシャル諸島に立ち寄った際に聞き書きを行った。

核実験場ではないが、放射性降下物による被曝を最も受けたロンゲラップ環礁の地域社会の構成員(以下、ロンゲラップの人びと)の聞き書きも重点的に行った。ロンゲラップは、放射性降下物で人びとと土地が被曝し、米政府も被害を認めている地域である。

第一章や第五章で論じるが、ロンゲラップの人びとは、今なお自らの土地と切り離された生活を余儀なくされている。かれらへの聞き書きは、首都マジュロのほか、移住先であるクワジェリン環礁メジャト島で二〇〇一年一月、また第二の都市であるクワジェリン環礁イバイ島で二〇〇三年九月に行った。

一九五四年の水爆ブラボー実験の前に、ロンゲラップの人びとは避難措置が取られず、直接被曝した。実験の後に米軍基地に収容され、三年後の一九五七年にふたたびロンゲラップに戻された。これらの体験を持つ当事者の聞き書きを優先的に進め、ロンゲラップ自治体の住民代表を当時務めていたジョン・アンジャイン(John Anjain)をはじめ九人に話を聞いた。

第五章でくわしく述べるが、一九五七年の帰島後、ロンゲラップの人びとは、残留放射能の脅威を感じながらも生活を続けた。その頃の様子は一五人に聞いた。一九八六年、ロンゲラップの人びとは、自ら土地を離れる決断をし、メジャト島に移住した。その前後の話は一三人に聞いた。ロンゲラップの人びとへの聞き書きは、のべ二六人におよんだ。

聞き書きは、述べてきたアイルック、ビキニ、エニウェトク、ロンゲラップの人びとを中心に進めた。そのほかに、被曝体験を持ち、核実験補償交渉に関わってきた政治家のトニー・デブルム(Toney Debrum)をはじめ、リキエップの五人およびウトリックの三人にも被曝にまつわる話を聞いた。

また、首都マジュロで、マーシャル諸島短期大学の核問題研究所(Nuclear Institute, College of the Marshall Islands)、核被害補償法廷(Nuclear Claim Tribunal)、177健康管理事業(177 Health Care Program)診療所などに足を運び、関係者にインタビューを行った。地元紙『マーシャル・アイランド・ジャーナル』のギフ・ジョンソン(Giff Johnson)編集長にも話を聞いた。

以上述べてきたように、マーシャル諸島住民への聞き書きは、複数の地域に目を配り、できる限り多様な声を拾うように努め、のべ一二〇人以上に話を聞いた。聞き書きはマーシャル諸島住民を対象に実施したが、一九七一年に現地調査団を派遣した原水爆禁止日本国民会議の事務局長(当時)であった池山重朗や、同行取材した朝日新聞記者(当時)の岩垂弘にも話を聞いた。

なお、聞き書きの内容を本書で用いる際、聞き書きに応じた住民の氏名は、姓名の名を示すことを原則とする。マーシャル諸島で一般に呼ばれている呼称に従ったものである。マーシャル諸島の核実験被害調査で先行するジャーナリストの報道にならい、また後に続く調査取材を考慮し、匿名にはしなかった。また名を出すことで、第五章で紹介する犠牲者番号(客体番号)を付けて実施された米国による医学追跡調査との違いを出す狙いもある。当然のことながら、聞き書きの相手には、論文で公表する了解は得ている。また稀ではあったが、調査を断られたり、記録はやめてほしいと言われたりすることもあり、その時は住民の意向に従った。住民の証言は、注記がなければ筆者が実施した聞き書きによるものである。本書で引用した聞き書き一覧は、巻末に掲載した。

## ◒生活世界の全体を見つめる

第二に、マーシャル諸島住民への聞き書きは、社会学者の佐藤郁哉のフィールドワークの手法［佐藤 1992］などを参照し、住民の家で居候生活をし、参与観察を深めながら実施した。

マーシャル諸島での調査は、核実験のみに関心を向けて甲状腺などの疾患を見つけ、それに飛びつくのではなく、大海原に浮かぶ小さな島々で、マーシャル諸島の人びとがどう暮らしを立ててきたのか、生存の基盤を見つめ、生活世界を理解するように努めた(写真0-14~0-16)。

暮らしの立て方を理解することは、生活者の目線で核被害を読み解く手がかりを得ようとするものである。また現地で居候生活をすることは、聞き書きで登場するローカルな地名、人名、植物、

**写真0-14** 「アミモノ」と呼ばれる手工芸品作り(2013年8月, アイルック環礁).

**写真0-15** 海の恵みのトビウオは刺身や塩焼きにし,
干物にして保存する(2001年7月, アイルック環礁).

**写真0–16**
マーシャル諸島では住民と生活をともにしながら調査を積み重ねた.
右が筆者(2001年7月, アイルック環礁).

行事、しきたり、出来事などを理解し、聞き書きの内容をより深く受けとめる器をつくっていく作業でもある。さらに、現地で一定期間暮らすことは、聞き書きだけでは十分にくみ取ることのできない、語られにくいことや声なき声の存在にも、想像力を膨らませていく過程でもある。

参与観察は、「ある状況の中へ身をさらし、相手の世界観の中へ自分をさらけ出すことによって、状況から学び、相手から教えられる」[岡本・横山編 2009: 33] エクスポージャーの手法[18]を念頭に置き、進めた。第五章で詳述するが、米政府が実施してきた医師の追跡調査への不信や批判が、マーシャル諸島の現地にあることを十分念頭に置いた。そのうえで、居候生活を通じて生活を内から理解し、一定の時間をかけて住民と信頼関係や相互関係を築き、経験や知識を分かち合い、暴力の克服と平和創造を模索し、葛藤しながら聞き書きを進めた。

現場で対象からできるだけ距離を保った第三者の立場をとるのではなく、民際学を提唱する中村尚司が、「私はあなたの立場にはなれないが、私とあなたの間で議論し」[中村 1997: 130]、関係性を結び、「私とあなた」の両方を包み込み展開するフィールドワークの必要性を提起していることも、ここで想起しておきたい。

## ◒米公文書を組み合わせる

ここまで述べてきたように、マーシャル諸島で住民とともに生活し、聞き書きを積み重ねることから調査は着手した。しかし、住民と米政府との関係性にも着目し、マーシャル諸島の現地調査だけでは完結させなかった。広島・長崎の原爆被害をめぐる米政府の情報コントロールに鋭く切り込む高橋博子［2012］に学び、第三に、米政府の公式文書の収集を進めた。よって口述資料だけでなく文字資料を組み合わせ、本書は展開する。

口述資料に文字資料を組み合せる方法は、歴史学の分野でオーラル・ヒストリーを取り入れた研究を先駆的に進めている中村政則が採っている方法[19]［中村 2008: 6–18, 262–277］であり、先述の北村も、聞き取りを補完するために、文字資料の収集にも力を入れる［北村 2009: 62］。

本研究が住民の証言とともに併用する文字資料は、メリーランド州カレッジパークの「米国立公文書館・新館」(National Archives II)、首都ワシントンDCの「米科学アカデミー」(The National Academy of Sciences)、ハワイ州の「ハワイ大学マノア図書館」(University of Hawaii at Manoa Library)で収集した。また、米エネルギー省(DOE)が公開・管理運営している検索システム〈Department of Energy (DOE), Open Net System〉などを用いて、インターネット上でも米公文書の調査と収集を進めた。米公文書の収集先の詳細は、巻末「参考資料一覧」の「米公文書」の項を参照されたい。

マーシャル諸島住民とは最も対極にある、いわば加害者側の資料といえる米公文書を収集する狙いは、次に挙げる三点にある。

高橋博子〔2012〕が教示するように、米公文書は、加害者側が核被害をどう捉え、どのような認識にもとづき、どのような行動をとったのか否かを探究する重要な資料となりうる。米公文書をもとに、被害を訴える住民の証言の裏取りや肉付けを行い、聞き書きにさらなる説得力を与えていくことが、米公文書を収集する一つ目の狙いである。そこには、住民の聞き書きでもって、米政府の言説を批判的に問い直したことに、説得力を与え、裏付けていくことも含まれる。

二つ目は、住民の核実験体験を中心に据えながらも、米公文書を用いることで、米政府機関の視点を取り込み、「歴史を立体化」〔原ほか 2004: 8〕し、ミクロとマクロの両面からマーシャル諸島の米核実験被害の実態解明に取り組んでいく狙いがある。沖縄戦の歴史研究に取り組んできた大田昌秀が、「沖縄戦の全容を把握するためには、沖縄の住民の証言だけでなく、米軍や旧日本軍などの記録を丹念に集め、バランスよく分析したうえで総合的に見ていかなければならない」〔JAN JAN 2009.2.20〕と述べていることを、ここで想起しておきたい[20]。

さらに米公文書には、米側の資料だけでなく、マーシャル諸島の住民側の行動や対応を裏付ける資料も一部所収されている。聞き書きだけでは拾いきれない、すでに亡くなっているマーシャル諸島住民の行動や対応を知る一つの手がかりを得て、証言者の不在を補うことが、米公文書を収集する三つ目の狙いである。

マーシャル諸島の現地で参与観察をしながら収集した聞き書きとともに、米公文書を駆使し、口述資料と文字資料を重ね、照合しながら本書は展開する。

## 六　本書の構成

本書は五章だてで、マーシャル諸島の米核実験被害の実態に迫っていく。各章のあらましは次のとおりである。

核実験場とされたマーシャル諸島は今、どうなっているのだろうか。第一章では、マーシャル諸島の米核実験被害の現況に迫る。疾患にのみ注目するのではなく、地域社会の文化や生活、あるいは人びとの心という要素を盛り込み、より包括的な角度から核被害の実態に迫る。核被害の内実という点で、マーシャル諸島の核実験被害像の見直しを提起する章である。

第二章以降では、マーシャル諸島住民が背負わされた核実験の歴史と対話していく。米国内の核開発問題を追う人文地理学者の石山徳子は、核廃棄物処理場が先住民族の地域社会に集中する現況だけでなく、場所や地域性がつくられていった歴史に目を向ける重要性を説く［石山 2004: 19］。石山の指摘は、「文化的で歴史的な成分を抜き取られた『平和』となっている」［イリイチ 2004: 40］と、イバン・イリイチが平和研究に対して発した警鐘とも共鳴する。これらの指摘を踏まえ、第二章から第五章にかけて、マーシャル諸島の米核実験をめぐる歴史的な流れを丹念に地域社会ごとにひもときながら、核被害の実態に迫っていく。

歴史は、核実験が実施されていた一九四六年から一九五八年までに限定はしない。広島・長崎の原爆被害者の生活史調査の先駆者である社会学者の石田忠や濱谷正晴は、原爆投下時のみならず、被害者が現在までどう生きてきたのかに視野を広げ、研究してきた［石田 1986a, 1986b; 濱谷 1994］。そのことを踏まえ、核実験の実施期間に限定せず、「その後」にも目を向け、核実験被害の実態に迫っていく。

第二章は、米政府が核被害を認めていない、非認定地域のアイルックという地域に焦点を当て、米政府による核被害の線引きのあり方を問い直す。核実験被害が注目されてこなかったアイルックであるが、住民の脳裏には、語るべき核実験の記憶がしまいこまれていたことをまず浮き彫りにしていく。住民の記憶を手繰り寄せながら、米公文書に照らし、核被害がじつはアイルックにもおよんでいたことを具体的に示していく。被害地域の範囲という点で、マーシャル諸島の核実験被害像の見直しを提起する章である。

そもそも、なぜ米国はマーシャル諸島を核実験場に選び、六七回もの実験を繰り返したのだろうか。第三章では、米政府による核実験場選定と実施の過程を追う。あわせて、選定された地に暮らしていたビキニとエニウェトクの人びとの「その後」も追う。

核実験場の選定過程を追うなかで、米政府は実験を始める段階ですでに、放射性物質が周囲に放出されることは認識しており、だからこそマーシャル諸島で実験を行い、実際に放射能汚染が生じていたことを示していく。

他方、一般には、放射性降下物は視《み》えておらず、また不可視化させられ、問題視されていなかったこともあわせて指摘する。そうした一般の人の認識を大きく変えたのが、一九五四年三月一日の水爆ブラボー実験であった。

第四章は、ブラボー実験で第五福竜丸が被曝し、放射能、とりわけ放射性降下物の問題性が可視化され、原水爆禁止を求める世論が、日本を含め国際的に広がったことをまず押さえていく。さらにマーシャル諸島の現地でも、実験停止を求める請願書を国連に提出するなど、核実験に抵抗する動きが起こっていたことに注目していく。そうした核実験実施に抗する世論の動きに、米政府はどう対応したのかを追っていく。

マーシャル諸島で核実験を実施することが、「政治的に実現不可能な状態」に米政府は追い込まれ、一九五八年、マーシャル諸島での核実験は終わった。しかし、核実験終了後も、ビキニとエニウェトクの人びとは、移住生活が続いた。ビキニでは「安全宣言」が大統領の名で出され、一部住民が帰島したが、後に「安全宣言」は取り消され、再閉鎖された。そうした核実験終了のその後にも目を向け、被曝に対する米政府の対応と翻弄された住民の姿を追っていく。

第五章は、第五福竜丸の後景にいた住民の被曝と、かれらが背負ってきた「その後」を検証する。米政府機関がロンゲラップとウトリックの人びとを対象に、医学追跡調査に乗り出したことに着目し、被曝のその後も核被害が積み重ねられてきた実態を捉えていく。同時に、そうしたなかでも、住民自らが安全を求め、国際的なネットワークを築き、超大国の米国に対峙し、生きて、生き抜く道を切り開いていった側面を明らかにしていく。“Victims”から“Survivors”へと変化を遂げ、グローバルヒバクシャとしての行動に踏み出していく軌跡が第五章で浮かび上がる。さらに、ロンゲラップで現在進められている再居住計画にも言及する。

第一章から第五章を通して、マーシャル諸島の米核実験被害をめぐる地域実態の解明に取り組み、その先に、理論の領域へと論を運ぶ。終章は、明らかにしてきたマーシャル諸島の米核実験被害の実態をまとめながら、核被害者の存在とかれらが抱える核被害にどう迫りうることができるのか、視覚的には十分捉えきれない、視えない核被害に接近していく方途を提示し、本書を締めくくる。

原爆被害者の生活史調査に四〇年以上にわたり取り組んできた社会学者の濱谷正晴は、広島・長崎の原爆被害体験をめぐり、「その〈全体像〉の再構成を可能にする方法＝枠組みを模索し、探求し、獲得していくことは、いまなお私たちの目の前にある未完の課題である」[濱谷 2005: vii]と述べている。「いのち」だけでなく、「くらし」や「こころ」の面からも原爆被害に迫ることが説かれてきた[ISDA JNPC 編集出版委員会編 1978: 124–125]が、原爆被害の全体像に迫る方法論は、十分確立されているとは言えない状況なのである。

科学技術史の見地から『放射線被曝の歴史』[中川 1991]を論じ、放射線被曝防護の基準と法令に潜む政治性を明らかにした中川保雄は、「われわれは放射線被曝の影響についてどれほど知っているのであろうか。いや、その危険性や被害について、核兵器や原発の開発を進めてきた人びとはどれほど違った観点から考えてきたのであろうか」[中川 1991: 9]と問いかけている。

これらの指摘を重く受けとめながら、核被害をわかったつもりにせず、東京電力福島第一原発事故も念頭に置きながら、マーシャル諸島の米核実験被害の実態と、核被害に迫る方途を本書は探究していく。

# 第一章

# 終わりなき核被害

左：「故郷のような場所はほかにはない」（No Place Like Home）と描かれた絵が，
水爆ブラボー実験から半世紀を迎えた記念式典の会場に掲げられた
（2004年3月，マジュロ環礁）．

右：朽ちた先祖の墓が，ビキニに人が住んでいたことを思い起こさせる（2006年3月）．

図1-1　ビキニ環礁(Bikini Atoll)

・小島総数:23島
・陸地面積:6平方キロメートル
・ラグーン面積:594.1平方キロメートル

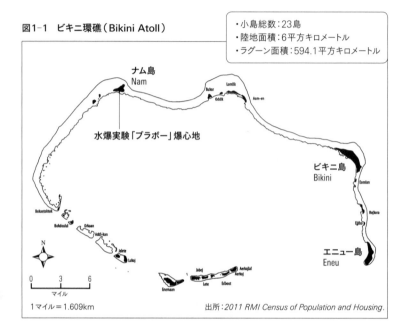

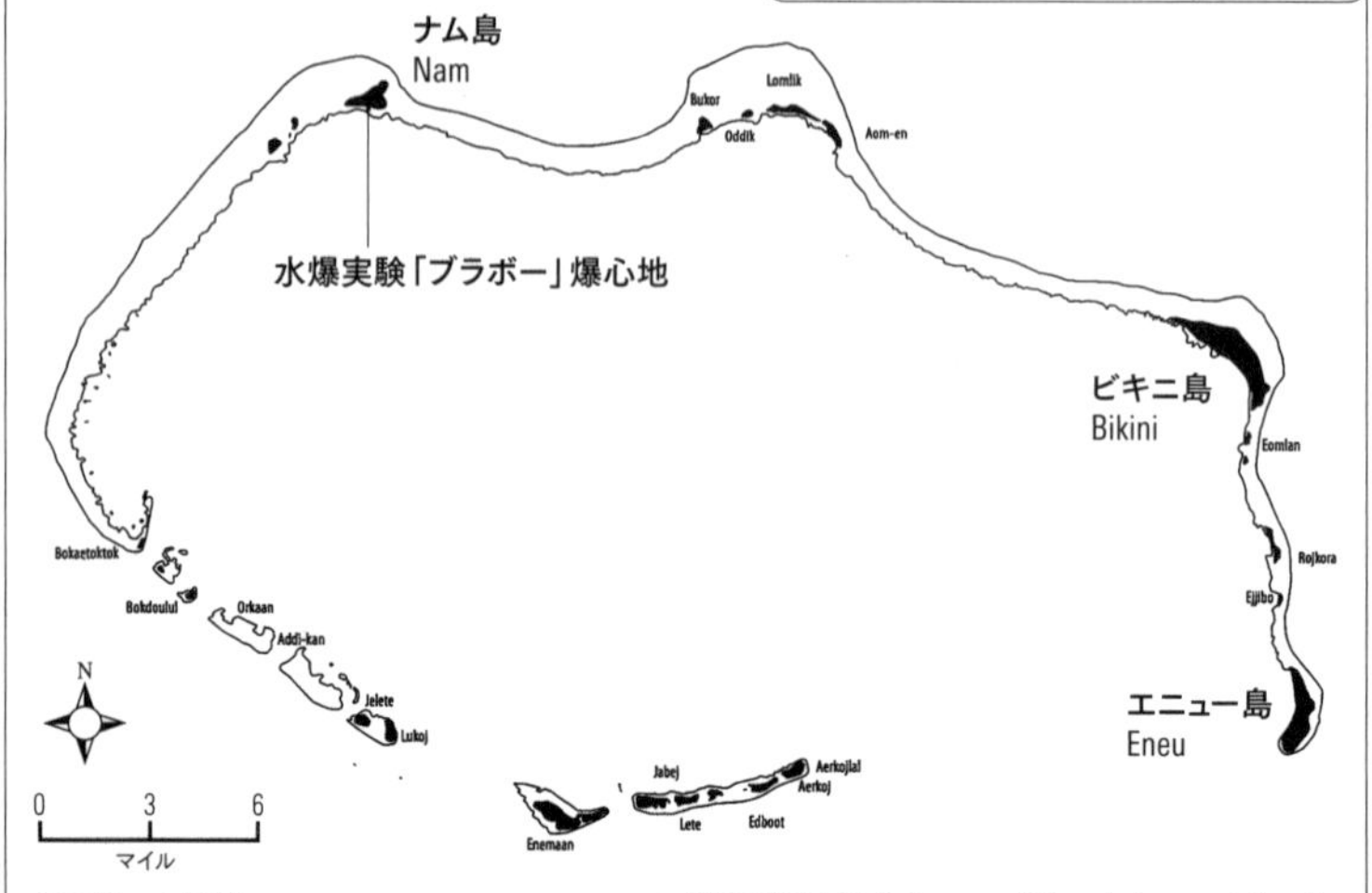


出所:*2011 RMI Census of Population and Housing*.

## 一　「美しい景色」

二〇〇六年三月、ビキニ自治体長の許可が下り、ビキニを訪れた。首都マジュロからビキニまでは、小型飛行機が週一便運航されており(以下、当時)、米軍ミサイル基地があるクワジェリン経由で三時間弱かかる。運賃は原油高騰のあおりで往復五〇〇ドルに値上げされていた。

ビキニ環礁(図1-1)は二三の小島が円環を描くように連なり、その内側に穏やかな湖のようなラグーンが広がる。小さな島々を合わせた陸域はわずか六平方キロであるが、ラグーンは陸域の約一〇〇倍におよび、琵琶湖の面積に匹敵する。

ビキニの空港に降り立つと、「ようこそ美しい島ビキニへ」の看板が迎えてくれる

**写真1−1**　空港にある「ようこそ美しい島ビキニへ」の看板（2006年3月，ビキニ環礁エニュー島）．

**写真1−2**
一見，「楽園」を思わせる光景が広がるが……（2006年3月，ビキニ環礁ビキニ島）．

(**写真1−1**)。看板の「BIKINI」の文字の両隣に星印が描かれている。向かって右の星三つは、一九五四年三月一日の水爆ブラボー実験で蒸発し、消滅した島を意味する。左側の星二つは、ビキニ環礁の人びとの移住先である、キリ島とマジュロ環礁エジット島を指す。飛行場があるのはエニュー島という島で、ビキニ本島ではない。ボートに乗り換え、本島であるビキニ島を目指す。

ボートに揺られること約三〇分、いよいよビキニ本島に到着である。真っ白な砂浜、透き通るエメラルドの海、真っ青な空が迎えてくれる。浜辺に立ち、ビキニの海を眺める。「これぞ楽園」と思える景色が眼下に広がり、静かな波音が聞こえる(**写真1−2**)。穏やかな時が刻まれる。ここビキニで核実験が行われていたとは信じがたい光景である。

「今、ビキニ環礁の海はどうなっているのか。……そこには、サンゴ礁が蘇り、多くの魚たちが戯れていた。海流により放射能が拡散され、さらに実験以来、長く人間の立ち入りが制限されていたため、命が蘇り守られてきたのだ……」[テレビ朝日 2008.5.31]。ビキニを取材したある環境特集番組のナレーションの一節である。たしかに、見た目からは、核実験で破壊された自然環境はすっかり再生されたように思えよう。(1)

しかし、「すべてが破壊された」、「恐ろしい混乱は、まだわたしたちに付きまとっている」とマーシャル諸島の住民は訴え続けている。核実験は過ぎ去った問題ではないのである。核実験と所縁のある場所を訪ね、マーシャル諸島の人びとの核実験体験に耳を傾ける。すると、「美しい景色」とは裏腹に、じりじりと忍び寄る「終わりなき核被害」の現実が浮かび上がってきた。

## 二 「核の難民」として生きる

ビキニには「楽園」を連想する光景が広がるが、そこにビキニの人びとが生活を営む光景は蘇ってはいない。第三章でくわしく見ていくが、核実験は無人の何もない太平洋の大海原で行われたのではない。ビキニで生活していた人びとを追い出し、核実験場が建設された。現存する先祖の墓がわずかに当時の人びとの暮らしの痕跡を残す。

ビキニだけではない。水爆ブラボーの実験場とされたビキニの爆心地から東へ一八〇キロ離れたロンゲラップの人びとも、移住生活を送る。ビキニとロンゲラップの人びとは、核実験で故郷を追われ、今なお自分たちの土地と切り離された生活を余儀なくされているのである。[2] そのような、核開発にともない強制移住を強いられ続けているマーシャル諸島の人びとは、「核の難民[3]」だと言えよう。

## ◒「日本の核のゴミ、わが無人島へ」

一九四六年、核実験場が建設されると同時に、ビキニで暮らした一六七名の人びとは故郷の地を追われ、移住を余儀なくされた。核実験は「人類の幸福と世界の戦争の終結のため」と、ビキニ住民は米国から説明されたのである［Niedenthal 2001: 2］。その時からじつに七〇年近くの月日が流れる。しかしビキニの人びとは、自らの土地と離散し、移住生活を送り続ける。帰還のめどはまったく立っていない。

ビキニの人びとの歩みは第三章で詳述するが、核実験の後に除染作業が行われ、一九六九年に米政府が「安全宣言」を出し、一部住民がビキニに帰島した時期はあった。木造のビキニ自治体の庁舎や小学校、さらには教会も建設され、それらの建物は今もビキニ本島にある。しかし一九七八年、米政府自らが「安全宣言」を取り消し、ビキニはふたたび閉鎖されて今に至る。

一九八〇年代から九〇年代にかけて、マーシャル諸島政府関係者の間で、核廃棄物の処分場建設が検討された。核廃棄物だけでなく、産業廃棄物、大都市のゴミ、あるいは油に汚染されたゴミを、他国から受け入れる計画が、幾度となくマーシャル諸島では浮上した［Johnson 2013: 254; 豊﨑 2005: 上

403–404]。

核廃棄物は、米国と台湾、さらに日本からも受け入れる計画があった。一九九四年一一月には、『日本の核ゴミ、わが無人島へ』汚染されたマーシャル諸島が誘致」との新聞報道が日本でもなされた［朝日新聞 1994.11.3］。

同新聞記事は、マーシャル諸島が日本側に誘致を呼びかけたことにのみ触れている。しかし、アマタ・カブア政権のもとで外務大臣を務めたトニー・デブルムは、二〇一三年八月、当時の事情を大臣室で次のように明かした。「日本の核廃棄物を受け入れる話は、中川一郎代議士や東京電力がアマタ・カブア大統領に持ちかけたのが始まりだ。親書が届き、日本側の様子を探るために、わたしは日本に行った。田中、竹下、中曽根らとも会った。中川は話を持ちかけた後すぐに、自殺した」。

中川一郎は、原子力の「平和」利用政策の基幹を担う科学技術庁長官を一九八〇年七月から一九八二年一一月まで務め、一九八三年一月に自殺した。中川一郎は長官在任中、原発のさらなる推進を打ち出し、太平洋への放射性廃棄物海洋投棄を推進したことで知られる［読売新聞 1980.12.16; 朝日新聞 1980.9.5, 1981.8.31］。トニーの証言に従えば、中川一郎が科学技術庁長官を務めた時期に、日本側からマーシャル諸島側に核廃棄物の誘致話を持ちかけていたことになる。

トニー・デブルムはまた、福島第一原発事故後においても、核廃棄物の受け入れの可能性をさぐる話が非公式ながらマーシャル諸島側に持ちかけられたことを、二〇一四年三月に福島のジャーナリストや学生らを前に明かした。

核廃棄物の誘致をめぐっては、マーシャル諸島内部の動きだけに注目するのではなく、世界中が処理に困るなかで、水面下で日本、台湾、米国などの外部からマーシャル諸島側へ、どのような話が持ちかけられてきたのか、今後、より調査を進める必要がある。

住民の再居住が失敗に終わった後、ビキニをどうしていけばいいのか。ビキニ内部でも、核廃棄物の受け入れをめぐる話が持ち上がった［毎日新聞 1995.7.6］。核廃棄物処分場の誘致に積極的に動いたのは、一九七五年以降ビキニの顧問弁護士を務め、著書『クロスロード作戦』［Weisgall 1994］もあるジョナサン・ワイズゴールであった。ビキニ自治体の渉外担当を務めるジャック・ニーデンタルは、「核廃棄物の処分場建設をめぐり、一九九五年、ビキニの人びとが集う大規模な住民集会が開かれ、わたしは反対で、顧問弁護士との間で大論争を繰り広げた」と回顧する。住民集会を経て、ビキニの住民は、核廃棄物の受け入れに反対することを選択した。

一九九〇年代半ば、核廃棄物処分場建設は最も切迫した局面を迎えた。ビキニのみならず、マーシャル諸島内部でも反対の世論が高まりを見せた。加えて、米エネルギー省のヘイゼル・オリアリー長官（当時）が、核拡散防止の観点から反対を表明した［Johnson 2013: 256］。そしてついに、マーシャル諸島政府は、核廃棄物処分場計画の検討は今後行わないことを閣議決定した。「一九九九年のことであり、今もその政府方針は変わっていない」と、地元新聞社の編集長を務めるギフ・ジョンソンは指摘する。

先述のようにビキニへの核廃棄物受け入れは住民集会で否決され、一九九六年、ビキニはスキューバ・ダイビングの観光スポットとして開放されることになった［Niedenthal 2001: 185］。しかし、いまだ住民の再居住は果たされていない(4)。

**写真1-3**　ビキニを調査するローレンス・リバモア米国立研究所の科学者たち(2006年3月).

ビキニの本島を注意深く歩くと、ココヤシやタコノキなどの植物の幹に番号がつけられていることがわかる。地面には赤い三角の旗もところどころに立てられている。サンプル採取の目印である。

ビキニでは、核開発を所管する米エネルギー省から委託を受けた、ローレンス・リバモア米国立研究所(Lawrence Livermore National Laboratory)の国家核安全保障局(The National Nuclear Security Administration)の科学者が、目に視えない残留放射能を測り続けている(写真1-3)。同研究所は、「核兵器の科学技術を促進し、切迫した国家安全保障の必要性に応えるため、米ソ冷戦が高まるなか一九五二年に設立され」、「米国の安全保障と核抑止の信頼性を確保すること」が使命に謳われている。(5)

科学者はビキニに常駐はせず、数カ月に一度、ビキニを訪れて追跡調査を続けている。筆者は、二〇〇六年三月に実施された追跡調査に同行する機会を得た。調査団の一人に、「ベクテル・ネバダ」(Bechtel Nevada)の名の入った帽子をかぶった白人の中年男性がいた。ベクテル社は「世界一の建設・エンジニアリング会社」(6)であるとともに、米国の原子力と軍事を動かし、核開発の利権と密接に関わってきた会社である[マッカートニー 1988; 本山 2004]。ベクテル社は当時、追跡調査の後方支援を担当していた。二〇一四年現在、後方支援はハワイのインターナショナル・アウトリーチ・サービス社（International Outreach Services）が担っている。

二三の島々からなるビキニの調査は、飛行機や車だけでなく、船の手配が欠かせない。飛行機で首都マジュロを出発しビキニの空港に降り立ち、ビキニの本島までボートで行く。その先は、ベクテル社がクワジェリンの米軍基地から手配した、米軍の汎用揚陸艇に乗り換えた。科学者、ベクテル社の社員、そして手伝いのマーシャル人らとともに、米軍艦船に乗り込み、ビキニ環礁の島々を約一週間かけてめぐった。

ビキニ環礁のどこの小島に行ってもビキニの人びととの生活の跡はない。ビキニの人びとは同環礁から南へ約七六〇キロ離れたキリ島と、首都マジュロ環礁にある離島のエジット島に移住している。

## ◒ミサイル実験場のそばで

共同体の生活が消えたもう一つの場所であるロンゲラップ環礁は、核実験場ではない。しかし、一九五四年に水爆ブラボー実験が行われた時、八二人が暮らし、うち四人が胎児を身ごもっていたなか、放射性降下物で身体の被曝とともに土地が汚染され、地域社会全体に被害がおよんだ。ロンゲラップの人びとの歩みは第五章で詳述するが、水爆ブラボー実験の際、ロンゲラップの人びとは二日間放置された後、米軍基地があるクワジェリン環礁の本島に収容された。その後、三年が経た一九五七年、米原子力委員会から促され、住民はロンゲラップに帰島した。

ロンゲラップで生活を続けたが、残留放射能汚染に脅威を募らせたロンゲラップの指導者は、

**写真1-4**
ロンゲラップの人びとの移住先であるクワジェリン環礁メジャト島(2010年1月).
写真提供:Grace Abon氏

一九八五年、自主的に自分たちの土地を離れる重い決断を下した。移住先は、クワジェリン環礁の外れにあるメジャト島であった(写真1-4)。序章でも少し触れたが、クワジェリン環礁には、米陸軍ミサイル実験場が今も置かれている。メジャト島そのものは米軍基地ではないが、クワジェリン環礁のラグーンを的としたミサイル実験が実施されている。「ミサイル実験をすれば、夜間ならば光が見えることもあるのよ。ミサイルが、メジャト島に落下しないか心配だったわ」と、かつてメジャト島に暮らしていたレメヨは語る。

メジャト島への移住は、自主的なものであったため、ビキニのように代替地が無償で提供されたわけではない。ロンゲラップの人びとは、移住先であるメジャト島の土地[7]の最高責任者である首長(イロージ)に年四回、五〇〇〇ドルずつ、また日常的に同島の土地管理に責任を持っている地区長(アラップ)に年四回、三〇〇〇ドルずつをそれぞれ支払い続けている。移住先は借地なので、「自由がない」とフレッドは嘆く。ロンゲラップは「魚釣りに、コプラ作りに、どこに行くのも自由だった。しかしメジャトでは、何をするのにも許可を取らなくてはならず、制限がある」と、レオは借地であるメジャト島での生活の実情を語る。

移住生活が四半世紀を超えた現在、ロンゲラップ環礁では、除染を含めた再居住計画が着手されている。詳細は第五章で論じる。

## ◒引きちぎられた身体

自分たちの土地と切り離され「核の難民」となっているかれらは、果たしてどんな苦難を抱えているのであろうか。

「われわれにとっての土地は、アメリカや西欧の社会、あるいは日本の土地とは違う。土地というのは、われわれとともにあり、われわれの身体の一部だ。土地はわれわれの心臓部でもある。土地が奪われ、身体が引きちぎられ、心臓がとられたのだ」と、ロンゲラップ選出の国会議員であるケネス・ケディは説明する。

「××はわたしの土地」と住民は言う。しかし土地は私的に所有されているわけではない。集落の住民が主体となり、共同で利用している。共同体が土地を総有している入会《いりあい》的なコモンズの性格をマーシャル諸島の土地制度は強く持っている。土地は集落の共有財産なのである。

財産といっても土地は市場価値で測りうる商品ではない。マーシャル諸島の人びとにとって、土地とは、売買を通して得るものではなく、生まれながらにして付与されるものである。「マーシャル諸島の人は、どこかの土地にかならず結びついている。どの土地とも結びついていないマーシャル諸島の人はいない」と、ロンゲラップのボルカレインが説明するように、マーシャル人であるならば皆、土地は持っている。他方、よそ者がいくら札束を積んでもマーシャル諸島の土地は購入できない。

マーシャル諸島共和国憲法上も、マーシャル諸島内の土地は慣習にもとづいて維持され、土地の譲渡は、マーシャル諸島共和国の市民権を持っている人に限定されることが、第一〇条で規定されている。

マーシャル諸島の土地制度は、市場価値を持たず、経済成長の阻害要因になっているとの認識が、アジア開発銀行の報告書[Holden et al. 2003]では見られる。しかし、土地には市場価値を超えた多様な価値がある。

ロンゲラップで生まれ育ったレメヨは、「自分たちの土地は置き換えることができないものなの。お金で置き換えることもできない。お金は使えばなくなるが、土地は使ってもなくならない」、「土地がない、それはすなわち、その人の存在を失うことなのよ」と、マーシャル諸島の人びとにとっての土地の重みを説明する。

第四章で詳述するが、水爆ブラボー実験から約二カ月経た一九五四年五月、国連信託統治理事会に「破壊的兵器の実験を即時停止すること」を求める請願書(Petition from the Marshallese people, T/PET.10/28)が、マーシャル諸島住民から提出された。同請願に、マーシャル諸島の人びとにとっての土地がいかに重要なのかを述べた一節がある。

「マーシャル諸島の人びとにとって、土地は非常に重要な意味を持っている。土地は、食糧となる作物を植えたり、家を建てたり、あるいは死者を埋葬することができる場という以上の意味を持っている。土地はまさに、人びとの命そのものである。土地が取り上げられれば、人びとの誇り(spirits)も奪われてしまうのである」[Marshallese people ed. 1954]。

まさに現地の人びとにとって、土地とは、太平洋の大海原に浮かぶ小さな島々で暮らしを立てていく、「命」の源泉となってきたものである。土地は、食糧や生活資材を生み出す源であることはもちろんであるが、それに収まりきれない多様な機能をあわせ持つ。例えば「土地の記憶」と言うように、その土地の風景、音、匂いに至るまで、生活を取り巻くじつにさまざまなものを、土地は生み出す。さらに、ビキニのヒントンが語るように、「土地はその人を象徴するもので、お金には換えられないものだ」。ビキニに土地を持っていることがビキニの地域社会に所属する証であり、ロンゲラップに土地を持っていることがロンゲラップの地域社会に所属する証である。土地はアイデンティティーの源泉となり、地域社会の人びとを引き寄せ結びつける磁場になる。

マーシャル諸島の土地制度に照らせば、土地がないマーシャル人は存在しない。この誰もが持っているはずの、命に相当する自分たちの土地を核実験は奪った。加えてロンゲラップの人びとの場合、借地料を支払って他者の土地に間借りする状態に置かれている。マーシャル諸島の土地制度に照らせば、まったくありえない異常な状態が恒常化しているのである。

「ロンゲラップの人びとは『私たちは、土地がないでしょう。これはとても恥ずかしいことなんです』という言葉を、事あるごとに口にする」[中原 2006: 2]と、メジャト島をフィールドにしている人類学者の中原聖乃は指摘する。

## ◒「母なる大地にキス」

「わたしを故郷に連れて行って。ビキニの人がビキニで生活をしていたあの日に連れ戻して」と、ネーマンが筆者に懇願したように、「核の難民」となっている人びとは、中高年世代を中心に、自分の土地に戻りたいという気持ちを今なお持ち続けている。

「今でもロンゲラップのことを思い出します。ロンゲラップのような快適な場所はほかにないのです。ロンゲラップにいた時が一番よかったわ」とカタリーヌも語る。ケネスは国会議員になり、二〇〇六年に主を失ったロンゲラップの大地を踏んだ。「自然と涙が流れ、感情がこみ上げてきた。なぜだかはわからない。一緒に行ったある女性は、大地に近づき、キスをしていた。そしてその母なる大地を抱きしめようとしていた」と、理論派で知られるケネスが珍しく感情的になり、ロンゲラップの土地に対する思いを語り始めた。望郷の念というのは、何十年の月日を経ても、そう簡単に消え去るものではない。

いやむしろ、「ビキニに戻って、そこで死にたいわ」と、ジャブコンが胸のうちを語るように、年齢を重ねるにつれ、故郷である自分の島への思いをより募らせている人もいる。「わしは今、人生の終わりが近づいている。ビキニに戻りたい。……ビキニは、マーシャル諸島で一番いいところ。魚も鳥も、カメもココヤシもたくさんあったからねぇ」と、八〇歳を超えたジャモレも、懐かしそうにビキニの思い出を語る。しかし、移住先の「キリ島に住み続けると思う」と、ジャモレは帰島を半ばあきらめている。

「いつか帰れるならば、帰りたいです。でも、今帰ることは考えていない。ラディエーション（放射能）が怖いからです」と日本語で語るのは、水爆ブラボー実験当時、ロンゲラップの自治体の首長を務めていたジョンである。そう語って一年も経たないうちにジョンはこの世を去った。核実験で奪われた自らの土地への望郷の念を抱きつつ、その思いが果たせず、人びとが亡くなり続けている。

「ビキニには、本当に戻りたい。ホーム・アイランドなのだから。しかしビキニの放射能が不安だ。帰島前に除染して以前のような状態に戻してからでないと、帰れない」とシーアはトーンを上げる。残留放射能という問題、さらに心に巣くう不安感があり、望郷の念との板ばさみに陥っている。

一方、放射能の問題があっても、それでも帰島したいとの声がビキニの一部の人から聞かれた。「我が家に戻りたい。とても思うわよ。そりゃあ、快適なわたしたちの土地だから。放射能ねえ、少し怖いわね。でも帰りたいわ」と語るのはヘンリーである。「故郷に戻りたいと強く思う。放射能なんか怖くないわ」と、キーボンは断言する。

総じて言えば、放射能に対する不安は、ビキニよりロンゲラップの人びとのほうが強い。意識の差は歴史的な歩みの違いによって生み出されていると思われる。ビキニの人びとの歩みは第三章で、またロンゲラップの人びとの歩みは第五章で、それぞれ紹介していく。

ここまで述べてきたように、マーシャル諸島には、土地が被曝し、移住を余儀なくされ、今なお自分たちの土地と切り離され、「核の難民」となっている人びとがいる。ビキニの人びとはキリ島やエジット島、ロンゲラップの人びとはメジャト島を移住地にしている。それぞれの移住先での生活はどうなっているのだろうか。

## 三「No Place Like Home」

### ◐インフラ整備の進展

移住生活は、ロンゲラップの場合でも四半世紀、ビキニの場合は六〇年以上におよぶ。この間、移住先ではインフラ整備がたしかに進められてきた。

とりわけビキニの人びとが暮らすキリ島は、首都マジュロを除くが、マーシャル諸島の他の地域よりもインフラが充実している。「よくなったわ。新しい家が建ち、電気もついて、学校も」と、キリ島で生まれ育ったヘンリーは語る。キリ島には新しい家々が建ち並び、冷房が完備されている（写真1-5）。島の端には、ディーゼル発電機があり、全世帯に電気が供給されている。歩いてまわることができる一平方キロ弱の小さな島にもかかわらず、家の前には新しい車が置かれ、隣近所の移動に使われている。筆者が長く滞在したアイルックと比べると、同じマーシャル諸島の地方でありながら、キリ島のインフラには驚かされる。マーシャル諸島国家電気通信局（NTA）のウェブサイトを見ると、高速インターネット回線もキリ島に開通したという。

キリ島の小学校は、[8]「コンクリート製で頑丈な上、すべての教室の天井に四つずつ扇風機がついているし、図書室にはクーラーまであり、……オフィスにはコピー機、印刷機、パソコン、テレビデオまである」、「全学年単学級で、全生徒は約一六〇名である。……教員は私（青年海外協力隊員）以外、校長を含めて九人」［多田 2004: 28］という他の地方では見られない充実ぶりだ。九人の教員のうち、日本からの青年海外協力隊員の一人以外にも、アメリカ人の教員が二人配置されていた。

第三章で詳述するが、キリ島で移住生活を始めた頃は、何もなくて大変だったと、住民は苦労話を口にする。食糧が足りず、飢えを防ぐため空中から食糧投下が行われたこともあった。しかし、今やそんな飢えとはまったく無縁の生活を住民は送る。

**写真1-5**　ビキニの人びとの移住先キリ島では，新しい家が建ち，新車が走る．一見，快適なようにも思えるが……（2003年10月）．

ロンゲラップの人びとの移住先であるメジャト島は、住民が日常生活で用いるガス、水道、電気の設備はなく、インフラはキリ島ほど整備されてはいない。しかし、二一世紀に入りメジャト島から小型ボートで一〇分ほどのエレナ島に飛行場が建設され、首都マジュロとの間に空路が週一便設定されている。飛行時間は約二時間であり、首都へのアクセスは格段によくなった。従来は、ロンゲラップ自治体が所有する不定期の小型船を利用するしかなかった。まずメジャト島で小型船に乗り、八時間あまりかけて、第二の都市イバイ島に渡る。次にイバイ島の波止場で、フェリーあるいは水上タクシーに乗り換え、一五分ほどかけて、クワジェリン本島に渡る。最後に飛行機に乗り、約一時間で首都マジュロに到着する。これが最短ルートであった。空港が近くに建設された今でも、飛行機はたびたび運休するうえに運賃も高額であるため、小型船は住民の貴重な足であり続けている。

## ◒環礁を活かした故郷の生活

いくらインフラが整備され、物質的にある程度は満たされたとしても、「キリは本当のホーム・アイランドではない」と、ビキニで生まれたハーバートが語るように、自分の土地と切り離され、離散した状況は続く。自分たちの土地で暮らしていたような生活を取り戻すにはまったく至っていない。

移住生活を営む人びとの間でよく聞かれるのは、移住先の島が「小さい」という訴えである。キリ島に暮らすマシューも、「キリの生活はよくない、小さくて」と語り、エジット島に暮らすカールトンも、「エジットは小さい」と語る。さらにロンゲラップで生まれ育ったマーナリックも、移住先の「メジャトはとても小さい」と訴える。

「小さい」という訴えには、文字どおり、移住先の島の面積が狭いという意味もある。ビキニの人びとが暮らすキリ島の面積は、一平方キロにも満たない〇・九三平方キロ(〇・三六平方マイル)である[Niedenthal 2001: 176]。ロンゲラップの人びとの暮らすメジャト島はさらに狭く、わずか〇・二三平方キロである[中原 2006: 21]。人口は流動性があるが、キリ島には一〇〇〇人前後(9)、メジャト島には三五〇人前後(10)が暮らす。

加えて「小さい」という訴えは、移住先の島の面積が狭いことにとどまらない意味を持つ。実際の暮らしぶりを目にし、よりくわしく話を聞くうちに、「小さい」という言葉が何を指すのかを具体的に理解できるようになった。「小さい」という言葉を読み解く鍵は、環礁という地形を活かした、かれらの生活形態にある。

序章でも少し触れたが、環礁の形をあらためて思い起こしておきたい。環礁は、単独の島（island）とは異なる地形である。ビキニ環礁は二三の小さな島々、ロンゲラップ環礁は六一もの小さな島々が点在し、円を描くように連なり、その内側にはラグーン（礁湖）と呼ばれる、まるで湖のような穏やかな海洋空間が広がっている。そして、環礁の外側には、オーシャン（外洋）と呼ばれる太平洋の大海原が広がっている。

ビキニとロンゲラップ両環礁の人びとは、環礁を取り巻く島々の中で中心的な島、いわば本島に大半が住居を構え、暮らしを立ててきた。ロンゲラップ環礁の人びとはロンゲラップ島、ビキニ環礁の人びとはエニュー島やビキニ島に、多く暮らしていた。とはいえ、住居を構える島に閉じこもって暮らしてきたわけではない。

ロンゲラップで生まれたフレッドは、「あそこはいい場所さ。思い出すなあ、ラグーンに漕ぎだして、魚、ココヤシ、ロブスターを食べていたことを」と、懐かしそうに回想する。核実験以前のロンゲラップをよく知る一九二二年生まれのジョンは、ロンゲラップ環礁の地図（図5-1参照、285頁）を広げ、ロンゲラップにある小さな島々の説明を日本語で始めた。「パンの実（パンノキの実）は、エニアイトック島とロンゲラップ島にたくさんありました。ココヤシとタコの実（タコノキの実）はどこの島にでもある」。

パンノキはクワ科の常緑高木で、約二五メートルの高さまで成長する。パンノキの実の大きさはメロン大で、皮の色は緑や黄緑だ。皮付きのまま焼き芋のように丸ごと直火で焼いた「クワンジン」

は地元の常食で、主食にもなりうる（写真1―6）。

タコノキは、おおよそ八メートルの高さまで成長する木で、幹から地面に向かって何本も出している太い気根が特徴的だ。この四方八方に伸びる根っ子の様子がタコの足に似ていることから、タコノキという日本名がつけられた。タコノキは、こぶし大の小果が密集し、パイナップルを思わせる果実をつけ、実の内側がオレンジ色に熟すと食べごろを迎える。ビタミンAが豊富に含まれており、甘みがあり、生でも、茹でてでも食べられる（写真1―7）。

ジョンは続けて、「カボール島では大きな貝がたくさん採れた。エビを採ったりもした。（ヤシ油の原料となる）コプラは、アーバー島、ケロック島、ブルック島、ジョクリック島、アイリック島、ナメン島、コベレ島、メル島、キーエーセス島で採っていました。ここキーエーセス島は、（太平洋

**写真1–6**　マーシャル諸島を代表するローカルフード，パンノキの実.

**写真1–7**　マーシャル諸島を代表するローカルフード，タコノキの実.
噛むと繊維質が歯に挟まるが，甘い（2001年7月，アイルック環礁）.

戦争の際に）米軍が来た時に逃げた島です……」と、地図を指さしながら語ってくれた。ロンゲラップでの生活の思い出は尽きない。

ジョンの回想は、アイルック環礁に筆者が滞在して体験した生活［中原・竹峰 2013: 53–98］と重なる。小さな島々は、住居がなくても、食物採集やコプラ生産など生きる糧を得る場であり、時にはレクリエーションの場にも変身する。誕生日会が開かれたり、週末に泊まりがけのピクニックが行われたりした。もちろん、会場までの交通手段はマーシャル・カヌーである。船舷の片方に浮子を張り出させたアウトリガー式の帆船であるマーシャル・カヌーが、アイルック島のラグーンに面した砂浜には二十数隻並べられている。日が昇り始める頃からカヌーが一隻一隻ゆっくりとラグーンへと繰り出していく（写真1–8）。

**写真1–8**　マーシャル・カヌー．
アイルック環礁では今も日常生活を支える（2013年8月）．

「ビキニはとてもいい場所だった。島と島とをカヌーで巡っていたさあ。いろいろな食べものがたくさん採れたしね。ココヤシ、パンノキ、タコノキ、タシロイモ、ロブスター、カメ、海鳥……。大きなカヌーだと二〇人くらい乗れたもんだ」と、ジーエンは懐かしそうに語る。タシロイモは、英名がアロルート、現地ではモクモクと呼ばれる多年草で、地中にジャガイモに似た球茎をつけ、その部分が食用になる。すりつぶして水にさらした後、加熱調理する。食感は重湯に似ている。

ジャモレも「家やカヌーを作ったり、手工芸品を作ったりしていました。ビキニの周囲には、魚がたくさんいました。毎日のようにカヌーに乗ってラグーンにも行きました。魚は網で捕ったり、刺して捕ったりしました」と回想する。

環礁を取り巻く小さな島々は大半が無人島であるが、人跡未踏の地ではない。人びとが生活を立てていくうえで、なくてはならない生活空間なのである。ラグーンは、漁撈の場として活用されるとともに、居住地と第二の生活の場である小さな島々を結びつけている海の道でもある。太平洋に浮かぶ小さな島々で、家を構える本島の島だけでなく、無人の島々、さらにラグーンと環礁の全域を使って、生活は営まれてきたのである。そうした暮らしは、今もマーシャル諸島のとりわけ地方には息づいている。

## ◒「牢獄の島」

ところが、ビキニやロンゲラップの人びとの移住先には、こうした環礁全域を活かして暮らしを立てる空間がない。移住先であるキリ島、エジット島、メジャト島は、いずれも環礁ではなく一つの島であるからだ(写真1-9)。

カヌーに乗り自由に航海してきた穏やかなラグーン(礁湖)に相当する生活空間もない。ビキニ環礁には東京二三区がほぼすっぽり入る六〇〇平方キロ弱のラグーンが広がっていたが、移住先のキリ島にラグーンはない。ロンゲラップ環礁にはビキニよりも広い大阪市の五倍に相当する約一〇〇〇平方キロにおよぶラグーンがあり、メジャト島はラグーンに面してはいるものの、クワジェリン環礁の土地の権利を持たない外様のロンゲラップの人びとは、ラグーンを自分の庭のようには使えない。

**写真1-9** ビキニの人びとの移住先であるキリ島は環礁ではなく，一つの島である（2003年10月）．

「小さな島々がないのよ。昔、楽しんだような航海をする場所もないいわ。魚もそんなに多くないしね」と、メジャト島での暮らしの不満をカトリーヌは語る。キリ島に暮らすトシローも、「われわれはほかの島に行くことができない。キリ島以外に資源がない。キリ島は十分な広さではない」と訴える。

移住先では一つの島に閉じ込められた生活を余儀なくされているのである。「周囲に島々がない。リラックスしたり、楽しんだりする場所もない。大きな波がやってきたら魚釣りに行けなくなり、船の荷出しもできなくなる。〝牢獄の島〟なのよ、ここは」と、キリ島に暮らすコーマイは実情を語る。

住民が訴える「小さい」という言葉の意味は、もうおわかりであろう。環礁全域に広がりを持っていたかれらの生活空間が奪われ、一つの島に閉じ込められている。生活空間が極端に狭められている状態を指し、移住地は「小さい」と住民は訴えるのである。

「生活はよくなったが、今でも、キリ島は〝牢獄の島〟だと思っている」とシーアが語るように、ビキニの人びとは移住先のキリ島を「牢獄の島」と呼ぶ。時は流れて、移住先のインフラは改善が図られてはきているものの、本来の生活環境とはまったく異なったもとでの暮らしを余儀なくされている状況に変わりはない。「故郷のような場所はほかにはない」(No Place Like Home)——、二〇〇四年、水爆ブラボー実験から半世紀を迎えた記念式典会場に掲げられた、ある一枚の絵画に刻まれていた言葉である(本章扉写真参照)。

## 四 「我らの文化を奪った爆弾」

水爆ブラボー実験の時、ロンゲラップで直接被曝したレメヨは、「三月一日には、ロンゲラップの島のさえずり、波の音、そして亡くなっていった人たちのことが心に浮かぶのよ」と語る。土地を離れたことで、生活に馴染んでいた、その土地の音や風景までも奪われたのである。

土地が被曝するとは、その影響は美しい自然環境が汚染されることだけに収まらない。自分たちの土地の上で築いてきたすべてが傷つけられ、生活の基盤が剥奪されることを意味する。

### ◒缶詰に頼る食生活

ビキニは「いい場所さあ、魚がたくさんいるし、食べものもたくさんある。ココヤシ、パンノキ、タコノキ、かぼちゃ、アロルート、それにエビ、カメに、鳥も、いつだってひもじい思いをすることはなかった」と、ジーエンは回想する。「ビキニには食べものは豊富にあった」と、ジャブコンは語る。ロンゲラップで生まれたフレッドは、「あそこはいい場所さ。思い出すなあ、ラグーンに漕ぎだして、魚、ヤシ、ロブスターを食べていたことを」と、懐かしそうに語る。

ビキニもロンゲラップの人びとも、ココヤシや、パンノキ、タコノキ、魚など自分たちの土地からの恵みで生活を成り立たせてきたのである。筆者が長く滞在したアイルックでは、今なお、その土地から収穫されるローカルフードを主とした食生活が営まれている。

しかし、ビキニの人びとは、移住先で、缶詰を中心とするアメリカ農務省の緊急援助用食糧、通称USDA《ユーエスディーエイ》フードに多くを頼る食生活を送っていた。

「キリ島には海鳥やカメはいない。大きなマグロ、ロブスター、タコ、（浅瀬の珊瑚礁に棲みつく）リーフ・フィッシュもいないんだよ。ビキニにはたくさんいるのに……」と、トシローは嘆く。「食糧を得るのが難しい。波が高くて、とくに一二月から二月にかけては外に出られないのだ。昔、遭難した人もいたしね。……今は、USDAフードを食べる毎日さ」と、食糧を自給する難しさをボーンは指摘する。

「一番おいしいと思うヤシガニは、キリ島では見つけることができないのさ。ビキニにはたくさんいたのに……。子どもたちはヤシガニを見ても、何これ、と言うだろうね。ヤシガニを食べたければ、買ってこないといけないのさ。……キリで魚を捕るのも大変だ。……キリにはロブスターも、鳥もいない。子どもたちはUSDAフードの味に慣れてしまっている」と、ラッキーは指摘する。ヤシガニは、名はカニというが、ヤドカリの仲間である。強力なハサミをもち、堅いココヤシの実もいとも簡単に割る。ロブスターのように茹でて食べ、爪には身がたっぷり詰まっている。

キリ島に到着したある晩、筆者の歓迎会が開かれ、数十名が食糧を手に集まってきた。そこで渡された食糧は、今のキリ島住民の食生活を反映していた。大量の缶詰(シチュー、ツナ、ソーセージ、フルーツ、インゲン豆)に、ごはん、パン、ヤシの実、少量の魚と鶏肉、そしてコーラやお菓子もあった。「キリ島住民は缶詰が中心の食生活で、ココヤシやタコノキ、パンノキの利用方法、あるいは調理方法をあまり知らない」と、エボン環礁からキリ島にやってきた三〇代の男性は指摘する。配給される缶詰には「豆もあるが、多くの人はそのまま捨てている」とも続けた。

ロンゲラップの人びとの移住地であるメジャト島の周囲には、環礁を取り巻く小さな島々がある。マーナリックが語るように、「マーシャルの食べものは近くのエバダン島に採りに行く」ことはある。しかし先述したように、自分の土地ではないので、自由に採れるわけではない。メジャトでは、「好きだったアロルートやヤシガシが食べられなくなった」と、ミジュアは語る。「食糧の四〇%をアメリカからの援助に依存し、魚介類、ココヤシの実、パンノキの実……などのローカルな食糧が二〇%、購入食糧が三〇%程度となっている」[中原 2006: 22]と、メジャト島で参与観察した人類学者の中原聖乃は報告している。

二〇一四年現在、アメリカ農務省が缶詰を直接送付する形から、予算を渡された自治体が首都マジュロで買い付ける形態に変更されている。しかし、缶詰を主体とする食生活は変わらない。

### 廃れゆく生活の技

奪われたのは食だけにとどまらない。「われわれは文化を失ったんです。昔は腕のいい釣り人、カヌー作りの名人がいたのに……」と、キリ島に暮らすイチローは訴える。海洋の足であったマーシャル・カヌーをはじめ、太平洋の大海原に浮かぶ小さな島々で互いに分かちあい、自立して生き抜く生活の技術が奪われているのである。マーシャル・カヌーの技そのものが失われたことを、ラッキーは次のように証言する。

「移住した時、カヌーはまだ健在だったけど今はないなあ。カヌーはビキニで初めて作られたという伝説があるんだけど、知ってるかい？　でも、今はカヌーを作ることはできないのさ。カヌーを作るための材料も十分にないしね。アメリカ軍が我らの土地を奪ったからさ。われわれはカヌーの作り方も失ってしまったんだよ」。

マーシャル・カヌーはビキニで初めて作られたという伝説は、「レワとレメンタルの話」としてマーシャル諸島で語り継がれている。ビキニの「二人は、カヌーを作る名人で、カヌーを操るのに長けていた。ほかの島々と競争しても、いつも一番で、ほかの人たちにカヌー作りを教えていたんだ」と、トシローは自慢気に語る。

しかし今、一つの島に閉じ込められた移住先で、カヌーを用いる機会はない。カヌーの材料となる木材も、移住先にほとんどない。「カヌーは使わないねぇ。カヌーを作る人がいないし、作り方がわからないからさ」と、トシローは語る。カヌーを作る技そのものの伝承が途切れている。ビキニはマーシャル・カヌーの発祥の地との伝承があるが、その子孫は今やカヌーの乗り方も作り方も知らない。ロンゲラップの人びとの移住先であるメジャト島でも、マーシャル・カヌーの文化は途絶えている。

**写真1-10**　「島の王様」ココヤシ．
多様な用途で暮らしを支えてきた（2013年8月，アイルック環礁）．

そうしたなか、首都マジュロでマーシャル・カヌーを中心に伝統文化の掘り起こしと次世代の継承に取り組む非営利組織「WAM（Waan Aelõñ in Majel）」（Canoes of the Marshall Islands）が立ち上がっている。ビキニのアルソンが事務局長を務める。WAMは中退した子どもたちの社会教育の場にもなっている。

他方、「われわれビキニの人は伝統的な生活技術をすっかり忘れてしまった。カヌー作り、木登り、潜り漁（ダイビング・フィッシング）も。寂しいが自分もできない」と、ビキニの自治体議員を務めるヒントンは、漁の技そのものが低下したと指摘する。ロンゲラップのヒロコも、「移住先や首都マジュロでは、ロンゲラップで伝えられてきたものが継承できる場所が限られる。今の親たちは魚の釣り方を知らない。コプラの作り方も知らない。編み物の作り方も知らない」と嘆く。

「たくさんのココヤシの木が生えていることから、『ビキニ』と名付けられたんじゃよ」と、古老のジャモレが語るように、ビキニの地名は、ココヤシがたくさんあることに由来している。しかし、ビキニの人びとがココヤシを活用している光景は現在、ヤシジュースを飲む程度で、ほとんど見られない。

「ヤシは島の王様」とアイルック環礁に暮らすテンポーが表現するように、ココヤシはじつにさまざまな用途で暮らしの場で役立てられてきた［竹峰 2010: 93–94］。ココヤシの果実であるココナッツは、マーシャル諸島では、出世魚のように成長段階に応じて「ニー」「ワイニー」「ユ」の三つの名をもち、それぞれ活用の方法が異なる（写真1–10）。

　ココヤシの実は食用はもちろんのこと、堅い殻はコップなどの容器になり、細工物にも供される。殻は細かく刻まれ、焚火の炭火にもなり、その炭火はアイロンにも使える。金属製の容器に炭火を入れ、この熱と容器の重みで布地のしわをのばすのだ。ココヤシの実からは、ヤシ油の原料となるコプラが生産され、離島に暮らす住民の貴重な現金収入源にもなる。

**写真1–11**　ココヤシの葉の茎から作られる「ケメジ」と呼ばれる真っ白な糸．手工芸品「アミモノ」には欠かせない（2001年7月，アイルック環礁）．

　ココヤシの実だけではない。ココヤシは小さな白い花を多数付けるが、その蜜液は「ジャガル」と呼ばれ、ヤシジュースに優る糖度があり、水やお湯で割って飲む。ジャガルが自然発酵すると、上澄み液は酢になる。花が咲いた茎は、切り取って逆さにすると、小さな竹ぼうきのような、ほうきにも変身する。

　ココヤシの葉は、食事を盛る皿、敷物、団扇などに変身する。さらに葉の茎からは、「ケメジ」と呼ばれる真っ白な糸が紡ぎだされる。この糸は、籠や壁かけなどの手工芸品（「アミモノ」）を作るのに重宝する。ココヤシの樹の皮は火種を運ぶ時に用いる。また、幹は建物の柱に使われ、根は薬の原料にもなる（写真1–11）。

　ココヤシは自然に群生しているのではなく、住民が植えてきたのである。狭小な陸地で、かつ農業には適さない珊瑚礁の土壌にも育つ植物を植え、収穫したものを多彩に活用する術を身に付け、住民は生活を立ててきたのである。

しかし核実験で、土地が被曝し、その土地に生えるココヤシが放射能に汚染されると、自然環境が破壊されることだけでなく、ココヤシと人との間で築き上げられてきた多様な関係性が断ち切られ、文化が失われていくのである。

## ◒揺らぐ土地との結びつき

「核の難民」であるビキニやロンゲラップの人びとは、中高年世代を中心に望郷の念を今なお強く持ち続けていることは先に紹介した。しかし、自分たちの土地から切り離され、離散生活が常態化するなかで、土地との結びつきが薄れている一面もある。

「キリは好きではないねぇ。心からビキニに戻りたい」と語るトシローは、「われわれの故郷ビキニのことを、子どもたちはほとんど知らない。『何、それ？』と言われてしまうんだよなあ。キリが心地よいホーム・アイランドだと思っている」と嘆く。

「ビキニの人びとの八割ぐらいは、ビキニに行ったことがないのではないか」と、一九七八年生まれのニイジマは、二〇〇一年当時に指摘していた。本人も、「聞いたり学んだりしたことはあるが、実際、ビキニの土地を踏んだことはない」と言う。ただ、ニイジマは「ビキニに行ってみたい、わが心はビキニにある」とも語る。

エジット島に暮らす弱冠二六歳（二〇〇三年八月現在）の男性も、「昨年、船でビキニに初めて立ち寄った。ビキニは捨て去るべき地ではないと思った」と語る。キリ島でも、「ビキニには行ってみたい」と語る小学七、八年生（二〇〇三年一〇月現在）に出会った。若い世代はビキニに愛着を持っていないと、ひとくくりにするのは早計である。

しかし、一九七〇年代生まれのカールトンは、「（移住先の）エジットは小さいけれども、マジュロの市街に近くて場所はいいし、食べものもある」と語り、「ビキニには、おそらく帰らない」と言う。アメリカからの留学帰りである二三歳（二〇〇三年九月現在）の男性は、「キリ島は住み心地がいい。家族が同じ区画に暮らし、緊密でほかに気兼ねなくリラックスできる」と言う。トシローが指摘するように、移住先がホームタウン化している様相がうかがえる。自分の土地から切り離され、移住先に暮らすことが異常なことではなく、日常生活となり、あたりまえと化している一面がうかがえる。

ロンゲラップ選出の国会議員を務めたアバッカは、「土地に戻ることの意義がわからないヒバクシャの子や孫たちが、土地との結びつきをどう保っていくのか、ロンゲラップのアイデンティティーをどう築いていくのか、それも核実験が引き起こしている問題だ」と指摘する。

移住生活が長期化すると、自分たちの土地で暮らした経験、いや訪問した経験さえもないビキニの人びとが多くなる。帰島に固執しない人びとが増えてきている。ビキニに帰島し、そこに家を構えて暮らすことが、現実味を失いつつある状況が見え隠れする。

核実験で放出された放射性物質は、身体とともに土地を被曝させた。土地が被曝することは、缶詰の食生活、廃れゆく生活の技、アイデンティティーの揺らぎなどへと連鎖する。物理的な破壊のように決して目に飛び込んでくるものではないが、土地への被曝は、その土地と人びとの関係性を切断し、土地に根付いていた文化をも破壊し続ける。二〇〇三年九月、核被害者団体「エラブ」(ERUB)が駐マーシャル諸島米大使館前に集結した時、ある一つのプラカードに、「我らの文化と島を奪った爆弾」との訴えがあった。

## 五 「放射能の島」

### ◒封印された放射性物質——「ルニット・ドーム」

ビキニとともに核実験場とされたエニウェトク環礁の人びとは、今どういう状況にあるのだろうか。第三章で詳述するが、核実験場建設にともない、エニウェトクの人びとも、ビキニやロンゲラップの人びとと同様に住み慣れた自分たちの土地を追われ、集団移住を強いられた。核実験が終了した後も、エニウェトクはミサイル実験場となり、米軍が占有する状況が続いた。

そうしたなか、住民の間で「土地を返せ」という要求が高まり、除染作業が実施され、エニウェトクの人びとは一九八〇年に帰島を果たした。エニウェトクの人びとにとっての核実験問題は解決したかのように思えよう。しかし、「エニウェトクでの爆弾の実験は、今日まで大きな問題を引き起こし続けている」と、エニウェトクに暮らすクニオは指摘する。

「アメリカが島をきれいにして、家を建てた。エニウェトクに戻れることになったと聞いて、うれしかった。お年寄りはとくに喜んだのよ」と、メアリーは帰島当時を思い起こす。しかし、「悲し

**写真1-12**　エニウェトク環礁の除染で集められた汚染土壌を格納し，コンクリートで封印した核の墓場「ルニット・ドーム」（2003年9月）.

かったわ。島がなくなっていたのだもの。『ルニット・ドーム』もあったのよ……。怖いよ、怖いよ」と、メアリーは話を続けた。

除染作業のその後、放射性物質をどこに集めるのか、中間貯蔵施設や最終処分場の問題が福島第一原発事故でも突きつけられているが、エニウェトクでは、再居住計画のなかで、同環礁の中部に位置するルニット島にコンクリート製のドーム「ルニット・ドーム」(Runit Dome)が建造された。一九五八年五月に実施された核実験「カクタス」でできた、深さ九メートル、幅一〇七メートルのクレーターをすっぽり覆うようにドームは造られ、残留放射能が格納された(**写真1–12**)。

筆者は、エニウェトク環礁に滞在中、船に乗せてもらい、この目で実際に「ルニット・ドーム」を見た。ドームの頂上に行くと「一九七九年九月」の文字が刻まれ、ドームの蓋が封印された時を示している。ドームの周囲を見渡すと、米エネルギー省が設置した看板が現存している。建設から四半世紀が経過し、看板の文字はかなり見えづらくなっていた。しかし、よく見れば、マーシャル語と英語でうっすらと「近づくな、立入禁止」(JAB ITOK, KEEP OUT)と警告する言葉が記されていた。

「幸運にして戻ることができたが、そこは放射能の島だった」、「もし、コンクリートから毒物が漏れ出したらどうするのだ。ひびが入っている」と、クニオは語気を強めた。ひびが入っている様子は実際、筆者も現場で目にした(写真1–13)。エニウェトク環礁の「エニュー島やルニット島には大量の放射能がある。すべての島は放射能に汚染されている。セシウムとプルトニウムは危ない。『大丈夫だ』と米エネルギー省は言うが怖い。嘘だ」と、クニオは厳しい顔を浮かべた(第四章扉写真および写真4–11〜4–16参照)。

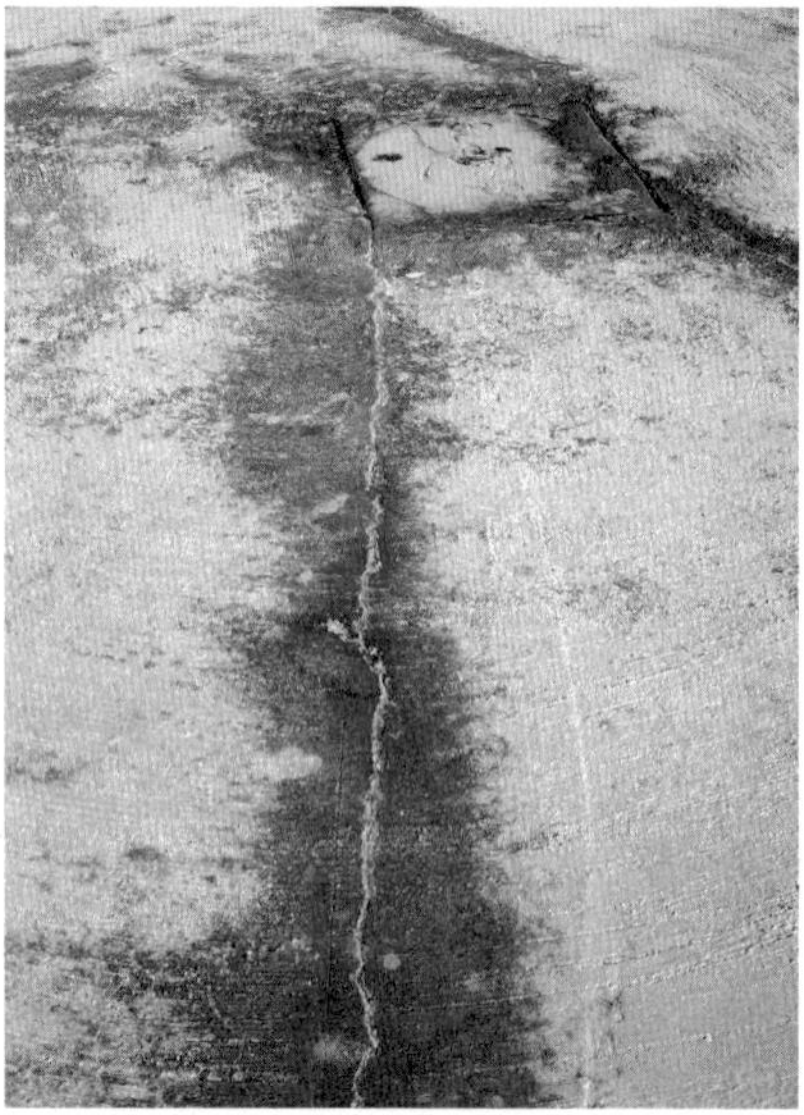

**写真1–13**
「『ルニット・ドーム』はこの先, 大丈夫なのか?」と住民が懸念するひび(2003年9月).

## ◒「もう、以前のようには戻らない」

「樹木やココヤシがなくなっていた。サンゴ礁も破壊され、状態がよくなかった。魚がたくさんいたのに、少なくなっていた。潜っても魚がそんなにいない」。ジェームスをはじめ、ありし日のエニウェトクを知る人は、「変わってしまった」と今のエニウェトクの状況を嘆く。

「エニウェトクに戻れた時、うれしかったわ。でも、大切なものが失われていた。ヤシもパンノキの実も、タコノキの実も、島々も……。エニウェトクは変わってしまった……。みんなダメダメ」と、一九三〇年代生まれのルースは片言の日本語を交えながら訴える。

エニウェトクに戻ることができて、「とてもうれしかった。だけど木々が切り倒され、新しい家が建てられていた。パンノキがなくなっていた。……島がなくなった。貝も、魚も、豚もなくなった。悲しかった」と、アキオは帰島した頃を思い起こす。「島がなくなった」とは、核実験の爆発で蒸発した島を指している。

再居住に向け、米政府はクリーンナップという名の除染作業を行った。しかし、「クリーンにはなっていない」とエニウェトクの住民は言う。「米軍がやってきてクリーンナップをやり、泥が盛られ、塩水がたまっているところが島のあちこちにあった。鉄の残骸が残っているところもあった。よくない」と、エニウェトクの自治体首長代理を務めていたジェームスは説明する。

核実験の実施はもちろんのこと、続くミサイル実験の実施、さらには再居住計画や除染の過程でも、エニウェトクは変えられていった。「もう、以前のようには戻らない」と、クニオは語る。

## ◒南部に限定された再居住

自分たちの土地に戻ったと言われるが、正確に言えば、それはエニウェトク環礁の南部だけである。同環礁の中部から北部にかけては、核実験が行われた島々が続き、ルニット・ドームもある。エニウェトクに暮らすタウィウェルは、「ラディエーションとともにわれわれは生きている」と次のように語る。

「一九八〇年、エニウェトクに帰島した。米国が家を建て、食糧も配給した。食べるものは、(移住先の)ウジェランよりエニウェトクのほうがいい。しかしポイズン(毒)に恐れている。北部の島々には行けない。北部の島々には誰も住んでいない」。

ビキニやロンゲラップをはじめマーシャル諸島では、人が暮らす環礁ごとに一つの共同体が形成されている。しかしエニウェトク環礁は、他の地域と異なり、南部と北部にそれぞれ別の共同体が形成され、人びとは分かれて生活していた。

エニウェトク島を拠点とする南部の人びとはたしかに帰島したといえるが、かつてエンジェビ島を拠点としていた北部の人たちは、帰島を果たしたとは言えない。エンジェビ島まで足を延ばしたが、すっかり荒れ地になっていた。ビキニやロンゲラップの人びとと同じく、エニウェトク環礁北部のエンジェビ島の人びとは、今なお自分たちの土地には戻れてはいない。ハワイ諸島のハワイ島(ビッグアイランド)に移住する人もおり、四〇〇〜五〇〇人規模のエニウェトクの人びとが暮らすコミュニティーがハワイ島には形成されている。

## 六 「新しい病気」の発生

### ◒甲状腺疾患と癌

「多くの人が健康に問題を抱えていて、とても困った状態です」と、アイルック在住のネライが証言するように、広島・長崎への原爆投下と同様に、マーシャル諸島の核実験でも、被曝にともなう健康状態の悪化が訴えられる。「住民は新しい病気にかかった」と、アイルックの長老リートックは表現する。「新しい病気」とは何なのだろうか。

代表的な症例は甲状腺疾患である。「多くの人が健康に問題を抱えていることが、あの爆弾の影響の証です。わたしも甲状腺腫瘍と診断されました」と、アイルックのターニィは語る。甲状腺の摘出手術を受けたロンゲラップのレメヨは、「今も毎日五、六種類の薬を飲み続けているの。無くなればDOE（マジュロにある米エネルギー省）の診療所にもらいに行きます。わたしだけではないのよ、ロンゲラップの人は皆、これくらいの薬を飲み続けているわ」と語る。

甲状腺疾患とならんで「新しい病気」と広く認識されているのは、癌である。「一九八五年に夫を胃癌で亡くしました。まだ四六歳でした」と語るタミコの亡き夫は、水爆ブラボー実験の時、ウトリックで被曝した。甲状腺だけでなく、他の器官も含め、全体的に癌が増えたと多くの住民は実感している。

マーシャル諸島の人びとが訴える甲状腺疾患や癌は、医学的見地からも注目され、被曝との関連が疑われている。

甲状腺疾患に関しては、高橋達也・藤盛啓成らの東北大学のチームによってマーシャル諸島全国甲状腺疾患疫学調査研究が実施された。一九九三年から九七年まで七一七二人を対象とした住民調査で、甲状腺結節性病変と甲状腺癌の有病率が高いことが指摘されている[Takahashi et al. 2001: XV, XVII]。

癌に関しては、ニール・パラフォックス(Neal A. Palafox)らが、米国癌協会(American Cancer Society)の学術誌〈*CANCER*〉に発表した論文[Palafox et al. 1998]がある。同論文によれば、「マーシャル諸島の癌の発症率は、一九八五年から九四年にかけての同時期の米国と比較し、事実上すべての種別で高く」、「肺癌は、男性三・八倍、女性三・〇九倍、子宮癌は五・八倍、肝臓癌は男性一五・三倍、女性四〇倍」におよぶという。また、「一九四六年から一九五八年の間に被曝したマーシャル人の間で、約五〇〇件の癌がこの先発生する」[DCEG 2004: 17]との推定が、二〇〇四年に米国立癌研究所(National Cancer Institute)から出されている。

「上の世代では、癌や甲状腺などの病気は知らなかったわ」と、ビキニのユーラは語る。しかし今、喉仏のあたりを触れれば甲状腺疾患を意味するほど、甲状腺疾患はマーシャル諸島で一般化したものとなっている。また、癌を意味する英語の"cancer"は、マーシャル語にそのまま取り入れられ、広く通じる言葉になっている。

### ◒流産・死産・先天性障害

甲状腺の問題や癌とならんで、流産・死産、あるいは先天性障害を持った子の誕生は、核実験が招いたものであると、マーシャル諸島の多くの人びとは考えている。例えばロンゲラップのキャッシーは、「あの爆弾(一九五四年の水爆ブラボー実験)の時は六歳でした。家の中にいましたが、それはそれは大きな音でした。粉のようなものが降ってきて、気持ち悪くなりました。……六回流産しました」と語る。

さらに水爆ブラボー実験から半世紀を迎えた頃、核実験で直接被曝した人の孫の世代からも異常出産が相次いだことを、ウトリック選出の国会議員ヒロシは次のように告発する。四百数十名が暮らすウトリックで「二〇〇四年から〇五年にかけて、ぞっとする突然変異が起き、燕のような頭、両耳がない、白髪などの奇形の赤ん坊が六人も生まれた。生後数週間で全員死んだ」と、赤ん坊の写真を見せた。隔世遺伝による影響が指摘されているのである。

米医療人類学者のグレン・アルカレー(Glenn Alcalay)は、一九七五年から九一年にかけて聞き取りを積み重ね、核実験と出産障害(流産、死産、早産)の関係性の解明を疫学的に試みた。一二〇〇人を超えるマーシャル諸島の女性に聞き取りを行い、ビキニ環礁からの距離と先天異常の発生率の間に、相関関係が明確に見られるとアルカレーは結論づけた[Alcaly 1995]。

米人類学者のホリー・バーカー(Holly M. Barker)は、健康被害を訴えるロンゲラップの人びとが用いる言葉に注目し考察した[Barker 2003: 110]。マーシャル語には、出産障害を表す単語「ジブン」(Jibun̄)や「コオー」(Kō)はもともとある。しかし、核実験後の出産障害を証言する時、人びとはそれらのマーシャル語の単語は用いず、「クラゲのような赤ん坊」「ブドウのような赤ん坊」などと表現することに、バーカーは注目した。核実験の後に発生した出産障害は、これまでの出産障害とは違う、見たことのない新しい現象であったと、住民は言葉のうえでも区別しているのである。

しかし、医学的には、流産・死産・先天性障害と被曝との因果関係は解明されてはいない。広島・長崎の原爆でも、「これまでの研究では、被爆者の子供への遺伝的影響は認められていません」と、放射線影響研究所(放影研)は発表している。

マーシャル諸島の人びとが訴える「あの爆弾の前には見られなかった新しい病気」は、医学的見地からは解明されていない疾患、さらには病名不明なものまで、多々含まれている。

「ロンゲラップに戻ると、なんだか身体がとてもだるくなり疲れるの。何かをやろうという気が失せたのよ」と、ジョニータは語る。ビリアムも、ロンゲラップに行って「地のものを食べると、なんだか気持ち悪くなったのよ。よくわからないけれど、住民は気力を失っていた」と語る。

マーシャル諸島でも、核実験のその後、「原爆ぶらぶら病」が発生していたことを示唆する証言である。しかし、倦怠感や脱力感を、被曝と関連づけて探究する医学調査は、管見する限り、マーシャル諸島では行われてはいない。

たしかに、体調不良のすべてを核実験に結びつけて心配する傾向がマーシャル諸島では存在する。かれらの中では、放射線被曝との関係が広く認知されている癌と、糖尿病や高血圧などとの間に、明確な線引きはなく、同列に扱われることが多い。マーシャル諸島の住民の目線からみれば、いずれも「あの爆弾の前には見られなかった新しい病気」だからである。

## 七　被曝を背負って生きる

### ◐「ポイズン」への恐怖

放射線、放射性物質（放射能）、放射能汚染は、ひっくるめて「ポイズン」（毒）とマーシャル諸島では

**写真1−14**　米エネルギー省がエニウェトクに設置した放射能測定研究所．同研究所でドナルドは働く（2003年9月）．

しばしば呼ばれる。「ポイズン」は英語から借りてきた言葉である。

マーシャル語にも、「毒」に相当する言葉はある。例えば、魚毒や飲みすぎ（アルコール中毒）の時には「カデック」（Kadek）と言う。(14) しかし、放射能汚染を語る場合、「カデック」とは言わず、特別に「ポイズン」という言葉があてられる。

放射能汚染は、マーシャル語の「カデック」で表現しうる体調や気分が優れない「毒」とは質が異なるもので、これまでに体験したことがない新しい現象を引き起こす特別な猛毒であるとの認識が、言葉遣いからうかがえる。「あの爆弾によって特別な猛毒がまかれ、島々や人びとに異変を引き起こしている」と、多くのマーシャル諸島の人びとは考えているのである。アイルックのリートックは、「『ポイズン』がたくさんあったから、いろいろな病気があるんじゃ」と説明する。

米エネルギー省に雇われているエニウェトクのドナルドは、「ポイズン」への不安を持っている一人である。彼は、米エネルギー省がエニウェトクに設置した、体内の内部被曝の状況を測定するホールボディカウンター装置の技師を務めている。そして年に一回、渡米し、ローレンス・リバモア米国立研究所で研修を受けている（**写真1−14**）。

彼は調査結果を筆者に説明してくれた。「セシウム(Cs137)とカリウム(K40)を調べている。年間二・〇とか一・〇レム／キログラムという、ごくごくわずかな量のセシウム(Cs137)が体内にあるということだ。……尿検査をしてプルトニウムの量も調べている。検出されるのはごくごくわずかな量だ」と、ドナルドは筆者に説明する。つまりホールボディカウンターの数値のうえでは、異常は確かめられないということである。

しかしその反面、「将来、何らかの問題が起こらないのかはわからない。本当に安全なのか、確信はもてない。一九七九年にウジェランから帰ってきた。それから体の痒《かゆ》みや出産障害など、これまでになかったような病気も出てきている。ローカルフードを食べ続ける不安はある」と、ドナルドは胸のうちを語り始めた。

放射能汚染の濃度を測り、数値を目にし、「ごくわずかな量だ」と語る当事者でさえ、目に視えず、臭いがしない「ポイズン」への不安は拭い去れないのである。

## ◒心に忍び寄る被曝

ロンゲラップの人びとは、『ポイズン・ピープル』と避けられ、怖がられてきた時期があった」と、核実験問題にくわしい外務大臣のトニーは語る。マーシャル諸島短期大学核問題研究所のメアリーも、「子どもの頃はクワジェリンにいたが、移住してきたロンゲラップの人たちは『毒を持っている、病気もち、うつるので近寄るな』と、周囲の大人に言われていた」記憶がある。

核実験の話は聞けても、当事者の口から、差別をされた話はなかなか出てこない。ブラボー実験の時にロンゲラップで直接被曝したヒロコと親しくなり、じっくりと話を聞かせてもらった。

筆者が広島・長崎の原爆被害者の例を持ち出し、差別の話をふると、「『ポイズン』を持っていると、ほかの地域の人や、時に親戚からも嫌われたわ。見下され、頭がはげていると笑われたこともあったのよ」と、ヒロコは口にした。「放射能がロンゲラップの地域社会にどんな影響を与えたのか。マーシャル人の中でもそんなに理解されているわけではない」とも語る。マーシャル諸島の国内でも疎外感を感じることがあったのである。

「ロンゲラップの人びとは、核爆弾にやられただけでなく、さげすまされた。結婚を避けられていた時期もあった」と、アバッカは説明する。ロンゲラップの土地が被曝し、そこを暮らしの場としてきた人びとは、その後、周囲から差別を受け、人格を否定されるような目に遭ったのである。差別はまた、かならずしもロンゲラップの人だけではなかったようである。「マジュロに出て行って、エニウェトクから来たと言うと、あの放射能の島からね、と言われたんだ」と、クニオは悔しそうに語る。

差別された体験をはじめ、外からはなかなかうかがい知れない人びとの胸のうちが、話を積み重ねるなかで、わずかながら透けて見えてくることがある。ロンゲラップの人びとの移住先であるメジャト島に暮らすミジュアは、「年齢を重ねるにつれ、先に亡くなった二人の子のことを考える。先に死んでいったのが一番悲しい。レコジには婚約者もいた」と、亡き息子への思いを募らせる。一九七二年、レコジは一九歳の時に白血病で亡くなり、「人類の水爆死第一号」[15]とも形容された。

筆者の通訳を一部担ってくれたレメヨは、話が流産・死産におよぶと涙を浮かべた。レメヨ自身も流産を二回経験していたのである。流産・死産の体験が、女性の胸のうちに、深い悲しみとなって残っていることをうかがわせる。

見下され、わが子を亡くし、流産・死産をしたことなど、これらは過ぎ去った歴史の一コマのように思われるかもしれない。だが傷となり、今なお人びとの心に巣くっているのである。「甲状腺の手術はした。しかし、すべてを取り除いたのではない。悲しみは心の中にある。外からは見えない」と、ロンゲラップで被曝したレメヨは語る。

二〇一二年、ロンゲラップで一九五四年三月一日に被曝した一人で、自らの体験を世界に向けてしばしば語ってきたリジョンが亡くなった。「リジョンが最期にはこんなにも早く衰え、亡くなっていったのは、土地が奪われ、精神的に傷つけられていたからだと思う。彼女はロンゲラップに戻りたいと心から願っていた」と、ロンゲラップの国会議員であるケネスは、リジョンの死を悔やむ。さらにケネスは、「一九八五年、曾祖父は最期まで、ロンゲラップを離れたくない、このまま住み続けると言っていた。メジャト島に行っても、戻りたいと言い続けていた。そして急速に衰え、亡くなっていった。土地を奪われたことは、死を早めている。移住先のメジャトでは、自ら命を絶つ若者もいる」と続けた。

ロンゲラップの土地があり、その上に永続的な生活があり、健康的な暮らしもそこにはあった。しかし、その土地が奪われ、文化が破壊され、社会が破壊され、そして心も破壊されたのである。「核実験はただの実験ではありません。わたしたちの生命を実験台にしたのです。核実験は私たちの命を破壊しました。故郷を空っぽにしてしまいました。土地は命そのものであり、人びとのつながりをばらばらにしました」と、ロンゲラップのビリアムは語る。

## 八 「すべてが破壊された」

マーシャル諸島で最後の核実験が実施されてから、すでに半世紀の歳月が経過した。マーシャル諸島では、楽園をイメージさせるじつに美しい景色が目に飛び込んでくる。マーシャル諸島を訪ねても、核被害は目に迫ってくるものでは決してない。

現地の人びとが「ポイズン」と呼ぶ、核実験で放出された放射性降下物は、「命」に相当する、かれらの土地に降りそそいだ。自然環境が汚染されるだけでなく、土地と人びとの関係性が絶たれ、「核の難民」が生み出された。そして、核実験は太平洋の大海原に浮かぶ自分たちの土地で育まれてきた生活様式、すなわち伝来の文化までをも奪っていったことを、マーシャル諸島のとりわけビキニやロンゲラップの現実は明瞭に示す。

マーシャル諸島の地域実態に照らせば、自らの土地と切り離されるということは、地域社会を形成する共同体の基盤が根底から揺るがされることなのである。「先住民にとって、土地の喪失は、たとえ命を奪われなくとも集団としての存在の抹殺を意味しており、それは別の形での『ジェノサイド』にほかならなかった」〔永原編 2009: 21〕と、歴史学者の永原陽子は指摘する。まさに「核の難民」を生み続けるマーシャル諸島の核実験は、共同体の生活基盤を根底から揺るがすジェノサイドであると言える。

土地と身体の被曝の両面から、核実験は今なお住民の心の中に巣くい続けている。身体への被曝は、癌や甲状腺疾患にとどまらず、出産障害や原爆ぶらぶら病をはじめ、「新しい病気」をもたらしたと人びとは訴える。

水爆ブラボー実験に触発されて発表された「ラッセル・アインシュタイン宣言」（一九五五年七月九日）は、「瞬間的に死ぬ者はほんのわずかだが、多数の者はじりじりと病気の苦しみをなめ、肉体は崩壊していく」と、核被害の永続性をすでに告知していた。加えて核実験は身体を被曝させ、「じりじりと病気の苦しみをなめ」ることにとどまらず、生活、文化、心などを「じりじり」と侵食する。これが今日のマーシャル諸島の姿である。核被害は過ぎ去ったことではなく、影響は永続している。そして、マーシャル諸島の未来の可能性をも核実験は奪っているのである。

しかし、そうしたなかでも、マーシャル諸島の人びとは、核被害に泣き寝入りし、あきらめを繰り返してきたわけではない。

水爆ブラボー実験から半世紀を目前に、核被害者団体「エラブ」が創設された。「エラブ」とは、マーシャル語で「破壊」を意味する。「破壊」と言っても、物理的破壊の延長線上で捉えられるものだけではない。「ポイズン」がじりじりと島や住民の身に忍び寄り連鎖する、目につきにくい「破壊」も、そこには含まれている。

「核実験はすべてを破壊した」と、エラブのメンバーは訴える。「すべてを破壊した」核被害を捉えるには、身体の被曝だけでなく、土地の被曝を見過ごしてはならない。癌などの疾患の有無だけで核被害を切り取るのではなく、土地の被曝からも核被害は連鎖し、生活、文化、心にまでおよぶという、核被害の奥行きの一端を本章では明示した。核被害の内実という観点で、核被害像の見直しを提起するものである。

とはいえ、本章で可視化しえたものは、「すべてを破壊した」と訴える住民が背負う核被害のほんの一部でしかないことを、十分心に留める必要があろう。可視化しがたい「視えない核被害」の領域は、まだまだ広大に広がっているのである。

本章は、核実験場とされたマーシャル諸島の現在を包括的に論じてきたが、次章以降は、マーシャル諸島の地域社会ごとに、それぞれの歴史的経過を踏まえ、核実験被害の実態に迫っていく。まず次章では、米国が核実験による被害を認めていないアイルック環礁に焦点を当て、核被害をめぐる線引きを問い、核被害像の見直しを提起する。

# 第二章

# 核被害〈非認定〉の地域

## 「視野の外」に置かれたアイルックの人びと

「わたしも被曝した」「アイルック／無視された半世紀」などのプラカードを掲げ，
被害の認知と補償を訴えるアイルック環礁の人びと（2004年3月1日，マジュロ環礁）．

## 一 「わたしも被曝した」

ブラボー実験から半世紀を迎えた二〇〇四年三月一日、マーシャル諸島共和国政府が主催した式典が首都マジュロで開催された。参加者の中に、核実験場とされたビキニや、爆心地から一八〇キロ離れたロンゲラップ環礁の出身者らとともに、ブラボー実験の爆心地から東南五二五キロ離れたアイルック環礁（以下、アイルック）（図2−1）の人たちの姿があった。

手作りのプラカードには、「わたしも被曝した」、「アイルックを汚染した／アメリカ／ブラボー」、「アメリカよ／なぜ無視をする」、「アイルック／無視された半世紀」、「償いなき半世紀」、「半世紀にわたる心の痛み」などの訴えが、英語やマーシャル語で書かれていた。

次章以降で扱うビキニ、エニウェトク、ロンゲラップ、ウトリックの四つの地域社会は、まがりなりにも米政府が核実験被害を認めている。しかし、アイルックをはじめそれ以外の地域は、核被害が米政府に認められてはいない。

加えて、米政府が核被害を認めていない地域は、序章で述べたように、研究調査という点でも注目されることが少なく、調査はほとんど実施されていない。米原子力委員会の公式史［Hewlett and Anderson 1962; Hewlett and Duncan 1969; Hewlett and Holl 1989］、さらには米核実験の通史〈*Elements of Controversy*〉［Hacker 1994］が発刊されてはいるが、それらの通史にも、米政府が核被害を認めていない地域は一切登場しない。

ビキニ、エニウェトク、ロンゲラップ、ウトリックの「四つの環礁だけが被害に遭ったと考えられていて、それ以外の地域はよくわかっていない。アイルックの研究は手がつけられていない状況だ」と、地元紙『マーシャル・アイランド・ジャーナル』の編集長であるギフ・ジョンソンは指摘する。筆者が現地調査に入った時には、ブラボー実験が実施された一九五四年三月一日に誰がアイルックにいたのかも、一切記録はなく、住民自身もわかっていない状況であった。

図2-1　アイルック環礁（Ailuk Atoll）

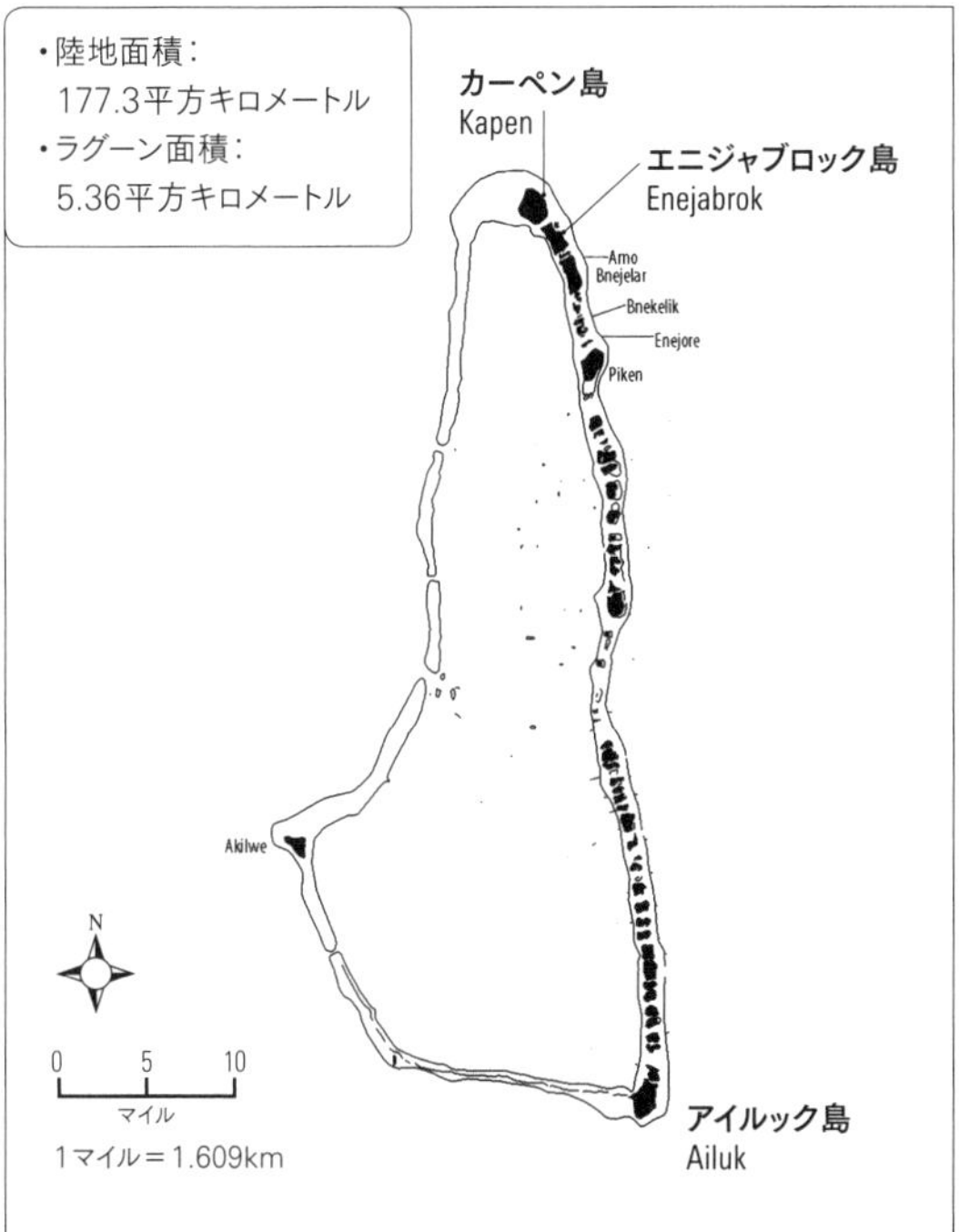


出所：*2011 RMI Census of Population and Housing.*

本章では、米政府からも、さらには先行調査や歴史記述の中でも視野の外に置かれてきたアイルックの地域社会が直面してきた核実験問題に光を当てる。アイルック住民の証言を手がかりにしつつ、関連する米公文書を重ね、米政府が核被害を認めておらず、かつ先行調査ではほとんど注目されてこなかったアイルック地域に核実験被害がおよんでいることを、本章は具体的に裏付けていく。

「視野の外」に置かれてきたアイルックの被曝の実態を解明することを通じて、マーシャル諸島の核被害を米政府が過小評価してきたことを浮き彫りにしていくとともに、核被害の線引きを問い直し、マーシャル諸島の核実験被害像の見直しを提起する。

## 二 「あの時」の証言

### ●実験寸前の島の様子

米国は一九五四年三月一日午前六時四五分（現地時間）、ビキニ環礁のナム島沖でブラボー実験を実施した。爆心地から東南五二五キロ離れたアイルックには、当時四〇一人が暮らしていた[DOE OpenNet: NV0410804]（一）。

日の出前であったが、空は徐々に明るくなってきていた。ラジャーはまだ家で寝ていたが、すでに一日の生活を始めている人も少なくなかった。ジョアタは顔を洗い、身支度を始めていた。ダイナは「起き出したばかりで、……料理用に（ヤシの実を乾燥させた）コプラを削っていたのよ」と、朝ごはんの準備にとりかかっていた様子を語る。家の周りでは、リラが娘と一緒にパンノキの落ち葉拾いをしていた。ライルモックは（ヤシの樹液である）ジャガルを採りにココヤシに登っていた。

出漁中の男たちもいた。「ラグーン（礁湖）に出て、四人で漁をしていた。早朝は漁をするのに一番いい時間なんだ」と、ラーンは語る。当時一七歳であったミジョンは、マーシャル・カヌーに乗ってオーシャンを航海中だった。「アミモノ」と呼ばれる手工芸品作りに励む女性もいた。「家で、(タコノキの葉から作ったマットである)ジャギを編んでいたのよ」とリーネンは語る。子ども同士で浜辺で遊んでいたネティや、島を散歩していたロシャのように、遊んでいた子どもたちの姿が島にはあった。親に抱っこされる赤ん坊の姿も島にはあった。

変わらない、いつもどおりの朝の光景が、アイルックには広がっていた。核実験にまつわる事前の告知はアイルックには一切なされなかった。住民の誰しも、この直後に核実験なるものに遭遇するとは、まったく予期していなかったのである。この平穏な朝の風景は、水爆ブラボー実験の爆発で一変するのであった。

### ◒「新たな戦争だ」

突然、アイルックの「西側が空一面、赤く火災のようになったんだ」とゴジュは語る。「北西方向の空が赤く光り、海面が赤く映し出されたんだよ。モクモクと雲がたくさん立ち込めて」と、ミジョンは空を指さす。「顔を洗っていたバケツの水が、黄色や赤色に変わったんだよ。何が起こったのかと思った。地面も揺れたんだよ」と、ジョアタは驚きを語る(**写真2-1**)。

しばらく浜辺に立っていたジーメンは、「今まで聞いたことのない爆音」に遭遇し、「揺れていたんだ、すべてが」と証言する。出漁中だったテンポーは、「海で『ボーム』という爆発音を聞いた。爆発音はたしかその後も『ブーン』『ブーン』と一、二分おきに、三、四回鳴りやまなかった」と振り返る。

**写真2–1**　水爆実験「ブラボー」が炸裂し，空は真っ赤になり，立ち昇るキノコ雲．
所蔵：米国立公文書館

「木々は揺れ、まるで台風のようだったわ」と、リラは語る。大地が揺れ、振動は風圧とも重なった。「ココヤシの葉が落ちてきてねえ。教会のガラスも割れたんだ」と、ラーンは教会の方向を指さした。

未知なるものと遭遇し、住民の間に恐怖が走る。当時九歳だったエルティーネは、「恐ろしくて部屋に隠れ、子ども同士で身を寄せ合い、布に包まれていたわ」と、照れ笑いを浮かべる。当時七歳だったステラは、井戸に隠れるよう両親に指示されたことを覚えている。「親には、日本（統治）時代、爆撃の音が鳴り響くたびに、井戸に隠れた経験があった、……恐ろしかった」と振り返る。リーネンは、外に出ていた夫のことが心配になり、家を飛び出した。クリスチャンであるカンジは、ひたすら神に祈りを捧げていた。

恐怖を抱いたのは子どもや女性だけではなかった。男四人でマーシャル・カヌーに乗って漁に出ていたテンポーは、「光を見て、急いでカヌーを止め、逃げるようにその場を後にした。ある一人が、神に救いを求めて“Jesus Show Me the Way”という歌を歌い、カヌーはスピードを上げ、漂着できる小島を目指した」。恐怖を紛らわそうとしたのだろうか、「ずっと歌い続けていた」とテンポーは振り返る。

「あれはいったい何なんだ」と、島は騒然となった。「何が起こったのだと思ったわ。戦争は終わったはずなのに、また始まったのかとわたしは思ったのよ」と、エンディは思い返す。ベリは「新たな戦争だと、周りの大人が言っていた」、ジョアタは「第二次世界大戦がまだ続いているのかと思った」と語る。爆音が島に轟《とどろ》き、住民に「戦争」の開始を想起させたのである。

「この世の終わり」が頭をよぎった住民もいた。「初めは美しい虹だと思ったんです。しかし様子が違いました。終末の日が到来しているのではないかと思うようになりました」と、ジャトは振り返る。「この世の終わりが到来したのか」と、カンジは家の中で神に祈った。「稲妻が東から来て西まで輝く」と終末がやってくる、と聖書には書かれている。キリスト教は当時も住民に深く浸透しており、聖書の教えと閃光が重なり、この世の終わりをも想起した住民がいたのである。

「あの日」、アイルック住民にとって、核実験は「正体不明の爆音や閃光」であり、戦争さらには終末の日をも想起させるものであった。

## ◒「大きな船がやってきた」

実験から数日経つと、「米国の船がやってきた」と大半の住民は証言する。「(手を広げながら)こんなに大きな船。大きな銃もあったよ。こんな船を見るのは初めてで、おっかなかったよ」とビーエンは語る。「怖かったので、木の下に隠れたのよ」とコダマは思い返す。「戦争ではないか」と思っていた住民は、大型の米艦船の来島を見て、戦争の現実化を予感し、さらなる心配を抱いた。

住民が抱いたそうした恐れを取り除こうとしたのだろうか、米兵は上陸すると、「飴やチョコレート、チューインガムなどを配り始めた」と、当時一三歳だったテンポーは次のように振り返る。「子ども同士で遊んでいる時だった。米駆逐艦がアイルックに入ってくるのを見つけた。初めて見る船の大きさに驚き、走ってラグーンの浜辺に向かったんだ。米駆逐艦の乗組員は、小さなボートに乗り換え、教会近くの浜辺に上陸してきた。少し離れたところで隠れながら、ときどき恐る恐る見ていた。すると、米兵は飴、チョコレート、ガム、キャンディーを配り始めた。それを見て一目散に駆けつけた。その後も、米兵の後ろにずっとついていった。かれらが持っていたボールで、遊んだりもした。トランシーバーを持ち、かれらは何か話をしていた。わたしは、もらったチョコレートを手に、家に戻って食べた。米駆逐艦に抱いた恐怖心はすっかりなくなり、とても幸せなひとときだった」。

子どもたちがお菓子に夢中になっていた頃、大半の大人は、ダイナが語るように「教会近くの海辺に大勢集まり」、今は亡き住民代表のタイフーンが米国人と話す様子を見守った。駆逐艦にはジャルート環礁出身のラーン・ラカブンが乗り込んでおり、彼が通訳となって話し合いが続いた。

米国側は住民代表に「アイルックは汚染されている」と言っていたと、ネーウィンは語る。「避難をさせるためこの島に来た」とも言っていたと、ジャトは言う。

住民代表は「アイルックは汚染されておらず、あなた方(米国人)は来る必要がないと答えたのよ。『アイルックから離れたくなかったから、そう答えた』と、タイフーンが後に言っていたわ」と、ダイナは説明する。閃光・爆音・振動などの体験は語っても、「この島は破壊されていない、大丈夫だ」

と住民代表は返答していたと、ペーロも語る。

第五章で言及するように、近隣のウトリックとロンゲラップの人びとは、核実験の事後ではあったものの、一応の退避措置はとられた。しかし、アイルック住民は実験後も避難させられることは一切なかった。退避が見送られたことに対し、当時はアイルックの住民の間に表立った反発はみられず、歓迎する向きもあった。「避難しないと聞いて、よかったと思ったわ。アイルックにとどまりたかったし、(避難先の)クワジェリンに行くのは嫌だったから」と、ネーウィンは当時の心境を語る。

**写真2–2**　水爆実験「ブラボー」をアイルックで直接体験した，ゴジュ(左)とテンポー(右)の兄弟(2001年7月，アイルック環礁)．

「いったい、なにものなのか」、核実験なるものの正体がつかめていなかった住民は、島にやってきた米兵やマーシャル人通訳に質問した。「マーシャル人通訳と直接話して、『あれはビキニで爆発したもの』とわかったんだ」とゴジュは語る。ジョルビは、教師をしており英語が話せたので、米国人に直接話しかけた。「体験したのはビキニで実施された爆弾の実験で、その爆弾は威力が強いものだとわかりました。また、戦争支援のためだとも説明されました」と、ジョルビは語る(写真2–2)。

情報は島の中に次第に広がっていった。「米駆逐艦が去った後、住民代表であった父に『あれは爆弾だった』と聞いた。『核実験』のことは単に〝バーム〟(爆弾)と父は言っていた」と、リーロンは振り返る。「井戸端会議の中で、あれは爆弾だったと知ったわ」と、リラは言う。

自分たちが体験したのは「爆弾」であり、戦争や終末の日を告げるものではなかった。当時の住民にとって「爆弾」とは、第二次世界大戦の時に体験した空襲だった。爆発の一瞬こそ恐ろしいものの、その時を逃れれば、それで終わる、一過性のものであった。

「あれが何であったのかがわかり、騒ぎは収まったなあ」と、ミジョンは回想する。なかには駆逐艦が来島した三月六日の晩、マーシャル人通訳に誘われ、「停泊中の米駆逐艦に映画を見に行った男たちもいた」と、ゴジュは語る。

避難措置は見送られたものの、米駆逐艦で島にやってきた米国人は、「雨水は使わないように」と注意をしたと、複数の住民は証言する。住民代表であった父が「溜めてある水は捨てて、使わないように」言っていたと、リーロンは語る。アイルック自治体の議員を通じ、「水は飲むことができない」と言われたことを、ネイトックは覚えている。

## 三　被曝を把握した米当局と視えなかった住民

### ◒「何らかの影響がある放射性降下物」

それでは米政府側は、ブラボー実験当時、アイルックの核被害をどう認識し、どのような行動をとったのであろうか。当時の米公文書をひもとくことにしよう。

ブラボー実験を実施したのは、陸・海・空軍の合同部隊に原子力委員会や科学者が加わり特別に編成された、混成部隊「米第七合同任務部隊」(Joint Task Force Seven)であった[Hewlett and Holl 1989: 169–170]。同部隊は、実験翌日の一九五四年三月二日、観測航空機「エイブル」(ABLE)を米軍基地があるクワジェリンから飛ばし、放射線測定を行った[DOE OpenNet: NV0410804](2)。

同飛行調査を通じ、放射性降下物の飛散がアイルックにも達していたことを米第七合同任務部隊は把握していたのである。第七合同任務部隊で放射線安全管理部門の責任者を務めていたリチャード・A・ハウス(Richard A. House)が記した"Discussion of Off-Site Fallout"と題した報告書[DOE OpenNet: NV0410804](3)には、次のような興味深い指摘がなされている。

「何らかの影響がある放射性降下物を受けた有人環礁は、その他(ロンゲラップとウトリック以外)では唯一、アイルックであった。三月二日一八時四五分時点で、エイブルの観測値は、毎時九五ミリレム(毎時〇・九五ミリシーベルト)であった。放射性降下物が達した時間を推定すると、無限時間(核種がすべて崩壊するまでの時間)までの積算線量は、おおよそ二〇レントゲン(≒二〇〇ミリシーベルト)に達していたであろうと算定された……」。

実験の翌日の段階で、アイルックにも「何らかの影響がある」レベルの放射性降下物が達していたことを、米第七合同任務部隊はつかんでいたのである。第七合同任務部隊が算出した「二〇レントトゲン」というアイルックの照射線量は、おおよそ二〇〇ミリシーベルトであり、広島原爆の爆心地から約二キロ地点の線量に相当するものであった(4)。

ブラボー実験の時、アイルックにいた住民が放射性降下物を浴び、被曝していたことは疑いの余地がない。さらに、二〇レントゲンとはあくまで外部線量の数値であり、数値に現れない内部被曝も住民がこうむっていたことをあわせて考慮する必要があろう。

## ◒無意識の被曝

それでは、放射性降下物はいつアイルックに達していたのであろうか。各地の放射性降下物の到達時間をまとめた表が、一九五四年四月一二日に米第七合同任務部隊の司令部が作成した覚書に収載されている[DOE OpenNet: NV0410202](5)。ブラボーの爆発から「二七・一時間」後に、放射性降下物がアイルックにも達していたことが、同表で読み取れる。二七・一時間後とは、丸一日と三時間六分後である。つまり、現地時間で三月二日午前一〇時前には、放射性降下物がアイルックにも達していたのである。

米公文書上では、「何らかの影響がある」放射性降下物がアイルックにも達していたことが確認できたわけだが、当時アイルックにいた人びとの口からは、第五福竜丸乗組員やロンゲラップ住民が語るような「白い粉」にまつわる話はあまり聞かれない。実験当時の体験を尋ねても、閃光や爆音の話、あるいは「大きな船」にまつわる話が中心であった。

「白い粉」はアイルックにも降ったのであろうか。「白い粉は見ましたか」とこちらが直接質問すると、アイルックの本島にいたカンジは、「島の西のほうに粉があるのを友人が最初に見つけてきたわ。誘われて一緒に見に行ったの。ココヤシの木の葉の上にあった粉を見つけたわ。黄色くなっていたわね」と語る。アイルックの離島エニジャブロック島にいたロシャは、「粉は見たわよ、地面の珊瑚のかけらの間に。黄色ともオレンジ色にも見えたわ」と話す。

しかし、「白い粉を見た」とすべての住民が語ったわけではなかった。「白い粉のようなものは見なかったなあ」と語るラーンのように、「見ていない」と言い切る回答も寄せられた。また、「粉は直接見なかったなあ。でも、見たという話は聞いた」と語るジーメンや、「アイルック島の西部で粉を見たと祖父が言っていたなあ」と思い起こしたネライのように、自分は見なかったが、聞いたことはあるとの回答も少なくなかった。ジャトは、「『綿布のようなものが降ってきた、島のオーシャン側に行こう』と誘われた。だけど恐ろしくて、ついて行かなかった」と言う。

白い粉にまつわるさまざまな回答について、どう考えればいいのだろうか。アイルックの場合、「地面や木々の葉、屋根の上に白い粉が積もり、……異様な銀世界が広がった」〔Congress of Micronesia. Special Joint Committee Concerning Rongelap and Utirik Atolls ed. 1973: 81–82〕と記されるロンゲラップとは放射性降下物の降り方が異なり、第五章で言及する隣のウトリックと同じく、放射性降下物は目視しがたい、霧のような状態で降ったことが考えられる。

かつ、「自分は見ていないが、西のほうの人が見たということは聞いた」とマタが語るように、アイルック本島では、「白い粉」は西側にのみ残存していたとも考えられる。同じアイルックでも、いた場所によって「白い粉」の印象がずいぶん違っていたのであろう。

こうして放射性降下物は達していても、閃光や爆撃音、あるいは「大きな船」と比べ、はるかに五感で感じにくく、住民の印象に残りにくかったことが考えられる。

「粉を見た」と証言した人の中には、カンジのように「近づいたり、触ったりしないよう大人に言われ」、「白い粉」に近寄らなかった住民がいた。一方、「粉の色はカラフルだったねえ。手工芸品の色付けに使えると思ったわ」とリーゼは語る。「白い粉」は放射性降下物であるが、リーゼの目には「美しいもの」と映ったのである。

「美しい」と捉えたリーゼも、また「見なかった」と証言した住民も、無意識のうちに被曝していたのである。三月一日にはクワジェリンにいたキーロンは、一〇月頃アイルックに戻ってきた。「見た目は変わりなかった。教会の窓ガラスは落ちていたけれど……」と、見た目はほとんど変わりなかった島の様子を語る。

## 米公文書に見る米駆逐艦派遣

住民が語る「米国の大きな船がやってきた」に相当する事柄は、米公文書に記載されているのであろうか。米公文書のさらなる調査を続けた。

実験後、米駆逐艦がアイルックにも立ち寄り、サンプル調査をしていた記録が第七合同任務部隊の当時の記録に残されていた[DOE OpenNet: NV0410413][6]。住民が言う「アメリカの大きな船」は、「レンショー」という名の米駆逐艦(USS RENSHAW DDE 499)であった。同公文書上の記録にそって要点を再現すると、次のようになる。

米第七合同任務部隊はブラボー実験から五日後の三月六日、特別調査団を乗せた米駆逐艦「レンショー」をアイルックに派遣した。同駆逐艦は、アイルックを含む四地点に立ち寄り、アイルックに到着したのは三月六日午後四時頃であった。特別調査団一行は、ボートに乗り換え、アイルック環礁の本島であるアイルック島に上陸した。そして約一時間後の午後五時頃、残留放射能測定のために土壌と飲料水のサンプル採取が実施された。

以上のように、米駆逐艦がアイルックにも寄港していたことは米公文書上で確認できた。ただし、「住民代表とアメリカ人が話し合っていた」との住民の証言に符合する記述は、これまでのところ米公文書上では見あたらない。

しかし、米公文書に、「避難をさせるために来た」との住民の証言に関連する記述はあった。「ウトリックの避難が決定され、実施に向け動き出したことにともない、三月二日二〇時頃、アイルックの状態も検討された。同地域の人口は四〇一人だと報告された」[DOE OpenNet: NV0410804][(7)]と、第七合同任務部隊の放射線安全管理責任者を務めていたリチャード・A・ハウスは記している。同報告は、第七合同任務部隊を統括していた米陸軍のクラーク将軍らが一九五四年四月一二日に作成したブラボー実験の覚書"MEMO FOR RECORD, BRAVO EVENT, OPERATION CASTLE"[DOE OpenNet: NV0410804][(8)]に添付されていた。つまり、アイルックの状況は、第七合同任務部隊の責任者をはじめ上層部にも伝達されていたことがうかがえる。

そうでありながらも、アイルック住民の避難は実施されず、幻に終わった。「そのような線量(およそ二〇レントゲン)では医療を要する問題は発生しないだろうとの事実に対し、四〇〇人の住民を移動させるのに必要な労力を考え、避難させないことが決まった」［DOE OpenNet: NV0410804］[9]と、放射線安全管理部門のリチャード・A・ハウスは記している。

しかし、先に言及したように、アイルックの放射性降下物は「何らかの影響がある」とリチャードは記しており、同記述とは明らかに矛盾する。たとえ被曝にともなう急性症状がみられなくても、後に出てくる晩発性障害や残留放射能の問題が軽視されたことは明らかである。

米原子力委員会の医学追跡調査に長年関わってきたクロンカイト、コナード、ボンドの三人が連名で執筆したブラボー実験の放射性降下物にまつわる歴史的な出来事をまとめた論文 "Historical Events Associated with Fallout from Bravo Shot"［Cronkite et al. 1997］の中に、住民の避難措置に関する興味深い記述がある。実験前にマーシャル住民を避難させると高い経費がかかり、輸送手段・人員・収容場所など後方支援上の問題もあると、米原子力委員会生物医学部門のゴードン・ダニングが、マーシャル諸島住民をあらかじめ避難させることに反対したことが、同論文に記されている［Cronkite et al. 1997: 176］。

同論文は、実験前に住民が避難させられなかった理由を述べたものだが、実験後も避難は一部住民に限定された。先に述べたように、アイルック住民の被曝の事実を「何らかの影響がある」と米政府は当時認識していながらも、避難措置がとられなかった背景に、財政や後方支援上の問題が絡んでいた可能性は大いにあろう。

米駆逐艦が来島しながら避難がなされなかった理由は、人口が多かったからだと、アイルックの住民は考えている。「トランシーバーを使って、クワジェリンの司令官に『人口が四〇一人だ』と伝えて、『それでは多すぎるから連れてくるな』と言うことになったわ」と、当時の住民代表の妻であるネーウィンは証言する。

アイルック住民には避難措置がとられなかったものの、米駆逐艦乗組員が雨水は飲まないようにと住民に警告し、アイルックを後にしたことは先に指摘したとおりである。それ以来、アイルックに放射性降下物がおよんだことは、米政府内で不問に付された。アイルックに暮らしていた四〇一人は、米原子力委員会の視野の外に置かれ、放置されていったのである。

その一方、クワジェリンへの移送措置がとられたロンゲラップとウトリック両地域の住民は、第五章で論じるように、被曝のおよぼす身体への影響を調べるデータ収集の対象とされ、米原子力委員会の関心の的となっていった。

放置されたアイルック住民と、他方で関心の的となり追跡されたロンゲラップとウトリック両住民。その両者はともに、水爆ブラボー実験で「何らかの影響がある」放射性降下物を浴びたが、避難の有無を境に、その後の米政府の対応はじつに対照的であった。しかし、放置をするにせよ、追跡調査をするにせよ、いずれも、住民の安全と福祉が顧みられなかった点は共通する。

マーシャル諸島共和国政府は、アイルックの被曝は、積算すると退避措置がとられたウトリック以上になったと、次のように主張している。

「アイルック上空を通過した雲に含まれていた大気浮遊粒子の量は、ウトリックと完全に同レベルとは言えないが、近似していたと結論づけることが最も理にかなう。しかも、アイルック住民は避難させられなかったため、より長期間、無限時間（核種がすべて崩壊するまでの時間）まで被曝し、その結果、ウトリック住民が浴びた線量を上まわる量の放射線を浴びることになった」[RMI ed. 2000: 1–2]。

## 四　住民が目にした「異常」現象

### ◐動植物の異変

ブラボー実験から、すでに半世紀以上の歳月が経過した。「あの日」アイルックにいた四〇一人のうち「多くはすでに亡くなっている」と、アイルック選出の国会議員であるメーナルド・アルフレッドは語る。アイルックを訪れても、一見すればエメラルドの海が広がる「楽園」のもと、ゆったりと平穏に暮らしているように見受けられる。(10) しかし、ブラボー実験を体験したという住民との出会いを重ね、語りに耳を傾けるうち、アイルック住民も被曝を背負い暮らしてきたことが透けて見えてきた。

「アメリカは、実験をして、この島や島民の生活を破壊したわ」とテリオは語る。ラーンもまた、「すべてを破壊する。よくない」と語る。ブラボー実験に遭遇した住民は、ほぼ全員がアイルックは「あの爆弾」の影響を受けていると肌で感じている。当初は視えていなかった被曝の影響を、住民はどうして自覚するに至ったのであろうか。

「動植物の異変をいろいろ目にしてきた」からだと、大半の住民は説明する。かれらに言わせれば、「あの爆弾」の以前には、そうしたことはほとんど、あるいはまったく見られなかった現象であった。だからこそ、「あの爆弾」以後の変化は「異変」だと住民の目に映ったのである。

とりわけ、マーシャル語で「モクモク」と呼ばれているタシロイモの激減は、多くの住民に核実験の影響を感じさせる印となった。タシロイモは多年草で、地中の球茎が食用になる。「かつては島のどこでも生えていたんだ」とゴジュは語るが、現在、タシロイモを島で見つけるのは容易ではない(写真2−3)。「あの『爆弾』の後、点在するようになって、なくなっていった」とゴジュは指摘する。「今まで元気に生えていたのに、誰かが熱湯をかけたかのようにしおれて、枯れて茶色くなっていったのよ」とリーネンは語る。食糧に使おうと土を掘り返すと、「硬い塊の部分(球茎)が、大量の水分を含んで柔らかくなっていた。その後、なくなっていった」と、トゥルシラは証言する。「一九六四年にアイリンラプラプ環礁からアイルック環礁に戻ると、タシロイモは減っていたねえ。どうしてなのかと、島で話題になっていた」と、ジーメンは振り返る。

**写真2–3**　核実験の後，少なくなったと語られる，「モクモク」とマーシャル諸島で呼ばれるタシロイモ（2001年5月，アイルック環礁）．

住民の生活に欠かせないココヤシの「異変」

**写真2-4**　子豚の朝の散歩.
豚は今も家畜として飼われている（2013年8月，アイルック環礁）.

も多くの住民の間で指摘された。ココヤシは通常まっすぐ成長していくが、途中で「二股に分かれるココヤシ」が現れたと、ネティは語る。「いや、途中で三股に分かれたココヤシもあった」と語るのは、テンポーである。「たしか一九五九年頃だったか、（アイルック環礁の）カーペン島の中腹でそのおかしなココヤシを見つけた。そのココヤシの周りでよく遊んだ。……ココヤシの実を割った時、果肉がなかったり、ジュースが入っていなかったこともあった」と語る。「まっすぐではなく、らせん状に成長するココヤシがあったわね。木の先端が、成長しなかったり枯れたりもしたわ」と、コダマは思い返す。

ココヤシだけでなく、ほかの代表的なローカルフードであるパンノキやタコノキの「異変」も住民から語られた。「タコノキは大きくならないわ。実がよく落ちるようになったわねえ。パンノキの実もまだ小さいうちに落ちてしまうわ」と、リーネンは語る。「タコノキの実は見た目が変わり、今は正常に戻ったが、実の半分は使えなかったりもした。実がそんなに大きくなっていないうちに落ちてしまうんだ」と、ティーオスは説明する。

動物にも「異変」が見られた。「おかしな豚を見たわ」と、トゥルシラは言う。「雄と雌の両性の性器を持った豚が出現したんだ」と、ゴジュは驚愕したことを語る。「植物もそうだけど、動物も見た目からしておかしいわ。三本足の犬、睾丸が一つしかない豚、羽が一つのニワトリを見たのよ」と、ステラは言う。「目が四つ、しっぽが二つある猫がいたのよ」と、カンジも言う。「ニワトリや豚も『ポイズン』に汚染されているわ。羽のないニワトリが生まれたのよ。あの爆弾の影響だと思ったわ。ほかに思いあたる節はない」と、テリオは語る。

### ◒生まれてきた子どもの異変

流産や死産にまつわる話も女性の口から語られた。「お産の時、普通じゃない、動物のような子が生まれるようになったのよ」と、リーネンは語る。「ウミガメの卵のような状態で、赤ん坊が生まれてくるのよ。へその尾がなく、頭が胎盤に付着して生まれてきた赤ん坊もいたわ」と、ステラは思い返す。「一九五五年、一人目の子どもがブドウのような状態で生まれてきたわ。二人目の子どもは片足が短かったの。その子は今も生きています。ジャルートにいますが、うまく歩けません」と、ダイナは自らの体験を語る。

無事に生まれても「異変」がある子もいた。「子どもの一人が、先天的な障害を持って生まれてきた。彼は双子だったが、片方は生まれてすぐに死んだ」と、ラインは言う。二〇〇一年六月、一六歳になっていた少年は、家から出ることはなく、食事の時以外はほとんど寝たきりの生活を送っていた。「彼の周りでは、年四回ほど教会から人が来て祈りを捧げている」と言う。「おそらく、あの爆弾の影響だ」とラインは考えているが、「彼をマジュロの病院に連れて行ったことはない。ハワイなどもいいかもしれない。でも連れていって、じゃあそれで子どもはどうなるというのか」とライ

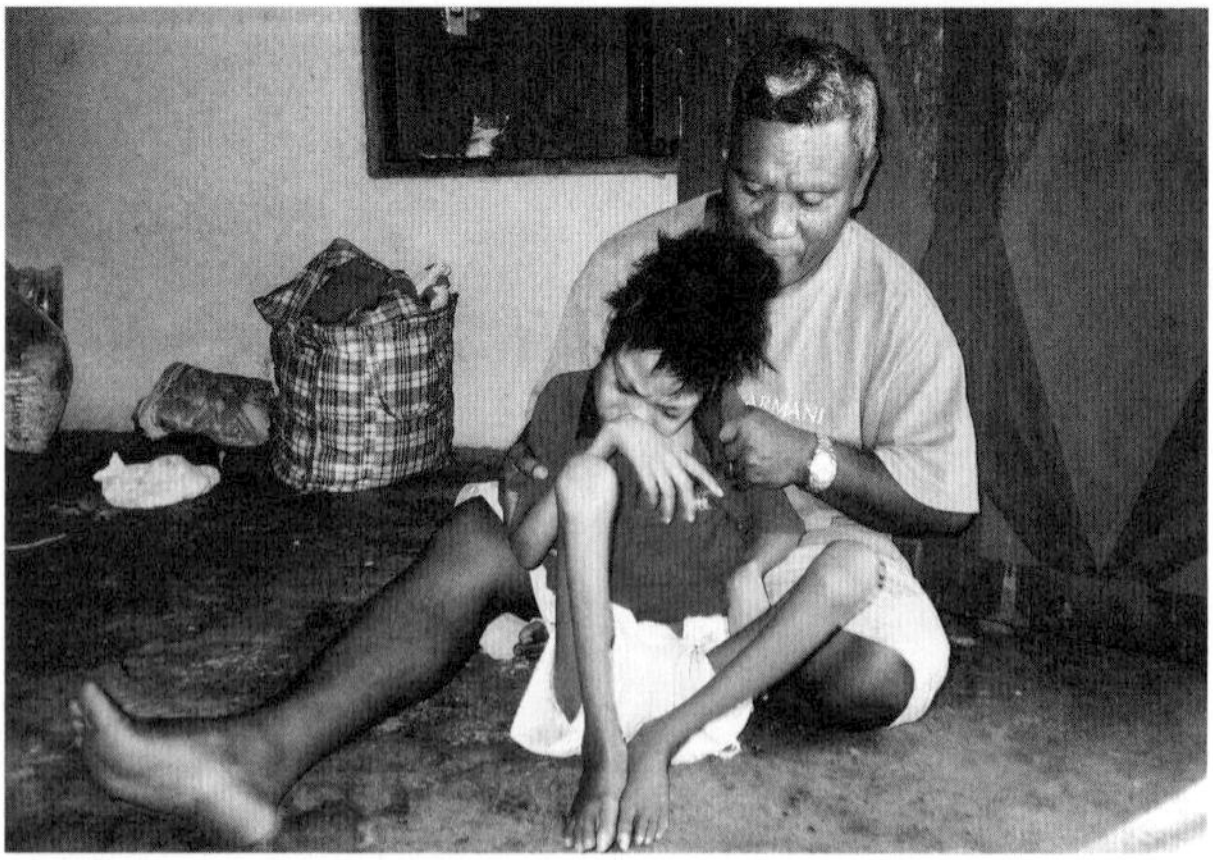

**写真2−5**　先天性障害を持ち生まれてきた子ども(当時16歳)を抱く父親のライン(2001年6月，アイルック環礁).
ラインはブラボー実験の5カ月後に生まれた.
2013年に再訪した時，ラインもその子もすでにこの世を去っていた.

ンは訴える。ラインは島の保健士(health aid)を務めるが、何もできないのである(写真2−5)。

二〇〇一年の訪問時には、ラインの子どものほかにも、片腕がなく、足の指が多く、下半身の成長が止まっている、当時一三歳の少女と出会った。また二〇〇四年の訪問時には、手の指が六本ある赤ん坊がいると紹介された。三人とも、ブラボー実験の放射性降下物をアイルックで受けた人の子どもではない。いずれも孫にあたる世代である。

## ●健康状態の悪化

「あの爆弾」以後、「アイルックはとても困った状態だ。いろんな病気が見られる」と、ネライは住民の健康状態の「悪化」を憂慮する。ミジョンは「たくさんの病気がある」と語り、「新しい病気にかかった」と長老リートックは表現する。

「いろんな病気」「たくさんの病気」「新しい病気」とは具体的に何なのだろうか。住民の間で、最も多く指摘されるのが甲状腺の問題である。言葉が直接通じなくても、甲状腺がある喉仏のあたりを触れば、その意味が相手に伝わるほど、甲状腺問題はアイルックでは一般化したものとなっている。

「アイルックで初めて甲状腺の問題が発見されたのは自分だ」と語るジーメンは、「一九七九年に病気になったので、マジュロの病院に行って診てもらったら、甲状腺の腫瘍が見つかった」と言う。そして「ホノルルの米軍の病院である Tripler Army Medical Center Hospital というところに送られ、手術を受けた。四カ月入院し、X線やスキャンもした。医師は、『プラボーを体験したか』とだけ聞いてきた。検査結果は知らない。五〜六カ月後に帰国した」と振り返る。「八一年から八三年にかけて毎年、薬をもらうためにハワイへ行った。今はマジュロの病院やアイルックの診療所でも薬はもらえるが、死ぬまで薬を飲まなくてはならない」と、その薬を見せた。

「直接体験していないわたしの娘も、甲状腺の問題を抱えているのよ」と、リーゼは語る。「日本の医師に診てもらい、甲状腺に問題があることが発見されたの。恐ろしくなったわ」と。ブラボー実験の後にアイルックで生まれたジェピも語る。核実験を直接体験していない世代にも、甲状腺の問題は広がりをみせているのである。

「影響はあると思う。病気、とくに癌だ」とジャトが指摘するように、癌もまた、「あの爆弾」が引き起こした病気だと大方の住民は認識している。「夫は一九七二年に死亡、子どもは一二人いますが、そのうち娘が一九八八年に亡くなりました。いずれも癌でした」と、リーネンは語る（写真2-6）。「甲状腺疾患や癌にかかるなど多くの問題がある。医師が必要です」と、レディーは訴える。癌を意味する英語の“cancer”は、日常生活で英語を使わないアイルックでも、誰もが理解できる用語になっている。

自覚症状もいろいろと訴えられたが、「コブのようなもの」を指摘する声が多く聞かれた。「体に

**写真2-6** 手工芸品「アミモノ」作りに励むリーネンは，ラインの母親で，日本統治時代に習った日本の歌を覚えていた（2001年6月，アイルック環礁）．

ボールのようなしこりができて、大きくなってきたんだ。ときどき痛む」と、ゴジュは訴える。「コブのようなものが爆弾の後にできて、大きくなり、九七年に切除したのよ」と、エンディは語る。子や孫が「皮膚の痒みを訴えたり、身体にコブのようなものができたりしている」と、ティーオスは心配する。コブの症状も「あの爆弾」による影響だと、大半の住民は堅く信じている。

また、糖尿病や高血圧も「あの爆弾の前には見られなかった」ということで、「あの爆弾」のせいだと考える住民は少なくない。「糖尿病や高血圧が多く見られる。こんな病は以前にはなかった」と、ニミッツは語る。「このアイルックの島には、甲状腺の問題がある。癌や糖尿病、目が見えなくなったり、耳が聞こえづらくなったり、高血圧だったり、たくさんの病気がある。わたしも甲状腺に問題があり、腎臓病や糖尿病もある」と、ミッジョンは語る。

ここまで述べてきたように、アイルック住民たちは、「あの爆弾」の以前には見られなかったことを、日常生活を送るなかで数々目にしてきた。そして、「異変」が積み重なるうちに、徐々に「あの爆弾」の影響を感じ、影響を確信するに至ったのである。ロンゲラップとウトリック両地域でも似たようなことが起こっている、との情報を時に耳にすることもあったと言う。

## 五　補償をめぐる攻防

### ◒「爆弾は『ポイズン』がいっぱい」

あの爆弾は、単なる「一過性の爆弾」ではなかった。「爆弾は『ポイズン』がいっぱい」と、エンディは核実験のことを語る。あの爆弾で特別な猛毒「ポイズン」がまかれ、動植物や人びとに異変を引き起こしてきたと考えているのである。さらに「アイルックは『ポイズン』に侵されている」とベリスが語るように、その猛毒は、外見上は見られないが、まだ島々に漂い続けていると多くの住民は考えている。

アイルックの土地で採れたものを口にして、「毎日、毎時間、ポイズンを食べている」、「『ポイズン』が取り込まれている心配がある」と、ミジョンは表現する。ジーメンもまた、「われわれは『ポイズン』があるローカルフードを食べている」と言う。内部被曝に対する恐怖感である。

「ポイズン」をいわば眼鏡に、視覚的には十分捉えられない、視えない放射能を見透し、自分たちは「あの爆弾」で被害を受けたとの自覚を高めていった。水爆ブラボー実験に遭遇した時は、「『ポイズン』があるなんて知らなかった。アメリカは何ら説明もしなかった。でも今は『ポイズン』がまかれたと思っている」と、ビーエンは語る。

「わたしたちはたくさんの影響を受けている。あの爆弾を落とした米国は、アイルック住民に補償を与えるべきだ」と、ジャトが語るように、核実験の影響を自覚するにつれ、米国に補償を求める権利意識が住民の間に芽生えてきた。

「アメリカからの助けが必要だ。『ポイズン』を取り除いてほしい」と、トゥルシラが主張するように、補償とともに原状回復を求める声は強い。「アイルックが心から好きだ。だからこそ、われわれの生命・財産・健康そしてアイルックを元の状態に戻してほしい」と、ネライは力を込める。「このようなことを引き起こしたアメリカは、元どおりに戻すために、いろいろなことを実施する必要がある」ともニミッツは語る。

「アメリカは、この島に来て、この損害について考えてほしいわ」とリラが語るように、現地に来てほしいという声も寄せられた。「ここに滞在して話を聞いてほしいね。いろいろなものが壊されたのだからお金を払ってほしいわ」と、マタは語る。「アメリカは、島民の健康づくりに手を差し伸べるべきだ。医師が来て診断をしたり、補償を払ったりするべきだ」と、ビーエンも切望している。

## ◓被害者としての自覚

だからといって米国に対する激しい口調の非難はそうは聞かれない。ただ、淡々とした語りのなかにも、米国への鋭い問いや主張が展開されることもある。

「アメリカは、マーシャル諸島ではなく、自分のところに(核爆弾を)落とすべきです。平穏であったこの土地の上に、このようなことを起こすものはごめんです」と、ニコルドは語る。「アメリカは、わたしたちを豚のように思い、人間とは考えていなかった。だから、気にすることはまったくなかったのだ」と、非人間化されたことをターニィは指摘する。

補償を求める気持ちが芽生えても、アイルックの人びとは被曝問題を対外的に訴えることはほとんどしてこなかった。同時に、住民の「声なき声」を拾い上げていこうとする外からの働きかけも、アイルックまでは目が行き届いていなかった。

しかし、九〇年代半ば以降、マーシャル諸島内の地元紙や中央政府レベルで、ようやくアイルックの核実験被害が問題として浮上するようになった。一九九五年二月、当時の駐米マーシャル諸島共和国大使ウィルフレッド・ケンドル（Wilfred I. Kendall）は、クリントン米大統領のもとに設置された「放射線被曝の人体実験に関する諮問委員会」（Advisory Committee on Human Radiation Experiments）の公聴会に呼ばれ、アイルックにも言及し、次のように意見陳述を行った。

「核実験の結果、アイルックやリキエップをはじめ、わが国の至るところの住民が、放射線と関連する病に直面している」、しかし「米政府は、放射性降下物による被曝は、四つの環礁だけだと絶えず信じ込ませてきた」［Advisory Committee on Human Radiation Experiments 1995: 22-34］。四つの環礁とは、核実験場のビキニとエニウェトク、そしてロンゲラップとウトリックである。

この意見陳述を受け、マーシャル諸島の地元紙『マーシャル・アイランド・ジャーナル』は、「忘れられた環礁は援助を必要としている」［*MIJ* 1995.2.24］と一面で報じた。その後も同紙は、「アイルックはどうなるのか」［*MIJ* 2000.9.29］、「アイルックは安全なのか」［*MIJ* 2001.4.13］などの記事を掲載している。

マーシャル諸島共和国政府は、アイルックの被曝問題を米国に対して公式に提起してこなかった。しかし二〇〇〇年九月、同政府は米議会に核実験の追加補償措置を求める請願を提出し、請願の中で、ビキニ、エニウェトク、ロンゲラップ、ウトリックの人びとを対象とした健康管理制度(Health Care Program)をアイルックにも拡大することを求めた[RMI ed. 2000: Appendix I]。健康管理制度のことは第五章で言及する。

沈黙してきた現地の人びととの間からも、徐々にではあるが、表だって声をあげる動きがみられるようになった。その象徴が本章の冒頭で紹介した、二〇〇四年三月にアイルックの人びとがプラカードを持ち寄り式典に参加したことであった。

その三カ月後の二〇〇四年六月には、住民集会がアイルック本島の教会で開かれた。ベリスは立ち上がり、「あの(一九五四年のブラボー実験の)時は八歳だった。朝、立ち昇る雲を見た。爆発音が聞こえて、空の色が変わった。三年後に母親が死んだ。まだ若かったのに。アメリカ人だって、マーシャル人だって同じだ」と訴えた。「この教会のガラスも落ちたんだ。タシロイモ(モクモク)がなくなった。ローカルフードの育ちが悪くなった。以前と違う。パンノキの実がつぶれる。タコノキの実も。真実をアメリカに突きつけよう」と、ジョルビは住民に呼びかけた。「土地は変わった。収穫物が変わった。母が癌になった。子どもも甲状腺の病気だ。孫娘は六本指だ。なぜ?」と、エルシーアイは訴える。

## ◒「完全決着」の壁

しかし、米政府や米議会の反応は鈍かった。そんな米国側の姿勢を、水爆ブラボー実験当時にロンゲラップ自治体の住民代表であったジョン・アンジャインは、二〇〇四年三月、原水協の招聘でビキニデー集会に参加した際、「五〇年を経た今、この問題にかかわったアメリカの議員は、すでに政府内にいません。近年、アメリカの議員は……私たちが直面している問題についてまったく無知です」[ビキニ水爆実験被災五〇年国際シンポジウム実行委員会編 2004: 17]と批判した。

「このような問題を引き起こしているアメリカの人は、爆弾の影響を受けている島民のことを考えてほしい」と、ベリは言う。アイルックに限らないが、「被曝した島々はワシントンの視野にはもはや入っていない」[Matayoshi 2004]など、イラク戦争や対テロ戦争の中で、自分たちは忘れられ、置き去りにされているとの気持ちが、核実験の被害を訴えるマーシャル諸島住民の間にはある。

マーシャル諸島政府が核実験被害に対する追加補償請願を提出してから四年以上の月日が過ぎた二〇〇四年一一月、ブッシュ政権はようやく見解をまとめ、米議会に伝えた[U.S. Department of State ed. 2004; *Marianas Variety* 2005.1.10]。アイルックをはじめマーシャル諸島に核実験の追加補償は行わないとする内容であり、補償は「完全決着」(full settlement)しているとされた。

「完全決着」は、マーシャル諸島が一九八六年に独立した際に米政府との間で締結した自由連合協定にさかのぼる。自由連合協定第一七七条項で、核実験の結果として生じた損害に対し補償する責任があることを米政府は認めた。補償の委細は、同時に締結された自由連合協定第一七七条項の実施協定で定められ、米政府はマーシャル諸島政府に一億五〇〇〇万ドルを支払った。

注目すべきは、実施協定の第一〇条第一項に「すべての賠償請求の完全決着」(full settlement of all claims)と規定されていることである。「……マーシャル諸島政府およびマーシャル諸島の市民、国民に対する過去、現在、未来にわたるすべての賠償請求に対し完全決着という法的な形式を、同協定は与えるものである」と、同項は規定している。

すなわち、マーシャル諸島の米核実験補償は、自由連合協定にもとづく一億五〇〇〇万ドルの金銭の支払いでもって法的には「完全決着」とされ、米政府の中では「解決済みの終わった問題」となっているのである。一定額の金銭を支払い、それでもって法的に「完全決着」とすることは、第四章で述べる第五福竜丸に対する日米間の政治決着、さらには日本の戦後補償や水俣病の問題〔宇井 2014〕とも重なる。マーシャル諸島民の賠償請求権は放棄させられ、米国の裁判所に核実験の被害補償を求めて提訴することは難しくなっている（実施協定第一〇条第二項の第一二条）。

もちろん、マーシャル諸島政府側も、「完全決着」条項を無視し、やみくもに核実験の追加補償を求める請願を提出したわけではない。マーシャル諸島政府が拠りどころとしたのは、「状況の変化」（Changed Circumstances）に米政府が対応する可能性が明記されている、同実施協定の第九条である。「……同協定の発効後に、核実験の結果として損失・損害が発生あるいは発見され、当然ながらそれらが発効時点で確認されていなかった場合、マーシャル諸島政府は、米議会に要請書を提出し、米政府がその損害を認めるよう要請することができる」と、第九条は規定している。

同規定を拠りどころに、自由連合協定の発効時に「確認されていなかった損害」が生じているとマーシャル諸島政府は主張し、核実験被害に対する補償請願を米議会に提出し、米政府が新たな対応を取ることを求めたのである。

しかし、ブッシュ政権は、核被害がアイルックなどに広がっていたとする主張は「事実ではない」と否定し、新たに対応すべき状況の変化はないと結論づけた。追加補償の必要性を否定したわけである。

「専門家が指摘する科学的根拠にもとづけば、今日マーシャル諸島で放射性降下物による影響が見られるのは、ごく一部の北部の環礁や島々に限られている」と、米政府は断言した。しかし、核被害の広がりを否定するこの結論は、現地調査を一切行わずに導かれ、かつ米政府機関自らがこれまで作成してきた公文書とも矛盾する内容をはらむものであった。

## 六　核被害の広がりを認識していた米当局

### ◒隣国へもおよんだ可能性

核開発を所管する米エネルギー省（旧・原子力委員会）が所蔵する公文書を調査するなかで、一九七〇年代から八〇年代にかけて、アイルックにも核被害がおよんでいたことを、米エネルギー省自身が認識していた形跡が浮かび上がってきた。

一億五〇〇〇万ドルの支払いで「完全決着」とする枠組みがつくられた補償交渉の際、マーシャル諸島側は核被害の広がりを主張した［DOE OpenNet: NV0403101］(11)。一九八〇年八月、マーシャル諸島政府が米内務省に送付した書簡の中でも、「マーシャル諸島のすべての環礁が核実験計画で放射線被曝していたとの確信が、マーシャル諸島政府にはある」［DOE OpenNet: NV0402869］(12)と述べられている。

それに対し米政府は、四つの地域の被害でもって、核被害の「全容」だと説明していたと、マーシャル諸島代表の一人として交渉の場にいた外務大臣のトニー・デブルムは証言する。「自由連合協定を締結する時、米国は『四環礁、四環礁だ』と繰り返し、まるでテープレコーダーを繰り返し聴いているかのようだった」と、地元紙編集長のギフ・ジョンソンは振り返る。

しかし、核実験の補償交渉に先立つ一九七三年の時点で、米エネルギー省の前身にあたる米原子力委員会は、核被害を受けた地域がより広範におよぶことを認識していた。

マーシャル諸島の米核実験で、「重大な放射性降下物」(Significant Nuclear Fallout)が達した可能性のある地域が列挙されている公文書[DOE OpenNet: NV0410289][13]が、一九七三年六月二三日付で作成されている。策定者は特定することができないものの、米エネルギー省に所蔵されていた同文書は、アイルックをはじめ核被害の広がりを示唆する貴重な文書である。

所収されている図「太平洋大気圏核実験にともなう重大な放射性降下物が達した疑いがある環礁」[DOE OpenNet: NV0410289][14]はとくに興味深く、縦軸に実験名が、また横軸に重大な放射性降下物が降灰した疑いのある地域が列挙されている。一九五四年三月一日のブラボー実験の欄には、重大な放射性降下物が降灰した疑いのある地域が一三も列挙されている。核実験場のビキニや、ロンゲラップ、ウトリックという、米政府が核被害を認めている地域だけでなく、アイルックの名も重大な放射性降下物が降灰した疑いがある地域として記されている。さらに、リキエップ、ウォット、ウォッチェ、そしてマーシャル諸島共和国の第二の都市イバイ島を抱えるクワジェリンの名までが記されている。

放射性降下物の飛散にともなう核実験被害は、一九五四年三月一日の水爆ブラボー実験に限っても、米政府が認めている四地域の範囲だけに収まらず、アイルックを含むマーシャル諸島の北部一帯、さらには中部にまで広がっていた可能性を同図は教示する。

六七回実施された核実験のうち、米政府が核被害を認めているのはブラボー実験のわずか一回のみであるが、同図は、ブラボー実験以外でも核被害が生じていた可能性も示す。

さらに、マーシャル諸島北部の一部地域が核実験被害にあったという、これまでの一般的認識からすれば、驚かされることがある。一九五二年一一月一五日に実施した実験「キング」と、一九五八年五月二六日に実施した「マグノリア」では、重大な放射性降下物がマーシャル諸島を越え、隣国であるミクロネシア連邦の首都があるポンペイ(ポナペ)島にまで達した可能性があると、同図の注記事項に記されている。

述べてきた米公文書は、表紙に「草案」とのスタンプが押されており、「正式な文書ではない」との反論が想定されよう。しかし核被害は、米政府が認めてきた四地域を越え、より広範におよんでいたことは、他の米公文書でも裏付けることはできる。

例えば、ロンゲラップとウトリックの人びとへの追跡調査を指揮してきた医師のロバート・コナード(Robert A. Conard)が一九七五年九月一九日に作成した文書には、「太平洋核実験による放射性降下物」と題した表が収載されている[DOE OpenNet: NV0403095](15)。放射性降下物の飛散が、米政府が認めている四地域の範囲に収まらず、アイルックを含むマーシャル諸島の北部一帯、さらには中部にまで広がっていたことが、同表でも読み取れる。

また一九七八年八月二二日に米エネルギー省ネバダ作戦局が提出した、マーシャル諸島北部の放射線調査の実施計画書には、放射性降下物を浴びた地域が次のように記されている[DOE OpenNet: NV0706710][16]。「エニウェトク、ビキニ、ロンゲラップに加え、ほかに一一の環礁や島々が、一回あるいはそれ以上のメガトン級の核実験で中レベルの放射性降下物を浴びた。いくつかの環礁には今も人が住んでおり、それ以外のところも食糧採取の場として使用されている」。

米核実験によって、マーシャル諸島の計一四地域が中レベル以上の放射性降下物を浴びたと、米エネルギー省ネバダ作戦局が提出した公文書に記されているのである。添付されている表"Fallout from Pacific Tests"から一四地域の名が特定でき、アイルックも中レベル以上の放射性降下物を浴びた地域に含まれている[DOE OpenNet: NV0706710][17]。

紹介してきた三点の公文書は、いずれもマーシャル諸島で行われた米核実験のすべてを検討しているわけではなく、あくまで一部であり、当然ながら限界がある。しかし、米政府が認める四つの地域を越えた核被害の広がりを裏付ける資料として、いずれも重要である。

### ●健康管理の実施を検討

さらに米エネルギー省は、核実験被害の広がりを認識していただけでなく、アイルックをはじめ、より広範な地域に被曝への具体的な対応策を取ることを検討していたことが、関連公文書から浮かび上がってきた。

第五章で詳述するが、ロンゲラップやウトリックの人びとが医師による追跡調査への反発を強め、一九八〇年に健康管理制度がマーシャル諸島で確立された。米エネルギー省は、その健康管理制度を構築する過程で、ロンゲラップやウトリックだけでなく、アイルックなどを対象者に含めることを検討し、予算の見積もりまで出していた。そのことを浮き彫りにする米エネルギー省の公文書を筆者は二点発見した。

一つは、米エネルギー省のブルース・ワックローズ（Bruce W. Wachholz）が、国防相の担当官に宛てた一九七八年一〇月一七日付の書簡［DOE OpenNet: NV0402854］[18]である。同書簡には、ロンゲラップとウトリック両住民以外に健康管理制度を拡大した場合の予算が見積もられていた。アイルックの場合、対象者は四三〇人で、船代も含めて一回あたり一六〇〇ドルがかかると記されている［DOE OpenNet: NV0402854］[19]。

もう一点は、同一人物が一九八〇年一月二二日に執筆した、「マーシャル諸島で増大するエネルギー省の責任」と題した文書［DOE OpenNet: NV0402855］[20]である。健康管理制度をロンゲラップとウトリックの両住民以外に拡大した場合の予算が見積もられていた。アイルックの見積額は先の文書と同額の一回あたり一六〇〇ドルで、一九八三年会計年度から対象に加えるという実施時期まで明記されていた。また、アイルックは残留放射能調査も一九八五年会計年度から行うことで予算見積もりがたてられていた。

この二つの公文書は一九七〇年代後半から八〇年代前半に出されており、核実験補償交渉が進行していた時期と符合する。しかも、見積書を作成したブルース・ワックローズは、核実験補償交渉の場に参加しており、米エネルギー省の代表として米政府側の交渉人の一人であった。つまり補償交渉の最前線にいた人物である。

このように米エネルギー省は、内部では健康管理事業や残留放射能調査の実施を検討し、見積書まで出していながら、一方で補償交渉の場では、核被害を四つの地域に限定し、広がりを否定したのである。

## ◒塗り替えられる核被害地図

従来、放射性降下物による核被害の広がりは、葉巻型の地図でもって説明されてきた。ブラボー実験の翌年二月、米原子力委員会は〈*Report on Effects of High-Yield Nuclear Explosions*〉を発刊し、水爆ブラボーによる放射性降下物は、「風下約二二〇マイル（約三五〇キロ）、最大幅四〇マイル（約六五キロ）に広がる、葉巻型の地域を汚染した。さらに爆発地点から風上および風横でおそらく二〇マイルにおよぶ海域も汚染された」[DOE OpenNet: NV0403293][21]と発表した。この米原子力委員会の発表にもとづき、放射性降下物の飛散範囲を示す図が作成された。米政府機関は、事あるごとにこの葉巻型の飛散地図を用いて、放射性降下物による核被害を説明してきた。

米政府だけではなかった。ビキニ水爆被災の実態解明を進めようとした先駆者たちも、この飛散地図を、住民の証言を客観化する貴重な資料として疑うことなく積極的に用いてきた。第五章で言及するが、一九七二年にミクロネシア議会は住民の被曝の実態を解明する特別委員会を設置し、翌年に同ミクロネシア議会報告書[Congress of Micronesia. Special Joint Committee Concerning Rongelap and Utirik Atolls ed. 1973]を出したが、その表紙にも、この葉巻型の地図が使われている。また「第五福竜丸の向こう側」に視野を広げ、ロンゲラップ住民の被曝の実態を先駆的に明らかにした前田哲男著『棄民の群島』でも、重要な資料の一つとして用いられている〔前田 1979: 94〕。
この放射性降下物の降灰地図は、立場を超えて用いられ、まさにマーシャル諸島の核実験被害の実態を示す資料として公式化され、絶対視されてきた。しかし、この葉巻型の地図の枠内では決して捉えることのできない、アイルックなどの核被害の広がりが現在、提起されているのである。「米国政府は水爆『ブラボー』実験で生じた放射性降下物の降灰地図を、都合のよいものしか公表していなかった」〔高橋 2012: 188〕と、高橋博子は指摘する。放射性降下物の飛散が、米政府が認めている四つの地域の範囲に収まらず、アイルックを含むマーシャル諸島の北部一帯、さらには中部にまで広がっていたことを示す地図が、被曝当時から作成されていたことを高橋は突きとめたのである〔高橋 2012: 186–188〕。

**写真2–7**　ブラボー実験から50年を迎えた記念式典で演説するアイルック選出の国会議員メーナルド・アルフレッド（2004年3月，マジュロ環礁）．

ブラボー実験から五〇年を迎えた記念式典では、米政府が核被害を認定した地域だけでなく、アイルック選出の国会議員メーナルド・アルフレッドにも、挨拶をする機会が与えられた（**写真2–7**）。同氏が用意した原稿には、「視野の外に置かれてきたブラボー実験の被害者を想起して」〔Alfred 2004〕との副題がつけられていた。しかし、挨拶に立った米政府の代表であるグレタ・モリス駐マーシャル諸島大使（当時）は、「一回の核実験の結果、予期せぬ被害が風下地域におよび、四つの環礁の人びとが耐えてきた苦難に対し、深く遺憾に思います」［Morris 2004］と演説し、四つの地域以外の人びとへの言及は一切なかった。

## 七　求められる核実験被害像の見直し

「わたしも被曝した」「償いなき半世紀」などとプラカードを掲げるアイルックの人びとの脳裏には、「動植物の異変」「子どもの異変」「健康の異変」などが浮かんでいる。米国政府への補償要求は、生活と実感に裏付けられた訴えなのである。

参加者の一人に、ブラボー実験から四カ月後にアイルックで生まれたハッキニーの姿があった。「アイルックで生まれ育った。汚染されたローカルフードを食べたり、飲んだりしていた。いつもナイフを刺されているようだ」と、外見からはなかなかうかがい知れない心のうちの一端を、ハッキニーはぽつりと筆者に語った。

「文化や暮らしの変化もそりゃああったよ。しかし説明するのは難しい」と、ブラボー実験のその後のアイルックをよく知る元校長のテンポーは語る。アイルックへの核被害の広がりは、アイルックに行っても視覚的に捉えることはきわめて困難である。

しかし、アイルックの人びとの証言、さらに米公文書を重ね合わせると、マーシャル諸島で行われた米核実験で、「視野の外」に置かれてきたアイルックにも核被害はおよんできたことは明らかである。アイルックの核被害は、一地域の問題に限定されない重大な意味を持つ。アイルックは、米国がマーシャル諸島の核実験被害を過小評価し、隠蔽してきた一つの証であるとともに、マーシャル諸島の米核実験被害像の見直しをわれわれに迫っているからである。

二〇一三年八月、九年ぶりにアイルック環礁まで足を延ばした。本章で紹介してきた証言は、主に二〇〇一年にのべ三カ月にわたりアイルックで暮らしながら聞き書きしたものであり、その時から数えると一二年もの歳月が流れたことになる。アイルック環礁はどうなっているのだろうか。

二〇〇一年に話を聞いたネライの家を訪ねた。六〇歳になったネライは、「身体のあちこちが痛い」と、杖《つえ》をつきながら出てきて、「二〇一三年にラインが癌で亡くなった。肝臓癌だった。チャトもゴジュも癌で死んだ」と語り始めた。チャトとゴジュはともに二〇〇一年の時、聞き書きをさせてもらい、ブラボー実験当時のことを語ってくれた方だ。ラインは、ブラボー実験の五カ月後にアイルックで生まれ、保健士になりアイルックの診療所を支え、住民からは「ドクター」(お医者さん)と呼ばれ信頼されてきた。ラインがこの世を去ったのは、まだ若い五七歳の時であった。

ネライは、「流産や死産は今も続いている。小腸が飛び出た赤ん坊が生まれ、三日後に亡くなったが、それは昨年のことだ」とも語った。ブラボー実験の二年後にアイルックで生まれたバーリックは、「おかしな木はいろいろ見る。病気になる人も増えている。何かが起こっている。しかし、病名がわからない病気もある。おそらくポイズンのせいだ。癌は煙草から来るのではない、あの爆弾のせいだ」と訴える。

ブラボー実験の九カ月後にアイルックに生まれたメナージャは、「わたしは甲状腺に病気がある。日本の医師がアイルックにやってきた時、検査をしてわかったのだ」と、診断書を見せてくれた。藤盛啓成らの東北大学のチームによる調査で、「一九九七年一月一九日」の日付が記されていた。「だんだん悪化しているような気はする。薬は飲んでいない。どこに行けばいいのか、誰に聞けばいいのか、わからない」と、メナージャは語る。健康上の不安や心配を抱えている住民は現在もいるが、放置され続けている。

核実験の影響が今なお続いていることが語られる。その一方、核被害はより捉えにくくなっている。二〇〇一年の調査で、家々を訪ね、アイルックでブラボー実験に遭遇した人を五三名見つけた。二〇一三年にその後を追跡したところ、じつに七割近い三六名がすでに亡くなっていた。生存者はわずか一七名で、アイルックにいたのはわずか八名にしかすぎなかった。そのうち、ブラボー実験の時に一〇歳以上であったのは、カンジとテンポーの二名だけだった(写真2-8)。

「年寄りが亡くなっていくなかで、われわれが持つ証拠も失われていく。若い世代は十分な証拠を持っていない」と、若き二〇代の小学校教師ライブは語る。ブラボー実験の記憶が、アイルックで先細りしていることは明らかである。

さらにライブは、「ブドウのような子どもが生まれたり、流産の話は今もあるけれども、外には話さない。わかるだろう、文化的にそうしないんだ」とも語る。国会議員のメーナルド・アルフレッドも、「異常な事象があれば、写真で記録するようにと言ったが、理解されない。診療所の医師が一度頼んだことがあるが、だめだった。流産をしたら、誰にも見られないうちに包んで、すぐ墓に埋葬してしまう。隠したがるのだ。普通は一週間、家に安置して、住民がやってきて祈りを捧げてから墓に埋葬するものだが、すぐ墓に埋めてしまう」と言う。被害は住民の手でも蓋をしている一面があることが示唆される。

**写真2-8**　2012年12月，ブラボー実験の生き証人がまた1人亡くなった．コダマの墓の前に集まる孫やひ孫の世代（2013年8月，アイルック環礁）．

　本章の「生まれてきた子どもの異変」で紹介した、ラインの子で、先天性障害を持った二〇〇一年当時一六歳であった少年は、すでに亡くなっていた。二〇〇一年当時一三歳で、片腕がなく、足の指が多く、下半身の成長が止まっていた少女は、家族とともに米本土に移住した。二〇〇四年に紹介された、手の指が六本ある赤ん坊は、その後、手術をして今は元気にアイルックで暮らしていた。

　ブラボー実験当時のアイルックを知るテンポーは、「いっぱい話したけど、何も変わらない。どこに行けばいいのかわからない。国会議員の選挙になると、どの候補も、マーシャル諸島政府に働きかけて、米国にもう一度、核実験の補償を求めるとは言う。しかし、前と言っていることは同じ。そこに確証はない」と語る。補償を求め行動した二〇〇四年に比べ、手詰まり感がアイルックには漂う。

　二〇一四年三月、ブラボー実験から六〇年を迎え、首都マジュロで記念式典が開催されたが、アイルックの人びとの姿はなかった。一〇年前と異なり、核被害非認定地域の人びとが、被曝の認知を迫る光景は会場にはなかった。核被害地域が四つの環礁に固定化される傾向が、マーシャル諸島内でも強まっていることが懸念される。

# 第二章

# 核実験場に選ばれた土地

## 「核の難民」となった ビキニとエニウェトクの人びと

上：米国の核実験場建設のため，自らの土地を追われたビキニの人びと（1946年3月）．

右：島を去る前，揚陸艦に荷積みする住民．手前はタコノキの葉で，家に使う（1946年3月，ビキニ環礁）．

所蔵：米国立公文書館

## 一　「なぜ、アメリカ人はここに来て実験をするのか」

六七回におよんだ米国によるマーシャル諸島の核実験は、太平洋の海に生きる人びとの生活の場を使って実施された。核実験場とされた土地に暮らしてきたビキニやエニウェトクの人びとはどうなったのだろうか。

そもそも、どうしてマーシャル諸島が米国の核実験場になったのであろうか。「なぜ、アメリカ人はここに来て実験をしたのかしら。大きい『島』を持っているのにねえ。なぜ小さな『島』に来てしたの？」と、エマは素朴な疑問をぶつける。

本章では、米政府が核実験場を選定した過程にまずは着目し、第二次世界大戦にさかのぼり、その道のりを丹念に検証する。そのうえで、実験場とされたビキニとエニウェトクの人びとの「その後」を、核実験の経過をたどりながら追っていく。

## 二　核実験への道

### ◒日本統治下で巻き込まれた太平洋戦争

「ところで、もう一つの爆弾の話はどうなのだ」。核実験にまつわる話が終わりにさしかかった時、

図3-1　エニウェトク環礁(Enewetak Atoll)

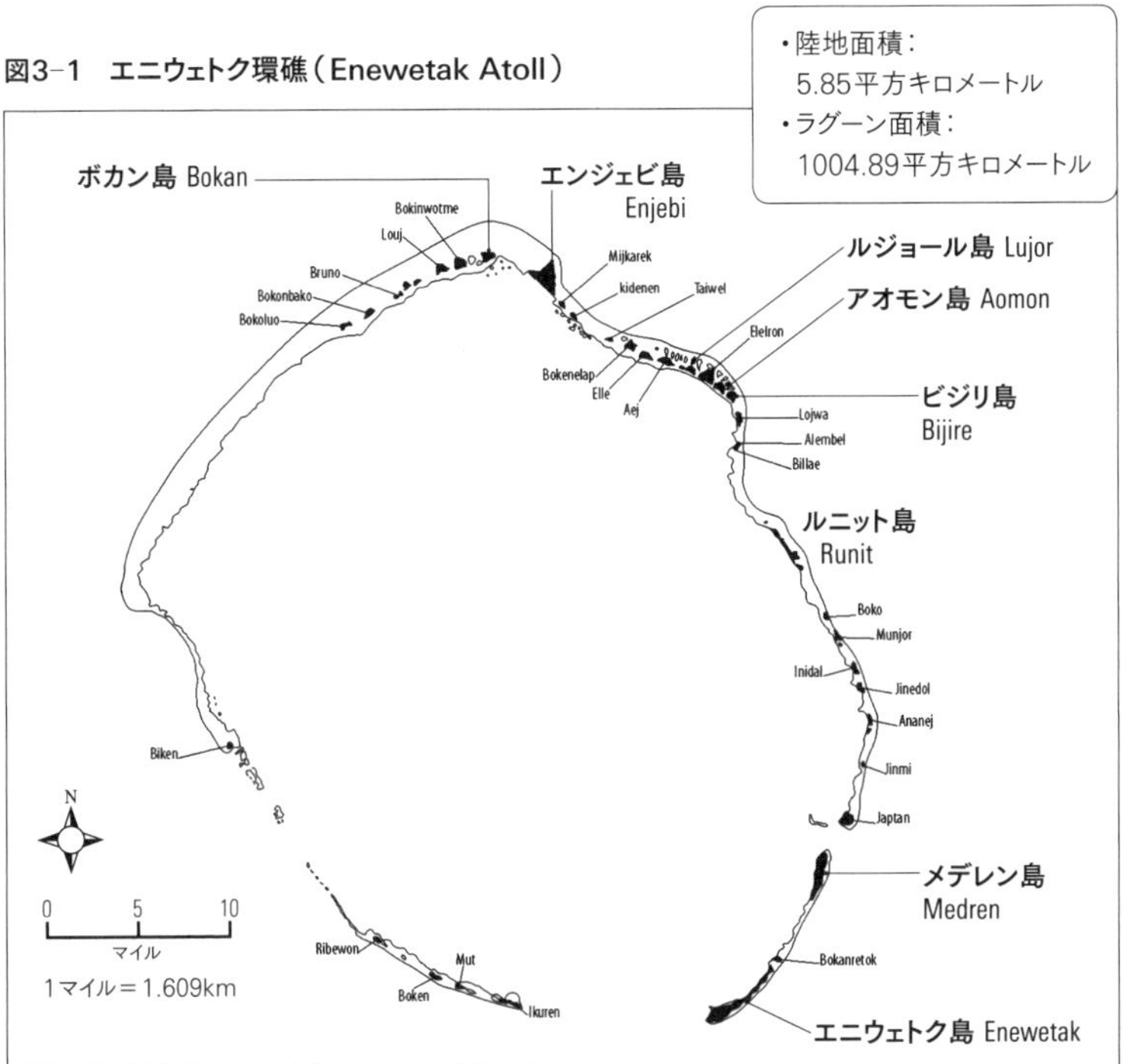


出所:*2011 RMI Census of Population and Housing*.

ある住民が筆者にこう切り出した。エニウェトク(図3-1)に暮らすクニオである。「第二次世界大戦のことを君に伝えておきたい」と、クニオは戦争体験を語り始めた。「わたしは足を傷つけられ、大量の出血をした。死にそうになったのだ。誰がこのわたしの足を傷つけたのか、誰が治してくれるのか、いったい誰なのか」——、声の調子を次第に高ぶらせながら、クニオは筆者の目をじっと見つめ、負傷した足を見せた。緊張が走る。しばらくすると声を和らげ、「日本の人に伝えてくれ」とつぶやいた。

後日、筆者はクニオの自宅をふたたび訪れ、エニウェトクの戦争の話をもっと教えてほしいと、今度はこちらから頼んだ。日米が争った地上戦に住民が巻き込まれ、逃げまどう様子が、クニオの証言から浮かび上がってきた。

「戦争が始まると、穴を掘って、穴の中に隠れていた。隠れていた穴の近くで爆弾が爆発した。死にかけたんだ。この足から血が吹き出した。幸いわたしは生きながらえたが、隣にいた老女が死んだ。隠れていた穴に米兵が近づいてきて、俺はアメリカの医療船に運ばれた。歩くことができず、身動きもできない状態だった。治療を受け、その後、(エニウェトク環礁の)メデレン島(パリー島)に移された」(写真3–1・3–2)。

エニウェトクで日米の地上戦が展開されたのは、当地が日本の統治下であったことに由来する。一九一四年、第一次世界大戦の最中、日本海軍が太平洋諸島の赤道以北のドイツ領を無血占領し、臨時南洋群島防備隊を置いて軍政を敷いた。マーシャル諸島を含むミクロネシア地域の大半が日本の統治下に入り、「南洋群島」との呼称が付けられた(1)。一九二〇年、国際連盟は当該地域を日本の委任統治領として認めた。

その行政機関である南洋庁はパラオのコロールに置かれ、パラオ、ヤップ、トラック(チューク)、ポナペ(ポンペイ)、ヤルート(ジャルート)の各所に支庁区が置かれた。ヤルート支庁区の下に、マーシャル諸島の島々は置かれたが、エニウェトクだけはポナペ支庁区の管轄下に置かれた。エニウェトクは当時、ブラウンという名でも呼ばれていた。

南洋群島は、本土防衛の「海の生命線」に位置づけられ、今日のマーシャル諸島領内に限っても、日本軍は一九三九年からエニウェトク、クワジェリン、ヤルート、ミリ、ウォッチェ、マロエラップで飛行場や沿岸防備施設を建設し、要塞化が図られた(写真3-3・3-4)。ウォッチェには、その時に建設された飛行場が現存する。一九四一年一二月、日本軍が真珠湾を攻撃したことを契機に、太平洋諸島は日米間の戦争の舞台と化した。

一九四三年、ミッドウェー海戦を経て米軍は攻勢に転じ、ギルバート諸島を勢力下に収めた。その後、米軍は一九四四年一月三一日、日本海軍の拠点であったクワジェリン環礁の上陸作戦を南北

**写真3-1**　地上戦で負傷した地元住民．戦闘後，米軍の治療を受ける（1944年2月，エニウェトク環礁メデレン島（パリー島））．所蔵：米国立公文書館

**写真3-2**　戦闘終了後，逃げまどった住民に米兵が水を配給する（1944年2月，エニウェトク環礁）．所蔵：米国立公文書館

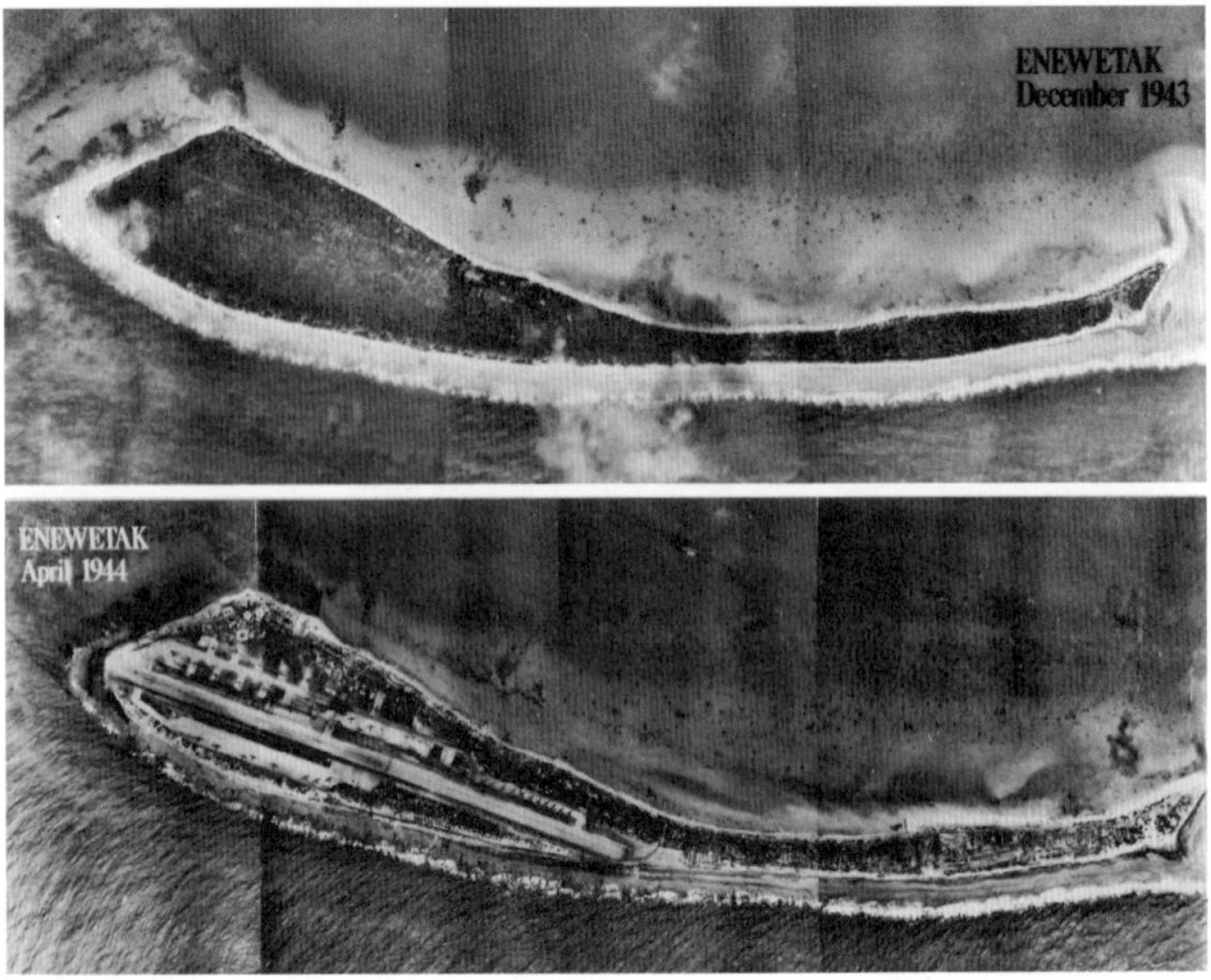


**写真3-3・3-4**　日本軍が要塞化し，変貌したエニウェトク（ブラウン）環礁．
要塞化前の1943年12月（上）と要塞化後の1944年4月（下）の写真を比較すると，
その変化は一目瞭然である．
所蔵：米国立公文書館

二方面から敢行し、同環礁の日本軍は全滅した[Veterans of Foreign Wars of the United States ed. 1981]。

続いて米軍は、エニウェトク環礁の上陸作戦を展開した。米国防総省の前身にあたる戦争省(陸軍省)参謀本部が作成した戦闘記録をもとに再構成すると、エニウェトクの戦闘は次のとおりである[NARA: RG 165][2]。

日本軍はエニウェトク環礁の三つの島に総勢三四〇〇人が駐留していた。エンジェビ島に一二〇〇人、メデレン島(パリー島)に一三〇〇人、エニウェトク本島に九〇〇人である。一九四四年二月一八日から二〇日にかけ、米軍は艦砲射撃とのべ一万一七九人の部隊を投入し、上陸作戦が展開された。エンジェビ島は七時間、エニウェトク島は一日半、メデレン島(パリー島)は一〇時間半におよぶ戦闘の末、日本軍は全滅した。米軍の犠牲者は、エンジェビ島で八〇人、エニウェトク本島で一〇五人であったのに対し、日本軍は総勢三四〇〇人のうち生き残ったのはわずか六六人で、三三三四人が戦死した。生き残った者は全員、米軍の捕虜になった（**写真3-5**）。

捕虜となった日本軍人のなかには、当時「二等国民」[3]と呼ばれていた朝鮮半島出身者が一三人含まれていたことが同公文書で読み取れる。しかしながら、日本統治下で「三等国民」と位置づけられていた現地住民の存在は、同米公文書ではまったく触れられてはいない。ただし、住民の三割以上が戦闘で命を落としたと、エニウェトクをフィールドにしている人類学者のローレンス・M・カルーチは記している［Carucci 1997: 4］。

**写真3-5**　戦闘で島は一面焼け野原と化した（エニウェトク環礁）．
所蔵：米国立公文書館

先に紹介したクニオだけではなく、地上戦を体験した住民はほかにもエニウェトクにいる。「エニウェトクの学校で日本語を習った。佐々木先生だった」と懐かしそうに語るサリナもその一人である。ときどき日本語を交え、「戦争が始まり、（エニウェトク環礁の）エンジェビ島からルジョール島に逃げた。そこで穴を掘って隠れていた。米兵が、ルジョール島にも日本兵を探しにやってきた。米兵を見た時、恐ろしかったのよ。だけど、かれらは何もしなかった」と語る。

「エニウェトクにやってきた日本の商人が父と友達になり、名が付けられた」というアキオは、エニウェトクの本島にいて、地上戦の最中は「父が作った穴に隠れ」ていた。当時まだ六歳であったが戦闘の記憶はあり、「怖くて、何も食べていなくても、お腹がすいたことすら感じられなかった。アメリカがやってきて、全員穴から出た。アメリカが大きな穴を掘っていて、そこに集められた」。

マーシャル諸島内で地上戦が展開されたのは、クワジェリンとエニウェトクの二つの地域である。後に米国の核実験場となるビキニ環礁は、幸いにして地上戦の舞台にはならなかった。「日本軍は開戦前夜、ビキニ島に『特設望桜』と呼ぶ気象観測所兼監視所を設置したが、守備隊や攻撃部隊は配置せず、したがって島が戦火を浴びることはなかった」と、ジャーナリストの前田哲男は説明する［前田 1991: 11–12］。

ただし、ビキニから「ジャルートにある日本の公学校に通っていた三人の少年が、労働者として徴用されエニウェトクに送られた。そして……米国の砲撃で殺された」［DOE OpenNet: NV0401189］(4)記録が残っている。

また「米軍がほんの近くまで来て、本当に怖かったわ」と、ビキニで暮らしていたキーボンは語る。ビキニに五、六人いた日本軍人は、壕の中に隠れていたが自ら命を絶った［Niedenthal 2001: 2］。

太平洋戦争は終結した。エニウェトクの人びとが隠れていた壕に入ってきた「米兵は、笑って食べものをくれた。『生きながらえて、ありがとうございました』と、米兵と一緒に神に祈った」と、エニウェトクのサリナは語る。「アメリカ人がやってきて、とても幸せだった」と、ビキニのルーボンも当時を振り返る［Niedenthal 2001: 50］。マーシャル諸島では、解放記念日(liberation day)が自治体ごとに設けられている。米軍は、日本の統治下にあった住民を解放した使者として迎えられたのであ

**写真3-6** 米海兵隊を一目見ようと，日曜礼拝の服装で砂浜に集まる住民（1944年3月11日）．「マーシャル諸島の原住民は攻め入るアメリカを見て喜んだ」とキャプションに記されている．所蔵：米国立公文書館

る（**写真3-6**）。

しかし、太平洋戦争の終結は、マーシャル諸島住民に平和を約束するものではなく、米海軍の軍政下に置かれた。そして「第二次世界戦争とは異なる戦争が、マーシャル諸島の人びとのもとで続いた。冷たい戦争と呼ばれる戦争である。我らの島々は、冷戦で壊滅的な被害を受けた地（ground zero）である……」[*MIJ* 2004.3.12]と、ロンゲラップ自治体長のマタヨシは、第二次世界大戦の「その後」を説明する。

太平洋戦争の「その後」で注目したいのが、一九四五年八月二二日に、戦後の原子爆弾と誘導ミサイルの新兵器開発に向けた合同委員会が統合参謀本部で開かれていたという、米統合参謀本部（Joint Chiefs of Staff）の公文書に記されていた事実である[NARA: RG 218][5]。ポツダム宣言の受諾意思を日本が表明したわずか一週間後のことである。この新兵器開発に向けた合同委員会には、広島・長崎の原爆投下を導いたマンハッタン計画の主導者の一人であったヴァニーヴァー・ブッシュ(6)が参加していた。

## ◒核実験場選定にあたっての大前提

広島・長崎に原爆が投下されてわずか半年後の一九四六年二月一〇日、マーシャル諸島軍政長官を務めていたベン・H・ワイアット(Ben H. Wyatt)がビキニ環礁を訪れた。住民に対し、核実験場建設にともなう移住を要請するためであった。日曜日の朝の礼拝が終わった後、住民代表のジュダらとの間で会合がもたれた。

米軍政長官は、旧約聖書を持ち出し、「イスラエルの民が神によって約束の地へ導かれ、敵から救われた」ことを説いたことが、米海軍の公式記録に残されている[Richard 1957: 10]。同軍政長官は、ビキニの人びとをイスラエルの民と重ね、核実験場建設にともなう移住は「神の導きによる約束の道である」と、敬虔なクリスチャンである住民に説いたのである。さらに、同軍政長官が、核実験は「人類の幸福と世界の戦争の終結のため」(for the good of mankind and to end all world wars)と住民に説明したことも、米海軍の公式記録に記されている[Richard 1957: 10]。ただし、その時、軍政長官と住民代表の間でどのような話し合いがなされたのか、その詳細は米海軍の公式記録には残されていない。

軍政長官の話に対し、「当時ビキニの代表であったキング・ジュダは、とても戸惑ったが、立ち上がり、悲しみに包まれるなか、住民との話し合いがもたれた。そして『われわれは行こう、すべては神の導きに託して』」[Niedenthal 2001: 2]と、移住の要請を受け入れたと、ビキニ自治体の渉外役を務める米国出身のジャック・ニーデンタルは自著に記している。

当時その場にいたジャブコンは次のように語る。「アメリカ人がビキニにやってきて、『爆弾』をやりたいから、この島を去るようにと言った。わたしを含めて、ビキニの人びとは島から離れたくはなかった。しかし、アメリカには逆らえなかった。移住した後、誰が面倒を見てくれるのかと、ジュダはかれらに尋ねた。帰島するまで面倒を見るとアメリカは言った。ジュダは、年配者に意見を求めたが、かれらも移住に同意した。そして『すべては神の導きのままに』と、ジュダは返答したのだ」。

しかし、いざ立ち退きの日が迫ると、「ビキニの指導者は数日間にわたり熟慮を重ね、島を去る決断の再考を始めた。……住民の大半は(移住に)『ノー』だった。我らの土地を後にすることを考えると、深い悲しみがこみ上げてきた」[Weisgall 1994: 110]と、当時ビキニの指導部の一人であったケッシブキは生前語っている。しかし、「ほかの選択肢があるようには感じなかった。アメリカ人に従うしかなかった」[Weisgall 1994: 108]と語っている。また、「短期間で家に帰れるとビキニの人びとは信じていた」[Weisgall 1994: 109]とも、ビキニの顧問弁護士を務めるワイズゴールは指摘する。

ビキニには当時、一六七名が暮らしていた。「ビキニこそ、マーシャル諸島の中で一番」と、八〇代のジャモレは誇らしく語る。「美しくて、たくさんの魚や鳥、ウミガメがいて、ヤシの木が生い茂り、広大なラグーンもあり、カヌーに乗って島人は自由に動きまわっていたんだ。ありとあらゆる珊瑚礁の魚が捕れたのさ。カヌーや家を作ったり、敷物などの手工芸をしたりもしていた」と、懐かしそうに語る。同じく長老格のフィリップは、物忘れが多くなりインタビューは困難をきわめたが、「ビキニのことは忘れない」と、筆者にぽつりと語った。核実験は太平洋の何もない海で実施されたのではなく、こうした生活が息づいていた場所で行われたのである。

なぜ、ビキニが米国の核実験場に選ばれたのであろうか。核実験を実施した「第一合同任務部隊」(Joint Task Force One)の公式記録『ビキニの爆弾——クロスロード作戦公式報告書』に、核実験場の選定条件が明記されている[Shurcliff 1947: 16]。括弧内にも注目されたい。放射性物質(放射能)の脅威が、実験の前からすでに認識されていたことがわかる。

(1) 安全に艦隊が停泊可能な少なくとも直径六マイル(九・六五キロ)の泊地があること。
(2) 実験場は無人か、無人に近いところ(住民は皆、避難させなくてはならない)。
(3) 一番近い都市から少なくとも三〇〇マイル(約四八〇キロ)離れた場所(放射性物質が大気中に放出され風下の人びとを危険に晒すかもしれない)。
(4) 一〇〇〇マイル(約一六〇〇キロ)圏内にB—29の基地がある場所(爆弾はB—29爆撃機で運搬される)。
(5) 勢いよく縦横に拡散する水の流れが予測できること……(人びとや漁業に危害がおよばないように、水中に放出された放射性物質は適切かつ速やかに飛散させなくてはならない)。
(6) 米国の管理下にあること。

以上の六つの条件のほかに、核実験場の選定にあたっての大前提があったことが、米国立公文書館に所蔵されている国防総省核兵器局の資料群から浮かび上がってきた。

「実験場の場所の選定はかなりの難題であった。……ニューメキシコの経験にもとづき、米国内で爆弾投下をこれ以上は行わないという確固たる結論が導かれていた。さらに、米国の三〇〇マイルから五〇〇マイル（約四八〇キロから八〇〇キロ）圏内では核実験は行わない、との条件がレスリー・R・グローブス（Leslie R. Groves）将軍から示され、米本土の全域ならびにバミューダおよびカリブの全海域が候補から外れた」[NARA: RG 374](7)。

「ニューメキシコの経験」とは、広島の原爆投下に先立ち、一九四五年七月一六日に米本土のニューメキシコ州で行われた世界初の核実験「トリニティ」のことである。この結果を踏まえ、今後の核実験は米本土の外に持っていくことが、実験場選定の大前提となったのである。加えて、マンハッタン計画の総責任者であったレスリー・グローブスの指示で、米本土と隣接する中米海域では、核実験は行わないことになったのである。

同公文書は、ウィリアム・S・パーソンズ（William S. Parsons）が一九四六年九月二四日に発言した内容を記録したものである。パーソンズは当時、米海軍少将の地位にあり、第二次世界大戦前後の米国の核開発計画で中心的な役割を果たした。マンハッタン計画の主導者の一人で、ロスアラモス国立研究所の副所長を務め、広島の原爆投下の時、「エノラゲイ」に搭乗して爆撃の指揮を執った人物でもある。

広島・長崎の原爆投下からわずか三カ月後の一九四五年一一月、米統合参謀本部に核実験計画を立案する小委員会が立ち上がった[Shurcliff 1947: 11]。委員は総勢六名で、核実験計画の中心的役割を果たしていたパーソンズが委員の一人で、カーチス・ルメイ(C. E. LeMay)が代表に就いた。同委員会はルメイ小委員会とも呼ばれる。ルメイは、東京大空襲をはじめ対日戦略爆撃を指揮し、原爆投下の実行責任を果たしたことで有名である。戦略爆撃の歴史そのものを体現している人物[前田 2006: 55]が、マーシャル諸島の核実験計画にも直接関わっていたのである。

ルメイ小委員会が、ビキニの核実験への補助線をどう引いていったのかは注目されよう。米国立公文書館で調査を試みたが、ルメイ小委員会に関する資料は結局見つけることができなかった。

しかし、資料収集をするなかで、米統合参謀本部の資料群の中に「海軍の実験の討議」[NARA: RG 218](8)と題した興味深い文書が見つかった。同文書から、核実験場の選定に向けたある重要な会合が一九四五年一二月二〇日に召集されていたことが判明した。ビキニ住民が立ち退きを要請されるおよそ五〇日前のことである。

同会合の議長は、マンハッタン計画の副責任者であった陸軍のトーマス・ファーレル(Thomas Farrell)が務めた。ファーレルは、一九四五年九月に「広島・長崎では、死ぬべきものは死んでしまい、九月上旬現在において、原爆放射能のために苦しんでいる者は皆無だ」との声明[高橋 2012: 49]を出したことで知られる。

同会合で、海軍のフレデリック・アシュワース(Frederick L. Ashworth)が提案者となり、核実験の場所をめぐる議論が行われていた。アシュワースは、長崎に原爆を投下したB-29爆撃機「ボックスカー」に乗り込み、投下命令を出した人物として知られる。

アシュワースは、ビキニ環礁を実験場に推し、その理由に以下の七点を挙げた[NARA: RG 218](9)。

(a) 先進的な機能を持ち、重量級の航空機を配備するに適した基地があるエニウェトクやクワジェリンに近い。
(b) 台風の若干の影響は受けるかもしれないが、台風の通り道から外れている。
(c) 住民の数がとても少ない。
(d) おおよそ平均海抜一〇フィート、長さ三マイル、幅一～二マイル。
(e) 地上部隊を配置する十分な広さがある。
(f) 錨を固定する良好な場所が存在する。
(g) 軍事施設はないが、恒久的な基地施設をエニウェトクに持たせることは可能である。

そして一九四五年一二月二〇日、ビキニ環礁が核実験場の場所として勧告され、翌一九四六年一月一〇日には、トルーマン大統領が実験計画を承認した[Shurcliff 1947: 13]。ビキニの人びとは、その時点では何も知らされてはいなかった。

現地の住民に一切承諾を得ることなく、ビキニを核実験場にする計画が着々と進められていったのである。住み続けるという選択肢をビキニの人びとから完全に奪った状況で、一九四六年二月、米国はビキニ住民に移住要請を行った。ビキニの人びとの移住は、物理的暴力はともなわなかったものの、強制以外のなにものでもなかった。

## ◐演出された移住の儀式

ビキニ住民の移住は一九四六年三月六日に予定された。「人びとは移住先に運ぶために家を解体し、必需品の荷造りを始めた。海軍は、将来、ビキニ環礁住民から出される損害賠償請求に備えてヤシやパンの実の木の数を数え、写真に撮った」[豊﨑 2005: 上55]。その頃、米本土から海軍の写真家やニュース映画の取材陣がビキニに押し寄せ、「世間の多大なる注目がビキニの人びとに向けられた」[Kiste 1974: 31]。報道を通じて、ビキニの住民代表のジュダは「キング」と呼ばれ、名は「キング・ジュダ」に変えられた[Kiste 1974: 31; Weisgall 1994: 112]。

ビキニの人びとが強制ではなく、自らの意思にもとづき「約束の地」へ導かれたと、描きたかったのであろうか。移住先は「ココヤシ、タコノキ、パンノキがより多くあり、原住民から見れば豊饒な地である」[Weisgall 1994: 110]と、軍政長官のスタッフは押し寄せた報道陣に説明した。

人類学者のカイストは次のような報道を紹介している。「移住を待つ間、映画というものに多くの島人は初めて触れた。毎日夕刻になると、艦船サマーの後方の甲板で映画が上映された。見たものを島人はほとんど理解していなかったのは確実だと思われるのだが、……すっかりかれらは映画に夢中になっていた」[Kiste 1974: 31]。移住を待つ間、「住民は楽しんでいるかのように思われた」[Weisgall 1994: 112]と、ワイズゴールは指摘する。

三月三日の日曜日、ビキニで最後となる教会の礼拝が開かれた。「人びとは洗濯したてのシャツやドレスを着て、故郷の地での最後の礼拝に参加した。しかし、教会は解体されてすでになかった」[豊﨑 2005: 上55]。「アングルがよくない」などと、取材陣が満足するまで、礼拝は三度繰り返された[Kiste 1974: 32](写真3–7)。

移住予定の三月六日の朝、祖先の墓は花で飾られ、ココヤシの葉が敷き詰められた。先祖への別れの祈りが捧げられた。「淡々と進む移住の儀式の雰囲気は、祈りを繰り返させたカメラマンの注文で水が差された」[Weisgall 1994: 112]。

**写真3–7** 住民は先祖への別れの祈りを捧げたが，演出の注文が繰り返され，水が差された(1946年3月，ビキニ環礁)．所蔵：米国立公文書館

そして取材陣のために、「軍政長官がビキニを訪ね、住民に移住を要請した二月一〇日の模様が……再現された」[Kiste 1974: 31]。カメラがまわる。軍政長官のワイアットは、ギルバート諸島出身の通訳に向かい、「『さあジェームス』、住民に伝えるのだ。……われわれの退避計画を聞き入れてくれるか、キング・ジュダに立ち上がって答えてもらおうではないか。住民は出て行く気があるのか」[Weisgall 1994: 112]。

ジュダの心の中では、二月の時点では感じていなかった、移住への恐怖と不安の思いが交錯していた[Weisgall 1994: 112]。立ち上がり、「われわれは出て行くつもりだ」と答え、「神の導きにすべてを託す」と付け加えた。しかし、米軍政長官は「どこにでも喜んで行く」と、ジュダに言わせたかった。軍政長官は通訳を介して、ジュダに繰り返し迫った。それでもジュダは、

「神の導きにすべてを託す」との返答を繰り返した。最終的に軍政長官が折れた。故郷にとどまるという選択肢が奪われるなかで、ジュダにできうる最後の抵抗だったと読み取ることができよう。

撮影は結局、八回も繰り返された。「『われわれは混乱した』と、キーロン・バウノは振り返る。『どうして何から何までかれらはそんなに繰り返すのか、わたしには理解できなかった』と、あるビキニの長老は語る」［Weisgall 1994: 112］。住民がビキニを去る日は一日遅れた。

「三月七日の午後までには、各自の持ち物や、タコノキからできた屋根葺きやカヌーが揚陸艦に積み込まれ」［Kiste 1974: 33］、住民はビキニを後にした。「島から出て行きたくなかった。皆、悲しかったのよ」と、ビキニを去った時のことをキーボンは思い出す。「米軍はLCU（大型の上陸用舟艇）という大きな船でやってきた。米兵は軍服を着ていた。とっても怖かった。教会の近くに集まり、そこから島を離れた。悲しくて、故郷に申し訳ない気持ちでいっぱいだったのよ」と、コーマイは振り返る。

## 三　ビキニで実施された第二次大戦後初の核実験

### ◐見せ物としてのクロスロード作戦

海軍と陸軍に科学者、さらに広島・長崎への原爆投下を導いたマンハッタン工兵管区が加わり、統合参謀本部の下に、第二次世界大戦後初となる核実験を担う混成部隊「第一合同任務部隊」が編成された。じつに四万二〇〇〇人が米本土から派遣された。

「主」が去ったビキニ環礁では、核実験の準備が急ピッチで進められた。住民の移住から四日も経たないうちに、グアムから第五三海軍建設工兵隊が到着し、建設作業が開始された[Weisgall 1994: 148]。陸軍医官としてビキニに派遣されたデイビット・ブラッドリーは、その頃のビキニの印象を次のように日誌に記している。

「……原子爆弾実験のための準備で相当に荒らされている。浮ドックと解体した上陸用舟艇などで、この美しい砂浜の線をすっかりしわだらけにしているし、林立する鉄塔は写真撮影やテレビジョン固定装置のために建てられたし、海軍飛行分遣隊と二つの保養所のために、この島の残りの部分をあらかた占領している。だからここを横領されたビキニの土民は、もちろんずっと前に他の珊瑚島に移らねばならなかった」[ブラッドリー 1949: 23]。

核実験を実施する混成部隊の指揮を執ったのは、海軍少将のウィリアム・H・P・ブランディ(William H. P. Blandy)であった。副指揮官には、陸軍航空軍少将のウィリアム・E・キープナー(William E. Kepner)とともに、先に紹介したウィリアム・S・パーソンズが就き、パーソンズは技術部門を統括し、フレデリック・アシュワースらが特別補佐官に就いた[Shurcliff 1947: 176]。

広島・長崎の原爆投下に続く同核実験計画は、「クロスロード作戦」(Operation Crossroads)との暗号名がつけられた。「海軍と空軍は重要な岐路にあり、人類自身も十字路におそらく立たされている」と、作戦名に込めた意図をブランディは説いた[Weisgall 1994: 32]。

ビキニのラグーンには、戦艦「ネバダ」を中心に、空母「サラトガ」「インディペンデンス」、戦艦「アーカンソー」、さらには日本の戦艦「長門」と軽巡洋艦「酒匂《さかわ》」が並べられた。第二次世界大戦を戦ったこれらの艦船は、原爆の威力を検証する標的艦になったのである。

艦船を標的にして原爆を使用することは、広島・長崎原爆投下以前から構想はあった。「一九四四年の段階で、日本艦隊が集積する場に原爆攻撃する可能性を、ロスアラモス(国立研究所)の科学者は検討していた」[Shurcliff 1947: 9]と、クロスロード作戦の公式記録には記されている。同構想は実施されなかったが、船舶を標的に原爆を投下する発想は、その後に引き継がれ、クロスロード作戦で現実化したのである。

一九四六年三月二〇日、「『モルモット』(guinea pig)にされる艦船は九七隻におよぶ」[NARA: RG 313][10]と、報道関係者向けに発表された。「酒匂」をはじめ二二隻の標的艦の甲板には、ヤギ二〇四頭、豚二〇〇頭、大型ネズミ五〇〇〇匹、小型ネズミ二〇〇匹などの動物が置かれた[Weisgall 1994: 120–121](写真3–8・3–9)。

クロスロード作戦は三回の実験が予定され、一回目「エイブル」は海面の上で、二回目「ベーカー」は海面の下で、三回目「チャーリー」は海中深くで、それぞれ爆弾を炸裂させる計画がなされた。広島・長崎の原爆投下とそれに先立つ核実験「トリニティ」が、陸域での空中爆発だったため、次は海域で、しかも複数の高度からの実験が必要とされた[高橋 2012: 80]。

「ビキニにおける原子爆弾の実験は未だかつてないほどの注目を惹いた」[ブラッドリー 1949: 23]。

六〇〇〇近くの報道機関から取材要請が寄せられ、新聞・ラジオの報道陣一六八人が招待されてビキニに赴いた[Weisgall 1994: 141]。米上下両院議員も一五人が駆けつけ、さらに海外一一カ国が招待され、二人のソ連の科学者を含め、九カ国二二人が参観した[Weisgall 1994: 143–145]。

七〇〇台以上のカメラがビキニに備え付けられた[Weisgall 1994: 121]。世界に供給されているフィルムの半分がビキニに集められた。実験の模様はラジオで全米に生中継された。「カチカチ、一〇分前」カウントダウンが響く。航空機に指令が飛ぶ。「……実爆弾投下二分前。注意。実爆弾投下二分前。全員保護眼鏡を用意。全員保護眼鏡を用意」、それからついに「……待機せよ……（永遠の如き長い時間）……投下、投下、投下、投下、投下」[ブラッドリー 1949: 59–60]。

**写真3-8**　クロスロード作戦に向け，
100隻近い艦船がビキニに集結し，「モルモット」にされた．
所蔵：米国立公文書館

**写真3-9**　クロスロード作戦で動物実験に使われたヤギ（ビキニ環礁）．
所蔵：米国立公文書館

一九四六年七月一日、戦略爆撃機B‐29が投下した原爆「エイブル」は上空五〇〇メートルの地点で炸裂した。投下したのは広島・長崎の原爆と同じ五〇九混成部隊であった[NARA: RG 374][11]。

見学者は、原爆が持つ巨大な破壊力に関心を寄せた。原爆「エイブル」の結果、見学者は「(潜水艦)『スケート』号が『くだばって』しまったのを見て喜んだ」[ブラッドリー 1949: 74–75]ものの、大半の標的艦は生き残り、「これがすべてなのか」、「これが惨事なのか」など、失望や不満の声をあげた[Weisgall 1994: 187]。混成部隊の内部でも、「もっと悲惨な劇的な結果を予期していたが、すっかり裏切られた。原子爆弾を馬鹿にしきったような言葉が……聞こえた」[ブラッドリー 1949: 23]と、従軍していたブラッドリーは記している。

しかし、三週間後の七月二五日に実施された原爆実験「ベーカー」は、想像を超える光景が見学者の前に広がった[Weisgall 1994: 221–222]。「並はずれた閃光、それが消え、水面から白い煙突がどんどん立ち昇る。……一…二…三…四…五…隻を除いて、並べられた標的艦はすべて壊滅」[Weisgall 1994: 222]と、ラジオの実況者は絶叫した(写真3–10)。

**写真3–10** クロスロード作戦の2回目となる核実験「ベーカー」が炸裂した様子(1946年7月, ビキニ環礁).
所蔵:米国立公文書館

破壊力の大きさに見学者は酔いしれた。「原子爆弾は、単なる『もう一つの兵器』ではまったくない。その破壊力は、これまでのすべての兵器をちっぽけなものに感じさせる。ビキニの観察者は、爆弾が偉大な艦船を沈め、核の放射線が船内の実験動物に達して殺すのを目のあたりにした」と、核実験を指揮したブランディは記している[Shurcliff 1947: ix]。

二回目となる「ベーカー」実験には、ビキニの住民代表であったジュダも招待されていた[Weisgall 1994: 218]。核実験の破壊力の大きさを目撃したジュダは、移住先に戻り、ただちに住民集会を開いた。「『爆弾は巨大だった。その時、死ぬのではないかと思った』と、キング・ジュダは話していたわ」と、ビキニのジャブコンは証言する。しかし、同時にジュダは、「ビキニはなくなってはいない。ビキニはまだある」と述べ、「もうじきわれわれの島に戻れる希望はある」と住民に語ったとも、ジュダの長男は証言する[Niedenthal 2001: 59]。その場にいたキーボンは、「キング・ジュダから、爆弾がすでにビキニに落とされたと聞かされ、とても悲しかったわ」と振り返る。

### ◒視えなかったクロスロード作戦

クロスロード作戦は、前述したように、一部とはいえ、米国の報道陣や議員、さらには外国人やビキニ住民の代表にも公開され、実施された。しかし、招待された報道陣は、実験に従事していた科学者と接触することはできなかった[Weisgall 1994: 142]。また外国人招待者の場合、記者会見発表の情報すら受け取れず、「完全な暗闇の中に置かれた」[Weisgall 1994: 144]。当然ながら、見学者に核実験のすべてが公開されていたわけではない。公開されたクロスロード作戦で、何が伏せられていたのであろうか。

クロスロード作戦を実施した第一合同任務部隊は、「情報開示の要請に応えるため」広報の方針を定めていた[NARA: RG 218](12)。被害情報は、どのような広報の方針が立てられたのであろうか。「爆弾の被害に関わる非専門的な情報」は、「機密解除され、一般に公表することを制限しない」とされた。しかし、極秘扱いの例外規定があり、（爆心地からの）「距離と気圧および距離と被害の関係、放射能に関わるデータ、衝撃波の影響、波の反応、動物への影響が含まれるものは除く」とされていた。すなわち放射能に関わるデータをはじめ、大半の被害情報は機密にされていたのである。

報道陣や外国人をビキニに招待したのは、「原爆保有を国内外に誇示する」ためのある種のショーであったと、米国史を専門にする高橋博子は指摘する[高橋 2012: 80]。核兵器が持つ破壊力の部分だけが切り取られ、焦点化され、大きく引き伸ばされ、見学者に見せつけようとしていたのである。実際、詰めかけた報道陣は、標的艦への爆弾の威力に注視し、放射性降下物の問題には目が向いていなかったことを、ワイズゴールは指摘している[Weisgall 1994: 306]。

しかし、実際は放射能汚染が生じていた。放射線防護班の一員で、放射線量測定に従事した、陸軍医のデイビット・ブラッドリーが残した日誌には、破壊力の大きさだけでなく、深刻な放射能汚染がビキニに広がっていたことが各所に記されている（写真3–11）。

一九四六年七月二五日、「第二回実験日。……標的艦の上空を飛び、時間が来ていた。……刻々と強まる放射能のかん高い絶叫となる。ガイガー計数管の指針がぐんと目盛盤を振り切ってしまう。……遂に我々に指令があった。『……飛行中止。放射……。風上に退避して次の指令を待て』」[ブラッドリー 1949: 102–109]。七月二九日、「海水は次第に放射能を増していることを発見した」[ブラッドリー 1949: 114]。八月二日、「放射能潜伏の理由で艦船の大部分は依然として停泊命令を受けていた」[ブラッドリー 1949: 116]。

八月三日、「甲板上に二、三分しか立っていられないのに、見たところほかの甲板とちっとも違っていない。空気を吸うにもガスマスクをつけなければいけないというのに、その匂いはほかの空気と全く変わらない」[ブラッドリー 1949: 118]。八月九日、「この日の仕事は放射能を除去することだった。……甲板はもう水を流してよく洗ってあった。だが放射能を減少させるのに役に立たなかったので、何杯も石鹸水をぶちまけた。しかし、結果はやはり同じことだった」[ブラッドリー 1949: 123]。

八月一〇日、「本日大変更が正式に発表された」[ブラッドリー 1949: 131]。クロスロード作戦の三回目の実験「チャーリー」は実施が見送られたのである。見送りと同時に、放射線防護部隊に対し、「放射能にさらされた人員全部の尿を検査する準備を整えよという命令が発せられた」[ブラッドリー 1949: 133]。九月になると、放射能汚染された艦船に関する情報統制が進められたと、米公文書をもとに高橋博子は指摘している[高橋 2012: 90–91]。

クロスロード作戦を実施した第一合同任務部隊

**写真3–11**　クロスロード作戦で標的にされ，破壊された艦船．「近づくな危険！ 非常に高い放射線」と注意喚起がなされている．所蔵：米国立公文書館

は、ビキニの核実験場やその周辺の放射能測定を実施していただけでなかった。太平洋一帯でも放射能測定が行われていたことを示す興味深い文書が、米公文書から見つかった。

マンハッタン工兵管区司令官のグローブス将軍は、「来たる原爆実験期間中に、高高度の大気測定の実施要請」と題した書簡を、一九四六年三月四日付で陸軍航空軍総司令官に送付している[NARA: RG 77]⒀。同書簡でグローブス将軍は、「①来たる原爆実験(クロスロード)の時、爆発後に放射性微粒子が大気中に放出されるであろう」との認識を示し、「②次の場所で大気測定を行うことを希望する」とし、「日本、マリアナ諸島、ハワイ、米北西部、米南西部、キューバ、プエルトリコ、パナマ」などの観測地点を具体的に挙げている。

実際、クロスロード作戦にあわせて、大気中の放射性微粒子の測定が、ハワイ、グアム、パナマ、さらに沖縄で行われたことが、一九四六年八月二八日付の陸軍航空軍総司令官に宛てた覚書[NARA: RG 77]⒁で確認できる。

同文書には、具体的な測定値は記されていない。しかし、一九四六年のクロスロード作戦の段階で、すでに放射性降下物が太平洋一円に広がることが予期され、沖縄を含め太平洋の一円で実際に測定が行われていたことは注目される。

公開されたクロスロード作戦で顧みられなかったことは、放射能の問題のほかにもある。それは、核実験場とされた場所で暮らしていた人びとの存在や移住先でのかれらの暮らしであった。

クロスロード作戦に向け、米議会ではのべ四回の公聴会が開かれたが、「米議会と軍の担当官は、この歴史的規模の実験が、実施地点の太平洋の島や住民に与える影響に、ほとんど注意を払わなかった」[Keever 2004: 165]と、ハワイ大学のキーヴァーは指摘する。また、ジャーナリズム論の見地からキーヴァーは、米国を代表する新聞である『ニューヨーク・タイムズ』が「太平洋諸島の住民やかれらの故郷に注意を向けなかった。さらに、……島民の強制移住を要する核実験が実施されるべきか否かについて、タイムズの記者をはじめジャーナリストは、まったく疑問を呈さなかった」[Keever 2004: 165]と、クロスロード作戦の報道はしても、核実験場とされた現地の人びとの実態は顧みない報道のあり方を、鋭く批判する。このようななか、核実験場建設にともない移住を余儀なくされたビキニの人びとは、どのような状況に置かれていたのであろうか。

### ビキニの人びとの移住生活

ビキニの人びとは、故郷から東へ二〇〇キロあまり離れたロンゲリック環礁(Rongerik Atoll)に移住した。同環礁は、一四の小さな島々からなり、ビキニと似たような楕円の形をしていた。「ビキニとロンゲリックは、瓜二つのまるで『アイダホポテト』のようだ」[Weisgall 1994: 309]と、米軍政長官は語っていた。

一九四六年四月一六日、第一合同任務部隊は報道機関に対し、ビキニの人びとの状況を伝える次のような情報を流した。「……ビキニの人びとは故郷が原爆実験場になり、ロンゲリックに移住した。大人は子どものように歌が好きだ。〈ディープ・イン・ザ・ハート・オブ・テキサス〉をマーシャル語で歌う。しきたりどおりの間をおいて、手拍子をしながら奏でる」[NARA: RG 313][15]。まるでビキニの人びとが、移住先で楽しく暮らしているかのような情報を、米国側は報道機関に流していたが、実際の移住生活はどうだったのであろうか。

「はじめはいいように思ったわ。だけど、よくなかった。食べものがない。ココヤシや魚、それにココヤシの若芽まで食べていたのよ」と、キーボンは言う。移住先で、ビキニの人びとは餓えに直面したのである。

ロンゲリックは、たしかにビキニと似たような形の環礁であったとはいえ、環礁内の島々を足し合わせた陸域面積は、ビキニが六・〇一平方キロに対し、ロンゲリックは一・六八平方キロであった。また環礁を取り巻く穏やかなラグーンは、ビキニの五九四・一四平方キロに対し、ロンゲリックは一四三・四九平方キロにすぎなかった。(16)

そもそも、ビキニの人びとの移住先とされたロンゲリックは定住者がおらず、近隣のロンゲラップから、ときどき二、三世帯が数週間滞在する程度であった[Mason 1948]。そうした場所に一六〇人あまりが定住を始めたわけで、食糧不足は起こるべくして起こったと言える。「アメリカが移住時に置いていった食料は一カ月分だった」[豊﨑 2005: 上58]と、豊﨑博光は指摘する。

食糧となるココヤシ、パンノキ、タコノキなどは、自然に生えてくるのではなく、大半は住民の手で植えられ、育てられた栽培植物である。定住者がいなかったロンゲリックでは食べられる植物は限られていた。そこで、果実を付けさせるために残しておかなくてはならないココヤシの若芽まで食べて、なんとか飢えをしのいだのである。

たしかに魚はいた。しかし、「魚を獲りに行き、刺身を食べたら病気になった。毒魚だった」とジーエンが語るように、ビキニの人びとは移住先で毒魚に悩まされ、魚を食べて死者が出たこともあった。「こんな大変な生活が待っているとは思ってもいなかった。毒魚がたくさんいて、どの魚がいいのかわからなかった」と、お腹をすかせていた日々をリーロックは回顧する。毒魚の原因は「ポイズンではないか」と、ジャモレは核実験との関連を今も疑う。

「食べるものがなかった。ビキニに戻りたかった」とハーバートが語るように、ビキニの人びとは、移住先で飢えにさいなまれ、毒魚に悩まされると同時に、望郷の念にもかられ始めていた。今は亡きケッシブキもその一人だった。「あるとても暑い午後の昼下がり、(毒魚にあたり)吐き気をもよおし、ココヤシにゆっくりと腰をかけた。その時、突然、ビキニへの思いがわいてきた。我らの島々での、素晴らしい数々の生活が思い出された。ビキニ、ビキニ、ビキニ、ビキニ……、心のうちに浮かんだ我が故郷を詠み始めた」[Niedenthal 2001: 154]。

「もう幸せには暮らせない/素晴らしいものがたくさんつまった島々/ビキニで暮らすことができないから/安心して眠る場所もどこかにいってしまった/大きな絶望を受け入れることができない/あてもなく、わたしの心は漂っている、そして彼方へと/ビキニに向かう海流が見られる場で、唯一わたしは穏やかさを取り戻す(17)」

移住から四カ月が経った一九四六年七月、ビキニの人びとが暮らすロンゲリック環礁に、ワイアット軍政長官らがふたたび姿を現した[Weisgall 1994: 206]。二回目の核実験「エイブル」を前にした時期であった。第一合同任務部隊の指揮官であるブランディ海軍少将をはじめ、グローブス将軍の代理、ニューメキシコ州選出の上院議員らも同行した。

トルーマン米大統領の名で、ビキニの人びとに、核実験への協力に対する感謝のメッセージが伝えられた。「あなた方の犠牲を大統領は理解しており、あなた方に大変感謝している」、「あなた方は、世界の人類の進歩に真に貢献した。米合衆国大統領は、あなた方に、そしてキング・ジュダに、感謝している」[Weisgall 1994: 206–207]。ビキニの人びとの前で読み上げられたメッセージが翻訳されると全住民が拍手し、ビキニの人びとから大統領に手編みの大きな籠が渡された[Weisgall 1994: 207]。外の者を温かく迎えるのは島の習わしである。ビキニの人びとは、米国が助けてくれるとまだこの時点では信じていた[Niedenthal 2001: 154]。米国側からは、チョコレートやジュースなどが住民に配られ、ジュダには地球儀のほかに煙草が渡された[Weisgall 1994: 207]。

感謝のメッセージは伝えられても、その後も、生活自体は改善することはなかった。一九四六年九月、クロスロード作戦の終了後、実験に従事したブラッドリーがロンゲリック環礁の近郊を航行中、ビキニで唯一英語が話せるフィリップという男が近づき、懇願してきたことが日誌に記されている。「……とても空腹です。私たちは……食べるものが何もありません。……ここは……非常に貧乏な島です。我々は、……十分な椰子の実もありません。……私たちには……ないのです。もう長いこと私たちは魚ばかり食べています。……魚のほかに何もありません。いつか私たちはみんな鳥のようになると思います」[ブラッドリー 1949: 178]。

懇願されたブラッドリーは、船に積んであった食糧を渡し、ビキニの人びとから歓迎を受け、ロンゲリックを案内されたという。ブラッドリーの目に映ったのは、貧困とはまるで無縁な、穏やかな光景だった。「土民の村では、所詮は静かなものだ。さしせまってしなければならない仕事というのは何もない。人びとは好きな時に……漁場に出かけ、帰ってくれば獲物を分配し、……老人は砂の中であぐらをかき、斧で丸太を刻んでカヌーを作る。子供たちは……活発に動きまわっている。空腹になれば魚を指と歯で裂いたり、あるいは椰子を割ってその破片から白い肉を取る。……見たところ万事異常なしのよう」であった［ブラッドリー 1949: 184］と記している。

ロンゲリック環礁には、「パドパドという島があって、カヌーに乗って出かけ、魚釣りをしたり、食べものになるものを採ってきていた。カヌーはビキニから持ってきたものだった。建物もすべてビキニからそのまま持ってきた。だから同じ家に住んでいたのさ」と、イチローはビキニの人びとのロンゲリックでの生活を説明する。飢えや、望郷の念にかられながらも、日常の暮らしが移住先にもあったことがうかがえる。

クロスロード作戦をめぐっては、米国内でも反対する動きがあった。実験中止を求める決議が米上院で提出されたり、オッペンハイマーをはじめ著名な科学者らが反対を表明したりした［Weisgall 1994: 95–96］。実験停止を求める動きは、米国の報道ではほとんど取り上げられなかったものの［Weisgall 1994: 97］、一定の反対の世論が米国内に形成されてはいた。

米大統領をはじめ実験当局者に宛てた核実験反対の手紙が、今も米公文書館に保存されている［NARA: RG 374］(18)。核実験で動物を使うことへの反発、あるいは艦船が標的に使われることへの反発、さらには無駄遣いとの声や、広島で十分ではないかとの声も散見される。

核実験に抗議する手紙の束の中でとくに多いのが、動物愛護の観点である。当時、「カリフォルニアのサンフェルナンド峡谷ヤギ協会は、ビキニで殺されたヤギを追憶する礼拝を計画した」[ウィンクラー 1999: 117]ほどであった。しかし、マーシャル諸島の人びとを思いやる声は、筆者が見た限りは見当たらなかった。

核実験を支持し、推進した人びとはもちろんのこと、米国内で反対していた人たちの視野にも、マーシャル諸島の人びとは入っておらず、不可視の存在だったのである。

## 四　エニウェトク、太平洋の核実験本部へ

### ◒閉鎖区域の設定

クロスロード作戦を経て、米国は、広島・長崎の原爆投下を最後とはしない核開発の体制を本格的に固めていった。

先に言及したように、第二次大戦後、米国はマーシャル諸島を軍政下に置いたが、暫定的なものであった。「領土不拡大の原則」が大西洋憲章やカイロ宣言で確認され、敗戦国の領土を奪取することはできない国際的な事情があったからである[甲山 1975: 24–25]。「領土不拡大の原則」を踏まえつつ、核実験をはじめとする太平洋諸島の軍事戦略上の要求を米国はどう満たしていったのであろうか。

マーシャル諸島をはじめとする旧日本委任統治領に適用されたのが、米国が施政権を握り、国際連合信託統治領の「戦略地区」に組み込むという形であった。国連信託統治領の中でも、国連憲章第

八二条に規定された戦略地区(strategic area)への指定が重要であった。

戦略地区制度は、国際連盟にはなく、国際連合で、米国が主導し信託統治制度の中に新たに組み込まれたものであった[甲山 1975: 23–37]。信託統治領は世界中で一一地域に設けられたが、戦略地区に指定されたのは、世界で唯一、マーシャル諸島を含む旧日本委任統治領だけであった。

信託統治領は国連の総会および信託統治理事会の管轄下に置かれた(国連憲章第八五条、八七条)が、「戦略地区に関する国際連合のすべての任務は、……安全保障理事会が行う」(国連憲章第八三条)とされた。つまり戦略地区に指定したことで、米国が拒否権を持つ安全保障理事会の管轄下に、マーシャル諸島を置くことができたのである。「アメリカの真意は、拒否権が認められている安全保障理事会の管轄下におくことにより、自国の意思に反する決定がなされないように考慮した結果である」[甲山 1975: 31]と、国際法の見地から甲山員司は指摘する。

一九四七年二月二六日、米国から出されていた「旧日本委任統治諸島の信託統治協定」[United States. Office of the Federal Register ed. 1947: 3301–3305]が国連安保理に正式に付託された。「この日は、……『核の時代』として戦後世界史の総体にとっても歴史を画する一日となった、といっても過言ではないであろう」[豊下 1998: 153]と、国際政治学者の豊下楢彦は指摘する。

信託統治協定第一条で「国連憲章下に設立された信託統治制度の戦略地区に指定される」ことが明記され、同第二条で「米国が同信託統治の施政権者に指名される」ことが謳われた。さらに第五条で「①同信託統治領に海、陸、空軍の基地を建設し、要塞を築くこと、②同信託統治領に、軍隊を駐屯させ、軍人を雇うこと……」が施政権者の権利として明記された。ミクロネシア地域での米軍事基地の設置と米軍の駐留が認められたのである。

さらに、「安全保障上の理由で、施政権者が閉鎖区域(closed area)を設定できる」ことが第一三条で明記された点は重大である。国連憲章第八七条、八八条には、信託統治地域に対する国連の監督機能が明記されている。しかし、閉鎖区域を設定することで、国連の信託統治領でありながらも、国際社会の監督の目が届かない領域を、米国は自由に創出することができたのである。核実験の実施は、閉鎖区域を設定し行われたことは言うまでもない。

同信託統治協定は、「戦略地区に指定される」内容をともなうため、国連の安全保障理事会に付託された。安保理では、米国だけでなくソ連も拒否権を持つ。冷戦体制が始まるなか、米国の太平洋上の軍事展開を正統化する協定に、ソ連はなぜ拒否権を発動しなかったのであろうか。

そこには「千島とミクロネシアを『絡ませる』米側の論理と行動があったことは、ほぼ間違いない」[豊下 1998: 165]、「ソ連は千島の領有を確保するために(米国の)ミクロネシアの戦略的統治を支持した、という『取引き』の図式が浮かび上がってくる」[豊下 1998: 163]と、豊下楢彦は指摘する。ソ連は千島列島との取引で拒否権を行使せず、国連安保理で信託統治協定は承認された。

一九四七年七月、マーシャル諸島を含む旧日本委任統治領は、国連の信託統治領・戦略地区に組み込まれ、米国が施政権を握った。外見上は自治・独立の促進を謳う国連の信託統治領という衣をつけながら、米国はミクロネシアの軍事戦略上の要求を満たすことができたのである。

同年一月一日には、マンハッタン工兵管区が衣替えし、米原子力委員会(AEC)が新たに発足し、核開発と核の管理を担うことになった。原子力委員会の初代委員長には、デイビット・E・リリエンソール(David E. Lilienthal)が就いた。

## ◒恒久的な核実験場建設

第二次大戦後の米核開発の体制が固められるなか、クロスロード作戦に続く、次なる核実験が秘密裏に計画されていた。一九四七年六月二七日付で、原子力委員会の委員長であるリリエンソールが大統領に宛てた覚書「原子兵器の実験」には、次なる核実験計画を原子力委員会が示し、トルーマン大統領が承認したことが記されている[DOE OpenNet: NV0030306](19)。

次なる核実験計画とともに、恒久的な核実験場の選定作業が行われ、白羽の矢が立てられたのは、マーシャル諸島のエニウェトク環礁であった。エニウェトク環礁はマーシャル諸島の北西端に位置し、ビキニ環礁よりさらに西に三二〇キロ離れた場所にある。四〇もの小さな島々がほぼ円形に並ぶ。

米国は、恒久的な核実験場として、なぜエニウェトクを選定したのであろうか。「アメリカはどうしてここエニウェトクで爆弾の実験をしたのか。放射能は人間にいいものではない。しかし、アメリカはここで放射能をまき散らした。なぜなのだ」とクニオが語るように、選ばれた側のエニウェトクの人びとからは疑問の声が提起されている。

一九四七年一一月三〇日、クロスロード作戦に次ぐ「太平洋での爆発実験作戦の動きが漏れた。APとINS両通信社のホノルル特電である。両社とも二四時間は抑えてもいいと承知してくれたので、……明日新聞発表をすることにした」[リリエンソール 1969: 131]と、原子力委員会委員長のリリエンソールは日記に記している。翌日、記者発表が行われ、エニウェトクの選定理由は次のように説明された。

「利用できるすべての太平洋の島々を綿密に検討し、エニウェトク環礁が実験場に選定された。ビキニは実験場に適していない。科学観測に必要な制御機器を置く十分な陸地が不足しているからである。エニウェトクは、実験可能なほかの場所と比べ、面倒をみる必要がある住民の数が一四五人と最も少ない。また放射能という観点から大変重要なこととして、エニウェトクは孤島であり、放射性微粒子が風で運ばれる方向は、公海まで数百マイルの距離がある」[DOE OpenNet: NV0409585][20]。

隔絶した場所にあり、居住者が少なく、かつ観測機器を置く場所が確保できることから、エニウェトクが実験場に選定されたと説明された。

記者発表には出てこないが、「ビキニ環礁は放射能で汚染されていたので、実験はさらに西方三二〇キロ、ビキニより少し小さいエニウェトク環礁で行われることになった」[オキーフ 1983: 147]と、核実験業務を請け負ってきたバナード・オキーフは自著で説明している。

恒久的な核実験場を選定する過程には、米政府内で議論があった。「海外からの批判を恐れ、信託統治領となった太平洋諸島で引き続き核実験を行うことに国務省から憂慮する声が上がったが、マーシャル諸島以外にほかの選択肢はほとんど存在しなかった」[Fehner and Gosling 2000: 37]。後に大統領となる「ドワイト・D・アイゼンハワー将軍が、米大陸での実験は大衆に恐怖を与え問題を引き起こすと述べ、ニューメキシコのトリニティ実験場に戻ることに、米統合参謀本部は強く反対した」[Fehner and Gosling 2000: 37–38]と、二〇〇〇年に米エネルギー省から発刊された『ネバダ実験の起源』に記されている。

同じ趣旨のことはリリエンソールの日記にも次のように記されている。「どこでやるのか？　パターソンが以前と同じように『ニューメキシコのトリニティ、すなわちアラモゴードではなぜいけないんだ』と訊ね、アイゼンハワーが国内の如何なる場所でもやってはいかんと反対した」[リリエンソール 1969: 84–85]。

一九四七年一二月一日、信託統治協定第一三条にもとづいて、「安全保障上の理由」でエニウェトク環礁とその領海は閉鎖された[DOE OpenNet: NV0029637][21]。翌日、国連安保理に通知され、「原子力委員会を介して米政府が、核分裂に関わる必要な実験を実施するためである」と米政府代表は説明し、「国連憲章第八七条C項で規定されている(信託統治領への国連の)定期視察は、閉鎖区域へは一時中止される」こともあわせて通知された[DOE OpenNet: NV0029636][22]。

エニウェトクは恒久的な核実験場となり、太平洋の核実験本部が置かれた。エニウェトクでの初めての核実験計画は「サンドストーン」作戦と名付けられた。同作戦では、原子爆弾の効果を知ることに重点が置かれ、正確に測定するため、種々の機器が広範囲に並べられた[オキーフ 1983: 147]。爆風と放射能から測定機器を守るため、コンクリートの地下壕が建設された。何百メートルもの高い塔が建てられ、そこにも観測機器が備え付けられた。写真撮影用の塔も建てられた。海底ケーブルが張りめぐらされ、制御室の時限装置と爆弾の発火装置が連結された[オキーフ 1983: 148]。

サンドストーン作戦は、一九四八年四月一四日の「エックスレイ」と名付けられた原爆実験を皮切りに、五月までに計三回の核実験がエニウェトクで行われた。エニウェトクでの初めての核実験が行われた日、リリエンソールは次のように日記に記している。「軍事連絡委員会のアシュワース中佐がメモを持ってきた。『予想通り元気のいい赤ん坊が生まれた、という報告が来ました』と書いてあった。すばらしいニュースである」[リリエンソール 1969: 178]。

クロスロード作戦とは異なり、サンドストーン作戦は、報道関係者や外国人は招待されなかった。見学は、ロスアラモス研究所や原子力委員会などの関係者三〇名のみに限定された[DOE OpenNet: NV0409236][23]。厳格な機密管理体制が軍部と原子力委員会の間で敷かれていた[Fehner and Gosling 2000: 38]。リリエンソールの日記にもこんなエピソードが記されている。「(米国の)西海岸への旅行中……、窓のないコンクリートブロックハウスの内部を見た。厳重な柵があり、元海兵隊員が警備していた。こんな真夜中すぎの奇妙な時間に、私と機密保護部の地域責任者がやってきたので守衛はびっくりして銃を構えて出てきた」、「エニウェトク実験の記録写真が現像処理されていたのである。当時これは最高機密に属するものだったので、厳重な機密保護の警戒が布かれていた」[リリエンソール 1969: 195]。

サンドストーン作戦の終了から約二カ月経ったリリエンソールの日記には、「『サンドストーン』実験の観測結果にもとづいて、爆発の遠距離探知に関する報告が出てきた。……放射能雲が地球の周りを何マイルかの幅で拡散し動いて行く、という話は魅せられるものがある」[リリエンソール 1969:

243]と記されている。サンドストーン作戦の結果、放射性降下物が地球規模に拡散したことを原子力委員会は把握していたことが、リリエンソールの日記から垣間見られる。

## ●放置された住民

エニウェトク環礁に暮らしていた住民はどうなったのだろうか。太平洋戦争の時、エニウェトクで地上戦が展開されたことは先に言及したとおりであるが、その戦火を生き延びた住民は、新たに米国の統治下で、移住が繰り返されていたのである。

戦争が終わると、エニウェトクに暮らしていた住民は全員、同じ環礁内のアオモン島に集められた。「住民代表のアブラハムが、われわれはアオモン島に行くと言った。エニウェトク島には米軍がいて、住民は誰もいなくなったのよ」とサリナは語る。エニウェトクの本島は米軍基地となったのである。ビキニで一九四六年に実施されたクロスロード作戦では、エニウェトクは後方支援基地となっていた。

住民が集められたアオモン島では、「ココヤシくらいしかなかった。アメリカが食糧を配給してくれた」と、サリナは語る。「米や小麦、パン、ビスケットなどが毎週アメリカから配給された。トマト缶や野菜缶もあったが、初めて見るものなので、食べ方がわからなかった」と、クニオは当時を思い出す。エニウェトクに駐留する米軍に配給されていた食糧が、おそらく住民にも分けられていたのであろう。

エニウェトク環礁は、第一章で紹介したように、南部と北部の二つの共同体に分かれていた。しかし、そうした事情は米軍には考慮されず、エニウェトクの人びとはアオモン島一カ所に集められた。よって北部を拠点とする共同体は、後に申し出て、アオモン島に隣接するビジリ島に自ら移住した。

移住生活が二年あまり続いた後、「なぜだかわからなかったけど、アメリカからの要請で、(クワジェリン環礁)メイク島に移住しなくてはならなくなったの。どうして行かなくてはいけないのか困惑した。アメリカは何も説明しなかった。LCU(大型の上陸用舟艇)を準備して、さあこれに乗れという感じだったわ」と、メアリーは記憶をたどる。

クワジェリン環礁メイク島にエニウェトクの人びとが移住させられたのは、なぜだったのだろうか。住民には説明がなかったようであるが、ビキニで核実験をするために、住民はエニウェトクから一時的に移住させられたのである。

一九四六年、クロスロード作戦の終了後、エニウェトクの人びとはエンジェビ島とビジリ島にそれぞれ戻された。しかし、エニウェトク環礁での生活は長くは続かなかった。移住をふたたび強いられるのである。

一九四七年一二月、クリスマスを目前に控えた頃であった。「信託統治領政府の人が、マーシャル人を連れてやってきた。ウジェランにわれわれは行くことになったと言う。くわしい説明はなかった。ただ、移動すると言うだけだった。何が起こるのだろうかと困惑した。ふたたび同じLCUの船が来たのよ」と、メアリーは振り返る。エニウェトク環礁に当時住んでいた計一四五人全員が、南西方向に約二一〇キロ離れたウジェラン環礁に移住させられたのである。住民には知らされなかったが、エニウェトクが核実験場に選ばれたことにともなう移住だった。

住民の移住を前にして、エニウェトクの人びとの移住を正統化する広報資料が作成された。一九四七年一二月一一日、米国のマーシャル諸島行政長官が、信託統治領の高等弁務官に送った書簡「エニウェトク原住民に関わる広報資料」には、エニウェトクのことが次のように説明されている[NARA: RG 313](24)。

「エニウェトクのラグーンに魚は豊富にあるが、その点を除けば、ウジェランやほかの環礁に比べ、望ましいところとは言えない。エニウェトクには、ココヤシは十分あるが、パンノキやタコノキが繰り返し利用できるほどの量はない。アオモンとビジリの両島は小さな島で、足し合わせても一三〇エイカーである」。エニウェトクで生活する厳しさが強調されている。

一方、移住先は次のように説明された。「ウジェラン島はウジェラン環礁の中で最大の島である。長さ二・九マイル、幅二〇〇〜三〇〇ヤードで、面積はおおよそ二〇〇エイカーである」、「……ウジェラン島は現在、人が住んでおらず、十分に成長した素晴らしいココヤシが豊潤にある。加えて、パンノキもタコノキも豊富にあり、ラグーンにはすべての種類の魚がたくさんいる。ウジェランの雨量は、エニウェトクと同等かそれ以上であり、決定的な記録はないものの、すべての必要条件は揃っていると信じるに足る十分な理由はある」。

エニウェトク環礁としてアオモン、ビジリ両島のみを取り上げ、ウジェラン島と比較すること自体、まったく理にかなっていない。アオモン島とビジリ島は、エニウェトクの人びとがもともと生活拠点としてきた場所ではない。米軍施設建設にともない生活圏が奪われ、移住していた先である。

そうした経緯がまったく不問にされている。さらに、エニウェトクの南部の人たちはエニウェトク島に、また北部の人はエンジェビ島に家を構え、周囲の無人の小さな島々とともに海、とりわけラグーンを生活の場に、厳しいながらも生活を成り立たせてきたことが省かれている。移住先のウジェランがエニウェトクよりも「生活条件が揃っている」と広報資料にはあるが、現実には、それとはまるで正反対の生活がエニウェトクの人びとの前に待っていたのである。

「一二月二五日にウジェランに着き、全員降ろされた。米や小麦などの食糧は一切支給されなかった。いつもお腹をすかせていた」と、ジェームスは思い出す。「初日から大変だったのよ」、「とても大変だったのよ。何にもない」と言うメアリーは、移住先での生活を詳細に語った。

「テントが与えられ、初めはテント暮らしだったわ。一年くらい後になって木造の家が建てられたのよ」、「パンノキの実と魚を食べたわ。しかし、パンノキの実はすぐになくなったの。巡回船はやってこない、遅すぎるのよ。一年間来なかったこともあったわ。実情をわかってもらえず、とても大変だったのよ。何にもない。米がない、砂糖がない」、「魚は初めたくさんいたが、減ってきた。魚を釣るのにもフックや紐がなく、木から紐を作っていた。釣れた魚はみんなで分けあっていたのよ」。

巡回船は、コプラ船とも呼ばれ、マーシャル諸島内の環礁をまわり、住民が収穫したヤシ油の原料となるコプラを買い取る（写真3-12）。現金を得た住民は、積まれている米、砂糖、小麦、煙草、衣服などの生活物資を買う。いわば海上の移動商店である。

コプラ船がなかなか来ず、住民総出で食糧確保に追われ、「忙しかった。先生も子どもたちも食

写真3-12　ヤシ油の原料となるコプラ（2013年8月，アイルック環礁）.

べものを探しに、魚釣りに行かなくてはいけないので、学校が休みになることもあったわ」と、メアリーは述懐する。「お腹を満たすため、パンノキの根も炊いて食べ、飢えをしのいだ」とも言う。パンノキの果実は常用食だが、根は薬にするくらいで、通常食べることはしない。
食糧だけでなく、コプラ船がなかなか来ないなかで、生活物質も不足した。「衣服もほとんどなかったのよ。教会用とそれ以外で一着ずつだったわ。四、五歳以下の子どもは裸だったわ。石鹸もなかったのよ。タオルもなかった。男性は髭や髪を伸ばしっぱなしだった」。「なぜウジェランにわれわれを連れていったの。置き去りにされたのよ、わたしたちは」と、メアリーは訴える。
ルースもまた、「アメリカはエニウェトクの人びとを動物のように、ウジェランに置き去りにしたのよ」と憤る。ルースによれば、「コプラ船は、初めは三カ月後に来たが、その後、あまり来なくなったのよ」、「コプラも作っていたが、あまりお金にならなかったのよ。ねずみがたくさんいて、食べられてしまったわ」と言う。
「なぜウジェランに連れてこられたのか、エニウェトクで何が起こっているのか知らなかったの。エニウェトクのことは、ずっと想い続けていたわ」と、サリナは故郷への想いを抱きながら、「何もないなかを生き抜いていた。

エニウェトクの人びとも、ビキニの人びとと同じように、移住は一時的で、じきに自分たちの土地に戻れるものと考えていた[Carucci 1997: 4]。しかし、実際のウジェランでの移住生活は三二年半にもおよんだ。

## ◐原爆から水爆へ

一九四八年五月にサンドストーン作戦が終了した後も、エニウェトクは閉鎖され続けた。一九四九年半ばには、新たな核実験に向け、エニウェトクの実験場を改良することが米原子力委員会で決定した[DOE OpenNet: NV0044184](25)。

他方、原子力委員会内では、サンドストーン作戦の終了後に、新たな核実験場を米本土に建設する話が進んでいた。ロスアラモス国立研究所の所長を務めるノリス・E・ブラッドベリーは、エニウェトクの核実験場は「物資搬送の問題、……建設会社を十分に確保する問題、実験参加の意思を持つ有能な技術者を確保する問題、多くの実験をする……十分な場所を確保する問題」[DOE OpenNet: NV0754427](26)があり、米本土に新たに核実験場を建設することで、「核爆弾、技術装備、実験装置の搬送と組み立てがより簡略化されることは明らかである」[DOE OpenNet: NV0754427](27)と指摘していた。

実際、ラスベガス射撃場があるネバダが、米本土の核実験場に選定され、一九五一年一月二七日に同地で初めてとなる核実験が実施された。「レインジャー作戦」と呼ばれた実験は、朝鮮戦争の経験から、野戦用の戦術核兵器と呼ばれる、破壊力が大規模ではない小型の原子爆弾の必要性を、陸軍と海軍が提唱して行われた［オキーフ 1983: 161］。同作戦は五回すべて戦術核兵器の実験で、一発あたりの破壊力は一キロトンから二〇キロトンと、マーシャル諸島の核実験と比べると小型のものであった［オキーフ 1983: 161］。

米本土で核実験が実施されるようになっても、エニウェトクを舞台にした核実験は続けられた。ネバダの核実験広報資料（一九五七年七月改訂版）には次のように説明されている［DOE OpenNet: NV0410810］(28)。

「高い威力を持つ兵器や装置は、米国内で爆破させることができないため、より隔絶されている太平洋の地域を（核実験場として）引き続き使用することが欠かせないのである。……太平洋はネバダに比べて費用が多くかかるが、兵器開発の価値があるため、十分許容できるものである」。

ネバダで実施されるようになった小型の戦術核の実験だけでなく、高い威力を持つ核兵器の実験が求められた背景には、ソ連の存在があった。一九四九年九月、ソ連は初となる原子爆弾の実験をセミパラチンスクで行った。米国の核兵器の独占体制が崩れたのである。一九五〇年六月には朝鮮戦争が勃発し、米国は参戦した。そうしたなか、米政府内でも論争があった水素爆弾（熱核兵器）の開発を「阻止するムードは消えてしまった」［オキーフ 1983: 159］と、核実験業務を請け負ってきたオキーフは指摘する。国防や原子力計画の強化と水爆開発は相いれないことを指摘してきたリリエンソールは一九五〇年二月、原子力委員会委員長の座を退いた［リリエンソール 1969: 470–482］。

原子力委員会の第二代委員長に就いたゴードン・ディーンは、一九五〇年一二月一三日付の書簡で、米本土の「ラスベガス射撃場が原子兵器の実験場として開発されても、米国内で許容限度を超えるであろう放射能の危険がともなう実験のため、エニウェトク……を使用する要請は削除されないことを、心に留めるべきである」［DOE OpenNet: NV0750356］[29]と述べている。

水爆開発に米国が踏み切ったことは「エニウェトク環礁に大きな影響をもたらすことになった」と、米国防総省核兵器局のロバート・B・リーチモンは後に指摘している［DOE OpenNet: NV0044184］[30]。水爆開発に乗り出した米国にとって、太平洋のエニウェトクは大型の核兵器実験を行う場として、必要不可欠であったのである。「威力と放射性降下物が大きく増した兵器は、米本土で実験することは適さないが、太平洋の試験場は辺鄙なところにあり適している」と、リーチモンは説く［DOE OpenNet: NV0044184］[31]。

一九五一年、エニウェトクで「グリーンハウス作戦」と名付けられた三回の連続核実験が実施された。サンドストーン作戦よりも高度な実験で、軍事的効果の調査が行われた。三度目の「ジョージ」との暗号をつけた実験では、重水素とトリチウムの核融合が起こったかどうかが調べられた［オキーフ 1983: 162］。水爆の完成に向けた具体的な一歩が、エニウェトクの地で刻まれたのである（写真3–13・3–14）。

「（核融合爆弾の強力な推進者であった）テラーの満足げな顔つきから、実験は成功し、核融合が起こったことを知った。私は心中『核融合が起こりませんように』と願っていた。起こらなければ水素爆弾への道は閉ざされる。成功と聞いて、本心が顔にあらわれないよう必死に努力した。……核融合爆弾の実験は成功し、近代文明は最悪の危機を迎えた」［オキーフ 1983: 163］と、エニウェトクの実験に従事していたオキーフは自著『核の人質たち――核兵器開発者の告白』に記している。

さらに翌一九五二年、「アイビー作戦」と名付けられた核実験が二回、エニウェトクで行われた。「マイク」と「キング」との暗号がつけられた実験である。一九五二年一〇月三一日に実施されたマイクは、巨大な水爆装置の爆発実験であった［オキーフ 1983: 163］。水爆装置の重量は六五トンもあり、

**写真3-13**　米核実験場とされたエニウェトク環礁.
1951年当時の様子.
所蔵：米国立公文書館

**写真3-14**　グリーンハウス作戦では，核戦争を想定した民間防衛計画の一環で，さまざまな建物が実験場に置かれ，核爆発に晒された（1951年4月，エニウェトク環礁）.
所蔵：米国立公文書館

巨大な水爆装置は、実験場とされたエルゲラップ島全体を覆った。重水素とトリチウムを液化させた状態に保つために冷却装置とさまざまな計器が水爆装置に取り付けられ、「まさに巨大な怪物」のようだったと、現場に居合わせたオキーフは表現している。巨大な水爆装置に対して島は小さすぎるため、発火は六五キロ離れた船上から遠隔操作で行われた。

水爆実験「マイク」は一〇メガトンの破壊力に達し、爆心地のエルゲラップ島は蒸発して、影も形

**写真3-15**　人類初の水爆実験「マイク」がエニウェトク環礁で実施され，立ち昇るキノコ雲（1952年10月）．所蔵：米国立公文書館

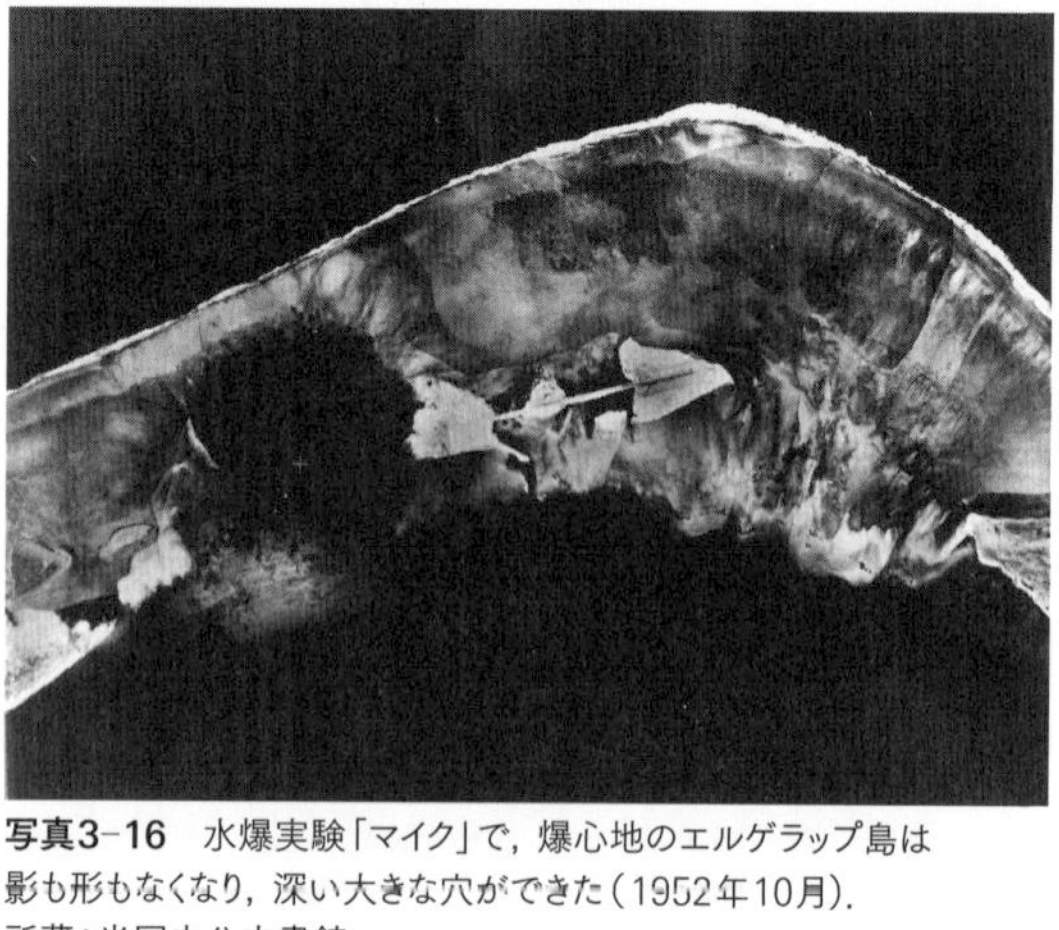

**写真3-16**　水爆実験「マイク」で，爆心地のエルゲラップ島は影も形もなくなり，深い大きな穴ができた（1952年10月）．所蔵：米国立公文書館

もなくなった(写真3-15・3-16)。同島のサンゴ礁に深い大きな穴が空き、直径一・六キロ以上、深さ五〇キロの巨大なクレーターが生じた[オキーフ 1983: 164]。そして、巨大な破壊力だけでなく、「放射性降下物の増大」を招いたのである[DOE OpenNet: NV0044184][32]。

## ◒住民が目にした「白いもの」

アイビー作戦の時、エニウェトクの人びとはどうしていたのだろうか。「アメリカが全住民を船に運び、船の上で三週間くらい生活した。船は軍艦だった。アイスクリームも船で食べた」と、ジェームスは語る。ウジェランに移住していたエニウェトクの人びとは全員、米艦船に乗せられたのである。「ウジェランから船に乗せられたが、どこに連れて行かれたかはわからないわ」とルースは語るが、「コスラエのほうに行った」とサリナやクニオは語る。コスラエ(現ミクロネシア連邦)のほうといえば、エニウェトクの人びとが移住していたウジェランからさらに南下したことになる。

「船に乗せられた。エニウェトクで爆弾の実験をしていることを、アメリカ人から初めて聞かされた。ものすごい、それはそれはすごい明るさの光を見たのよ。いろいろな色に見えたわ。ブーンという破裂音がした。われわれの島で何か大変なことが起こっている。わたしたちの島が失われたと思った。初めて恐ろしさを覚えたわ」と、メアリーは追憶する。「北の方向から光を見た。色は青や緑だった。音も聞こえた。雲のようなものが立ち昇った。『われわれの島が、故郷が、破壊されている』と強い怒りを感じた」と、ジェームスは語る。

一九五二年一〇月三一日、エニウェトクの人びとは、船の上からマイク実験を目にした。「怖

**写真3-17**　水爆実験「マイク」実施時，
大気のサンプル収集に向け出発する飛行機．
所蔵：米国立公文書館

かったわ」と言うルースは、「わたしたちの島エニウェトクが破壊されているのではないかとみんなで話していた。戦争のために使っているのではないかとも話していたのよ」と、船内での様子を語る。

住民が目にしたのは、破壊力の大きさだけではなかった。移住先のウジェランにふたたび戻った時だった。「ウジェランに戻ると、水たまりに白い粉を見つけた。水を飲むと体が痒くなったのよ」と、メアリーは証言する。ルースもまた、「ウジェランに戻ったら、水の上に何か白いものが残っていたのよ。その水で水浴びをし、下痢をしたり、一部脱毛したり、頭が痛くなったりしたわ」と、体調の悪化を証言する。ジェームスも体調が悪化した一人で、「ウジェランに戻ると、井戸の水が黄や緑に変色していたんだ。その水に触れると、皮膚が痒くなった」と当時を振り返る。

水爆実験マイクの後、ウジェランでは、目には視えない放射性降下物が、白い粉としてその痕跡をはっきりと残していたのである。それほど多量の放射性降下物が降っていた証である。さらに、住民の間に急性症状が発生していたことも注目される。

放射性降下物に関して、メリル・アイゼンバット（Merril Eisenbud）が一九五二年一二月、米原子力委員会の第三四回生物医学部諮問委員会（Advisory Committee for Biology and Medicine）で注目すべき次のような報告を行っている。「アイビー作戦の放射性降下物は、地球全体で一二〇カ所の観測網と偵察機を活用し、観測した」、「第一回目の爆発から五〇日間のデータがまとめられ、北半球のすべての観測所で低い放射性降下物が示された」[DOE OpenNet: NV0711867](33)。すなわち、一九五二年のアイビー作戦時に、原子力委員会は、低いレベルではあったが放射性降下物が北半球全体に飛散していることを把握していたのであった（写真3‐17）。

また、マイク実験で、設定した許容量をはるかに超えて被曝した従軍兵士がいたことが、米国防総省核兵器局が一九八三年に作成した「概況報告書　アイビー作戦」で、次のように記されている。「墜落機の救助に飛び立った軍用機の搭乗員七名が、同作戦時の最大許容線量（三・九レントゲン）をかなり上まわる、一〇レントゲンから一七・八レントゲンの放射線被曝に至った。……マイク実験の写真撮影に従事するなか、……一二人の搭乗員もまた、放射性降下物の破片を受け、限度を超える被曝をした。最も高い搭乗員は一一・六レントゲンであった」[DOE OpenNet: NV0402495](34)。一〇レントゲンはおおよそ一〇〇ミリシーベルトである。

## 五　流浪するビキニの人びと

### ◒移住地からの退避

エニウェトクで核実験が続くなか、ビキニの人びととの移住生活は、一九四六年のクロスロード作戦終了後も続いていた。

移住から一年が経過した一九四七年三月、移住先のロンゲリック本島において、木々の約三分の一が消失する火災が発生した。食糧不足がより深刻化し、追い詰められたビキニの人びとは、近隣のロンゲラップ環礁の人びとに助けを求める行動に出た［Weisgall 1994: 309］。移住先のロンゲリックから約三〇キロ離れたロンゲラップまでカヌーで渡り、子どもや年寄りを遠いロンゲラップの親戚のもとに一、二カ月間預けるとともに、食糧の援助を頼んだのであった［Mason 1948］。

資源が限られているマーシャル諸島では、全域に「チバン」と呼ばれる支え合いの慣行があり、通常は同じ環礁に属する地域社会を拠りどころに行われている［中原 2006: 32–33］。しかし、環礁内の助け合いではついに限界がきて、ビキニの人びとは、ロンゲラップの人びとに助けを求めたのであった。

懇願された側のロンゲラップのジョン・アンジャインは、その時の様子を次のように豊崎博光の取材で答えている。「ビキニの人びとは突然やってきました。五月頃だったと思います」、「ビキニの人たちは、食べものがない、果物なんか何もないといいました。それでロンゲラップの人たちでヤシの実やコプラ、パパイヤ、パンの実の羊羹《ようかん》（パンの実を茹で、練り固めたもの）、塩漬けの魚と海軍のコープ（生協）で買ったコメと小麦粉などをカヌーで運びました。コメと小麦粉の代金は後でアメリカが払ったと聞きました」［豊崎 2005: 上58–59］。

ビキニの人びとがロンゲラップに助けを求めたのは、米軍政下から国連の信託統治領へと移管される、まさにその頃であった。信託統治領は戦略地区に指定され、米国が施政権を握ることで、太平洋上での軍事戦略の要求を引き続き満たす形になったことは、先に指摘したとおりである。しかし同時に、信託統治制度は、基本目的に「信託統治地域の住民の政治的、経済的、社会的および教育的進歩を促進すること、……自治または独立に向かっての住民の漸進的発達を促進すること」、「社会的、経済的および商業的事項について平等の待遇を確保」することなどが、国連憲章第七六条に謳われている。信託統治領の住民となったビキニの人びとにも当然、基本目的は適用される。

一九四七年七月、信託統治領下に入ってから二カ月後の九月、ビキニの人びとが置かれていた状況が、米本土の国民に初めて知れ渡ることとなった。トルーマン大統領と対立し内務長官を辞したハロルド・L・イッキーズ(Harold L. Ickes)が、「(ビキニの)原住民は、実際のところ、誇張ではなく飢餓で死にそうになっている」[Weisgall 1994: 311]と内部告発したからである。ビキニの人びととの実態とそれを放置している米政府の怠惰が、初めて世に晒されたのである。そして、米本土でもビキニの人びとに同情的な後追い報道が続いた。

国内世論の動向、さらには国連に飛び火する可能性を憂慮し、米海軍は素早い行動に出た[Weisgall 1994: 312]。イッキーズの内部告発から一週間後、ビキニの人びとは、ロンゲリックからウジェランに移されることが発表され、一一月には米海軍の建設工兵隊と一〇名のビキニの人びとが、ウジェランで新たな集落建設に着手する運びとなった。

しかし、お粗末なことに、核実験を主管する原子力委員会との間で調整がまったく行われていなかった。すでに述べたように、原子力委員会はエニウェトクを恒久的な核実験場に用いることを決定し、ウジェランにエニウェトクの人びとを移す計画が、一九四七年一二月には立てられていたのである。いわば先約があり、当然ながら、ビキニの人びとのウジェラン移住計画は頓挫した。

ビキニの人びとは引き続き、ロンゲリックに留め置かれることとなった。そうしたなか、一九四八年一月、米海軍の依頼を受けてハワイ大学の人類学者レナード・E・メイソン(Leonard E. Mason)がロンゲリックの実態調査に入った。一月三一日から二月七日まで一週間にわたり滞在し、『ロンゲリック報告』が出された。以下は、同報告の一部抜粋である。

「日曜の朝、……到着したこの日の朝食は、(店にあった最後の食糧)一〇〇ポンド(約四五キロ)の小麦粉を水に溶かしたものが、(一六七人)全員に配給されていた。一人あたりコップ半分の量だ。その日は、それ以上の食糧の見通しは立っていない」、「その晩は、お腹をすかせた赤ん坊が頻繁に泣き、眠りが妨げられた」[Mason 1948: 1–2]。

「魚はあるが、環礁にいる魚の多くは、毒を持っていることが確認された。ビキニでは食べてよかった魚も……、(ロンゲリックでは)手足のまひや下痢を起こす(毒を持っていた)」[Mason 1948: 14]、「月曜日、……午後遅く、漁に出ていた集団が戻ってきた。一二八匹の小さな魚を手にしていた。大半がわずかながら毒を持っていたが、唯一の食糧であり、お腹をすかせた人びとは食べることをためらわなかった」[Mason 1948: 2]。

「ココヤシの実は小さく、ロンゲリックのものはとくに味がよくない」[Mason 1948: 14]。パンノキの実は、「数えたところ、本島にたった六本しかなかった。しかも収穫期になっても果実はきわめて小さいと知らされた」、「もちろんパパイヤ、バナナ、タシロイモは、ロンゲリックにはない」[Mason 1948: 13]。「ロンゲリック本島にタシロイモはあるが、ビキニの人びとは食べ尽くしている」

[Mason 1948: 13]。

食糧不足だけでなく、自然の恵みが限られているロンゲリックでは、海で暮らす生活の足であるカヌーについても、材料が乏しく、修繕ができず、かつ作れない状況に陥っていたことが指摘されている。「一九四六年三月、ビキニから一五隻のアウトリガー・カヌーがロンゲリックに持ち込まれた。そのうち……今日使われているカヌーはたった四隻である。……新しいカヌーも、ロンゲリックでは作れない。適当なサイズと質を持つ木材が入手できないからである」[Mason 1948: 15]。

ビキニの人びとは、ココヤシ油の原料となるコプラを生産し、現金収入を得てきたが、「ロンゲリックでは、輸出用のコプラ加工はなされていない。食糧用としてココヤシがより重要であるため」とメイソンは報告している。わずかな現金収入源も絶たれていたのである。

メイソンは結論で、「ビキニの人びとは……、極度の貧困状態に陥っていることが発見された。その土地の食糧資源は枯渇している。……クワジェリンの民政官の失策によるものである。この状態に対し、原住民側に過失を示すものはない」として、「できるだけ迅速なロンゲリックからの移動」が求められるとし、移転先としては「マーシャル諸島の中ではキリ島が最適地である」と勧告した[Mason 1948]。

メイソンの滞在中、食糧援助と医師の派遣がクワジェリンの米軍基地から行われた。海軍医の検診でも「飢えの状態にある」ことが確認された[Mason 1948: 3, 13, 17]。

メイソンの調査が行われた翌日、ビキニの人びとは、ロンゲリックから米軍基地があるクワジェリンへと一時退避させられた。エニウェトクで初めてとなる核実験サンドストーン作戦が実施されたからである。

テント暮らしであったとはいえ、クワジェリンでは、ビキニの人びとは飢餓から解放された。「カフェテリアでいっぱい食べたんだ」と、当時六歳であったイチローはクワジェリンで送った日々を追憶する。「ロンゲリックでは飢餓状態だったので、クワジェリンはとてもよかったのよ。食事は米軍のカフェテリアにたくさんあった。映画を見たり、トラックに乗ったりもしたわ」と、キーボンは語る。「米軍から食糧や薬品が提供され、待遇はとてもよかったわ」と、ジャブコンは語る。ロンゲリックでの生活とはまるで対照的な、物にあふれた生活がクワジェリンにはあった。当時一五歳であったコーマイは、「たくさん食べものをもらったわ。アメリカ人とも友達になったのよ。でも年配者が監視の目を光らせていたので、若い者は不満だったわ」と語る。

「よかった」とビキニの人びとが語るクワジェリンでの生活は、あくまで一時的なものだった。クワジェリンでの生活が六カ月目を迎えた時、新たな地に三度目の移住をすることになった。

## ●キリ島への再移住

一九四八年九月、ビキニの人びとはキリ島に移住させられた。クワジェリンを含めると、わずか二年半のうちに三度目の移住である。キリ島は、人類学者のメイソンが再移住地として勧告したマーシャル諸島南部の島である。日本統治時代に南洋庁の支庁が置かれたジャルート環礁に近く、ビキニからおよそ七六〇キロ離れている。

ビキニの人びとも最終的にはキリ島への移住に同意した。「ほかのイロジ(土地の管理責任者)の力がおよぶところでは住みたくなかったんだ。ほかの環礁の人とは一緒に暮らしたくなかったからさ」と、イチローは説明する。

しかし、移住をめぐる米海軍との交渉で、ビキニ側はキリ島ではなく、よりビキニに近い場所を要求していた[Weisgall 1994: 309–313]。ビキニの住民代表を当時務めていたジュダは、「キリ島はよくない」と海軍に言っていたが、キリへの移住が強いられたことを、一九五一年一月に語っている[UH Manoa Lib.: DU710.9.K5 T78][35]。クワジェリンを去る前から、「ビキニの人びとの多くは、キリ島への移住を憂慮していた。小さな島でラグーンがないからである」と、ワイズゴールは指摘する[Weisgall 1994: 313]。

それでもビキニの人びとは、再移住先のキリ島でなんとか生活を立てようと、日々助け合いながら島おこしに励んだ。「初日は草刈りや家づくりから始めたんだ。アメリカも人を送り、一緒に働いた。最初はテント暮らしだったのさ」と、ジャモレはキリ島での第一歩を振り返る。「生活は楽ではなかった。少ないヤシの実、タコノキの実、パンノキの実を、お互い分け合いながら暮らしていた。三、四年後だったかに小学校が開かれるようになり、俺も通った」と、ハーバートは振り返る。

しかし、自助努力だけでは限界があった。ビキニの人びとが抱いた憂慮は現実のものになった。「ほかから管理されたくないと、キリに移住した。ココヤシやパンノキがたくさんあると聞いて、それはいいと思った。だけど、実際は違った。厳しい生活だった。周囲に島々がない。リラックスしたり、楽しんだりする場所もないのよ」と、コーマイは訴える。「キリ島に移住し失望した」と語るジャブコンは、「キリ島はラグーンがなく、小さな島一つだけであったからだ。海が荒れ、カヌーで漁に出かけることもできなかった。船もなかなか来なくてひもじい思いをした。ほかに自由に行ける島がなかったので、キリ島は『牢獄』と呼ばれるようになった」と、ビキニとの生活の違いを説明する。

キリ島に再移住しても、食糧の確保はだんだん難しくなってきた。「飢餓に直面したわ。魚や食糧を見つけるのは大変だったの。ココヤシの実、パンノキの実、タコノキの実や周辺の魚は食べ尽くし、生活が苦しくなったのよ」と、リーロックは証言する。当時のビキニの人びとは、普通は食べない「ココヤシの葉の付け根、タコノキの幹、あるいは薬用にしか今は使わないニンを食べて飢えをしのいだ」と、牧師のラニージは実物を筆者に見せながら説明した（写真3–18）。ジャモレは、「みんな痩せこけていた。井戸もなかった。キリで暮らしながら、アメリカが初めに約束した『面倒は見る、核実験は人間に幸福をもたらすものなのだ』などの言葉をたびたび思い出していたんだ」、「ロンゲリックで暮らしていた時以上に、ひもじい思いをしたんだ」と語る。

土地をめぐる混乱も、移住地のキリ島では起きていた。第一章でも述べたが、マーシャル諸島の人びとにとって、土地は命にもたとえられ、生活を立てていくうえで最も基本となるものである。キリ島には十分な土地がないことは住民の間で認識が共有されていたものの、土地をどう配分するのか、話し合いは五年以上経ってもまとまらなかった［Kiste 1970: 19］。

キリ島でビキニの人びとの移住生活が順調に進んでいないことは、米政府機関の耳にも入っていた。孤島の厳しい生活を伝える報告が、一九五一年二月五日付で信託統治領の民政官に宛て、人類学者のジョン・E・トービン・Jr.（John E. Tobin Jr.）から出されていた［UH Manoa Lib.: DU710.9.K5 T78］(36)。

**写真3-18**　ココヤシの葉の付け根，タコノキの幹，あるいは薬用のニンを食べて，ビキニの人びとは飢えをしのいだ（2003年9月，ビキニ環礁エジット島）．

この報告によると、同年一月二三日、トービンは信託統治領政府関係者とともに計四人でキリ島の沖に到着し、カヌーに乗り換えてキリ島を目指した。しかし、「高波が打ち寄せるなか、われわれのカヌーが転覆した。……われわれは岸までなんとか泳ぎ、上陸することができた。このような経験を経て、ビキニの人びとが新たな移住地に嫌悪感を抱いていることが容易に理解できた」と報告している。キリ島にはラグーンがなく、四方が太平洋の大海原に囲まれているため、波が荒れる時期には、住民はまさに島に閉じ込められるのである。

「アウトリガー・カヌーにお米三袋を載せ替え、岸に運ぶことはできたが、コプラは積むことができなかった」と、トービンは記している。現金収入源となるコプラは収穫されていたものの、波が高くて、船に積み込むことができなかったのである。さらに「キリ島の新しいボートは、一月一三日に打ち寄せた波で流された」とも記載している。

食糧事情は、「われわれが着いた時、わずか一袋の小麦が島にあるだけだった……。天候が荒れて漁ができず、ココヤシだけが島で採れる唯一の食糧だった」と、トービンは報告している。「あなた方は、われわれの問題が今わかっただろう」と住民に言われ、キリ島の不満をぶつけられたことも記している。

トービンが報告を出した翌年、一九五二年二月にも高波が押し寄せ、信託統治領政府の船がキリ島に近づけず、食糧配給やコプラの積み出しが断念されることがあった。そのため同年二月二六日には、七二五キロにおよぶ食糧物資がキリ島上空から投下された[DOE OpenNet: NV0138947][37]。それほど食糧が底をついていたのである。

そうしたなか、一九五二年四月一日、信託統治領の高等弁務官代理J・A・マッコーネル(J. A. McConnell)は、デイビス内務省領土局長(Director Office of Territories)に宛てて一通の親書[DOE OpenNet: NV0138947][38]を送り、米原子力委員会のゴードン委員長に同親書は届けられた[DOE OpenNet: NV0400521][39]。高等弁務官代理は、食糧の空中投下がなされた状況に言及し、「キリにいる人びとが、ビキニに戻ることができるのか否かを知りたい。……原子力委員会がビキニを保有し続け、帰島の見込みがないなら、……かれらをほかの環礁に移すことをわれわれは望む」、それが難しいならば、「原子力委員会が損害賠償を検討することが適切なように思われる」と記した。

原子力委員会側からの返答は、四月九日付で同委員会の生物医学部門のM・W・ボイヤーから出された[DOE OpenNet: NV0137054][40]。この中で、「キリにいる人びとが、ビキニに戻ることができるのか否か」に関し、「この種の情報を進んで明かすことは好ましくない」としつつも、「健康という点では、……ビキニ島の放射能は、非常に、非常に低い。……かれらが戻ったとしても、原住民に害をおよぼす可能性はない」との、原子力委員会側の見解が内務省側に示された。

しかし同時に、「現時点、あるいは近い将来、キリにいる人びとがビキニに戻れる保証はない」との見解を原子力委員会は示し、「キリにいる人びとはビキニを利用できないと、内務省側が明かしてもらえれば幸いである」と、返信は締め括られていた。

住民の帰島は「健康上問題ない」としつつも、「キリにいる人びとがビキニに戻れる保証はない」との見解を、なぜ原子力委員会は内務省に示したのだろうか。一見矛盾する返答の背景に、何があったのだろうか。

## ビキニ、ふたたび核実験場へ

返答がなされた一九五二年四月といえば、先に言及したアイビー作戦より前の時期である。しかし、アイビー作戦が実施される前から、すでにその次の核実験計画が練られていた。

一九五二年四月一七日、内務省のデイビス領土局長は、原子力委員会のゴードン委員長を訪れ、「かつてビキニに住んでいた原住民の悲惨な状況を伝えた」[DOE OpenNet: NV0400537][41]。するとゴードン委員長は、「ビキニは原子力委員会の計画の中で、おそらく再度、役割を演じることになるだろう」と返答した。やや遠まわしであるが、ビキニがふたたび核実験場になる可能性を、原子力委員会は内務省側に伝えたのである。

同日、内務省のデイビス領土局長は、「米国の権限下にあり、この先の原子力実験の適地となりうる場所を提案する」との覚書[DOE OpenNet: NV0404284][42]を送り、同年六月、ビキニ以外の核実験場の候補地を原子力委員会側に提示した[DOE OpenNet: NV0103583][43]。

内務省は実験場候補地として、マーシャル諸島北部の定住者がいない、タカ環礁、ビカール環礁、トンギ環礁、ロンゲリック環礁を提示した。しかし原子力委員会は、「環礁への進入航路が十分確保できず、……飛行場の建設が困難である」などの理由で、いずれの提案も退けた。また内務省側は、マーシャル諸島以外のカロリン諸島（現ミクロネシア連邦およびパラオ共和国）やマリアナ諸島の検討の余地も提起した。しかし原子力委員会では、太平洋核実験本部はエニウェトクから動かさないことが前提となっており、マーシャル諸島以外の地は真剣に検討されず、内務省に対して次のような結論が告げられた[DOE OpenNet: NV0103583][44]。

(1) この先の太平洋上での実験のために、エニウェトクとは別にほかの場所が必要とされるだろう。

(2) 加える場所は、人が現在住んでいないビキニが最適地である。ビキニの空き状況が保たれるよう、われわれは勧告する。

(3) ビキニの原住民は戻ることができないと内務省が通知するよう、われわれは勧告する。もし、ビキニの人びとがキリに不満を持っており、生活が維持できないことが証明されるなら、ほかの場所に移住させなくてはならないだろう。……

(4) ビキニの人びとの移住に必要となる基金は、当局に予算がなく、われわれの責任ではないとも考える。……内務省が予算化すべきだとわれわれは考えている。……

ビキニ環礁がふたたび核実験場の候補地に浮上してきたわけである。一九五二年九月一一日、原子力委員会内で、エニウェトクで大規模な水爆実験を短期間のうちに連続して行うことは「残留放射能の観点からできないだろう」との指摘が会合でなされ、エニウェトクの観測機器に危害がおよぶことも懸念された[DOE OpenNet: NV0030999]⁽⁴⁵⁾。

アイビー作戦に続く「キャッスル作戦」では、大規模な水爆実験を連続して行うことが計画され、エニウェトクだけですべての核実験を行うことは難しいと判断されたのである。そして一九五二年九月一二日、第七四八回原子力委員会の会合で、ビキニ環礁を実験場にすることが正式に承認された[DOE OpenNet: NV0408457]⁽⁴⁶⁾(写真3-19)。

一九五三年四月、米国連大使は国連安保理に対し、「太平洋の実験場は拡大され、エニウェトクとともにビキニが含められ、……一九五三年四月二日をもって、安全保障上の理由でビキニ環礁は閉鎖され」、「同閉鎖区域は、国連憲章第八七条C項に定められている定期視察が延期される」ことを通知した。

写真3-19　ビキニ環礁に残る観測壕跡(2006年3月).

同時に米国連大使は、ビキニ環礁の人びとの状況を次のように説明した。「ビキニの一七〇余名の住民は、一九四六年に実施された軍事実験を前に、避難させられた。代替地の調査および住民との協議を行い、かれらはマーシャル諸島南部のキリ島に移住した。住民の福祉に関わる情報を、米国は引き続き国連に提供するものである」[DOE OpenNet: NV0029650]⁽⁴⁷⁾。

述べてきたように、ビキニの人びとは食糧不足に陥り、再居住を強いられ、その先でもふたたび食糧不足に直面していたが、国連安保理の場ではそうした状況は完全に省かれて報告されたのである。

一九五二年九月一一日、原子力委員会の会合でビキニの人びととの実態が話題になった。「この機に乗じて、米国が太平洋の原住民を虐待していると、ロシア人が責め立ててくる」と、原子力委員会委員長のゴードン・ディーンは、ビキニの人びととの実態が国際的に明るみに出ることを警戒する発言を、同会合で行っていた[DOE OpenNet: NV0030999](48)。

## 六 不可視化された「国家の犠牲区域」

米国側の核実験場の選定過程を検証し、選定された地に暮らしていたビキニとエニウェトクの住民の「その後」を重ねながら、本章は論じてきた。

核実験場の選定過程を追うと、米国の核開発における広島・長崎原爆との連続性とともに、マーシャル諸島で核実験を行う当初から、米政府は核実験の実施にともなう放射能の問題を認識していたことが明瞭に浮かび上がってきた。放射能の問題を認識していたからこそ、米政府はマーシャル諸島の土地を使って、米本土では実施できない核実験を実行したのである。

マーシャル諸島は、米国の軍政下に置かれた後、一九四七年から国連の信託統治領の戦略地区に置かれ、米国が自由に、かつ排他的に土地を利用することを正統化する仕組みがつくられていった。

戦略地区では、軍事施設の建設とともに、閉鎖区域を設定することが安全保障上可能とされ、核実験が行われた。核開発を可能にしうる受苦圏の創出である。

『米国先住民族と核廃棄物』の著者である石山徳子の言葉を借りるなら、マーシャル諸島は、米政府の「国家の犠牲区域」(National Sacrifice Zone)[石山 2008: 57]に押し込まれ、世界と隔絶され、核実験が実施されたのである。

マーシャル諸島が「辺境化」(49)(周縁化)されるなか、核実験場とされた地で暮らしを立ててきたビキニとエニウェトクの人びとは、それぞれ自らの土地から引き離され、移住生活を余儀なくされた。飢えや生活物資の窮乏、さらに望郷の念にかられながらも、ビキニとエニウェトクの人びとは懸命に生き抜いていた。

ビキニの住民を前に、米政府は「あなた方の犠牲を大統領は理解しており、あなた方に大変感謝している」と表明することはあったが、核実験で土地を追われた住民への対策は後手にまわった。移住先で「置き去りにされた」との実感を住民は抱く。

第二次大戦後初の核実験であるクロスロード作戦の実施にあたって、核実験反対の世論が米国内に一定程度形成されていた。しかし、核実験に抗議する米国内の人たちの視野にも、「国家の犠牲区域」となったマーシャル諸島の地域社会の存在は入っておらず、視えない存在だったのである。

「国家の犠牲区域」に組み込まれたマーシャル諸島の存在とともに、放射能汚染の問題も、一般には視えていなかった。米政府が実験当初から、核実験にともなう放射性物質の周辺への放出を認識していたことは先にも述べたが、実際に放射能汚染は生じていた。

クロスロード作戦に従事した陸軍医のデイビット・ブラッドリーが残した日誌には、放射能汚染が生じ、標的艦の汚染除去に従事するとともに、被曝した兵士の尿検査が実施されたことが記録されている。

被曝は従軍兵士だけではなかった。一九五二年のマイク実験の際には、エニウェトクの人びとが移住していたウジェランで、目には視えない放射性降下物が、白い粉としてその痕跡をはっきりと残していた。「皮膚が痒くなった」、「下痢をしたり、一部脱毛したり、頭が痛くなった」と、人びとは証言する。

さらに、核実験にともなう放射性降下物は、地球規模で飛散した。クロスロード作戦の段階で、すでに放射性降下物が太平洋一円に広がることが予期され、沖縄を含め太平洋の一円で実際に測定が行われていたことは、驚きの事実である。一九五二年のアイビー作戦では、米原子力委員会が、放射性降下物の観測地点を世界一二〇カ所に設置し、低いレベルながらも放射性降下物の降灰が北半球全体に広がっていることを把握していた。

しかし、「大衆は降下物の現象に関して何も知らされなかった」[ラップ 1963: 70]と、クロスロード作戦に従事していた核物理学者のラルフ・ラップが指摘するように、放射性降下物は不可視化させられ、問題視されていなかったのである。

そうした状況に大きな変化をもたらしたのが、一九五四年三月一日にビキニで実施された水爆ブラボー実験で被曝した第五福竜丸であった。次章でくわしく見ていくことにする。

# 第四章

# 核実験反対の声と米政府の対応

## 核実験をめぐるもう一つの攻防

核の墓場「ルニット・ドーム」と，その建造の様子．
所蔵：米国立公文書館

## 一　原水爆禁止を求める声

一九五四年三月から五月にかけて連続六回におよぶ核実験「キャッスル」作戦が実施された。同実験はビキニ環礁で五回行われ、最後の一回はエニウェトク環礁で行われた。キャッスル作戦の第一回目が、「ブラボー」との暗号名をつけた水爆実験であった。「ビキニ水爆被災」や「ビキニ事件」、あるいは「第五福竜丸事件」などという名で広く記憶されている核実験である。

ブラボー実験を機に、放射能、とりわけ放射性降下物の問題が可視化され、原水爆禁止を求める世論が日本を含め国際的な広がりをみせたことを、本章ではまず押さえていく。そのうえで、マーシャル諸島の現地でも核実験に抵抗する動きが出ていたことを浮き彫りにする。

原水爆禁止を求める国際的な世論、さらに核実験場とされたマーシャル諸島での核実験に対する抵抗の動きに、核実験を推進した米政府はどう対応したのだろうか。核実験場とされたビキニとエニウェトクの人びとのその後も見据えながら、本章は展開する。

## 二　ビキニ水爆実験「ブラボー」

### ●大量報復戦略

一九五三年八月、米国がマイク実験を実施した九カ月後、ソ連は対抗して水爆実験に踏み切った。ソ連が水爆を保有するに至った情勢を受け、一九五四年一月、アイゼンハワー政権は「大量報復戦略」を公式に採択した。戦略空軍の大量報復能力を向上させ、強大な攻撃力をもって敵に対峙し、報復的な打撃を与えることに重点を置く核戦略である。

「米ソ対立を背景とした……『相手より先行せよ』という論理しか存在しない。この結果、不可避的に核軍拡がエスカレートし、両大国は自殺を覚悟しない限りは相手の存在を抹殺できない、『瓶の中の二匹のさそり』のような状況に陥る」[中沢 1995: 208–212]と、物理学者のオッペンハイマーは大量報復戦略を批判した。周知のように、オッペンハイマーはマンハッタン計画を主導し、「原爆の父」として知られる人物だが、第二次大戦後は米原子力委員会のアドバイザーに就き、核兵器開発競争に異義を唱えるようになった。

原子力委員会委員長のゴードン・ディーンもまた、「最近の核軍拡競争が永久に続けられるものでないことは、きわめて明瞭だと私は思う。……敵の兵力を二〇倍以上も敗北させるに十分な爆弾をもつことが、抑止の目的をいっそう達成できるというのだろうか、それとも、戦争になった時、勝つ機会が多くなるとでもいうのか」[ラップ 1963: 57–58]と述べ、大量報復戦略とは一線を画した。

大量報復戦略に疑問を投げかけたゴードン・ディーンは一九五三年、原子力委員会委員長を辞した。後任に就いたルイス・ストローズは、オッペンハイマーを政府内から排除することを条件に、原子力委員会委員長に就任した[中沢 1995: 222–223]。オッペンハイマーは、「赤狩り」が吹き荒れるなか、公職を追放された。

大量報復戦略を推進する体制が敷かれ、水爆の実用化に向け実施されたのが、キャッスル作戦であった。米国は一九五二年に水爆実験マイクを実施したが、同実験は、巨大な実験用の装置を爆発させたものであり、兵器として実戦使用できる段階にはなかった。そこで運搬可能な形に軽量化し実施したのが、キャッスル作戦である。

一九五三年三月三一日、統合参謀本部の下に、科学者、陸軍、海軍、空軍、原子力委員会から成る混成部隊「第七合同任務部隊」が編成され、キャッスル作戦の実行部隊になった[DOE OpenNet: NV0125831](1)。総勢一万人を超え、すべて男性であったと、同作戦に従事したバナード・オキーフは証言する[オキーフ 1983: 181]。

## ◒「白いものが襲ってくる」

キャッスル作戦の第一回目は、水爆実験「ブラボー」であり、一九五四年三月一日午前六時四五分(現地時間)、ビキニ環礁のナム島沖で計画された。前日の昼までに、部隊のほぼ全員がビキニ環礁の外に退避し、残ったのは、わずかにヘリコプターの乗員、ロスアラモス研究所の科学者一人、それに発火グループの五人だった。以下は、発火グループの一員であったオキーフが記したブラボー実験の一日の記録である[オキーフ 1983: 173–229]。

発火グループは、ビキニ環礁の地下壕にいた。厚さ一メートル近いコンクリートの壁に囲まれ、天地は三メートルの土で覆われていた。地下壕から信号を送り、遠隔操作で爆弾や観測機器を操作する。爆発一五分前にボタンを押すと、すべては自動に切り替わり、以後、人間は操作できなくな

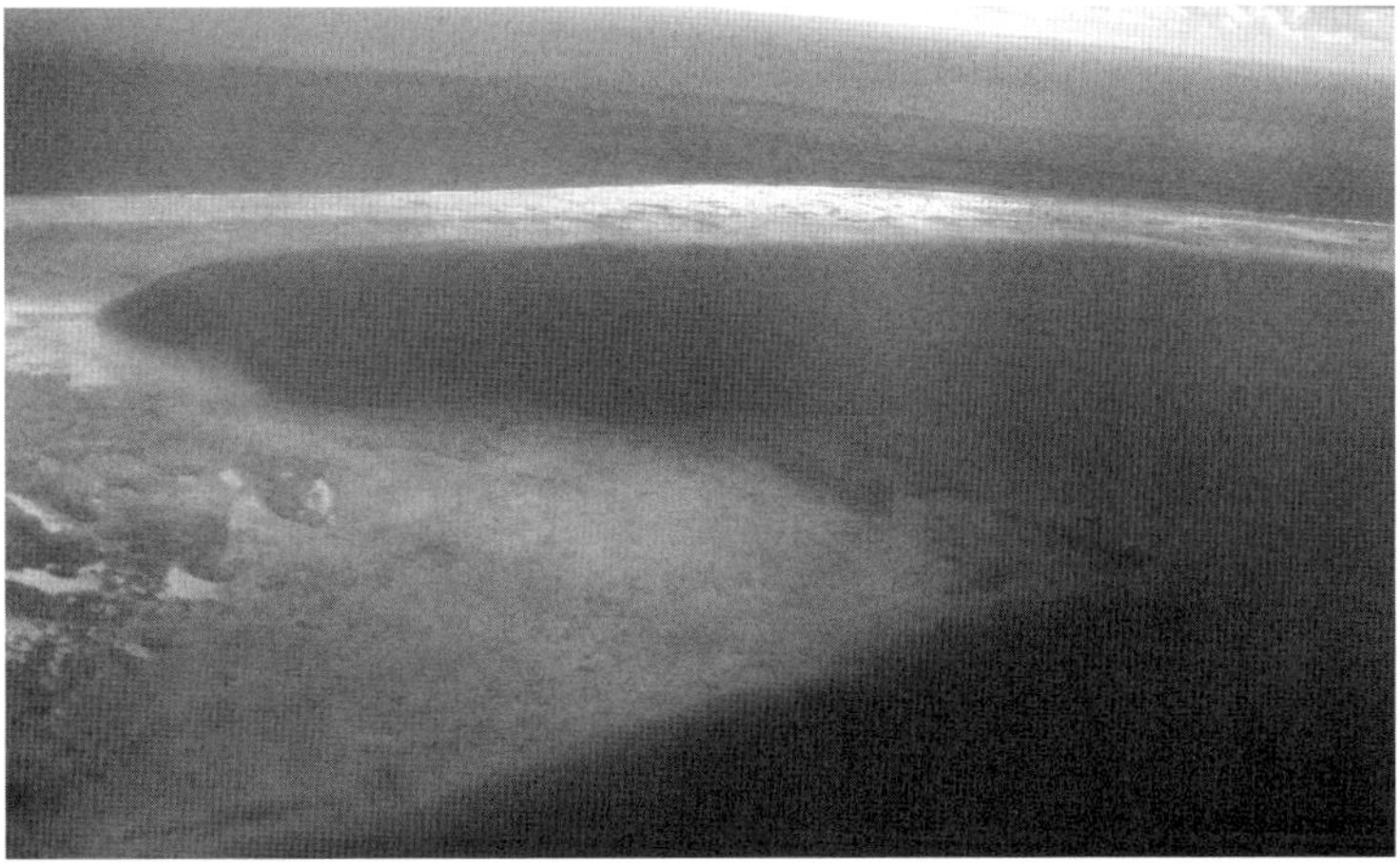

**写真4–1**　1954年3月1日，水爆実験「ブラボー」でできたクレーター（2003年9月）．直径1.6キロ，深さ66メートルにもおよぶ．

る。

「四、三、二、一」……、最後のランプが赤に替わり、発火装置の計器の針が動き始めた。「ゼロ」……、爆発の瞬間である（**写真4–1**）。「ついにやった。興奮はその極に達した」。しかし、発火装置を作動させたものの、地下壕からは火の玉もキノコ雲も見えず、衝撃波も感じることはない。「おい、ステーキを食べよう。ハラがへった」。仲間の口から、そんな言葉さえ漏れた。

しかし、一息ついて周囲を見わたすと、ランプが赤と緑に不規則に点滅している。「おい、何か変だぞ、……建物全体が動いている」、「地面が揺れている」。今にも壁が割れて、海底深くのみこまれても不思議ではない。

「ガチャーン」。雷が落ちたようだ。電気のバッテリーが火花を散らした。「水だ、水だ、水が入ってきた」と、誰かが絶叫する。配線チューブの中から押し出されたものだ。海水ではなかった。「全員無事」と司令部と連絡を取る。

一五分が経過した後、司令部からドアを開ける許可が出た。外に出ると、雲は重く垂れこめ、鳥は一羽として見当たらず、輝く波もない。

**写真4-2**　放射線防護服を全身にまとう，キャッスル作戦に参加した米兵．
所蔵：米国立公文書館

> 突如、空一面が白い屑のようなもので覆われ、粉をまぶしたように手は真っ白になった。「おーい、一〇〇ミリレントゲンになったぞ」。頭上から白いものが、まるで雹《ひょう》のように激しく叩きつける。全速力で建物に逃げ込む。白いものはドラムのように鉄のドアを叩く。「ドアのそばでは一〇〇〇ミリレントゲンだ」。
>
> 「えらいことになった」。無線で司令官に報告すると、「そんなバカなこと、間違いだ」と応答される。外の線量計をふたたびチェックする。一時間二五レントゲン。このまま放射線量が上がり続けたら……、想像するだけで恐ろしくなった。無線交信が急に騒がしくなった。放射性降下物が今度は洋上の艦船を襲った。「緊急情報、緊急情報！」「ここでは一〇レントゲン、一〇レントゲン」。
>
> 司令部は救援ヘリを派遣した。ベッドカバーと枕カバーで体全体を覆い、帽子をかぶった。露出部分がないかお互いに確認し、午後四時四〇分すぎ、待機するヘリに乗って脱出した。

オキーフは、最も至近距離で被曝したものの、「われわれは全員核実験の専門家で線量計やフィルムバッチを所持、核実験の詳細にも通じ、防御方法、注意事項も熟知している。……非常に幸運だったといえる。ところが幸運にめぐまれた人ばかりではなかった」［オキーフ 1983: 217］と回想する[2]（写真4-2）。

## 三　放射能を可視化した第五福竜丸

### ◐「俺たちは見てしまった」

水爆ブラボー実験で放出された放射性降下物は、オキーフがいた核実験場内を越え、東方一六〇キロで操業中のマグロはえ縄漁船「第五福竜丸」（以下、福竜丸）の乗組員二三人のもとにも、「灰」となって降り注いだ。乗組員の一人である大石又七の体験録［大石 2007: 13–59］をもとに、福竜丸が見た水爆ブラボー実験を以下に紹介する。

夜明け前の静かな洋上に船は漂う。乗組員たちの大切な仮眠の時間である。その時である。「サアー」と夕焼け色が空いっぱいに流れた。驚いて外に出ると、空も海も船もその色に染まっている。「ドドドドドー、ゴー」。海面を伝わる地鳴りだ。海全体を包み、下から突き上げてくる。小銃の乾いた小さな音が二回、遠くに聞こえた。一二、三分が過ぎたと思う。空は明るくなり、巨大なキノコ雲が空を突いていた。俺たちは黙々と作業を続けた。

二時間ほど過ぎただろうか、白いものが空からぱらぱらと降り始めた。やがて風をともない、雨も交じって、たくさん吹きつけてきた。チクチクと刺さる感じでイライラした。みんな目を真っ赤にして、こすりながら作業をした。デッキの上に足跡がついた。唇についたものを舐めると、ジャリジャリして固い。熱くもなく、匂いも味もない。何だろう。

「飛行機か船が見えたらすぐに教えろ」と、久保山愛吉無線長が怒鳴る。「見つかったら大変なことになる。見えたら、すぐに焼津に無線を打つ。見えるまでは打たない」と、久保山は言う。俺たちは見てしまった。見つかれば間違いなく米軍に連行される。沈められる恐れもある。みんなの顔色が変わる。一九五二年に消えた船があり、漁師仲間のあいだで米軍に沈められたのではと噂されていた。

目まい、頭痛、吐き気、下痢などの症状が、その日の夕方から現れた。二日目頃から、灰が当たったところがプツプツと膨らみ始め、水がたまりだした。一週間くらい経つと、髪の毛が抜け始めた。三月一四日、静かに焼津港に帰った。

以上が、大石又七が体験した水爆ブラボー実験とその直後の様子である。「俺たちは放射能知識がないから、怖さより不安だった」と、大石は当時を回顧する。

「邦人漁夫、ビキニ原爆実験に遭遇」「二三名が原爆病」――、福竜丸の存在は三月一六日の読売新聞紙上でスクープされ、明るみに出た。乗組員が浴びた灰は「死の灰」と同新聞記事が名付けた。福竜丸のニュースは、日本中、いや世界を駆けめぐった。

福竜丸が焼津の岸壁に停泊中、市や県の関係者が大勢集まってきた。ガイガーカウンターがバリバリと大きな連続音を鳴らし、針が降り切れた。「見えない放射能というものが、音に代わって突如現れたのだ。……不気味な物体が自分たちの周りに取り付いていると、半信半疑ながら意識した」[大石 2007: 36–37]と、大石又七は語る。

福竜丸が持ち帰ったマグロは、放射能汚染が確認されて廃棄処分となった。この一九五四年三月のうちに、厚生省は、太平洋の南方水域で操業した漁船は全国五つの港（塩釜、東京、三崎、清水、焼津）のいずれかに入港することを義務づけ、港では魚体から一〇センチ離して放射能検査が行われた［三宅ほか監修 1976: 138–148, 159–164］。一分間あたり一〇〇カウントを超えた魚は廃棄処分となり、「原子マグロ」や「放射能マグロ」と呼ばれた。五月になると日本近海で捕獲したマグロからも放射能が検知され、検査は全国一三港に拡大された。

同年一二月末までに、汚染魚を水揚げした船は、厚生省発表でのべ八五六隻、廃棄された魚はマグロを中心に四八五・七トンにおよんだ。福竜丸だけでなく日本全国で、被災船の数は一〇〇〇隻を超えることが、被災船調査に地道に取り組んでいる山下正寿によって指摘されている［高知県ビキニ水爆実験被災調査団編 2004; 伊東監督（南海放送）2012］。

一九五四年五月以降、核実験に由来する放射性物質を含んだ雨は日本各地に降り、「放射能の雨」と呼ばれた。九月になると、米国の核実験だけでなく、ソ連の核実験の影響と思われる放射性物質を含んだ雨も混じるようになった［三宅ほか監修 1976: 148–158, 165–203］。「放射能の雨」は、野菜・果物・茶・家畜・牛乳・飲料水などを汚染し、多くの人びとに不安を与えた。

福竜丸の乗組員は、都内に搬送され入院したが、半年後の九月二三日、無線長の久保山愛吉は息をひきとった。隣の病室にいた大石又七は、久保山の最期を次のように記している［大石 2007: 53–59］。

久保山さんの容態は八月二〇日頃から急変した。突然、「お前、腹を切るって本当か」、「何で手を切っただ」などと変なことを口にした。そして、「背中に高圧線が走っている、焼かれる」と暴れだした。びっくりした奥さんは、暴れる久保山さんを押さえながら聞き直した。「こんなことぁもうたくさんだ」、すごい形相で怒鳴りつけた。

久保山愛吉の死因は「放射能症」であると、日本の医師団は発表した。福竜丸乗組員の診療と調査を実施した都筑正男は、「常識的に判断すると、久保山さんはビキニの灰を被らなかったなら多分死ななくてよかっただろうとの考え方から、久保山さんの死の原因はビキニの灰のもって来た放射能の障害――すなわち放射能症であるといえる」[三宅ほか監修 1976: 319]との見解を示した。しかし米政府側は、輸血が原因の肝臓障害との見解をとり、久保山愛吉の死と被曝との因果関係は否定された[三宅ほか監修 1976: 398–400; 高橋 2012: 179]。

### ◒俊鶻丸によるビキニ海域の調査

福竜丸の被災を機に、放射能の脅威が身近に迫るなか、原水爆禁止を求める署名運動が燎原の火のごとく日本各地に広がった[丸浜 2011: 226–273]。しかし、岡崎勝男外務大臣は、「この実験が米国のみならず、われわれもその一員である自由諸国の安全保障にとり必要なことを知っている……、この実験の成功を確保するため他の自由諸国と協力する」[三宅ほか監修 1976: 417]と表明し、「原子爆弾等の実験を阻止することは適当でない」[三宅ほか監修 1976: 418]と、日米関係に配慮した国会答弁を行った。

他方、水産庁は、国内世論の高まりや水産業界への打撃の大きさを前に、ビキニ海域とその付近の放射能影響調査に踏み切った。俊鶻丸《しゅんこつまる》調査団の結成である。米原子力委員会のストローズ委員長は、「実験場のごく近くをのぞいては、ビキニ海域の海水には放射能はない、……海水の放射能は、あったとしてもロスアンゼルス市の水道水のそれくらいのものだ」[三宅 1972: 60]と公言していた。俊鶻丸調査に参加した日本の科学者の中にも、「大きな池の中に赤インクを一滴おとしたようなもの。海水には放射能は検出されないだろう」[三宅 1972: 60]との楽観的な見通しがあった。しかし、俊鶻丸調査で、水爆の爆発地点から一〇〇〇キロも二〇〇〇キロも離れてもなお、海水や生物の中から、核実験に由来する放射性核種が検出された[三宅 1972: 70]。マーシャル諸島の米核実験で放出された放射性物質が、太平洋の海に大量にまかれたことが裏付けられたのである。さらに食物連鎖や生物濃縮という核被害の新たな広がりが示された。俊鶻丸調査は「米国による放射能被害情報の独占が崩れてゆくきっかけとなった」[高橋 2012: 161]と、米国の核開発史に照らして高橋博子はその意義を指摘する。福島第一原発事故に直面し、海はどうなっているのか、俊鶻丸調査を現在あらためて想起する必要があろう。

### ◒原水爆禁止の世論の高まり

水爆実験の中止を求める声は、以前からあった原爆反対を求める活動[日本原水爆被害者団体協議会編 2009: 59–68]とも合流し、署名数は国内で三二〇〇万を超え、世界的な広がりもみせた。翌一九五五年八月、原水爆禁止世界大会が、原爆投下から一〇年目にして初めて広島で開催された。

爆心地から一六〇キロ離れた福竜丸が「灰」を浴びて被曝し、死者まで出たことは、世界的な衝撃を与えた[三宅ほか監修 1976: 617–647]。一九五五年七月、戦争こそが人類の共通の敵であり、戦争の廃絶が核兵器廃絶の道であると、東西の壁を越え世界の科学者が参集することを説いた、ラッセル・

アインシュタイン宣言が出された。また、政治の場では、インドのネール首相が水爆実験禁止協定の締結を訴え、「最近の爆発の犠牲者である日本人漁夫その他および爆発の直接的効果と食物汚染の心配から大きな脅威のとりことなった日本国民に対するインド下院およびインド国民の同情の気持ちを表明したい」[三宅ほか監修 1976: 619]と演説した。

西ドイツの新聞『デア・ミットターダ』は、社説で「日本の一漁夫の死亡は人類の将来をはっきり予言するものだ」[三宅ほか監修 1976: 634]と警鐘を鳴らした。シンガポール紙の『サンデー・タイムズ』は、「全人類の願いは、水爆による死亡者は永遠に久保山氏一人にしてもらいたいということだ」[三宅ほか監修 1976: 634]と、原水爆禁止協定を求める論説を掲げた。

ビキニ環礁で一九四六年に実施されたクロスロード作戦に参加していた核物理学者のラルフ・ラップは、福竜丸を主題にした著書〈*The Voyage of the Lucky Dragon*〉を上梓し、日本語版『福竜丸』も出版された。ラップは、福竜丸の被曝が知らしめたものを日本語版への序文で次のように述べている。

「一九四六年七月……、礁湖の表面下で行われた爆発は、ぼう大な量の放射能を生み、実験のために米海軍が碇泊させた標的艦隊の周囲の海水を汚染した爆弾の放射性破片は、礁湖の数平方マイルに飛び散り、戦艦の甲板上に散乱した。この一九四六年の放射能汚染こそ、ブラヴォー爆弾が生んだ放射性降下物の不思議な前触れだったのだが、八年の間、世界の人びとは全然そのことを考えてみようともしなかった。第五福竜丸の事件が起きなかったら、世界の人びとは何も知らずにだ眠をむさぼっていたに違いない」［ラップ 1958: 2–3］。

一九四六年のクロスロード作戦にはじまり、一九五四年のブラボー実験以前にも放射性降下物による放射能汚染は発生し、その問題性は実験当局者の間で認識されていたことは、前章で見てきたとおりである。しかし、「大衆は降下物の現象に関して何も知らされなかった」［ラップ 1963: 70］とラップが指摘するように、一般には核実験にともなう放射能汚染は可視化されておらず、問題視されていなかった。福竜丸乗組員の大石又七は、「事件に遭遇したとき、俺が知っていた原爆の知識は、『広島に新型爆弾が落とされたらしい』『それはピカドンというらしい』。この言葉、二つだけ」、「放射能など言葉すら知らなかった」［大石 2007: 31］と体験記に記している。

**写真4–3**　放射線被曝の脅威を世界に告知した第五福竜丸は，現在，東京都立夢の島公園（江東区）に保存展示され，一般公開されている．

そうしたなか、福竜丸は身をもって核実験にともなう放射性降下物の問題性、さらには放射能による核被害の重大性を可視化させた（写真4–3）。「死の灰」「原爆マグロ」「放射能の雨」、放射能汚染の深刻性を示すこれらの言葉は、いずれも福竜丸の被曝を機に生まれた言葉である。放射性降下物、広くは放射能の問題が、多くの人びとの視野に収められる扉に、福竜丸はなったのである。広島の被爆者である前座良明は、「3・1ビキニ被災のとき初めて放射能にやられているのではないかと気づきました」[被団協新聞 2004.6]と当時を回想している。

福竜丸が持ち帰った「灰」は、木村健二郎らの日本人科学者の手で解析され、ウラン237が発見された。その発見が糸口となり、米国が機密にしていた「核分裂→核融合→核分裂」の三段階の装置を持った水爆のしくみが解明され、公知となったのである[三宅 1972: 38–47; ラップ 1963: 75–77]。放射性降下物は重大な国際問題となり、米国内でも議論になったことを歴史学者のアラン・M・ウィンクラーは指摘する[ウィンクラー 1999: 122–123]。福竜丸は、その後の大気圏内核実験禁止の起点となったのである。

### ◒「見舞金」による政治決着——米国の核に依存した日本社会

福竜丸は身をもって放射能の問題性を可視化し、国内外に警告した。そうした福竜丸の存在は、ソ連との核開発競争に邁進する米政府にとって、政治的脅威以外のなにものでもなかった。

アリソン駐日米大使は日本の外務省に対し、「米側は安全保障の問題をとくに重視している。——福竜丸に関連する機密を保持し且つ汚染の消去を安全に行うため同船を(米軍基地がある)横須賀に曳航して貰いたい」、「福竜丸の汚染除去を米海軍に行わしめるか、同船を海中に沈めるか又は同船への立入りを防止されたい」[第五福竜丸平和協会編 2004: 74]と、福竜丸を世論の目から遠ざけ、社会的に抹殺するよう要請していたのである。

一九五四年三月二四日には、「日本人が漁業以外の目的で実験区域へ来たことも考えられなくはない」[三宅ほか監修 1976: 391]との発言が、米上下両院原子力委員会のスターリング・コール委員長から飛び出した。「福竜丸はソ連のスパイ」との容疑をかけ、米中央情報局(CIA)が乗組員の思想調査に乗り出した。日本の外務省も協力し、乗組員の政治思想にまつわる資料が在日米国大使館に提供された[朝日新聞 2003.11.16]。

スパイ容疑は当然のことながら裏付けられず、次に米政府は、福竜丸の問題の早期沈静化を図る動きに出た。翌一九五五年一月、米政府が二〇〇万ドルを日本政府に支払うことで、日本政府は損害賠償請求権を放棄し、問題は「完全決着」(full settlement)したとされた。日米両政府の間で早期の政治決着が図られたのである。この二〇〇万ドルは、米国の法律上の責任とは関係ない「見舞金」(ex gratia)という形で支払われた。しかも、米議会の承認は経ず、心理戦略や秘密工作などを担当する米政府の工作調整委員会(OCB)の承認を受けて二〇〇万ドルが捻出されたことを、高橋博子は突きとめている[高橋 2012: 161]。

米政府は、心理戦略の一環で日本政府に二〇〇万ドルの「見舞金」を支払い、米国の賠償責任が問われないままに「完全決着」とされた。時を同じくして厚生省が実施していたマグロ調査が、一九五四年一二月三一日付で打ち切られた。その背後に米原子力委員会の意向があったと、高橋博子は指摘する[高橋 2012: 172–178]。事件の幕引きが図られたのである。

早期の政治決着が図られた背景の一つとして、米国から日本への原発導入の動きがあった。乗組員の大石又七は、「ビキニの被災者たちは、日本の原子力発電の人柱にされた」、「目に見えない心理作戦という大きな網が裏側からかけられ」、「我々には見えない何か政治の裏」[大石 2007: 71, 81, 93]

が働いたと憤る。

福竜丸事件をきっかけに、原水爆禁止の世論が日本で盛り上がりをみせたことに危機感を抱いた日米両政府は、「原子力の平和利用」キャンペーンを打ち出し、反核・嫌米感情を抑え込む世論対策を推し進め、米国製原発の日本への導入を急いだ。その背景には、先にも引用した岡崎外務大臣の発言にあるように、米国による核実験は、日本も「その一員である自由諸国の安全保障にとり必要」〔三宅ほか監修 1976: 417〕という認識のもと、米国の核に依存した安全保障体制を築き、戦後復興の歩みを突き進んだ日本社会のありようが横たわっている。

## ◒「救済」の枠から消された被災者

福竜丸が導火線となり、一九五五年、広島で初めての原水爆禁止世界大会が開かれた。広島・長崎の原爆被害者の発言が、同大会の参加者に強い衝撃を与え[3]、「原水爆被害者の救済」が運動の礎であると、同大会宣言に謳われた。

原爆被害者自らも立ち上がり、翌年、「世界に訴うべきは訴え、国家に求むべきは求め、自ら立ち上がり、たがいにあい救う道」（日本被団協の結成大会宣言「世界への挨拶」）に踏み出そうと、広島・長崎の原爆被害者の全国組織である日本被団協が産声をあげた。一九五七年には、不十分ながらも原爆医療法が制定され、被爆者手帳制度が始まった。福竜丸を入口に、広島・長崎の原爆被害者の存在が一般社会に照らされ、問題化されていったのである。

対照的に、福竜丸をはじめとする被災船乗組員は、政治決着が図られた後は、「原水爆被害者の救済」の枠から消されていった。「政治決着、あれがねえ、ビキニ問題を全部台無しにしてしまうんだよね」、「運動にも責任がある。死の灰に反対したけれども、(被災した)乗組員を救う運動というのはやってなかった」と、当時から原水爆禁止運動に関わっていた池山重朗は語る。一九五七年に原爆医療法が制定され、被爆者手帳制度が確立されたが、対象は広島・長崎の被爆者に限定された。当初は、ビキニ被災者やさらには将来を見据えて原子力利用の被害者も対象にする案が出されたが、外された[中国放送 1995.8.6; 中国新聞 2000.5.1]。「被爆者でありながら被爆者でなくなり、宙に浮いてしまいました」、「『被爆者手帳』はおろか、相談の窓口すらない」[大石 2007: 111, 117]と大石又七は訴える。

二〇〇万ドル、当時のお金で七億二〇〇〇万円の見舞金の中から、久保山愛吉の遺族に五〇〇万円、ほかの福竜丸乗組員に二〇〇万円前後が渡ったが、それ以外の被災船乗組員に直接お金が渡ることはなかった。嫉妬や不満の目は、福竜丸乗組員や家族にも向けられた[大石 2007: 84; 飯塚 1993: 107–115]。大石又七は、「福竜丸という名前から逃げるために東京の人ごみの中に隠れた」[大石 2007: 144]。「元福竜丸乗組員であることなど、みんな忘れるほうがいい」、「静かにしていよう」[大石 2007: 90]などの箝口令が仲間内で敷かれたとも証言している。加えて、「アメリカから補償金が出ないと分かると、他船の被爆者たちは一斉に口をつぐみ、自分から被爆の事実を隠した」[大石 2007: 82]と、大石は指摘する。

核実験場とされたビキニから一三〇〇キロ離れた地点を航行していた高知県室戸市の第二幸成丸の元乗組員とその家族は、癌や心臓病で仲間が次々と体調を崩し、亡くなっていったという。被曝の影響によるものだと思ったが、それは「禁句だった」、「徹底的に室戸の漁業の人は隠した」、「室戸はマグロで生きてきた街だから」と語る［NHK 2014.8.6］。

先述したように、福竜丸のみならず、周辺海域で操業していて被曝した日本漁船の数は一〇〇〇隻を超えていたが、福竜丸以外の被曝した船員の存在は不可視化され、乗組員たちには見舞金すら渡ることはなく、放置されたのである。

ビキニの核実験に遭遇した船員の存在を掘り起こそうと、一九八五年以降、高知県の高校教師であった山下正寿が高校生とともに立ち上がった［森監督 1990］。口を閉ざしてきた船員の信頼を得て、健康状態の聞き取りを地道に行い、癌などで若くして亡くなっている人や、造血機能の障害が見られる人など、船員の健康状態が深刻であることを山下はつかんでいった［山下 2012: 26–92, 203–209］。

山下らは国に働きかけて実態調査と健康管理の対応を求めた。しかし、ビキニの核実験による被曝は、「窓口、厚生省は閉じています。解決済みです、資料はありませんの一点張りで」、「この壁の厚さは並ではない」と山下は語る［NHK 2014.8.6］。

被曝による病気の疑いをもちつつも、それを科学的に証明する術がないなか、山下はあきらめることなく粘り強く調査を進めた。二〇一四年、放射線生物学者の広島大学の星正治名誉教授らと共同研究を実施し、先の第二幸成丸の元乗組員は、広島原爆に換算すると爆心地から一・六キロの距離で浴びた放射線量に相当する量の被曝を受けていたことが明らかになった［NHK 2014.8.6］。さらに、福竜丸以外の乗組員の被曝を検査した記録は存在しないと国は説明してきたが、実際はその調査データが、外務省経由で米国務省に渡されていた事実が突き止められた［NHK 2014.8.6］。

情報公開請求の結果、厚生労働省は二〇一四年九月にようやく約三〇〇点の資料の開示を行い、六〇年の空白を経て事実の一部が明るみに出た［東京新聞 2014.9.20］。しかし、乗組員の診断書、血液や尿の検査結果などの肝心な部分は黒塗りにされており、資料はまだ十分には出てきていないと、山下はさらなる情報開示を求めている［東京新聞 2014.10.21; 伊東撮影（南海放送）2014.11.2］。

水爆ブラボー実験が、「ビキニ事件」などと記憶されながらも、「第五福竜丸だけにスポットを当て、全体像に迫らなかった」［高知県ビキニ水爆実験被災調査団編 2004: 8］ことを山下は指摘している。

## 四　全地球規模の被曝

### ◒世界一二二カ所の観測地点

福竜丸が身をもって警鐘を鳴らした放射性降下物は、全地球規模に広がっていた。前章で言及したアイビー作戦に引き続いて、キャッスル作戦の時も、米原子力委員会は放射性降下物の飛散状況を地球規模で調査した。一九五五年五月一七日、同観測報告書［DOE OpenNet: NV0051383, NV0039820］が米気象局の手でまとめられている(4)（写真4-4）。

放射性降下物の観測網を地球規模に敷いたのは、米原子力委員会ニューヨーク作戦室の健康安全研究所であった。世界一二二カ所に地上観測地点が設けられ、船上でも観測は行われた。観測地点は、米本土が三九カ所と最も多かったが、日本国内の三沢、東京、広島、長崎、また占領下にあっ

**写真4-4**　キャッスル作戦では，放射性降下物の影響を探る海洋調査も「プロジェクト 2.5」の名で実施された．
所蔵：米国立公文書館

た嘉手納や硫黄島にも観測地点が設けられた。広島と長崎は、原爆傷害調査委員会（ABCC）の敷地で観測された。粘着フィルムを使い、爆発の結果として生じる放射性微粒子の堆積状況が調べられた。

一日ごとに放射性降下物の広がりを示した世界地図が、同観測報告書に添付されている。一九五四年三月一日の水爆ブラボー実験の爆発後、放射性降下物は赤道付近に帯状に広がり、三月七日に米本土に達し、三月一九日に赤道をぐるりと一周したことが記録されている。ブラボー実験の爆発一〇〇日後、一平方フィート（約〇・〇九平方メートル）の粘着フィルム上で、一分間に崩壊する原子の数は平均一九三七d／分／平方フィートであり、放射性降下物の総量は四・七九メガキュリーであったと、同観測報告書に記されている。

キャッスル作戦は、水爆ブラボー実験のみならず、六回のうち五回がメガトン[5]級の大型核実験であった。一九五四年五月四日に実施された「ヤンキー」実験の爆発後、米国内の二つの観測地点（モンタナ州ビリングスとユタ州ソルトレイクシティ）で二〇万d／分／平方フィートを超える放射能が観測された」と、同観測報告書に記されている（Chapter 3.5 Maximum Activity at Individual Stations）。

同報告書は、キャッスル作戦時の放射性降下物の地球的な広がりを捉えており、マーシャル諸島に限定されない太平洋上の住民の被曝[(6)][Pacific Daily News 2011.11.3]、さらには福竜丸に限定されない被災船乗組員の被曝問題を追及していく一つの手がかりになろう。

ただ、同資料でも捉えきれない放射性降下物はある。「航行の途中、激しい放射性降下物に曝された船」のことが記述されているが、「船舶のデータはかなりの不確実性があるため、陸地の観測所のデータのみ記載された」と同報告書には記されている。またキャッスル作戦で生成されたキノコ雲は、実験「クーン」を除き、優に成層圏に到達し、雲の大部分は通常の気象観測範囲の高度を超えたため、十分捕捉できなかったとも記されている。

## ◒日本からの人骨の提供

放射性降下物の調査は、飛散状況を地球規模で観測することにとどまらなかった。水爆ブラボー実験を実施する前年の一九五三年夏、ランド研究所が主催した会合で、放射性降下物に含まれる、核分裂生成物ストロンチウム90を世界規模で分析調査することが勧告され、「プロジェクト・サンシャイン」(Project Sunshine)と名付けられた極秘計画が立ち上がった[DOE OpenNet: NV0720894][(7)]。

プロジェクト・サンシャインは、米原子力委員会がランド研究所に委託し、当時シカゴ大学の核研究所に在籍していた化学者ウィラード・リビー(Willard F. Libby)が中心になり展開された[DOE OpenNet: NV0714601][(8)]。リビーは後に一九六〇年、ノーベル化学賞を受賞している。

世界二十数カ国から、土壌、牧草、動物、食品、雨、水、さらには人骨が集められた。ストロンチウム90は骨に蓄積される性質を持っており、人骨の収集が不可欠とされた。試料はリビーが所属するシカゴ大学をはじめ、コロンビア大学と原子力委員会のニューヨーク作戦室に集められ、ストロンチウム90の含有量が調べられた。

プロジェクト・サンシャインには日本も組み込まれ、人骨などが提供されていた。例えば、米科学アカデミー文書館(National Academies of Sciences Archives)のABCC(原爆傷害調査委員会)関連資料の中に、一九五四年六月、広島のABCCから原子力委員会のニューヨーク作戦室に、計四四体の人骨が送付された記録が残されている[NAS: ABCC 1945–1982][9]。四四体の人骨は、「一九五二年七月二二日から一九五四年二月六日の間に、広島のABCCで検死解剖された九歳から八八歳までの被験者から得られたものだ」[NAS: ABCC 1945–1982][10]と、ABCCのケネス・B・ノーブルは一九五九年四月二八日付の覚書に記している。ABCCで検死解剖された広島の原爆被害者の骨が集められ、米国に渡っていたのである。また一九五四年三月から六月にかけて、「長崎大学医学部の病理学教室教授の林博士から五人の死産児の脊柱と長骨が、ABCCのJ・K・スコット博士に提供された」[NARA: RG 326][11]ことが、一九五五年一月に発刊された『紀要　プロジェクト・サンシャイン　シカゴ』に記されている。

世界一二二カ所に観測地点が設けられて放射性降下物の飛散状況が調べられ、さらに世界規模でストロンチウム90を分析調査する体制が整えられ、日本をはじめ世界各地で人骨を含む試料が集められていた。時はまさに原水爆禁止運動の世論が盛り上がる最中であった。核実験は爆発地点のマーシャル諸島を起点としながら、世界を舞台に放射性降下物の影響調査が実施されていたことは見逃せない。

## 五　マーシャル諸島発の「もう一つの原水爆禁止運動」

### ◉国連への請願書の提出

福竜丸の被曝を機に、原水爆禁止の世論が高まりを見せていた頃、マーシャル諸島の人びとの様子はどうだったのだろうか。

福竜丸の後ろ側にいた住民たちも、当然ながら被曝していた。くわしくは次章で述べるが、ロンゲラップとウトリックの両環礁の人びとは、実験を実施した第七合同任務部隊の手で、実験の二日ないし三日後に、米軍基地があるクワジェリンに搬送された。核実験場のビキニとエニウェトクだけに収まらない核実験被害の広がりが、マーシャル諸島の人びとの前に明確な形で現れたのである。

そうしたなか、現在の首都マジュロでは、国連に「死に至らしめる兵器の爆発を我が島の領内で行うことへの苦情」を申し立てる運動が起こった。高校の校長を務めていたドワイト・ハイネ(Dwight Heine)が中心になり、一九五四年三月一九日に請願書が起草された。マーシャル諸島地区議会の議員でもあるドワイト・ハイネは、後に初代大統領となるアマタ・カブアをはじめ、同僚議員一一名全員の賛同をとりつけた。日本国内の福竜丸を起点とした原水爆禁止運動の展開と比較しても、じつに素早い行動である。

一九五四年四月二〇日、マーシャル諸島住民は、国連憲章第八七条にもとづき、信託統治理事会

**写真4-5** 「死に至らしめる兵器の実験をただちに停止すること」を求めたマーシャル諸島住民の国連への請願は，APが配信し，『琉球新報』(1954年6月11日付)などでも報じられた．

に請願書を提出した(T/PET. 10/28)。

「以下の請願は、信託統治協定のもとで国連の統治を代行している米国を拒絶するものであると誤って解されるべきではない」と前置きしたうえで、身体への危害がおよび、命が脅かされている実情が次のように訴えられている(**写真4-5**)。「……実験がもたらす危険が高まっている。ロンゲラップとウトリックと呼ばれる二つの環礁の居住者の間で、死に至る影響がすでにおよんでおり、程度の差はあるが、血球数の低下、火傷、吐き気、脱毛などで今、苦しんでいる。これらの完全な回復は、何人も確信をもって約束することができない」。

さらに、「マーシャル諸島住民は、死に至らしめる兵器が、一人ひとりにおよぼす危険に不安を覚えているだけでなく、自分たちの土地から追い出されている人たちの数が増えていることにも、大きな懸念を抱いている」と、「住民の命そのものである」土地が奪われていく危機感が請願書に訴えられている。

「安全保障上の理由から、クワジェリン島は軍事利用が続いている。ビキニとエニウェトクは原爆実験のために取り上げられ、住民はそれぞれキリ島とウジェラン環礁に移住させられた。ロンゲラップとウトリックは現在、放射能に汚染されており、住民はクワジェリンに留め置かれている。いつまで続くのかははっきりしない。『次はどこなんだ』との疑問が、われわれの心に重くのしかかる」。「したがって、われわれマーシャル諸島地区議会の議員は、……我らの命、自由、幸福そして土地に対する脅威が高まっていることに鑑み、国連に請願書を提出する」。

「この切迫した訴えに対し、具体的な行動を示すことを希望する」と、「①致死的兵器の実験をただちに停止すること」が、請願書の筆頭要求項目に掲げられた。続けて「②……停止できない場合は、「(a)兵器の実験前に、あらゆる予防手段を講ずること。爆発が起こる前に、すべての人間、大切な財産を安全な場所に移すこと」とともに、「(c)住民の財産を十分に補償する基金を設けること」などの要望が、請願に盛り込まれた。

安全保障上の理由から閉鎖区域が設定され、国際社会からの目を閉ざして実施されてきた米国の核実験に対し、マーシャル諸島住民は公然と異議申し立てを行った。しかも対米交渉の枠ではなく、広く国連の場で、核実験で土地から追い出され、身体への危害がおよび、命が脅かされている実情が訴えられたのである。

## ◒危機感を抱いた米政府の対応

マーシャル諸島住民が出した請願は、同年五月六日、国連信託統治理事会で正式に受理され、七月の同理事会の議題に挙げられた。審議の内容を国連の議事録［United Nations ed. 1954: 359–363］から見ていく。

請願に対し、施政権者である米政府代表は、「マーシャル諸島住民は、類似の被曝をしたアメリカ人と同様に医療が施された。影響を受けた住民がいるクワジェリンに、迅速に医療の専門家チームが派遣された。……放射性物質が減少しているため、医学的には後遺症が長く続くとは考えられないと、医療チームは述べている」と弁明を行った。

続けて米政府代表は、「ふたたび危険に晒さないよう、兵器爆発の前に、考えうるすべての予防措置を講ずる」と表明した。あわせて、「実験で移住したマーシャル諸島住民の居住地は、財産を失うことなく再建されるであろう」との見通しが述べられた。

「後遺症は出ない」「居住地は再建される」などの米政府代表の弁明がいかに実態とかけ離れていたかという点や、クワジェリンに派遣された「医療の専門家チーム」の実際は次章で詳述するが、米政府が、核実験で影響を受けた住民の存在を認め、あらゆる予防措置を講ずると約束したことに、ここでは注目したい。

マーシャル諸島住民が提出した請願に対し、国連信託統治理事会で三種類の決議案が提起された。まず、ソ連代表が「信託統治地域の核実験は、地域住民の生命と福祉に脅威を与え、信託統治の目的と原則に違反するものである。米国はただちにこの地域の爆発実験を中止し、発生した損害に対し十分な補償をすべきである」と口火を切り、同趣旨の決議案を提起した。

続いて西側陣営のベルギー、仏、英の三カ国が共同で決議案を提起した。「核実験で生じた被害に対して深い遺憾の意を示し」、「健康被害が回復したとの報道、ウトリック住民の帰島、補償がなされた」ことを評価し、米国に対して、「条件が許す限り、ロンゲラップ住民を速やかに帰島させることを要望し」、「今後の実験で予防措置を講ずることを勧告」する内容であった。

また、非同盟の立場にたつインド政府代表は、「マーシャル諸島の爆発で二つの島々が完全に消滅し、信託統治地域の一部が消失した」ことに留意し、「信託統治地域を水爆あるいは他の大量破壊兵器の実験場に使用することは、信託統治の基本目的と両立しえない」と述べた。そのうえで、核実験場に「使用することの合法性ならびに施政権者の責任が、国際司法裁判所において判断されるべきだ」との見解を示し、国際司法裁判所に勧告的意見を求める決議案がインドから提起された。

審議の末、ソ連とインドの決議案はそれぞれ賛成少数で否決され、ベルギー、仏、英の三カ国の共同決議案が、信託統治理事会で採択された。採択された決議(1082XIV)は、マーシャル諸島住民がこうむった被害に深い遺憾の意を表明しつつも、実験の停止を求める内容ではなかった。米国の被害住民への対応を肯定的に受けとめたうえで、「世界平和と安全保障の観点から信託統治地域でさらなる核実験が必要だと考えるならば、請願人から要請があった予防措置を含め、信託統治地域住民がふたたび危険に晒されないような予防措置を講ずること」を求める内容であった。

同決議から約一週間を経た一九五四年七月二三日、信託統治理事会で米政府代表を務めたメイソン・シアーズ(Mason Sears)は、国務長官のジョン・フォスター・ダレスに宛て、機密書簡[DOE OpenNet: NV0408783][12]を送付した。同書簡は、「米国にとって、最近閉幕した第一四回信託統治理事会の最重要議題は、核兵器の実験場に島々が使用されることに抗議するマーシャルの人びとの請願であった」との書き出しで始まる。

信託統治理事会の決議は、「われわれが実験を信託統治領内で継続することを暗黙に認める」内容であるとシアーズは評価し、ソ連とインドから出された決議は「はっきりと打ち負かした」と、ダレス国務長官に報告している。

しかし、同時にシアーズは、「信託統治理事会の件は、終結した問題では決してない」と釘をさし、「米国の国益を損なう将来の影響を最小限にする」ため、国務長官に次の措置の確実な履行を進言した。

「まず、アメリカ人や日本人とともに、マーシャル人に負傷を与えたこの事件の再発を許してはならない。この種の惨事を繰り返さないため、正式かつ公式に、すべての予防措置を講ずること」、「第二に、核実験の結果、健康、財産あるいは生活に悪影響を受けた信託統治領の人びとに対し、約束した十分な補償を行うことである」。

予防手段を万全にし、再発防止を図ることとともに、補償措置の実行を、シアーズは国務長官に進言したのである。信託統治理事会での審議で、米国が核実験を今後も実施することを暗黙に認める決議が採択されたものの、米政府は難しい局面に立たされていた。

「この事件を繰り返すならば、信託統治領で核実験の継続を試みるうえで、われわれは、緊密な同盟国の支持さえ国連で取りつけることが困難になりかねない」。「約束されているビキニの人びとへの補償が遅々として進まず、信託統治理事会で批判が高まっている。……キリ島の状況がこの批判を強めている」とシアーズは危機感を表明した。

米国連大使のヘンリー・カボット・ロッジ・Jr.がダレス国務長官に宛てた一九五四年七月二三日付の機密書簡[DOE OpenNet: NV0408783](13)でも、国連総会を見据え、「われわれが約束したマーシャル人への補償と……原子力実験で住民を防護する手段を整える」ことが進言されている。

一九五四年九月一一日、米国務省が核実験を所管するエネルギー省長官のストローズに送った機密書簡[DOE OpenNet: NV0408783][14]には、「マーシャル諸島の人びとへの約束が守られないならば、国連あるいは他の場所で、米国は深刻な批判に晒されることが明らかである」との言葉が添えられた。

「死に至らしめる兵器の実験をただちに停止すること」を求めたマーシャル諸島の人びとの請願は、東西対立の枠の中に押し込まれ、ただちに核実験を中止することは実現できなかった。しかし、マーシャル諸島の人びとが出した請願は、核実験被害の問題を国際社会に開き、米政府内に危機感を与え、核実験被害への対応を促す呼び水となった。

実際、米政府は一九五四年を契機に、不十分ながらも一応の措置を住民に講じた。米国はこれまで無償で核実験場を使用してきたが、一九五六年にビキニとエニウェトクの人びととの間で使用協定を締結したのであった。そして、米政府はビキニの人びとに三二万五〇〇〇ドル、エニウェトクの人びとに一七万五〇〇〇ドルを支払い、信託基金がそれぞれ設立された[DOE OpenNet: NV0400324][15]。

原水爆実験への異議申し立ての世論を呼び起こしたキャッスル作戦は、一九五四年三月一日の水爆ブラボー実験を皮切りに、同年五月までに連続六回実施された。エニウェトク環礁では、「核爆発による突風、核爆発直後の初期放射線や放射性降下物による残留放射線に晒され」、「ココヤシやほかの木々は消え、エンジェビ島は不毛の地となった」[DOE OpenNet: NV0044184][16]。キャッスル作戦が終了した後も、エニウェトクとビキニおよびその周辺海域は、引き続き閉鎖区域に設定された[DOE OpenNet: NV0103128][17]。

## 六　繰り返された核実験

### ◐「きれいな爆弾」――レッドウィング作戦

「放射性降下物の恐ろしさは、『ブラボー実験』の結果、世界のすみずみまで知れわたり、抗議の波があいついだ」、「核実験禁止に向け世界中から圧力がかかっていた」[オキーフ 1983: 233–234]と、核兵器開発に従事してきたバナード・オキーフは自著に記している。

しかし、核実験反対の声は高まっても、核実験は止むことなく続けられた。いやむしろ、その回数は増加した。一九五四年から五五年にかけて、ソ連は引き続きセミパラチンスクを舞台に核実験を続け、米国はそれに対抗し、一九五五年にネバダで「ティーポット作戦」を実施した。そして翌一九五六年五月四日から七月二二日にかけて、一七回におよぶ連続核実験「レッドウィング作戦」が、ビキニで六回、エニウェトクで一一回にわたり実施された。「ダコタ」、「ナバホ」、「テワ」など、一七回におよんだ核実験の名称は、すべてアメリカ先住民族の名が使われた(写真4–6)。一七回という実験回数は、マーシャル諸島でそれまでに実施した核実験の総数に等しく、過去の実験作戦と比べてもその回数ははるかに多かった。また、水爆を飛行機から投下する実験が初めて実施された。

レッドウィング作戦に先立ち、米原子力委員会は一九五六年四月二七日、国防総省と共同で次のような記者発表を行っていた[DOE OpenNet: NV0405646](18)。

**写真4-6**　1956年7月，核実験「テワ」がビキニ環礁で炸裂した様子．
所蔵：米国立公文書館

「大衆の健康と安全の保護を第一に考えたうえで、エニウェトクの実験場で一九五六年春から核実験を開始する。……重大な放射性降下物が、一九五六年三月一日に告知した危険区域(danger area)の枠内に収まるよう、さまざまな予防措置を講ずる。危険区域内に、合同任務部隊の施設を除いて居住地はない。危険区域の外に害をおよぼす放射性降下物が飛散することは予期されず、住民の移住はとうていありそうもない。しかし、もし住民の移住措置を取らなくてはならない時は、その計画は完全に立てられている。実験場付近や米国内また世界各所に、放射能を感知し計測する体制が網の目に張りめぐらされている」。

レッドウィング作戦を開始するにあたり、放射性降下物の被害を防ぐ予防措置が万全であることが広報されたわけであるが、従来の核実験では前例がないことである[Hacker 1994: 178]。報道規制が緩和され、レッドウィング作戦の初めの二回の実験は一六名の報道陣に公開された[Hacker 1994: 178; ハリス 2006: 152]。

米政府が信託統治理事会の決議にそって、核実験の実施にともなう予防措置を一定程度講じたことは確かなことで、放射性降下物を予測する部隊(Fallout Prediction Unit)が太平洋の核実験で初めて設けられ、気象観測体制の強化が図られた[DOE Information Bridge: LA-10605-MS][19]。

核実験場では、部隊員に対し、「われわれはこの太平洋実験場上空の気象条件をかつてないレベルまで正確に予測できるようになった。同時に、人間の居住する地域への放射性物質の降下も防げるようになった」[ハリス 2006: 213–214]との訓示がなされていた。

ローレンス・リバモア米国立研究所では、放射線の影響を最小限に抑える核兵器の開発が着手され、「きれいな爆弾」(Clean Bomb)と呼ばれる核兵器の開発が実験反対の世論対策としてきわめて重視された[Hacker 1994: 180]。

「レッドウィングでは、きれいな爆弾の効果が見受けられた」[Hacker 1994: 180]と、ローレンス・リバモア研究所の歴史家ハッカーは、編纂した核実験史の中で指摘する。しかし一方で、レッドウィング作戦の中でも「炸裂させた環礁の近くの島々に大量の放射性降下物(heavy fallout)が広がった実験が何回かあった」、「一度だけだが、一九五六年七月二一日の実験テワの時、予期しない放射性降下物が発生した」[Hacker 1994: 179]とも、同核実験史に記されている。

レッドウィング作戦においても多量の放射性降下物が核実験場を越えて飛散し、周辺の島々に広がっていたことは、米エネルギー省に所蔵されている公文書「太平洋大気圏核実験にともなう重大な放射性降下物が達した疑いがある環礁」[DOE OpenNet: NV0410289][20]でも確認ができる。

核実験が繰り返されるなか、海洋汚染の懸念が日本の水産業界に広がり、俊鶻丸がふたたび派遣された。「危険区域の北西端から約五〇キロ離れた海域で放射能汚染の調査中だった俊鶻丸はアメリカの警戒機に発見され、移動するよう警告を受けた。俊鶻丸は最初に向かったグアム島付近の大気中から高レベルの放射能を検出した。その後の航海中も高いレベルの放射能を検出しつづけた」[豊﨑 2005: 上375]。

**写真4-7**　1956年7月，核実験「テワ」実施後の除染作業．
所蔵：米国立公文書館

核実験場のエニウェトクでは、部隊員に対し、「今度の爆弾で被曝する放射線はごく微量である。したがって危険はまったくない」[ハリス 2006: 203]との訓示がなされていた。しかし、実験後には「放射能やけどを負って皮膚に黒いかさぶたをつくりながら病院にいる男たち」[ハリス 2006: 262]がいたと、従軍したマイケル・ハリスは自著に綴っている。

さらに、ハリスがエニウェトクを去った後だが、一九五六年七月の実験テワの際、兵士の被曝許容限度三・九レントゲン(≒三九ミリシーベルト)を超える被曝が発生した[ハリス 2006: 413]。兵士を脱出させるため、戦艦がエニウェトクに急行したが、「その途中で、脱出の必要なしということになって、三隻はまたビキニに戻ることになった。なぜか、第七合同任務部隊が急遽、許容線量を七レントゲン(≒七〇ミリシーベルト)に上げたからだ。最大許容線量を上げることによって、第七合同任務部隊はこのエニウェトクを瞬時に安全な場所に変えたってわけだ」[ハリス 2006: 413-414]と、ハリスはエニウェトクに残る友人から届いた手紙を紹介している(写真4-7)。

予防措置が万全であることが広報され、実際、気象観測体制が強化され、「きれいな爆弾」の開発が進められるなか、レッドウィング作戦は実施された。しかし、核実験にともなう放射性降下物の問題は、引き続き発生していたのである。レッドウィング作戦の「セミノール」実験の爆発では、エニウェトク環礁のボカン島が一部消滅した[DOE OpenNet: NV0044184](21)。

レッドウィング作戦の終了を受け、一九五六年七月二三日、原子力委員会のストローズ委員長と国防総省のチャールズ・ウィルソン長官は、共同で記者発表を行った。「実験は成功し、米国および自由世界の安全保障に大いに貢献した……。同実験は降下物を減少させた兵器および戦術兵器の開発を進めた。同実験にともなう危険区域外の放射能汚染はない。第七合同任務部隊の中で、実験による放射線や他の影響で負傷したものはいない」[DOE OpenNet: NV0138778](22)。

## ◒日本の総選挙への配慮――ハードタック作戦

「核軍縮は今日の世界の最優先事項であり、核実験停止は膠着状態にある軍縮交渉から抜け出す最良の方法である。核実験停止はまた、大気中に拡散した死の灰から逃れる方法でもある」[豊崎 2005: 上390]。アイゼンハワー大統領に挑んだ、大統領候補アドレー・スティーブンソンが一九五六年九月に述べた言葉である。核実験停止は米大統領選の争点にまで浮上した。

しかしながら、核実験停止を求める声は米国で多数派とはならず、一九五六年一一月の大統領選挙は現職の圧勝に終わった。だが、「敗れたスティーブンソン候補の核実験停止キャンペーンは核軍縮と死の灰の危険性に関心を示さなかったアメリカ国民を目覚めさせ、アイゼンハワー政権もまた核軍縮の道を歩み始めざるをえなくなった」［豊崎 2005: 上391］と、豊崎博光はその意義を説く。

一九五七年四月には、医師でありまた著名な音楽家であるアルバート・シュバイツァーが、オスロの放送局を通じ、核実験禁止を求める「良心の宣言」を発表した。「植物を食べる人間や動物も、放射性元素を体内に摂取することになる。この放射性元素は、体内にはいると、特定の場所に沈着する。……その結果、これらの部分は、長い期間放射能をくわえられ、傷ついてしまう」と、内部被曝の仕組みを平易に説明し、「われわれは放射能の危険を認識するとともに、手遅れにならないうちに……現実と対決しなければならない」［豊崎 2005: 上395–396］と、核実験禁止とそれに向けた世論の喚起を呼びかけた。一九五八年一月には、ノーベル化学賞を受賞したライナス・ポーリングが、世界各地の科学者九二三五名を代表し、核実験の即時停止を求める請願書を国連事務総長に提出した［ポーリング 1959: 149–155］。国連では米ソを中心に核兵器の軍備管理をめぐる駆け引きが続いた。

そうしたなか、一九五七年一月にソ連が新たな核実験作戦を開始した。米国も同年六月にネバダで連続核実験「プランボブ」作戦を実施し、翌年にはふたたびマーシャル諸島で連続核実験「ハードタック」作戦が開始された。

ハードタック作戦では、一九五八年四月下旬から八月中旬にかけて、ビキニ環礁で一〇回、エニウェトク環礁とその近海で二三回もの実験が実施された。わずか四カ月弱の間に計三三回もの核実験がマーシャル諸島で繰り広げられたのである。

ビキニでハードタック作戦に従事したバナード・オキーフは、部隊の様子を次のように語る。「国家の安全保障には、核の優位こそ最重要の課題という精神にこりかたまっていた。……核実験禁止条約が実現する前にできるだけ多くの核実験を遂行しようと、そのことにのみ執念を燃やしていた」[オキーフ 1983: 235–236]。

核実験に突き進む米政府当局にとって、核実験反対の世論は脅威であった。一九五七年一一月の段階で、「ハードタックの爆発はすべて発表する必要はない、おおよそ半分くらい発表されることが望ましい」との広報戦略が、原子力委員会と国防総省の間で練られた[NARA: RG 326][23]。

核実験の回数を少なく見せるため、出力二〇〇キロトン以上の爆発規模の実験のみ公開し、二〇〇キロトン以下の実験は非公表とする方針が立てられた[NARA: RG 326][24]。また、二〇〇キロトン以上の核実験を公表するにあたっても、「爆発の事実、爆発の時間、爆発の場所の一般的な情報に限定する」[NARA: RG 326][25]とされた。当然、被曝にまつわる情報は発表対象から省かれていたのである。

公にする核実験をおおよそ半数に限定することで、「(a)……頻繁に爆発が公表されると、組織的な抗議が起き、米国に対する国際世論に影響を与えること、(b)米国の爆発の公式発表がロシア人のプロパガンダに利用されること、この二つの重大な懸念を防ぐことができる」[NARA: RG 326][26]との狙いが、原子力委員会と国防総省にはあった。

しかし、それでも米国務省は日本の世論の動向を気にかけていた[NARA: RG 326][27]。そのため一九五八年五月、ハードタック作戦はすでに開始されていたが、国務省の意向で日本の総選挙をにらんだ作戦変更が急遽なされていた。

米原子力委員会のルイス・ストローズ委員長が、米上下両院合同原子力委員会のカール・ダラム議長に宛てた一九五八年五月一六日付の機密信書には、次のようなことが述べられている。「国務省の勧告と国防総省の同意をもって、原子力委員会は第七合同任務部隊における出力二〇〇キロトン以上におよぶ恐れがある実験を、エニウェトクの時間で一九五八年五月二二日午後一一時まですべて延期する」、「延期措置は、一九五八年五月二二日実施予定の日本の総選挙を前に、ハードタック作戦が日米関係におよぼすと考えうる悪影響を、最小限にする目的で計画されたものである」[NARA: RG 326][28]。

一九五八年の総選挙は、いわゆる五五年体制が確立して初めて迎えた衆議院議員総選挙であった。国務省の進言で、五月一八日あるいは一九日に予定されていたメガトン級の核実験「シカモア」と「イエローウッド」をはじめとする計四回の核実験が、日本の総選挙への影響を考慮し延期された。

他方、二〇〇キロトン以下の小型核実験は、実験をしても公表しない広報基準があるため、出力九キロトンの実験「ワフー」をはじめ計三回の核実験は、天候などの諸条件が許せば、予定どおり実施するとした[NARA: RG 326][29]。

二〇〇キロトン以上の核実験は延期され、日本の総選挙は自民党が総議席の六割以上を占める圧勝に終わった。総選挙後、ダレス国務長官の特別補佐官を務めるフィリップ・ファーリー(Philip Farley)は、「日本の選挙の日まで実験延期の決定をしたことに、ロバートソンとともにわたしからも感謝の意を表したい」との覚書[NARA: RG 326][30]を、原子力委員会の事務局長補佐を務めるポール・

フォスター(Paul Foster)と、国防長官の特別補佐官を務めるハーバート・ルーパー(Herbert Loper)宛てに六月五日付で送った。五月二二日に総選挙が終わり、延期されていた核実験の一つである「イエローウッド」は五月二六日に実施された。

ハードタック作戦の本格実施を前に、一九五八年五月一日、原子力委員会と国防総省は共同で、「健康と安全の保護を第一に考え、太平洋のエニウェトク実験場で核兵器実験ハードタック作戦を開始する」と記者発表した[DOE OpenNet: NV0408477](31)。レッドウィング作戦に引き続き、放射性降下物の被害を防ぐ予防措置は万全であるとの広報活動がなされたのである。

同記者発表の中で、「……連続実験は、航空機やミサイルあるいはその他の攻撃から守るための核兵器の開発を進めるものである。……実験の主要目的は、放射性降下物を大幅に減らした核兵器をさらに開発することである」と説明された。「きれいな爆弾」を開発するために核実験が正統化されたのである。一九五八年八月、「水爆の父」と呼ばれるエドワード・テラーはアイゼンハワー大統領を訪ね、「〝きれいな爆弾〟が目覚ましい進歩を遂げた」[豊﨑 2005: 上443]と報告している。

核実験を実施した第七合同任務部隊がまとめた報告書『放射線安全確保に関する最終報告――ハードタック作戦』[DOE OpenNet: NV0411049, NV0411123](32)が、九〇年代に機密解除された。同報告書は黒塗り部分や抜き取られている頁があり、完全公開とは言えないが、放射性降下物が実験場のエニウェトクやビキニにとどまらず、マーシャル諸島の人びとが暮らしていた諸地域に広がっていたことが読み取れる(写真4-8)。

例えば、一九五八年五月一二日に実施された実験「コア」では、「実験場外の最大値はロンゲラップで毎時一・五ミリレントゲン（≒一五マイクロシーベルト）が記録された」と同報告書に記されている[DOE OpenNet: NV0411049](33)。さらに、ウトリックでも毎時一・二ミリレントゲン、ウォットでも毎時〇・二三ミリレントゲン、ウジェランでも毎時〇・三ミリレントゲンが観測されたと地図上に示されている。いずれも住民が居住している地域である。同実験ではエニウェトク環礁のボカイドリック島が消滅した[DOE OpenNet: NV0044184](34)。

エニウェトクの人びとの移住先であるウジェランにも放射性降下物が飛散していたこともまた

写真4-8　ハードタック作戦時の航空機を用いた放射能測定.
所蔵：米国立公文書館

写真4-9　レッドウィング作戦の時,
ウトリックで実施されていた環境放射線測定.
所蔵：米国立公文書館

確認できる。同年五月五日にエニウェトクで実施された実験「カクタス」で、「実験一日後に、ウジェランが、バックグラウンドから〇・三ミリレントゲン上昇した」と記されている[DOE OpenNet: NV0411049][35]。また、六月二八日にエニウェトクで実施された実験「オーク」では、「汚染の一部はウジェラン南部まで」広がったことが記されている[DOE OpenNet: NV0411123][36]。

述べてきたように、第七合同任務部隊は、放射性降下物の飛散が居住地にも達していることをつかんでいた。しかし観測しても、ロンゲラップやウトリックの人びと、あるいはウジェランに移住していたエニウェトクの人びとのもとに、被曝の事実が伝えられることは一切なかった(写真4−9)。

## ◒部分的核実験禁止条約の締結

一九五八年八月一八日、マーシャル諸島における六七回目となる核実験「フィグ」がエニウェトクで実施され、米国がマーシャル諸島で実施した最後の核実験となった。しかし、より多くの核実験がマーシャル諸島で計画されていたことが、公文書調査で浮かび上がってきた。

例えば、大陸間弾道ミサイルを迎撃する手段の確立を狙いに、核弾頭を装着したロケットを打ち上げ、大気の超高層部で爆発させる核実験がマーシャル諸島で予定されていた[DOE OpenNet: NV0072483][37]。超高層部で核兵器を炸裂させると、強い閃光をともなう光の玉が出現し、人の目に悪影響を与えることが懸念されたものの、「影響範囲は実験場内に限定される」[DOE OpenNet: NV0072483][38]と、マーシャル諸島で行うことになっていたのである。

しかし、「新たな理論値を用いて、これらの実験で生じるエネルギー総量を算出したところ、可視光線は予測範囲から著しく広がった。その範囲はマーシャル諸島の住民が居住している複数の環礁に広がり、人の目に被害がおよぶかもしれない」との新たな予測結果が出され、「われわれは高層大気圏で爆発させる実験をエニウェトクの核実験場では実施しないことを決定した」と、米原子力委員会委員長代理のW・F・リビーは、米上下両院合同原子力委員会のカール・ダラム議長に宛てた、一九五八年四月六日付の信書[DOE OpenNet: NV0072483](39)で報告している。

マーシャル諸島で予定されていた超高層部で核兵器を炸裂させる実験は、場所を北太平洋のジョンストン島(Johnston Island)に移し、実施されることになった[DOE OpenNet: NV0072483](40)。「あのすさまじい水爆実験『ブラボー実験』の後、ホワイトハウスは島の原住民にこれ以上の迷惑をかけないことを確約していた。この確約のため、ホワイトハウスはビキニにおける『大気圏外核実験』を承認せず、困りはてた司令部の指揮官は実験場をハワイから一一〇〇キロに位置するジョンストン島に移すことを決定した」[オキーフ 1983: 237]と、ハードタック作戦に参加していたバナード・オキーフは指摘する。高層大気圏で核爆発をさせる実験は一九五八年八月、ジョンストン島で二度にわたり実施された。高高度核実験の「『ティーク実験』の光景は、想像を絶するすさまじさであった。……爆発後一分で火の玉は一五〇キロの高さにまでのぼり、一〇〇〇キロ以上離れているハワイからも観測された。……人工的なオーロラも発生し、炸裂地点より三〇〇〇キロ以上も離れたサモア諸島においても観測された」[オキーフ 1983: 237–238]。

一九六一年、ジョン・F・ケネディが米大統領に就任した後も、核実験禁止をめぐる駆け引きが米ソ間で続いた。一九六二年一月に始まったジュネーブでの核実験停止会議が開会と休会を繰り返すなか、米国はふたたび太平洋上の核実験に踏み切る方針を固めた。ソ連は前年の一〇月三〇日に爆発威力五八メガトンという超大型水爆実験を実施していた。

米核実験の再開にあたり、太平洋のどこで行うのか、実験場の選定がふたたび問題となった。ジョンストン島とクリスマス島などとならんで、マーシャル諸島のエニウェトクとビキニがふたたび候補地に挙げられた[41]。最終的には、クリスマス島とジョンストン島などで三一回におよぶ連続核実験「ドミニク作戦I」(一九六二年)が実施されたものの、マーシャル諸島で核実験が再開されることはなかった。「エニウェトクとビキニは政治的に実現不可能な状態だった」、「内務省が信託統治領内でのさらなる核実験に反対した」などと、マーシャル諸島でこれ以上の核実験を行わなかった理由が、米公文書[DOE OpenNet: NV0411666]に記されている。[42] [43]

紆余曲折の末、国際世論に押され、一九六三年八月に米英ソ三国の間で部分的核実験禁止条約が調印され、一〇月に発効した。同条約はあくまで部分的に核実験を禁止するものであり、地下核実験という抜け穴があった。他方、同条約が発効したことで、太平洋の米核実験場は閉鎖された。水爆ブラボー実験の後に、マーシャル諸島住民が国連に提出した「実験をただちに停止すること」を求めた請願は、ただちにではなかったが、ここに実現したのである。

同条約は大気圏核実験をふたたび繰り返させない未来への証になった。しかし、同条約には、対人地雷全面禁止条約で明記された地雷の除去や地雷の被害者に対する支援、あるいは化学兵器禁止条約で明記された遺棄化学兵器の処理に相当する条項はない。同条約は、核実験場とされた地域のことは顧みられず、原状回復や被害者への「補償」という観点が、完全に抜け落ちている。

部分的核実験禁止条約が締結されたことで、「核兵器の開発と実験に対する世界の良識派の関心は薄れた」[オキーフ 1983: 249]と、バナード・オキーフは指摘する。条約の締結をもって核実験の問題は終結したとの認識が広がるなか、核実験場とされたエニウェトクやビキニの人びとは、どうなっていたのだろうか。

## 七　核実験終了後のエニウェトク

### ◒「食べものをよこせ」——移住先での抗議行動

核実験が終了した後も、エニウェトクの人びとは、移住先のウジェランでお腹をすかせていた。「食べるものがなかったんだ。パンノキやタコノキもほんの少ししかなかった。……船が来ないんだ」と、厳しかった生活をクニオは切々と語る。

物資を積んだ船が来ないので、「髭そりも石鹸もなく、男は髭を伸ばしっぱなしで、臭かった。着るものも大人は二着、子どもは一着くらいしか持っていなかった。服を着ていない子もいた。……何もかも自分たちでやらなくてはいけなくて忙しかった」と、アキオは言う。

「みんな食糧を探しに行かなくてはいけないので、小学校が休みになることもありました」と、当時小学校教師であったタウィウェルは語る。そうしたなかでも、「コプラ作りをしたり、カヌーを作り直したりなど、みんな一緒に働いた」ともタウィウェルは言う。

「一九六七年には、島内にネズミが異常発生してヤシやパンの実が食い荒らされ、住民たちは売るために貯蔵していたなけなしのコプラを食べ始めた」[豊﨑 2005: 上632]。「六、七カ月の間、コプラと魚だけだったんだ」と、空腹生活をクニオは語る。

久しぶりに信託統治領政府の船がやってきたが、「三〇袋の米と小麦粉しか積まれていなかった。『食べものをよこせ!』と、政府に怒りをぶつけたんだ」と、クニオは力を込める。

一九六七年一〇月二〇日のことであった[Micronesia Support Committee ed. 1981: 17]。不満を爆発させた日のことをジェームスは思い返す。「抗議しようと、みんなでマジュロに行こうと考えたのさ。コプラの荷積みが終わって、コプラ業者の人に、『われわれもこの船に乗る。抗議しに行く』と告げた」。「三〇〇人あまりの住民が大挙して船に乗り込んで、この船でわたしたちはマジュロに行くと宣言したのよ」と、メアリーも語る。

船には、当時マーシャル諸島行政府の役人だったアタジ・バロスが乗っていた。住民代表とアタジとの間で緊迫した交渉が続いた。その模様をジェームスは次のように証言する。「全員で船に乗り込み、マジュロに抗議しに行こうとすると、『それはダメだ』と、アタジ・バロスに止められた。『食うものがない。われわれは行く』と言うと、『それはやめてくれ、待ってくれ』とアタジは言った」。「『食糧は持ってくるから待て』とアタジは言ったが、『船は来ないではないか』と、わたしたちは納得しなかったのよ」と、メアリーは語る。

住民とアタジとの話し合いはじつに七時間にもおよんだ。最終的に、「アタジが『わかった、ウジェランにとどまる』と残ることになった」とジェームスは語る。アタジは無線でマジュロと連絡を取り合い、三週間以内に船に食糧を積んで戻ってくることが約束された。マーシャル諸島行政府の役人だったアタジ・バロスは、ウジェランの地に留め置かれ、いわば「人質」になったのである。

「アタジがウジェランにとどまっていると、食べものを積んだ船がすぐやってきたのよ」と、メアリーは語る。食糧が到着したのは一九六七年一一月三日であり、三週間以内という約束は守られた［Micronesia Support Committee ed. 1981: 19］。「信託統治領政府が船を寄こし、食糧を満載にした船が二隻やってきた」と、ジェームスは語る。

住民が行動を起こしたことを機に、エニウェトクの人びとの移住生活の実態は表沙汰になり、イバイの教会関係者やロンゲラップの人びとが援助物資を届けたり、マーシャル諸島自治議会で問題化されたりした［Micronesia Support Committee ed. 1981: 19］。しかし、一九六八年一一月下旬には、小麦粉、米、砂糖などがふたたび底をつき、家々の修理に必要な資材にも事欠いた［Micronesia Support Committee ed. 1981: 19］。さらに麻疹や水痘が流行し、一〇人の死者が出て、厳しい生活に追いうちをかけた。一九六九年一月までに状況が改善されなかった場合、皆でマジュロに乗り込み、政府庁舎の前で座り込みをする計画が住民の間で検討されていた。

住民の不満がふたたび高まるなか、信託統治領政府の高等弁務官と住民代表との間で、断続的に折衝が続けられた。高等弁務官のウィリアム・R・ノーウッドは、「政府はこれまで、あなたやエニウェトクの人びとに対してするべき支援をしてこなかった」と、ウジェランの住民代表（Magistrate）のハーテス・ジョンに宛てた手紙［NARA: RG 126］(44)で述べている。

こうして一九六九年八月、エニウェトクの代表者と高等弁務官との間で信託協定（Trust Agreement）

が交わされた[NARA: RG 126][45]。「ウジェランに移住させられたエニウェトクの人びとが過去数年にわたり受けた苦難を確認し、人びとがエニウェトクに戻ることは近い将来のうちには実現できず、かつウジェランの生産性が低下し生活に影響を与えている事実に鑑み」、米政府が計一〇二万ドルを拠出し、基金が設立された[46](協定第一条)。

「信託統治領政府の対応は以前よりはよくなりました」とタウィウェルは指摘する。信託基金の創設は、行動を起こしたエニウェトクの人びとが得た成果と言える。

しかし、米政府が拠出した一〇二万ドルは、"ex gratia"と信託協定第一条に規定されている。前述したように、ビキニの水爆ブラボー実験の被災で、米政府が日本政府に早期の政治決着を図ろうと支払った二〇〇万ドルも"ex gratia"であった[高橋 2012: 157–181]。"ex gratia"とは、「見舞金、任意給付。法的には支払い義務はないと考えるにもかかわらず保険会社が支払う金。高額の弁護費用を払って支払い拒否を貫くより金銭的解決の方が安くつく場合に支払われる」と、英和辞典『リーダーズ・プラス』(研究社)で説明されている。

エニウェトクの人びとは、「食糧や物資をよこせ」とともに「島を返せ」との要求の声を正式にあげ始めた。一九六八年六月には、エニウェトクの代表が国連信託統治理事会に、帰島を求める請願を提出した[Micronesia Support Committee ed. 1981: 19]。また同年九月には、マーシャル諸島自治議会で、エニウェトクへの帰島を米大統領と国連信託統治理事会に求める決議が採択された[Micronesia Support Committee ed. 1981: 19]。

しかし、米政府は住民の帰島要求に応えることができない事情があった。エニウェトクは核実験が終了した後、どうなっていたのだろうか。

### ◒ミサイル実験場へ――続く米軍の駐留

「アメリカの核兵器を生み出す母胎」［前田 1991: 165］となってきたマーシャル諸島では、一九五八年を最後に核実験は実施されていない。しかし、一九五九年以降、マーシャル諸島は米国のミサイル実験場となった(47)。核弾頭とともに運搬手段であるミサイルの開発競争が米ソ間で繰り広げられるなか、米国の軍事戦略上の新たな役割がマーシャル諸島に負荷されたのである。劣化ウラン弾を用いたミサイル実験も行われた［DOE OpenNet: NV0706576; 豊﨑 2005: 下256］(48)。

ミサイル実験場は、核実験の後方支援基地であったクワジェリン環礁に建設された。クワジェリン環礁に暮らしていた人びとの大半は、核実験場の建設と同じように土地を奪われ、同環礁南部の広さ約〇・三平方キロのイバイ島に集中した。

そうしたクワジェリンの補助基地にエニウェトク環礁が指定され、安全保障上の理由で引き続き閉鎖された［前田 1991: 254］。核実験終了後もエニウェトクは、米軍に接収され続けたのである。

「エニウェトクは秘密の島だったんだ。アメリカがこの島で何をしたのか、アメリカだけが知っている。エニウェトクの空港に飛行機が立ち寄っても、窓は閉められ、乗客は外を見られなかったのだ」と、クニオは語る。

エニウェトクは、カリフォルニア州バンデンバーグ空軍基地から発射される大陸間弾道ミサイルの標的にされた［豊﨑 2005: 下30］。エニウェトクは国防総省の生物兵器開発にも組み込まれ、生物兵器に使用するブドウ球菌腸毒素Bの空中散布実験が一九六八年に秘密裏に行われたことが判明している[*MIJ* 2002.6.7]。

さらに一九七一年以降、核戦略防衛の一環として、エニウェトクは米空軍の「太平洋弾孔作戦」(PACE)の実験場となり、大陸間弾道ミサイルを使った地下基地施設への攻撃を想定し、その影響測定と防御方法を開発する実験が行われた[豊崎 2005: 下30; 前田 1991: 254–255]。

ウジェランに移住していたエニウェトクの人びとの耳に、実験「PACE」の計画が届くと、住民は「PACEはいらない」と抗議の声をあげ、ハワイの連邦地裁に実験停止を求める仮処分申請を出した[前田 1991: 258]。

米空軍は住民の説得に動いた。一九七三年四月、ウジェランで住民説明会が開催され、「PACE」実験が終わればエニウェトクに帰島させるとの約束が住民になされた[*Micronitor* 1973.4.16]。しかし、「PACEは爆弾、爆弾は破壊」、「破壊はもう核実験で十分」、「これ以上の実験はやめろ」、「土地はアメリカ人のものではない」、「土地を爆撃するな、帰島できなくなる」などと、実験「PACE」に反対する声が住民説明会の場で次々と表明された[*Micronitor* 1973.4.2]。

## ◒核のゴミ捨て場「ルニット・ドーム」の出現――除染と住民の帰島

エニウェトクの伝統的首長のスミス・ギーデンは、米政府代表に向けて次のように語りかけた。「あなた方はお金とともに暮らしていますが、われわれは土地が頼りなのです。生活のあらゆる場面に土地があるのです。土地がなければ、われわれは何もかも失うのです」[*Micronitor* 1973.4.16]。住

**写真4–10**　米国が核実験場として接収し，その後，ミサイル実験場とされたエニウェトク環礁が，ついに住民のもとに返還された．
所蔵：米国立公文書館

民説明会から二カ月後、エニウェトクの人びとは米空軍を相手にした差し止め訴訟に勝利し、実験「PACE」は中止に追い込まれた［*Micronitor* 1973.6.11］。

エニウェトクの土地の軍事利用はついに幕を閉じ、一九七六年九月、エニウェトクは住民のもとに返還された［豊﨑 2005: 下137］（写真4–10）。同年五月、米国防総省原子力局が中心となり、「クリーンナップ」という名の除染が着手され、再居住計画が動き出した［豊﨑 2005: 下137–139, 197–198; 前田 1991: 261–266; 朝日新聞 1978.9.11］。三年間で四〇〇〇人の作業員が投入され、一億ドルの経費がかけられ、一九八〇年四月、住民はようやく帰島を果たした［日本経済新聞 1980.4.8］。

しかし、放射能汚染土壌はセメントと混ぜ、核実験で生じたルニット島のクレーターに流し込まれ、コンクリートで蓋をされ、直径約一一一メートル、高さ約八メートルの「ルニット・ドーム」（Runit Dome）と呼ばれる巨大なコンクリート製のドームが、クリーンナップの末に出現した（写真4–11～4–16）。

一九六六年、スペイン上空で米軍機の衝突事故が起き、水爆が落下し、ウランとプルトニウムが飛散して土地が汚染される事件が発生した。その時、米軍は一七五〇トンの汚染土壌を、米本土のサウスカロライナ州の核施設に持ち帰った。しか

**写真4-11〜4-16**
核実験のその後，エニウェトク環礁では
除染作業が一部で実施されたが，
同時に「ルニット・ドーム」と呼ばれる
核のゴミ捨て場が，
核実験でできた大きな穴に
コンクリートを敷き詰め，建造された．
従事した労働者の被曝が懸念される．

し、マーシャル諸島の汚染土壌は米本土内に持ち帰ることはなされず、エニウェトク環礁内に留め置かれたのである。「核汚染物は、移動させるか、それが無理ならば相応の補償を払うべきである」と、エニウェトクに暮らすバリケンは訴える。一九七九年の建造から三〇年以上の歳月が流れ、コンクリートには裂け目ができている（写真1-13参照）。エニウェトク住民は「ルニット・ドーム」の将来を懸念している。

## 八　核実験終了後のビキニ

### ●「安全宣言」

ビキニの人びともまた、核実験が終わってもなお、移住生活が続いた。ヤシ油の原料となる「コプラを作ったり、漁に出かけたり、ココヤシに登って、ヤシガニやヤシの実を採ったりしていたことを覚えているさ」と、トシローは子どもの頃のキリ島を思い起こす。しかし、「生活自体はよかったとは言えない」とも語る。

「コプラ船はあまり来ず、半年に一回だったり、時には年に一回だったりしたんだ」と、当時のキリ島の生活をボーンは振り返る。「(船が来ないため)砂糖や石鹸を得ることが大変だった。服もほとんどなかった。四、五カ月の間、同じ服を着ていたこともあったんだ。タコノキの葉で作っていた家は雨漏りもした」。そのように物資が不足するなか、「一つのものをお互いに分かち合い、一緒に汗を流し、今以上にお互い親密だったのよ」と、ネーマンは語る。

米国は一九四六年にビキニに核実験場を建設し、土地の住民を追い出し、その土地を占有したことは前章で見てきたとおりだが、住民側とは何らの協定も結んでいなかった。移住から一〇年以上を経て、ようやく一九五六年一一月、米政府が三二万五〇〇〇ドルをビキニの人びとに支払う使用協定が締結された[DOE OpenNet: NV0706536][49]。「米政府がビキニ環礁を占有し使用する必要がもはやないと判断される時まで、ビキニ環礁の使用権は米政府が所有する」ことが同協定に明記され、その見返りに三二万五〇〇〇ドルが支払われたのである。また同時に、キリ島のほかに、隣接するジャルート環礁のジェビット島、ジャー島、ボカラプラプ島を、ビキニの人びとが使用する権利が信託統治領政府から譲渡された。しかし、それらジャルート環礁の三つの小島は、その後、台風被害を受けて使えなくなった。

「皆、ビキニに戻って生活したいとの回答だった」[DOE OpenNet: NV0075978][50]と、人類学者のジャック・A・トービン(Jack A. Tobin)は一九六七年の調査で報告している。小学生同士でも、「将来どうなるかはわからないけど、ビキニに戻りたいなどと話していた。『一生懸命勉強して、ビキニのために貢献してくれ』と地区長（アラップ）に言われていた」と、トシローは当時を振り返る。

一九六八年二月には、キリ島に駐留していた米平和部隊員から国連信託統治理事会に対し、「なぜビキニに戻れないのか、……信託統治理事会はキリ島の状況をわかっているのか、……問題解決のためビキニの人びとに援助を」と訴える請願書（T/PET. 10/40）が提出された。

そうしたなか、一九六八年五月に米原子力委員会が関わり、「ビキニ環礁はふたたび人間が居住するうえで安全な状態になった」との調査報告［DOE OpenNet: NV0075978］[51]がまとめられた。同報告をもとに、一九六八年八月、リンドン・B・ジョンソン米大統領の名で「ビキニは帰島しても安全である」との宣言が出された［DOE OpenNet: NV0408361, NV0405607］[52]。

大統領の「安全宣言」が出された翌一九六九年、ビキニの再居住計画が始動した［豊﨑 2005: 上621–631; 前田 1991: 209–223］。内務省の公文書には、再居住計画は、「ビキニの人びとを故郷の島々に戻す法的な責任は米国にはないが、道義的責任を果たすこと」であり、「国連や信託統治理事会での米国の政治的立場を強化すること」であると説明されている［NARA: RG 126］[53]。

再居住に向け、半年かけて除染作業が行われた。作業には一部のビキニの人びとも雇われ、参加した。「給料がよいとはとても言えなかったが、お金を得るために参加したのさ」と語るボーンは、作業の様子を次のように説明する。「作業着が渡されて、帽子をかぶり手袋を着け、眼鏡とマスクをしていた。マーシャル人の労働者は八〇人くらいで、作業責任者のアメリカ人やフィリピン人もいた。時給は一・五ドル。通常六カ月ごとの交代制だったが、俺は続けて一年半やった。放射線のことは心配していなかった。すぐにでもビキニに戻りたかった」。

「ビキニのクリーンナップ作戦が完了した」との報告が、一九六九年一〇月、原子力委員会に伝えられた［DOE OpenNet: NV0075986］(54)。一九六九年九月、報道関係者にビキニは公開され、「ふたたび居住できるようになったビキニ」［*Washington Post* 1969.9.16］などと報じられた。しかし、ビキニの人びとの再居住は、単純には進まなかった。

## ◒迷走を続けた再居住計画――帰島によるさらなる被曝

米原子力委員会と信託統治領政府は帰島を呼びかけた。しかしビキニの人びとは、まず島を元どおりにして損害を償うことを求めた。「アメリカは三〇億ドルの金を使ってビキニを壊したんだ。ところが島のクリーンナップに使った金は四三万五〇〇〇ドル。こんな馬鹿げた話はない、……あなたたちはビキニを壊すのに三〇億ドルも金を使ったそうじゃないか。それなら、おれたちにもそれだけ請求する権利がある」［前田 1991: 213］と、ビキニの人びとは、帰島を促しに来た原子力委員会の関係者に詰め寄った。一九六九年一二月、ビキニの人びとは、核実験にともなう土地の被害と、移住先での苦難に満ちた生活に対する償いを求め、高等弁務官に一億ドルを請求した［Kiste 1974: 171］。さらにビキニの安全性をめぐる再調査を要求した。

そうしたなか、一九七〇年四月、信託統治領政府高官と原子力委員会の関係者の会合がサイパンで開催され、ビキニの状況が検討された。「島は居住可能だと考えられる」が、ココヤシなどの生育状況に照らし、自立した生活にめどが立たないことから、再居住は一九七三年まで延期する見通しが示された。さらにその場で、一部参加者による「扱いに注意を要する」機密会合がもたれ、プルトニウムの土壌汚染レベルが議論された[DOE OpenNet: NV0411688](55)。

一九七二年一〇月、米国側と断続的に交渉を続けていたビキニ自治体は、現時点でビキニに集団帰島はしないとの決議を採択した[Micronesia Support Committee ed. 1981: 23]。同時に個々人の帰島は妨げないとの方針が示され、まず三家族が帰島した。残留放射能は目に視えるものではなく、故郷に戻りたい一心であった。

だが、ビキニでは「井戸水は飲まないように」と、原子力委員会が信託統治領政府に強く促す状況にあった[OHP Marshall Islands Document Collection Seach: G68](56)。「タコノキやパンノキのような、その土地の食糧を相当量摂取した場合、内部被曝の影響は完全には予期できない」とも、原子力委員会安全部門長が一九七四年に書簡[DOE OpenNet: NV0135789](57)の中で述べている。ビキニではヤシガニの摂取は制限された[Micronesia Support Committee ed. 1981: 23]。そうした状況にもかかわらず、「居住は可能」と見切り発車されていたのである。

一九七四年五月、ビキニの代表者は集団での帰島をふたたび拒否し、十分な補償を要求するとともに、ビキニの建設工事のあり方にも不満を表明した[OHP Marshall Islands Document Collection Seach: C124](58)。また、第三者による調査を求め、独自のルートでビキニの土壌が日本の科学者に渡された。ビキニの人びとが第三者の日本人と接触することを、「ビキニは居住に適さないと言う複数の日本人と、ビキニの代表の息子が接触している」として原子力委員会のトミー・マックローは問題視し、警戒していた[DOE OpenNet: NV0071159](59)。原水爆禁止日本国民会議は、「一九七四年初め、偶然の機会に入手したビキニ島の砂を分析したところ、異常に強い放射能を検出した」［池山 1978: 249］と発表した。解析に携わった市川定夫は、「ビキニ島の土壌から一キログラム当り六八八〇ベクレルものセシウム137のほか、コバルト60などが検出され……島民たちが常食しているココヤシの実からも、一キログラム当り八八八〇ベクレルものセシウム137が検出された」［市川 1999: 282–283］と報告している。そしてビキニの人びとは、全面的な環境調査を要求し、一九七五年一〇月、ハワイの連邦地裁に行政命令を出すよう調停を依頼した［DOE OpenNet: NV0402257］(60)。

第三者の目がビキニに入り始めるなか、米原子力委員会は、ビキニの再居住計画は「大変微妙な状況」になっていると国務省に伝えていた［OHP Marshall Islands Document Collection Seach: C124］(61)。原子力委員会安全部門長（Director, Division of Operational Safety）のマーティン・B・バイルス（Martin B. Biles）は一九七四年一一月八日、米内務省のスタンリー・カーペンター（Stanley Carpenter）に書簡を送り、「ビキニ島に暮らし、そこで育った食糧を食べる組み合わせでは、以前の調査で予測されていた年間被曝量を超えると考えられる」［DOE OpenNet: NV0135789］(62)との見解を示した。さらに同書簡において、「帰島したビキニの人びとの被曝線量が、予想の枠内に収まり、連邦基準を超えていないことを確認することが不可欠」であり、少なくとも調査結果が出るまで、ビキニ本島でのこれ以上の住宅建設を止めることを勧告した。一九七五年に追加調査［DOE OpenNet: NV0410293］(63)が行われ、ビキニ島で育ったタコノキとパンノキは使用すべきではないとの結論が導かれた［DOE OpenNet: NV0042166］(64)。

ビキニの人びとは共同体全体で帰島することはなかったが、一九七六年六月時点で、一三家族七六人がビキニに戻り生活を送っていた［島田 1994: 78］。「ビキニに戻れるという知らせを聞いてうれしかったわ。母と母の兄弟姉妹がビキニに戻ったので、家族全員でついて行った。うれしくて涙が出たのよ。しかし、ビキニの生活は以前とは違った」と、ビキニに帰島したリーロックは語る。

ビキニの帰島者を対象にした一九七六年の調査で、複数の人の尿からプルトニウムが検出された[DOE OpenNet: NV0401380](65)。さらに一九七七年、七八年の帰島者調査で、セシウム137の体内蓄積の増加が確認され、ビキニ島での食糧採取が禁止された[DOE OpenNet: NV0042226](66)。また食糧だけでなく、いかなる目的でもビキニ本島のココヤシは利用しないよう、帰島住民に警告が出されたた[DOE OpenNet: NV0042226](67)。代わりに、缶詰を中心とした緊急援助用食糧が米国から帰島住民に支給されるようになった。それでも「食糧は十分ではなかったし、ローカルフードを食べた」と、ボボニは振り返る。

## ◒ビキニ、ふたたび閉鎖へ

一九七八年、ついに米内務省は、「ビキニに暮らしている人びとは可能な限り迅速に移住させるべき」であるとし、ビキニを再閉鎖する方針を示した[DOE OpenNet: NV0042059](68)。内務省は住民に対し、「この先数十年にわたり、ビキニ島は人の居住に適さないことが今は知られており、最近の情報では、ビキニ環礁のエニュー島もまた居住に適さないことが示された」と説明した[DOE OpenNet: NV0042059](69)。再閉鎖の知らせに、後にビキニの国会議員に就くヘンチ・バロスは、「六八年には大統領みずから安全宣言。七〇年には、さあ準備ができました、島にお帰りください。七五年には、ちょっと毒が出たが、まあ大丈夫。七七年になると食物は外部のものにしよう。そして今度は、島に帰るな、出て行け。いったいこれはどういうつもりだ」〔前田 1991: 238〕と怒りをぶつけた（写真4-17）。「空間ガンマ線量のみを重視し……人工放射性核種特有の生体内、人体内への蓄積・濃縮と、それによって起こる体内被曝の重大さを無視していた」〔市川 1999: 282〕と、市川定夫は自然科学の見地から米政府の誤りを指摘する。「あの時、どれくらい被曝していたのかわからない」と、五歳から七歳

**写真4-17**　1978年4月27日，マジュロ環礁において米国とビキニの代表の間で会合がもたれ，信託統治領の高等弁務官と米エネルギー研究開発局（原子力委員会の後身）のロジャー・レイが，ビキニの再閉鎖を告げた.
写真撮影・提供：豊﨑博光氏

**写真4-18**　ビキニの人びとのもう1カ所の移住先であるマジュロ環礁エジット島は，マジュロの市街地に隣接している（2003年8月）.

にかけて二年間ビキニで暮らしていたヒントンは不安を口にする。

一九七八年八月、ビキニはついに再閉鎖された。帰島していたビキニの人びとは、ふたたびキリ島に戻ったが、「牢獄の島」とも呼ばれるキリ島での生活を拒んだ人たちがいた。かれらはマジュロ環礁のエジット島に移住した（写真4―18）。

## 九　核開発競争への抵抗がもつ力

本章で述べてきたように、米政府は核実験を繰り返し、原爆から水爆へと核開発を進め、ソ連との間で核開発競争を繰り広げていた。同時に、国際的にも、またマーシャル諸島の現地でも、核実験に抗する動きが高まり、米国は、核実験反対の世論との間でもう一つの攻防を展開していたのである。

一九五四年三月、米国はビキニ環礁で水爆ブラボー実験を実施した。同実験で福竜丸の被曝が公になり、原水爆禁止の世論が呼び起こされたが、米政府は日本政府に二〇〇万ドルの「見舞金」を支払い、米国の賠償責任は問われないまま「完全決着」とされた。そして、福竜丸をはじめとする被災船の乗組員は「原水爆被害者の救済」の外に置かれ、不可視化されていった。

ブラボー実験をはじめ、キャッスル作戦による放射性降下物は地球規模に飛散した。それは「想定外」でも、あるいは「事故」でもなく、予測されていたことだった。米原子力委員会は、地球規模の放射性降下物の飛散を見込み、世界一二二カ所に観測地点を設け、また日本をはじめ世界各地から人骨を含む試料を収集し、分析調査する体制があらかじめ組まれていたのである。

福竜丸の被曝が公になった頃、マーシャル諸島では、水爆ブラボー実験を機に、「死に至らしめる兵器の爆発を我が島の領内で行うことへの苦情」を国連に申し立てる運動が起こっていた。国連信託統治理事会では、米国の核実験を暗黙のうちに認める決議が採択されたものの、この請願は核実験被害の問題を国際社会に提起し、米政府内に危機感を与え、再発防止と核実験被害への対応を促す呼び水となった。

米政府はキャッスル作戦以後も、ソ連との間で核開発競争を展開した。レッドウィング作戦、さらにはハードタック作戦と、連続核実験がマーシャル諸島で実施され、実験の頻度は加速化された。

その一方、米政府当局は実験反対の世論を無視することはできなかった。世論対策が重視され、実験前には予防措置が万全であることが広報され、「きれいな爆弾」の開発が進められた。ハードタック作戦では、中小規模の核実験の実施は公表しないことにし、実験回数を少なく見せた。さらに米国務省は日本の世論動向を気にかけ、総選挙を目前に控えた時期に、米核実験が日本の有権者の視野に入らないよう、大型の核実験が延期された。核実験終了後には、「危険区域外の放射能汚染はない」との記者会見がなされた。

しかし、放射性降下物は実験場内にとどまらず、マーシャル諸島の人びとが暮らしていた諸地域に広がっていた。米当局は汚染状況を観測していたにもかかわらず、当事者の住民に被曝の事実は一切伝えられなかった。

一九五八年八月、マーシャル諸島における六七回目の核実験「フィグ」が実施された後、マーシャル諸島で核実験が行われることはなかった。さらなる計画はあったものの、「政治的に実現不可能な状態」などの理由で、ふたたび実施されることはなかったのである。紆余曲折の末、国際世論に押され、部分的核実験禁止条約が一九六三年に調印された。同条約は、被害者補償の観点は欠落していたが、マーシャル諸島で核実験をふたたび繰り返させない未来の証にはなった。

しかし、核実験が終了した後も、ビキニとエニウェトクの人びとの移住生活は続いた。エニウェトクの人びとは、移住先で「食べものをよこせ」と生活改善を求める抗議行動に立ち上がった。また、エニウェトクは核実験終了後も米軍基地が置かれ続けたが、人びとは抗議の声をあげ、ハワイの連邦地裁に提訴した。

こうした抵抗の末、エニウェトクの地は住民に返還されることになり、一九八〇年に住民は帰島を果たした。しかし、除染で発生した放射能汚染土壌は、エニウェトク環礁の中にコンクリートで覆われて格納され、今も置かれたままになっている。

もう一つの核実験場であったビキニでは、「安全宣言」が大統領の名で出され、エニウェトクに先行して再居住計画が実施され、一九七二年に一部住民が帰島し始めた。しかし、第三者の目がビキニに入り始めるなか、「安全宣言」は取り消され、一九七八年にビキニは再閉鎖された。帰島した複数の人の尿からプルトニウムが検出されていた。「安全宣言」は、さらなる被曝を招く結果となり、米国への不信を増幅させた。

一九七八年八月、ビキニ周辺に集まった世界各国のジャーナリストは、ビキニ環礁の再閉鎖と住民の立ち退きを毎日のように報道した。しかし、ビキニは「断片」としてしか伝えられなかったと、前田哲男は指摘する［前田 1991: 246］。

米核実験が実施されたマーシャル諸島の現場は、ビキニとエニウェトクの実験場だけで完結するものでは決してない。本章でも言及したように、核実験にともなう放射性降下物は、核実験場をはるかに越え、マーシャル諸島の人びとが暮らしていた各地域にも降り注いだ。そのことを心に留め、次章では、マーシャル諸島の中で、放射性降下物を最も浴びたロンゲラップとウトリックの両環礁の人びとに焦点を当てる。

# 第五章

# 被曝を生き抜く

## 追跡調査の対象とされたロンゲラップとウトリックの人びと

水爆実験ブラボーから半世紀を経た式典で，
ロンゲラップの人びとは，
自らの故郷を想う歌を披露した．
「あの日」を知るアルミラが踊り始めた
（2004年3月1日）．

## 一「人生を永久に変えた」

「とても美しい島々で、マーシャル・カヌーに乗って、コプラを作りに行ったわ。食べものは豊かで、タコノキの実からモコンを作ったり、アロルートを混ぜてベールを作ったりしていたの。パンノキとココヤシは、それはそれはたくさんあったのよ。ココヤシの実のユからアイキューやルコールもよく作って食べたわ。蒸し魚もよく食べていたしね。魚は塩漬けにして食べることもあったわ。大きな貝がたくさん採れる島もあったのよ。(ロンゲラップ環礁を取り巻く)小さな島々は、とてもよかったわ。夜、火を焚いて月明かりのもとでいろんな話に花を咲かせたり、時には歌ったりね。ココヤシの葉やタコノキの葉でできた家があって、涼しくて快適だったわ。ヤシの葉で作ったゴザを敷いてね」。

ロンゲラップ(図5-1)で育ったヒロコは、子どもの頃の思い出を懐かしそうに語る(写真5-1)。「モコン」は、タコノキの実を蒸し、ペースト状にして天日で乾燥させ、巻き寿司のように巻いて作る保存食で、「ジュンクン」とも呼ばれる。保存性に優れ、ロンゲラップの人びとの間では、「タコノミ羊羹」と呼ばれ親しまれている。「ベール」とは、ほのかに甘みがあり、タコノキの実を蒸してペースト状にし、葛《くず》のようなアロルートのでん粉と、細かく削ったヤシの実の果肉を混ぜ合わせ、パンノキの葉で包み、蒸し焼きにした食べものである。「アイキュー」や「ルコール」はともに、ヤシの実が自然落下し、地面に根を下ろし、「ユ」の状態になったヤシ殻を割ると中から現れるスポンジ

**写真5-1**
水爆実験ブラボーと
「その後」の生き証人であった
ヒロコ(左).
晩年，核被害者団体
「エラブ」の代表を務めた
(2004年2月，マジュロ環礁).

**図5-1**
**ロンゲラップ環礁(Rongelap Atoll)**

・陸地面積:7.95平方キロメートル
・ラグーン面積:1004.32平方キロメートル

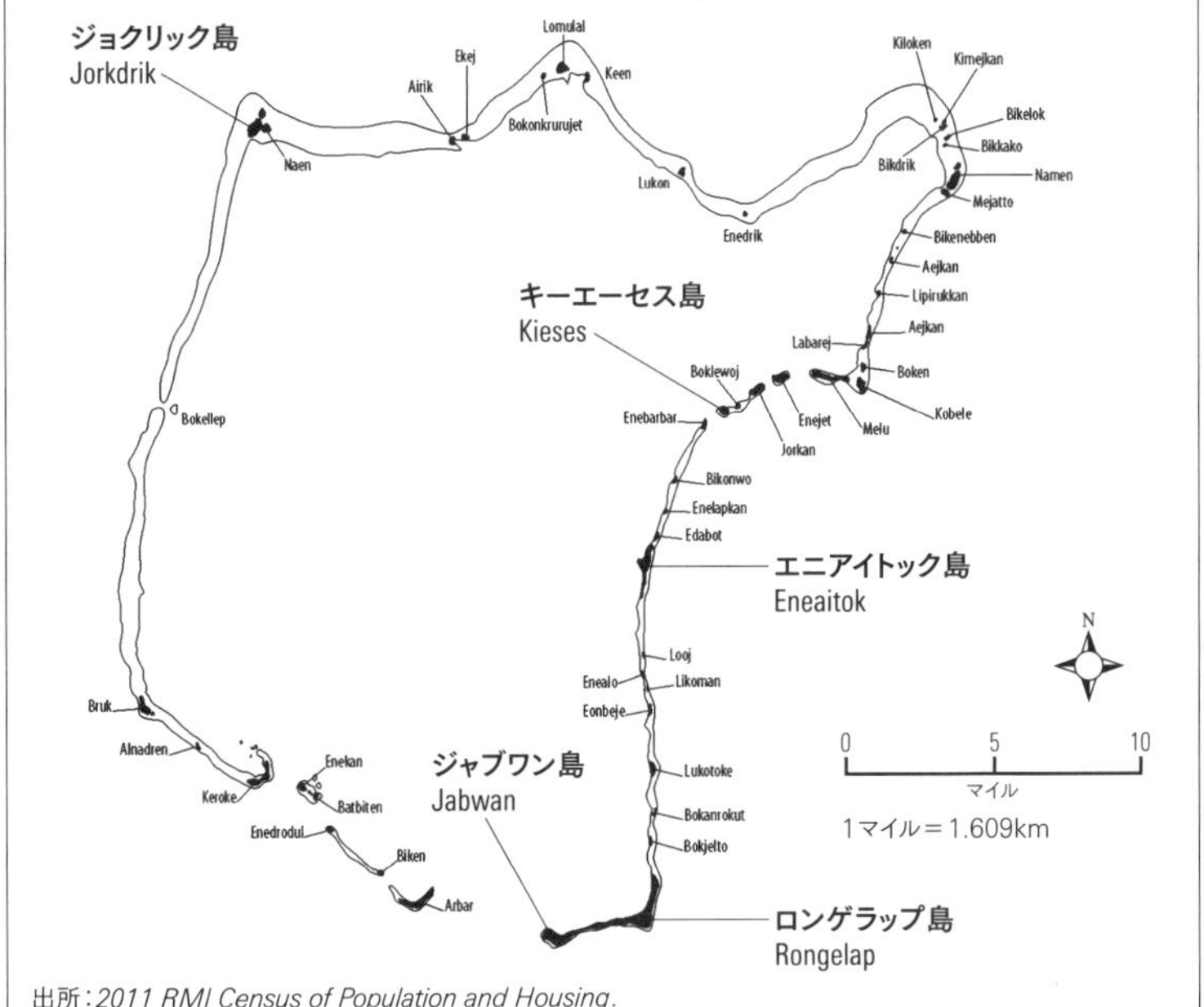


出所:*2011 RMI Census of Population and Housing.*

状になった胚乳で作る。このスポンジ状の胚乳を細かくして、水と砂糖とアロルートのでん粉を入れて煮込んだのが「アイキュー」、ヤシの樹液あるいは砂糖と混ぜ合わせたのが「ルコール」である。

住民代表を務めていたジョンも、ロンゲラップの暮らしぶりを日本語で次のように振り返る。

「ヤシの実、タコの実、コプラ、パンの実、魚、ヤシ、ヤシガニ、カボチャ、バナナ、パパイヤなどを食べていました。タコノキの果実でジュンクンを作っていました。五歳くらいの時に、お父さん、お兄さんから魚の獲り方を教えてもらいました。女の人はアミモノ(手工芸品作り)をします。コプラ作りは男と女が共同でやります。女の人がコプラを集めて、男の人がヤシの皮をむきます」。

ヒロコもジョンも、一九五四年三月一日の水爆ブラボー実験の時、ロンゲラップで暮らしていた。環礁の本島であるロンゲラップ島は、爆心地(ビキニ)から東南東に約一八〇キロ離れた距離に位置している。ロンゲラップには当時、アイリングナエ環礁にいた人を含め八二人が居住し、四人が赤ん坊を身ごもっていた。

第五福竜丸の後景にいたロンゲラップとウトリックの人びとの被曝と、かれらが背負ってきた「その後」を本章は論じる。ロンゲラップとウトリックの人びとを対象に、米政府が実施してきた医学調査に焦点を当てる。核実験被害は「あの日」とともに、「その後」も積み重ねられてきた。そうしたなか、ロンゲラップとウトリックの人びとは核被害にどう立ち向かい、米政府はどう対応したのだろうか。

# 二　水爆実験ブラボーの体験

●「戦争が始まった」

水爆ブラボーが炸裂した一九五四年三月一日、ロンゲラップの人びとはいつもと変わらない朝を迎えた。住民代表だったジョンがコーヒーを入れようとしていた、まさにその時だった（写真5−2）。

「北西の方向から光が見えて、どんどん大きく、巨大になっていきました。黄色にも、青色にも見えました。太陽がもう一つ昇ってきたかのようでした。驚きました。そして音です。今まで聞いたことのないような、それはそれは大きな音でした。爆発音は三回聞きました。暖かい強風が吹き荒れ、窓が落ちたり、机が倒れたり、ココヤシやタコノキが揺れました。『戦争が始まった』と、藪の中に逃げ込む人もいました」。

ブラボー実験の約一〇年前に体験した太平洋戦争の記憶が住民の脳裏に鮮明に残っていた。住民に戦争を思い起こさせるぐらい、爆音は大きな衝撃だった。

当時一一歳だったヒロコは、台所で朝ごはんの用意を手伝っていた。

**写真5-2**
久しぶりに故郷の土地を訪ねたジョン（1999年4月）．自宅跡に立ち，1954年の「あの日」を思い起こす．
撮影：W. Nicholas Captain氏

「とてもとても眩《まぶ》しい光だったわ。それはそれは、大きな雷のような音が、ありとあらゆるところから聞こえたのよ。ココヤシに吊るしていたジャガルの瓶が木から落ちてきた。地面も揺れていた。パターンと、すごい音をたててドアが閉まった。外の様子を見に行こうとしたけど、母親から『出てはいけません』と叱られたわ。ただただじっと床に座っていた。怖かった」。

砂浜で遊んでいたエトリは、「ブウーンというすごい音を耳にした。赤い光を見た。こんなことは今までなかったので、恐ろしくなった」とあの日を振り返る。「『×』の印をした雲が昇っていく」様子をレメヨは眺めていた。「赤いものが昇り、爆音が轟き、押し倒されそうになりました」と、マーナリックは語る。「『人生の終わりだ』と、ある男が話していた」ことをマーナリックは覚えている。リノックは、家の中で「衣服にくるまって」震えていた。

しばらくして騒ぎは一段落し、小学生は普段どおりに島の学校に登校した。「学校に行ったら誰となく、『あれは何だ』と話したわ。『わからないけど、とにかくとても怖かった』、『この世の終わりかもしれない』などと話したわね。先生が後から入ってきたの。『何かが起こった』と聞いたけれど、先生も説明はできなかったわ」と、小学生だったヒロコは語る。

### ◒「白い粉で遊んだ」

水爆ブラボーの炸裂からおおよそ三時間後のことである。島は濃い霧に包まれて暗くなり、ジョンの頭上に白いものがぱらぱらと降り始めた。

「一〇時頃だったか、ココヤシの実を採って、座って食べている時、空から降ってくる何かが口に入った。粉みたいなものだった。(上空を飛んでいた)飛行機が落としたのかと思った。ヤシの実を家に持って帰り、みんなで分けて食べたんだけれど、苦かった」。

ヒロコは放課後、仲良しの友達と一緒に、(ロンゲラップ島に隣接する)ジャブワン島(Jabwan)に出かけた。「事の重大性を小学生だったわたしたちは理解していませんでした。白い粉を手に取り、遊んだ」と、ヒロコは語る。

「『雪』は止むことなく降り続き、地面や木々の葉、屋根の上に、白い粉が積もり、赤道からわずか六〇〇マイル北に位置する中部太平洋に、異様な銀世界が広がった」、「予期せぬ出来事に子どもたちははしゃいだ」[Congress of Micronesia. Special Joint Committee Concerning Rongelap and Utirik Atolls ed. 1973: 81-82]と、ミクロネシア議会報告書には記されている。

「髪が白くなっている」、チマコは友達からそう言われ、海水で髪を洗った。

「白い粉」とは、サンゴ礁の微粒子に放射性物質が付着して生成されたもので、水爆ブラボー実験の爆発で粉々になり、上空に巻き上げられ、風に運ばれて、一八〇キロも離れたロンゲラップに降下したものである。放射性降下物と呼ばれるいわゆる「死の灰」であるが、住民にはそのような認識はまったくなく、白い粉で遊んだ子どもさえいた。知らぬまに外部から放射線を浴びて被曝するとともに、体内に放射性物質を取り込み内部被曝していたのである。

爆心地ビキニから東に約五〇〇キロ離れたウトリック環礁にいた一五七人も被曝した。その一人、ジョアネスは、「これまで見たことのないような、眩しい光を見た。そして大きな音が聞こえた」と証言する。ジョアネスが異変に遭遇したのは、ココヤシに登ってジャガルを作っている時だった。

「ココヤシが揺れて、落ちそうになった。怖かった。第二次世界大戦の時に聞こえた銃弾の音よりもすごい音だと、年配の男性は話していたよ。この世の終わりかとも言っていた」。

ウトリックには、白い粉が雪のように空から降ってくることはなく、霧状になって降り注いだ[前田 1978: 58–59]。ロンゲラップと比べると、人間の目には視認しがたい「死の灰」だったが、ウトリックの住民もロンゲラップの住民と同様、放射性降下物を浴びて被曝したのである。

ロンゲラップとウトリックの住民が被曝した事実は、ブラボー実験を実施した米第七合同任務部隊も当然ながら把握し、ロンゲラップの人びとは、ガンマ線の全身照射を毎時一七五ラド（一七五〇ミリシーベルト）受けたと推定された[DOE OpenNet: NV0717576][1]。急性症状を引き起こすレベルの被曝であり、およそ半数の人が頭痛、目まい、知覚異常、食欲不振、吐き気、嘔吐、下痢などを起こす目安[2]とされる一・五グレイ（一五〇〇ミリシーベルト）を超える値であった。

さらに内部被曝も考慮し、より深刻な被曝を受けていたことが、一九八〇年の米ブルックヘブン国立研究所発行の報告書『一九五四年三月一日ロンゲラップ、ウトリック、シホの人びとの甲状腺吸収線量』[DOE OpenNet: NV0403551][3]に記されている。

ロンゲラップの成人は、毎時一九〇ラド（一九〇〇ミリシーベルト）に相当する外部被曝に加え、男性は一〇〇〇ラド（一万ミリシーベルト）、女性は一一〇〇ラド（一万一〇〇〇ミリシーベルト）に相当する内部被曝を甲状腺に受けたと推定された。さらに、九歳では二倍の二〇〇〇ラド（二万ミリシーベルト）、一歳では五倍の五〇〇〇ラド（五万ミリシーベルト）の内部被曝を甲状腺に受けたとも記されている。いずれも平均値であり、より深刻な被曝を受けた住民もいた。

ジョンは次のように証言する。「夕飯を食べたらすべて苦い味がした。午後一〇時頃、体が痒くなり始めた。頭痛がして熱も出始めた。下痢もした。眠れなかった」。ジャブワン島に遊びに行ったヒロコの回想はこうである。「家に帰ると、とても疲れが出たので、水浴びをして、すぐ横になりました。しかし、その晩、体じゅうがとても痒くなりました。水浴びをしても効き目がなく、ますます痒くなりました」。七歳だったリジョンは、「一晩中泣いていたの。祖母がそばに寄り添い看病をしてくれたわ」と振り返る。三月一日の夜、ロンゲラップの住民は、被曝の急性症状に襲われていたのである。

翌朝、「飲み水が黄色に変色している」と、島の青年がジョンのもとに伝えに来た。ジョンも体調が優れず、「食欲がなく、下痢が続き、頭が痛かった」状態だったが、住民の代表として、住民に「水は飲むな、ココヤシのジュースを飲め」と指示を出した。

ヒロコは、「下痢に吐き気、痒みなどを訴え、みんな元気がなく、翌日の学校は休みになった。泣いている人もいた」と証言する。事態はより深刻化していった。エトリは、「一日、二日経った後、驚いたことに、櫛で髪をすくと毛が抜けるようになったのよ」と語った。

## ◒回避された住民の事前避難

ジョンは、「なぜ前もって避難させなかったのだ。強い怒りが立ちこめた」と声のトーンを上げた。住民が被曝した時から約一カ月後、米原子力委員会のルイス・ストローズ委員長は、「爆発から生み出された力が予想値の約二倍であった」、「風が予報どおりに吹かなかった」との声明を出し、被曝は「偶発的」であったことを強調した。ブラボー実験責任者のこの説明は、福島第一原発の事故は「想定外」であるとの東京電力の説明と軌を一にする。米国は今なお、ブラボー実験が招いた住民の被曝は「偶発的」であったとの立場を崩していない。

しかし、米国はブラボー実験に先立って、放射性降下物の飛散状況を調査する観測地点を世界一二二カ所に張りめぐらせていたことは、前章で言及したとおりである。放射性降下物が地球規模で拡散することを予期していながら、他方、足元の現地住民には一切、避難措置が実施されなかったのである。

ブラボー実験は、第三章で言及したように、七年半ぶりに実験場をビキニに戻して実施された。その七年半前、一九四六年にビキニで原爆実験が行われた時、「ビキニで爆弾の実験をするので移動するように言われました」とジョンが語るように、ロンゲラップの住民は、あらかじめラエ環礁に避難させられた。しかし、一九五四年にビキニで実施した核実験では、ロンゲラップの人びとを事前に避難させることはなかったのである。

なぜ現地住民を事前に避難させなかったのだろうか。じつは米政府内では検討されていたが、一九五四年三月一一日付のエドワード・L・ヘラーが記した覚書[NARA: RG 128](4)には、「財政上の理由、および移動したくないという住民を混乱させないために、ビキニの東に位置する島々では避難させないことが決定された」と記されている。

ブラボー実験に先立ち危険区域は設定されたが、南はロンゲラップ、東はウトリックの手前で線引きされた。「ロンゲラップやウトリックのような人が住む環礁を危険区域に含むとすれば、原住民の避難が求められ、かれらの居住地を見つける必要が生じる。ビキニの原住民を……移住させるのに相当な困難を経験したことから、内務省が原住民の移住を支持しなかった」[DOE OpenNet: NV0029635](5)と、原子力委員会の軍事部門長代理ヴィンセント・G・ヒューストンはその経緯を明かしている。

米政府の危険区域の設定はそもそも、「激しい降下物を恐れたというよりはむしろ、招かざる観測者を近寄らせないためにとられた処置」[ラップ 1963: 72]であることを、米物理学者のラルフ・ラップは指摘している。米統合参謀本部は、ソ連が米国の核実験の実施を妨害し、核実験場を破壊したり爆撃したりすることを当時強く懸念していたことが、米公文書上で読み取れる[NARA: RG 218](6)。危険区域の「危険」とは、放射能ではなく、ソ連であり、核実験の実施を円滑に進めるために、危険区域が設定されたことが透けて見えてくる。危険区域の設定は、現地住民の安全とはまったく無縁のものであったことは明らかである。

ブラボー実験にともなう住民の被曝はしばしば、「風向きの突然の変化によるものだ」と説明される。しかし、一九八二年に米国防総省核兵器局が出した報告書は、居住地域に向けて風が吹くとの予測を無視して実験を強行したことを浮き彫りにする[DOE OpenNet: NV0407565](7)。実験強行に至る経過は次のとおりである。

ブラボー実験は現地時間午前六時四五分に実施されたが、「(前日の)一八時の天気概況で、風向きが好ましくないとの予測が出された。それにもかかわらず、実験の実施が再度明言された。ただし、風向きの再検討を二四時(深夜零時)にふたたび行うことになった」。そして、「二四時、上空一万フィートから二万五〇〇〇フィート地点の風向きが好ましくないことが、天気概況で示された。上空二万フィートの風向きは東方で、ロンゲラップに向いていた」。それでも「実験の実施があらためて明言された」。

米公文書で明らかなように、実験強行による住民の被曝は十分に予見される事態だったのである。ロンゲラップやウトリックの人びとの被曝は、「偶発的」ではなく、人災だったと述べて過言ではないだろう。「自分たちは『意図的』に被曝させられた」と、マーシャル諸島とりわけロンゲラップの人びとは今も訴えている。

## 三　米軍基地への収容

### ◐実験後の避難

水爆ブラボー実験から二日が経った三月三日朝七時半、米駆逐艦フィリップ号(USS PHLIP, DOE 498)がロンゲラップに到着した。その少し前には、水上航空機(VP-29)がロンゲラップに到着していた。

その日の朝のことを、ジョンは以下のように回想する。「『このままとどまっていたら死んでしまう』――、通訳としてやってきたオスカー・デブルムが住民にこう伝えた。『みんなを起こしてくれ』と言われたので、家で寝込んでいる人を起こしに行った。フラフラ歩く人もいた。脱毛している人もいた。激しい下痢をしている人もいた。体がヒリヒリして泣き出す人もいた。お腹に赤ちゃんがいた四人の女性と十数名は飛行機に乗り、ほかの人は後から来たアメリカの駆逐艦に乗った。駆逐艦はアイリングナエを経由してクワジェリンに着いた」。

ロンゲラップを立ち去る時、カゴやゴザなどの住民の手荷物から高い放射線量が検出され、荷物はわずか小さな袋一個分に制限された。家畜として飼っていたニワトリや豚は、すべて置き去りにされた。同作戦の指揮官(Commanding Officer)を務めたG・W・アルビン(G. W. Albin)は、「乗り込む時、マーシャル人の汚染除去作業がただちに着手され、着用していた服は洗浄され、白のズボンやジーンズ、デニムシャツやTシャツは乗組員から十分な量が提供された。……乗り込んだマーシャル人はすばらしく、大部分は協力的であり、骨が折れる要求はなく、模範的な行動をとっていた。このような人びとの避難を手助けする機会が与えられたことは、フィリップ号の乗組員一同、非常に喜ばしいことである」[DOE OpenNet: NV0410617](8)と、第七合同任務部隊に報告している。

しかし、同報告には出てこないが、乗り込む時の除染方法に、ヒロコは屈辱を覚えていた。「わたしたちをめがけてホースで放水してきたのよ。シャワーではない。まるで豚や動物のように扱われたのよ。男も女も全員一緒、マーシャルの習慣ではありえないことだったわ」と、ヒロコは語気を強めた。

「自分の島を離れるのは寂しかったわ」と語ったチマコも、「船に乗る時、わたしたちをめがけてホースで放水されたのよ。まるで動物のような扱いだったわ」と憤る。ジョンも、「ホースからの水は塩水だった。痛かった。小さい子の中には泣く子もいた」と説明した。

アルビンらの一行は、線量測定もあわせて実施した［DOE OpenNet: NV0410617］[9]。ロンゲラップ環礁ロンゲラップ島では、三月三日午前一〇時四五分に、平均で毎時一四七三ミリレントゲン（約一五ミリシーベルト）、最大で毎時一九〇〇ミリレントゲン（一九ミリシーベルト）の放射線量が観測された。また、定住している人はいなかったが、途中に立ち寄ったロンゲラップ環礁エニアイトック島（Ereaitok）で、三月三日一二時四五分、平均で毎時三〇三五ミリレントゲン（三〇ミリシーベルト）、最大で毎時三六五〇ミリレントゲン（約三七ミリシーベルト）の放射線量が観測された。「幸い誰もこの島に住んでいなかった」と、アルビンは先の報告書に記している。

ロンゲラップに続いて、ウトリックにも米駆逐艦が派遣され、三月三日、住民一五四名が米軍基地のあるクワジェリンに搬送された［DOE OpenNet: NV0410617］[10]。ウトリックの人びとは三月四日に到着し、ロンゲラップの人びとと同じ場所に収容された。「住居の周りはロープで囲まれていた。警備の人が銃を持って立っていて、近づいてくる人がいれば追い払っていた」と、レメヨは語る。

米第七合同任務部隊において、「原住民が避難したことは、公表しないとの決定」［DOE OpenNet: NV0125331］[11]がなされ、その事実は外部に伏せられていた。ジョンの弟であるネルソンは当時、米軍基地で働いていたが、故郷の人びとが被曝し米軍基地に搬送されたことは、まだ知らなかった［豊崎 2005: 上207］。

## ◒米軍基地での生活

およそ一週間経った三月一一日（米本土時間）、米本土のオハイオ州の新聞が、水爆実験の様子を紹介し、住民に被害がおよんだことをスクープした［豊﨑 2005: 上207］。同記事は、「空全体がオレンジ色になり、……雷のような大きなゴロゴロと鳴る音が聞こえ、……兵舎が激しく揺れ、……強い風が吹きつけた。……クワジェリン島に、マーシャル諸島に住む住民が……連れ出されてきた。人びとは火傷を負い、放射能を浴びていた」と伝えた。クワジェリンに駐留している米海兵隊員が母親に送った手紙が、スクープ記事の情報源だった。

米原子力委員会は記事の掲載を察知し、同日夕方、ルイス・ストローズ委員長が急遽、次の声明を発表した［Weisgall 1994: 303］。「マーシャル諸島での一連の原爆実験の最中、アメリカ人二八人(12)と住民二三六人が、近隣の環礁からクワジェリン島に移送された。計画にそった予防措置である。予期せぬ放射線被曝を受けたが、火傷はしておらず、皆元気だとの報告を受けている。一連の原爆実験が終わった後、住民は故郷に戻されるであろう」［DOE OpenNet: NV0400634］(13)。

ブラボー実験が「水爆」であった事実は伏せられ、「原爆」と発表された。そして、住民の移送は「計画にそった予防措置」であり「皆元気だ」と、原子力委員会は問題の打ち消しに努めたのである。他方、原子力委員会は現場の第七合同任務部隊に対し、避難民の状況を日々定期報告することを求めていた［DOE OpenNet: NV0400634］(14)。

米軍基地に搬送されたロンゲラップの人びとは、放射線被曝の急性症状に襲われていた。レメヨは「脱毛し、足が火傷をしたように腫れて痛みを訴えていた」と語り、ジョンは「クワジェリンで、足の指の爪が赤くなった。二カ月くらい経つと、痛みはなくなったが、ほとんどの人の毛が抜けた。わたしも頭のてっぺんだけが抜けた」と筆者に述べた。

クワジェリンでの生活は、水浴びが日課になっていた。「毎日、海に行って体を洗った。毎日三回、朝八時、昼一二時、夕方四時頃、海で水浴びをした。ラグーンでみんな一緒に。痛かった。体が痒くなったら夜でも水浴びをした。眠れないこともあった」と、ジョンは回想する。

水浴びは身体の汚染除去の一環だったが、女性たちの不満が噴出した。「マーシャルの習慣ではありえない」と、ヒロコは語気を強め、次のように語った。

「砂浜に連れて行かれ、水浴びをするように言われたわ。砂浜には仕切りがなく、小さなタオル一枚と、パンツ一枚が渡されただけだったのよ。砂浜には行きたくなかった。でも、水浴びはいいことだと言われ、しょうがなしに行っていた。だけど、たくさんあった頭の毛が日に日に抜けていったのよ」。

また、ジャーナリストの豊﨑博光の取材に対し、リジョンはこう答えている。「水浴びの後にアメリカ人が頭髪や下腹部の毛の部分にガイガーカウンターをあてて放射線を測るのですが、これも男たちのいる前で行われました。……機械が反応すると石鹸を渡され、アメリカ人の目の前で洗い直すことを命じられ、その後にもう一度測るのです。女性たちは怒り、抗議した結果、測る時にはビリエットとジャヌワリが立ち会うことになったのですが、親戚関係にある男たちの前で裸になることもまたマーシャル諸島の習慣に反することでした。……私たちはマーシャル諸島の女性としての尊厳を奪われたのです」［豊﨑 2005: 上206］。

女性たちは恥ずかしい思いをさせられながらも、水浴びに通い続けた。エトリは、「『アメリカはどうしてわたしたちをここに連れてきたのだろう、なぜ身体を毎日洗うんだろうか』などと話していた」ことを思い返す。レメヨも、「タオルだけ巻いた状態で身体を見られ、いやだった。でも、水浴びしてごはんを食べれば、放射能は流されるものだと、その頃は思っていた」と証言する。ウトリックから連れてこられた人びとも一緒に水浴びに通った。

「夜には(宿舎に)戻らなくてはいけなかったが、アメリカの人に言えば(クワジェリン環礁の本島の近くにある)イバイに行けた。遊びや買い物」とジョンが言うように、収容されていたクワジェリン本島から船でマーシャル諸島の人びとが暮らすイバイ島まで出かけることもあった。ジョンは「差別された記憶はない」と語るが、チマコは「髪がたくさん抜けていたので、イバイの住民に怖がられたり、笑いものにされたことがあったわ」と、胸のうちを語った。ヒロコも、「子どもに『(ロンゲラップの人がいる)あの場所には行っちゃいけない』『一緒に食べちゃダメ』『モノはもらってはいけない』などと、注意をしていた大人もいたわね」と寂しそうに語った後、「近しい親戚なのに会いに来なかった人がいた。『ポイズン』だから」と続けた。

被曝した住民を取材するために、海を渡ってハワイの新聞記者がやってきた時、ジョンは記者から「どうする、どう思ったのかと、コメントを求められた。どうするにもわたしには何もできない。米国は爆弾をやめるべきだと答えた」と言う。「最初に着いた時に目の薬をもらった。血を採られたり、お腹の薬ももらったりした。この病気は新しい病気だから薬があまりない、ぼくらではよくわからないと言っていた」と、ジョンは証言する。最初はクワジェリンに常駐している海軍診療所の医師が住民を検診したが、医師もどんな病気なのかわからなかったのである。

### ◒「プロジェクト4・1」――被曝した人間のデータ収集

ブラボー実験で被曝し、クワジェリンの米軍基地に収容されたロンゲラップとウトリックの人びとは、「プロジェクト4・1」と名付けられた研究に組み込まれ、データ収集の対象にされた[DOE OpenNet: NV0726276, ALLA0007412][15]。プロジェクト4・1の正式名称は、当時は機密であったが、「偶発的に放射性降下物に著しく被曝した人間の作用にかかわる研究」(Study of Response of Human Beings Accidentally Exposed to Significant Fallout Radiation)である。米海軍医のユージン・クロンカイト(Eugene P. Cronkite)が同研究の指揮をとった(写真5-3)。

プロジェクト4・1の調査団一行は、人びとが収容されて一週間にも満たない一九五四年三月九日に米本土から到着し、早くも一一日には調査に着手した。国連の信託統治理事会において、米政府代表は「医療の専門家チームが迅速に派遣された」と、住民に治療を施したかのごとく説明したが、その正体は治療ではなく、被曝した人間の身体がどうなるのかを見定める研究だったのである。

米原子力委員会の医師団が収容所にやってきた時のことを、ジョンはこう語る。「コナード、クロンカイト、フアミン(Famin)ら一〇人くらいだった。アメリカの医師は、『放射線は危険ではない。大丈夫だ、じきによくなる』と言っていた。……わたしの番号は四〇番。死ぬまでこの番号だと言われた」。

キャシーは筆者に自己紹介し、「わたしの犠牲者番号(客体番号)は四八番です」と続けた。米軍基地に収容された人びとはすべて、同意なく全員が被験者とされ、調査を管理する客体番号が付けられ、顔写真が撮られた。

マーナリックは調査の様子をこう証言した。「食べものは提供してくれた。痒みや火傷用の薬をアメリカからもらったの。これはよかったわね。でも内心では、どうしていつも調査ばかりするのかと思っていたわ」。

「放射性降下物で被曝した人間の放射線障害の体内状態を算定する」ことがプロジェクト4・1の目的の一つに掲げられ、外部被曝だけでなく、内部被曝に着目した研究が実施された[DOE OpenNet: NV0006205][16]。プロジェクト4・1の報告書には、「被曝した人びとの尿から検出されたベータ線の強さから、放射性降下物を摂取あるいは吸収し、容易ならざる体内汚染を引き起こしていることが示唆される」と記されている[DOE OpenNet: NV0006205][17]。

後に、プロジェクト4・1でマーシャル諸島の人びとから得たデータをもとに、「核戦争の効果――放射性降下物にともなうベータ線の皮膚障害（ベータ線熱傷）」と題された報告書[DOE OpenNet: NV0401040][18]がブルックヘブン国立研究所から出された。核攻撃や核兵器事

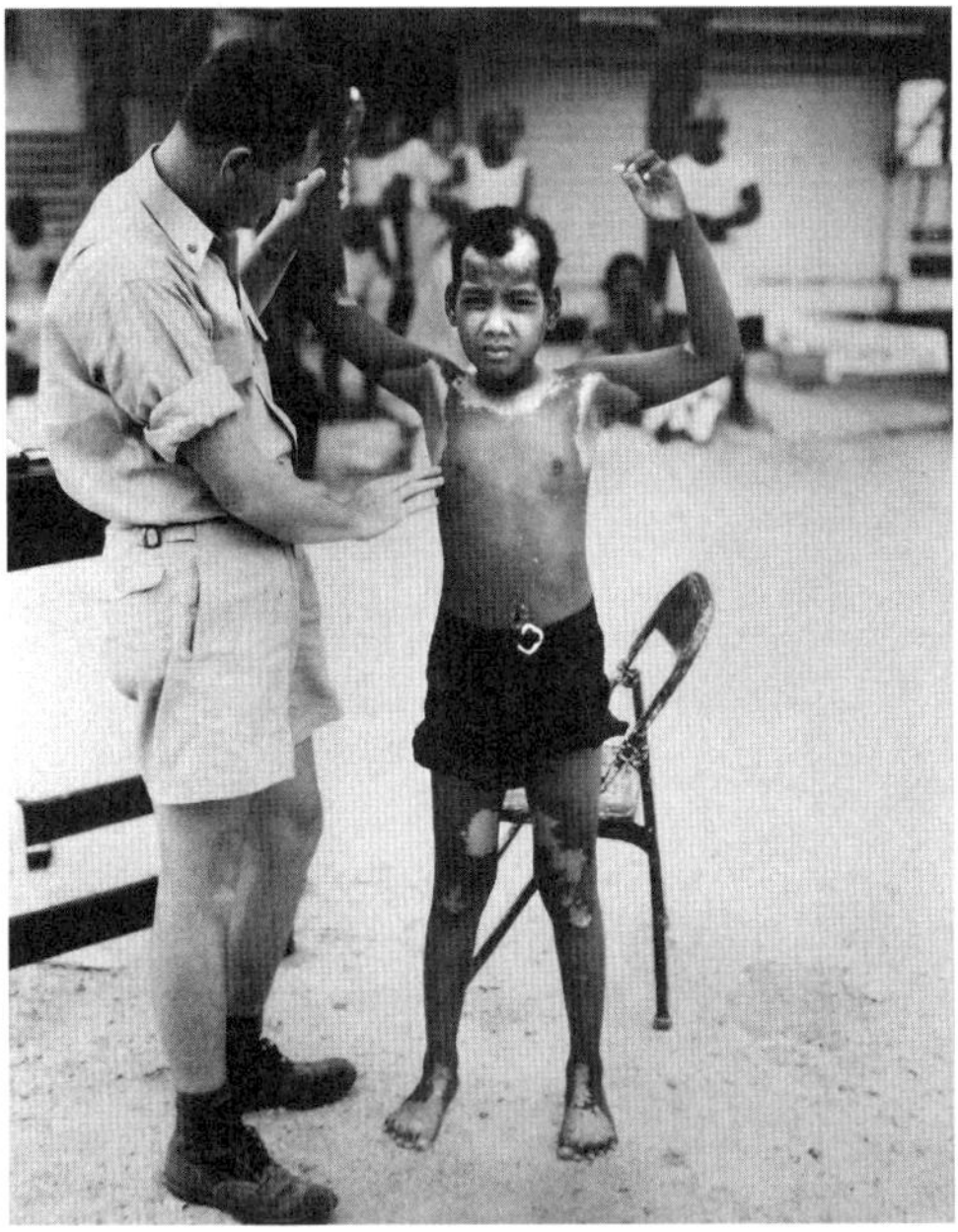

**写真5-3**　水爆ブラボー実験で被曝し，米軍基地に搬送され，「プロジェクト 4.1」の被験者にされたロンゲラップの少年と，ロバート・コナード医師（クワジェリン環礁）．
所蔵：米国立公文書館

故で、米本土の人口密度が高い地域に放射性降下物が降灰した場合を想定した研究である。プロジェクト4・1の調査では、血液検査をして、白血球の一種で殺菌機能を持つ好中球数を調べる調査も実施された。同調査は、核兵器使用を想定した作戦立案に欠かせない、人間が死に至る放射線の量を示す「最小致死吸収線量」(MLD)を導く狙いがあったと、医師のユージン・クロンカイトは朝日新聞の取材で明かしている[朝日新聞 1998.1.6]。プロジェクト4・1をめぐっては、立案の経緯をはじめ、未解明な部分が多々ある。しかし、核戦争を想定したデータ収集が、同プロジェクトで行われたことは明らかである。

一九五四年七月、プロジェクト4・1の一環で、マーシャル諸島の今後の調査に向けた会合が原子力委員会の生物医学部門で開かれ、ジョン・クリフォート・ビューガー原子力委員会生物医学部長が注目すべき次のような発言を行った。「この状況は過去に照らしてほかに類を見ない。核分裂生成物による、ガンマ線の全身照射と広範な皮膚汚染が数多く観察され、類似した発症は過去にはない」、「この報告は、……医療情報の観点から非常に重要になってくるであろうし、また軍事的観点から、放射性降下物の影響を省察するうえでも拠りどころになることは疑いないだろう」[DOE OpenNet: NV0404633][19]。

プロジェクト4・1は、一九五四年一〇月に最終報告書が出されたが、ロンゲラップとウトリックの人びとを対象にした追跡調査は引き続き行われることになった。

# 四　米政府に独占された医学調査

## ◒「住むには安全になった」——ウトリックの人びとの帰島

ブラボー実験を皮切りとしたキャッスル作戦では計六回の核実験が行われ、この作戦は一九五四年五月一三日に終了した（写真5–4）。キャッスル作戦の終了を受け、米軍基地に収容されていたウトリックの人びとは、故郷の島に戻された。三カ月ぶりの帰郷だった。

**写真5–4**　キャッスル作戦の終了後に，米国がロンゲラップ環礁で実施した環境放射線測定．所蔵：米国立公文書館

ジョアネスは「うれしかった。新鮮なものが食べられる」と、その時の心境を振り返ったが、「調査をしに来たアメリカ人からローカルフードは食べるなと言われ、二年間くらい食べなかった。アメリカが用意した米や小麦、コンビーフ、鶏肉などを食べた」とも付け加えた。

ウトリックの人びとは、「住むには安全になった」と言われて故郷に戻された。しかし、一九五六年一月に開かれた第五三回米原子力委員会生物医学部諮問委員会の場で、ウトリックの人びととの帰島に関して、次のような議論が交わされていた[DOE OpenNet: NV0750059][20]。

「三月一日の実験場からはるかに離れたウトリック環礁の住民は、一五レントゲン(約一五〇ミリシーベルト)の放射線を浴びて退避し、その後帰還した。かれらが住んでいる島は、住むには安全だが、世界で群を抜いて最も汚染された場所である(by far the most contamination place in the world)。帰島によって、環境上の良質のデータが得られることは、大変興味深い。……汚染された環境で人間が住む際の基準が得られる。活用できるこの種のデータは現存しない。かれらはたしかに西洋人のような生活はしておらず、文明人ではないことは事実である。しかし、ネズミよりはわれわれに近いこともまた事実である」。

「安全」であるが残留放射能に汚染されている土地に「原住民」が戻り、暮らすことで、その環境に人間が暮らすとどうなるのかを推し量る、貴重なデータが得られるとの思惑が、米原子力委員会には働いていたのである。被曝したマーシャル諸島住民のことを、「文明人ではないが、ネズミよりはわれわれに近い」と、動物実験のモルモットと同列に置き、非人間化して見下すことは、明らかなる人種差別である。しかし、議事録を見る限り、躊躇や異論をはさむ声は、出席者の誰からも出なかった。

## ◒「プロジェクト4・1」の継続調査

では、ロンゲラップの人びとはどう扱われたのであろうか。かれらは故郷ロンゲラップではなく、マジュロ環礁のエジット島に移された。ジョンは移住先での生活をこう振り返った。「アメリカが家を建ててくれた。建てられた一五戸の家はきれいだったな。広さは一六×三二フィート(約五×一〇メートル)で、ベニヤ板でつくった家でね。……ローカルフードとアメリカの缶詰を食べていた。一年目は十分ではなかった。米と小麦が足りなかったんだ」。

被曝から半年後、プロジェクト4・1の継続調査をするために、医師のビクター・ボンドやロバート・コナードらがエジット島にやってきた。その時の様子をジョンは次のように語る。「原子力委員会が調査を始める時に怒ったんだ。食べものが少なく、腹が減っていたからね。自分の島が心配だったから戻りたいとも言った。そうしたら政府に事情が伝わったんだろうね。米、小麦、チーズ、ビスケット、ツナ、フルーツ缶などが月一回配給されるようになった」。

ヒロコはそれでも、「馬の肉の缶詰を何度も食べなければならなかった。食べたくなかった」と言う。当時一六歳であったチマコも、「体も弱って、寝て起きての生活で、そんな楽しい生活ではなかったわ」と語る。続けて、「病院に行ったり、買い物をしたり、マジュロの街中に出ていくことがあったの。ある日、男たちが声をかけてきたけど、ロンゲラップ出身者だとわかると遠ざかっていったわ。避けられたのよね」と、辛い思い出を静かに語る。「たくさんの人がわたしたちを助けに来てくれた」とヒロコは語るが、ロンゲラップの人びとは、被曝しているがゆえに、マーシャル諸島の社会でも特別な人間とみなされ、見下され続けた一面はある。

エジット島での移住生活が続くなかで、住民代表であるジョンは早くも補償要求に向けて動いていた。ジョンは一九五七年、原子力委員会から呼び出され、米本土のシカゴに行く途中、ハワイで秘密裏に弁護士と会っていた。「事務所に電話してホテルに来てもらいました。(ロンゲラップの小学校で教師をしていた)ビリエットさんも同席してブラボーのことを話しました。(後にマーシャル諸島共和国の初代大統領になる)アマタ・カブアを交え、三人で補償について相談しました」。ジョンは、中原聖乃のインタビューに対し、「(米原子力委員会はその頃)マーシャル全土の各環礁から一人ずつを集め、核実験のことは話さないようにと、告げた」[中原 2006: 53]とも答えている。

エジット島で避難生活を送るなか、ブラボー実験の時にロンゲラップで被曝した四五歳の男性が、一九五六年五月一三日に亡くなった[DOE OpenNet: NV0726426][21]。マーシャル諸島の信託統治領政府は、一度は断られたものの親族を説得し、死体解剖を行った。信託統治領政府はプロジェクト4・1に加わった医師コナードと連絡を取り、死因はリウマチ性心疾患とされ、被曝との関係は否定された。

## ◒不確かな「安全」——ロンゲラップの人びとの帰島

それから一年あまりが経過した一九五七年六月、ロンゲラップの人びとはエジット島を後にした。ジョンは当時をこう振り返る。

「(信託統治領の)高等弁務官がエジットに来た。ロンゲラップに君たちを戻したいという。ロンゲラップはよくなっている、ポイズンがあるけど危なくはない、だから心配するな、とね。でも『嘘だ』と思った。しかし、戻らないなら自分で勝手にやりなさいとも言われて、仕方がないと観念したんだ」。

米原子力委員会の生物医学部門がロンゲラップの人びととの帰島に向けてまとめた報告書[DOE OpenNet: NV0726362][22]には、「(一九五六年七月の調査では)ロンゲラップ島には汚染が残留していたことが示唆された」と記されている。しかし、「健康の観点で許容できる水準である」とされ、原子力委員会は帰島を勧告した。ただし、「(帰島後に)ヤシガニは食べないように」と、原子力委員会はロンゲラップの人びとに忠告していた。

米国務省は帰島をめぐって、信託統治領を取り巻く国際関係を考慮することを原子力委員会に求めていた[DOE OpenNet: NV0726362][23]。「アメリカは、国連でのソ連との核実験停止協議の中で、ロンゲラップ環礁住民の苦境が知れ渡ることを恐れていた」、「住民たちの帰郷が長引けば、……核実験停止の声が急速に高まることも恐れていた」[豊﨑 2005: 上428]と、豊﨑博光は、米ソ間の核開発をめぐる政治的駆け引きが、ロンゲラップ住民の帰島の背後にあったことを記している。

加えて、原子力委員会には、ロンゲラップ住民の帰島に際しても追跡調査をにらんだ思惑が働いていた。一九五六年五月に開かれた第五六回原子力委員会生物医学部諮問委員会で、生物医学部長のチャールズ・L・ダンハムは、ロンゲラップの人びとの帰島が間近に迫っていることを報告した。それに対し、同諮問委員の生物学者H・ベントレー・グラス(H. Bentley Glass)は、「(住民の帰島は)遺伝調査を行ううえで理想的な状況を作りだす。それは、あなた方がこれまで広島・長崎で得てきた知見にも勝る重要なものになる」[DOE OpenNet: NV0411749][24]と発言した。この発言でもわかるように、ロンゲラップの人びとに対する追跡調査は、ＡＢＣＣ（原爆傷害調査委員会）を舞台にした広島・長崎の原爆被害者の追跡調査とも連動していたのである。

ロンゲラップの人びとの帰島は、一九五七年六月三〇日、米内務省から報道機関に次のように発表された。「午前九時一五分、避難から三九カ月後、故郷に戻る二五〇名のマーシャル人を乗せた揚陸艦ＬＳＴ-６１８がロンゲラップ島に到着した。……ロンゲラップ自治体代表のジョン・アンジャイン、信託統治領政府の人類学者ジャック・Ａ・トービン、そしてマーシャル人の学校の先生二人が、星条旗を掲げた」[NARA: RG 126][25]。記者発表の中では、ロンゲラップの残留放射能に関する説明は一切なかった（写真5-5）。

**写真5-5**　1957年6月，ロンゲラップ環礁に帰島し，朝ごはんが配られた．
写真提供：John Anjain氏

原子力委員会生物医学部長のチャールズ・Ｌ・ダンハムは、「われわれは、放射性降下物による生態系への影響は十分に理解しておらず、ヤシガニの問題が改善したら危険がない、と断言できるとは考えていない」と、国連信託統治理事会の米政府代表に宛てた一九五九年六月二六日付の書簡[NARA: RG 126][26]で述べている。じつに不確かな状況のもとで「安全」が語られ、ロンゲラップの人びとはそうした土地の上で暮らすことを強いられたのである。

## ◒住民が語る「異変」——残留放射能の影響

ロンゲラップに帰島する時の心境をエトリはこう語った。「ロンゲラップに戻りたいとは思っていなかったの。でも、指導者が戻るというのでついて行った。『ロンゲラップはもう大丈夫なの？』と親に聞いたら、『ロンゲラップに戻らなかったら、わたしたちはどこに行くの』との答えが返ってきたことを覚えているわ」。

エトリのように安全性に疑念を抱いていた住民がいた一方で、「待ちに待った知らせだったわ。自分の家に戻れるんだもの。うれしかったわ。タコノキの葉で手工芸品を作ったり、働くこともできる。とても幸せだった」と喜ぶマーナリックのような住民もいた。

しかし帰島後に、残留放射能の問題が住民の前に立ちはだかった。帰島を喜んだマーナリックだったが、「体が痒くなったり、甲状腺に異常ができたり、病気になった」。ジョンも、「帰島後まもなくして、全身が痒くなった。豚のように体をこすりつけていた」と語る。

帰島から一年半あまりが経った一九五八年末、ジョンは後にマーシャル諸島共和国の初代大統領に就くアマタ・カブアに宛てて、「ロンゲラップ環礁の人びとは、多くの問題を抱え、よくない状況にあることをあなたに知らせたい」と、次のような手紙を送った。「あの爆弾が悪影響をもたらしていると考えています。ロンゲラップの……すべてのココヤシが変な形をしているように見えるのです。大半のココヤシは枯れかけており、幹はよじれ、まるで雷が木々に直撃したようです。わたしたちは驚きました。二つに枝分かれしているココヤシを見たのです」[NARA: RG 126][27]。

ココヤシが十分育たないことは、離島の貴重な収入源となるコプラ生産に支障をきたすことを意味する。第一章で紹介したように、ココヤシはじつにさまざまな用途で用いられ、人びとの暮らしを支えているため、影響は広範囲におよぶ。

また、放射能の影響で食用が禁じられたヤシガニが増えすぎて、ココヤシの実を食べつくす勢いであることも、ジョンは訴えた。ヤシガニの食用禁止は、内部被曝を回避する意味では有効である。しかし、人びとが慣れ親しんだ大好物が食べられなくなるとともに、ヤシガニの増殖を招き、ロンゲラップの生態系に異変を引き起こしたのである。

さらに、ジョンは魚の異変も訴えた。「専門家たちが魚を調査した結果、(ロンゲラップ環礁北部の)ジョクリック島からキーエーセス島にかけて……サンゴ礁の魚がよくないことが判明しました。……魚を食べると、働く気が失せるのです。ロンゲラップのものを食べると、気だるくなると、わたしたちは今感じています」。

「動きたくなくなる」「気だるい」とのジョンの訴えは、広島・長崎の被爆者が直面した「原爆ぶらぶら病」を連想させる。魚の問題は、信託統治領の高等弁務官も把握していた。高等弁務官は、一九五八年一二月に内務省の領土局長に宛てた手紙の中で、「ヘルド(Held)博士のグループが八月に訪問して以降、ロンゲラップの状況は悪化しているように思われる。ヘルド博士が放射能汚染魚を見つけないことを望む」[NARA: RG 126][28]と述べている。

ロンゲラップに帰島した人たちは、帰島直後から、身近な植物の異変を目にしたり、体調の異変を感じたりしながら、視認できない放射能の影響が続いていることを実感し始めた。カトリーヌも

「何をどうやって食べたらいいのか、わからなかった」と語る。

チマコもこう付け加えた。「地のものを食べた。タコノキもニワトリも。そうしたら口の中にできものができた。赤く腫れ上がってきたのよ。クラゲ、ヤシガニ、エビ、モクモク（タシロイモ）はあまり食べるなと、原子力委員会の医師や科学者から言われたわ」。

帰島から一年が経つと、「一九五八年か五九年頃から、出産障害が見られるようになった」とジョンは語る。ヒロコも住民の異変を次のように表現した。「ブドウのような赤ん坊が生まれたり、流産をしたりで、辛そうなお母さんが多かった。赤ちゃんが大人になっても、まるで生まれてきた時のまんま。そんな子どもが生まれたりしたのよ。頭部は成長しても、ほかはほとんど成長しなかったの」。

そう言った後、自らの体験を付け加えた。「わたしも一九六二年にマジュロで二人目の子どもを産んだけど、わずか生後五カ月で亡くなったの。一九八〇年にもマジュロで女の子を産んだけど流産だったわ[29]」。

リジョンも、「私は七回の流産を経験しました。流産はロンゲラップの女性によく見られるものです」[豊崎 2005: 下316]と、一九八五年の米議会で証言している。「ブラボー直後の一九五四年から五八年にかけて、被曝した女性の妊娠の三回に一回、つまり三三%は胎児が死亡した。それに対して、直接被曝していない女性の場合は一四%である。……一九六九年から七三年には、『被曝した』女性は二一・三%、『被曝していない』女性は二〇・七%になった」[Dibblin 1990: 40]と、米原子力委員会のコナード医師の報告をジェーン・ディブリンは紹介する。

「一九六〇年代に二度死産を経験した。子どもの頭はとても柔らかく、脳が透けて見えた」と語るカトリーヌは、一九五七年の帰島を機にロンゲラップで生活を始めた一人である。一九五四年の被曝当時はまだ生まれていなかった人が親になり、「流産をしたり、先天性障害を持った子どもを産んだことがありました」と、レメヨは語る。

異常出産は、一九五四年のブラボー実験の時にロンゲラップにいた人に限定されず、当時いなかった人の間にも広がったのである。残留放射能による内部被曝の影響が考えられよう。さらに一九五八年、連続核実験ハードタック作戦が開始され、前章で述べたように、ロンゲラップはふたたび被曝をこうむり、住民が被曝を重ねていたことも念頭に置く必要があろう。

ジョンは一九六四年に住民代表を退いた。そして家族全員でロンゲラップを去り、クワジェリン環礁のイバイ島に移った。「島で採れるヤシの実や魚を食べるとお腹が痛くなり、下痢をしました。一九五七年に帰郷してからずっとそうでした。島のものが食べられないとわかった時、私は故郷のロンゲラップを去ることにしたのです」[豊崎 2005: 上586]。

イバイに移住したものの、ジョンはロンゲラップにときどき戻り、その後もロンゲラップの地域社会の一員として献身的に働いた。後述するが、ジョンは後に、ロンゲラップの実情を国際社会に伝える、いわばスポークスマンの役割を担うようになる。

一九七七年六月、ジョンは米上院エネルギー・天然資源委員会の公聴会で証言に立ち、一歳で被曝した息子レコジのことを次のように語った。「レコジも一三歳の時に甲状腺の病気が見つけられました。アメリカ人はレコジをアメリカの病院に連れて行き、そして甲状腺を切り取りました。それからある薬を与え、生涯毎日飲むように言いました。……一九七二年、アメリカ人たちはふたたび……レコジを診察したいと言いました。アメリカに連れて行き、ワシントン近くの大きな病院に入院させました。その後、アメリカ人は私を……病院に連れ出しました。レコジが重体になったと言ったからです。私が病院に着いた後、レコジは死にました。……医師たちは、レコジは白血病という病気だったと言いました」［豊崎 2005: 下144–145］（写真5–6・5–7）。

一九七〇年に結婚してロンゲラップで暮らし始めたフレッドリーは、「（まだ若い）五〇代の人が病気にかかり死んでいった」と、当時の島の様子を語る。また、「私の妻もブラボーで被曝し、体が弱かった。一九七七年、私たちの三番目の子ども、娘のジュリーが障害を持って生まれた。

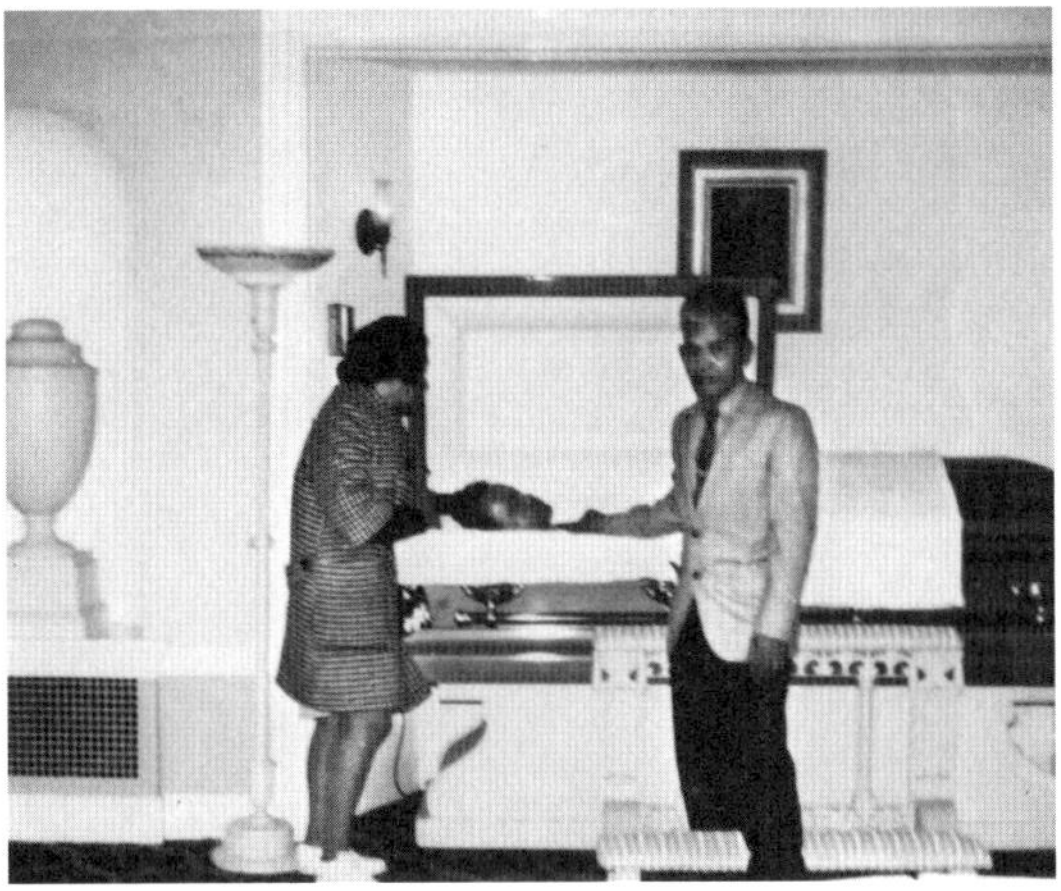

**写真5–6**
1972年，急性骨髄性白血病で亡くなった息子レコジの亡骸に寄り添う父のジョン（米メリーランド州）．
19歳のまだ早すぎる死だった．
写真提供：John Anjain氏

**写真5–7**　ロンゲラップの墓に眠るレコジ．
写真撮影・提供：前田哲男氏

歩くことができない。背が伸びない。動作が子どものように遅い。放射能の影響でそうなったと妻は考えている。ＤＯＥ（米原子力委員会の後継機関であるエネルギー省）にホノルルに連れて行かれたこともあったが、今に至るまで、どういう病気なのか診断内容は教えてもらっていない。ＤＯＥはわたしに教えたくないものがあるのだろう」ともつぶやいた。

### ◒「最も価値あるデータ」――治療目的ではない医学調査

米国は、住民をロンゲラップに帰島させた一九五七年の後も、被曝した住民の追跡調査を続けた。医学調査は当初、原子力委員会が所管して実施された。省庁改編にともない、一九七四年からエネルギー研究開発局（ＥＲＤＡ：Energy Research and Development Administration）、一九七七年以降はエネルギー省（ＤＯＥ：Department of Energy）に引き継がれた。医学調査団の責任者には、ブルックヘブン国立研究所の医師ロバート・コナードが就き、退職する一九七九年までコナードはその地位にあった。

医学調査団の手で、ロンゲラップの人びとは「被曝者」と「非被曝者」に区分され、それぞれ身分を証明するカードが発行された［豊﨑 2005: 上431］。ブラボー実験の時、ロンゲラップあるいはアイリングナエで暮らしていた八二人と胎内にいた四人は「被曝者」と区分され、医学調査団から緑色の証明カードが渡された。一方、ブラボー実験の時にロンゲラップとアイリングナエにはいなかった一六五人は「非被曝者」に区分され、ピンク色の証明カードが渡された。カードには、氏名、性別、客体番号、出生年、出生場所、婚姻の有無、子どもの数が記入され、顔写真が付けられた（写真5-8）。

コナードらが執筆した、一九五七年三月の医学調査報告書（コナード報告）［DOE OpenNet: NV0404569］(30)には、ロンゲラップの人びとを追跡し続ける意義が次のように説かれている。

**写真5-8**　コナードらによる追跡調査では，被験者の写真が毎回撮られた．
「67」は1967年調査を意味し，左の数字は各自につけられた客体番号．
写真はいずれもロンゲラップの「被曝者」で，
ウトリックの「被曝者」は3桁，「非被曝者」は4桁の番号がつけられた．
写真提供：前田哲男氏

「放射性物質の利用が研究や産業の分野でますます普及し、各種の電離放射線で人間が被曝する可能性が増している。したがって、人間への影響に関するさらなる知見が大いに必要とされるわけである。放射線の影響は動物でかなり調査されているが、それらのデータでもって、人間への影響を推し量ることは明らかに限界がある。……人間への放射線の影響を推し量るうえで、原子爆弾で被爆した広島・長崎の日本人やマーシャル人、また少数であるが隔絶された研究所での事故や、ラジウムを摂取して被曝した個人が価値ある資料となる。

被曝したマーシャルの集団は、放射線の照射、ベータ線熱傷、放射性物質の体内吸収という予測しうるすべての被曝を受けて負傷しており、最も価値あるデータを提供する。それぞれの被曝にともなう急性および亜急性の影響は、現在ほとんど小康状態を保っているが、よく記録されている。……ロンゲラップ島の放射能汚染は、人間が居住するうえで十分に安全だと考えられるが、その放射能は、人間が住む世界のいかなる場所より高水準にある。……

マーシャル人の調査にはさまざまに好都合な要素がある。ロンゲラップの被曝者と非被曝者は相関関係にあり、優れて同質の人口規模である。かれらは同質の環境・社会・経済状況のもとで生活し、いつまでも一つの集団でまとまっているだろう」。

ロンゲラップの人びとを医学的に追跡した背景に、核戦争だけでなく原子力の利用促進もあったことが浮かび上がる。米国は、核開発を推進するために、ロンゲラップの人びとを「最も価値あるデータを提供する集団」に位置づけた。ロンゲラップの人びとは治療ではなく監察される対象だったのである。

一九五六年六月、原子力委員会生物医学部長のC・L・ダンハム(C. L. Dunham)は、国連信託統治理事会の米政府代表D・H・ニューカー(D. H. Nucker)に宛てた親書[NARA: RG 126][31]で、医学調査の狙いを次のように説明した。「ロンゲラップは放射性降下物に一度だけ汚染され、人体への影響を調査する環境が比較的良好な状態で保存されており、生物学的研究をする絶好の機会である。……放射性降下物が引き起こしうる環境への影響を測定することは、今後の爆発が長期にわたってもたらす人類への危険性を予測したり、(生活環境の)回復時期を見きわめたりするうえで役立つであろう」。

一九五八年三月、帰島後初めてとなる医学調査が実施された。医学調査に先立ち、コナードとロンゲラップの住民らとの間で議論が交わされた記録が、米公文書館に所蔵されている[NARA: RG

126〕[32]。コナード以外は、すべてロンゲラップの住民の発言である。

コナード……「わたしは八人の専門医と一二人の技術者を連れてきた。……われわれはあなた方を検査するため毎年ここにやってくる。あなた方が大丈夫かどうかを確かめるためだ。われわれ医者も放射線の影響がすべてわかっているわけではない。だからこそ、何らかの後遺症が出ていないかを確かめに、戻ってこなくてはならないのだ。われわれが提供している検査は、とても複雑であるが、すべてあなた方の利益のためだ」

ジョン………「放射能に汚染されていれば、知らせてくれるのか」

コナード……「そうだ、検査の後で」

ジョン………「過去の検査はどうだったのか」

コナード……「あなた方は大丈夫だ。被曝者集団の一人の赤血球を除いて」

ネルソン……「あなたは原子力委員会なのか、内務省なのか」

コナード……「原子力委員会のもとで働いている」

ネルソン……「わたしたちの島に放射能はないと言うなら、なぜヘルド博士は調べるのか」

コナード……「科学目的の調査だ。まだ(放射能は)少量存在している。調査している食物や魚は安全な状態だ」

ネルソン……「すべて食べて大丈夫なのか」

コナード……「ヤシガニを除いては」

ネルソン……「豚はヤシガニを食べる。その豚を食べるのは安全なのか」

コナード……「大丈夫だ。ヤシガニだけが悪い」

ネルソン……「わたしたちの環礁にまだ放射能があると言うなら、なぜ島に戻したのか」

コナード……「安全なレベルだからだ」

カラ…………「（ロンゲラップ環礁の）北部の島々で捕れた魚を食べたら病気になる」

コナード……「そんなことは知らない。放射能はそんなことを起こさない」

ネルソン……「もしあなたが言うように大丈夫なら、身体の検査をあなたにしてほしくはない」

コナード……「拒むとは愚かだ。何かが起こる前にわれわれは把握できる」

ジョン………「（ロンゲラップに）戻ってから、以前とは変わったことを感じている。ここの食べものや魚を食べると病気になる」

コナード……「そのような医学的知見はない」

イサオ………「わたしたちが大丈夫であると言うのならば、検査は受けたくない」

コナード……「検査はとても重要なことで、あなた方のためである。われわれ医師が判断しなくてはならない」

イサオ………「わたしたちの島もわたしたちも良好だと言うなら、どうしてここに来るのか」

コナード……「この先の行方を確かめるためだ」


住民のことを「最も価値あるデータを提供する集団」と、まるで実験材料のようにみなしていたことは伏せ、コナードは、医学的な追跡調査は「住民の利益」だと説明した。

医学調査団は毎年、島にやってきた。しかし、異常を訴える住民の疑問や訴えには向き合わず、治療はなされず、住民の健康状態は監察され続けた。そうした医学調査のあり方に住民は納得していなかった。

医学調査団がロンゲラップの人びとから歓迎されていないことは、信託統治領の高等弁務官の耳にも入った。一九五八年一一月一四日、高等弁務官は本国の内務省の領土局長に宛て、「ロンゲラップの医学調査は最小限の回数にし、ロンゲラップの地域社会に困惑をもたらすことは最小限に抑えるように」求める要請を出した。この書簡は、内務省の領土局長から、原子力委員会の生物医学部長のもとに転送された[NARA: RG 126][33]。この異例の書簡は、医学調査に対する不満がロンゲラップの住民の間でかなり高まっていたことを示す一つの証左である。

## 過剰に摘出された甲状腺

一九六三年にロンゲラップで実施された医学調査で、甲状腺異常が初めて三件発見された[豊﨑 2005: 上566]。ブラボー実験の被曝から九年目の出来事であった。被曝当時の年齢でいえば三歳が二人、四歳が一人という、三件とも幼児の時に被曝した人だった。この六三年以降、医学調査のたびに、甲状腺異常が発見されるようになった。

一九六六年には、医学調査で甲状腺異常が見つかった五人の女性が渡米し、ブルックヘブン国立研究所で精密検査が行われた後に摘出手術を受けた[DOE OpenNet: NV0403524][34]。その後、甲状腺異常が発見されると、渡米して摘出手術を受けるケースが頻出した。

「アメリカは一九六八年頃から、(ロンゲラップの住民を)ニューヨークの病院に連れて行くようになった。研究所で甲状腺のチェックをする。なかには二回、三回と連れて行かれる者もいた。一九七三年六月にわたしも行った」と、ジョンは語る。

甲状腺異常は、ロンゲラップで被曝した子どもたちの間で多発した。一九六八年三月の調査では、被曝当時一〇歳未満であった一九人のうち一七人から甲状腺異常が検出され、罹患率は九〇%を超えた［NARA: RG 126］(35)。コナード医師は一九六八年四月、内務省の領土局長に宛てた手紙の中で、「甲状腺への影響は深刻な状況が続いている」と述べている［NARA: RG 126］(36)。

さらに一九六六年の追跡調査で、被曝したウトリックの成人からも甲状腺異常が発見された［豊崎 2005: 上588］。一九六九年には、甲状腺異常が発見されたウトリックの当時三四歳の女性が渡米し、ブルックヘブン国立研究所で精密検査と手術を受けた［NARA: RG 126］(37)。だが、「本件は、低線量という点から見て、放射線被曝によるものだとは信じられない」［NARA: RG 126］(38)と、ブルックヘブン国立研究所は見ていた。またコナードも、「(ウトリックの)被曝は大したことではない」［NARA: RG 126］(39)との認識をその頃はもっていた。

しかしその七年後、コナードはウトリックの被曝に対する認識を変えている。一九七六年八月一〇日、コナードは、「ウトリックの医学調査は三年に一度で十分であると決定されていた。その時点では、放射性降下物から吸収した放射性ヨウ素による甲状腺被曝量は察知することができなかった。……甲状腺への影響は、ロンゲラップでさえ予期されていなかった」［DOE OpenNet:

NV0402939][40]と発表した。

ブルックヘブン国立研究所から派遣され、一九七五年から七六年にかけてマーシャル諸島に常駐した医師のコンラッド・P・コトラディ(Konrad P. Kotrady)は、「(ウトリックの推定線量である)一四ラド(一四〇ミリシーベルト)の低線量では人体へは何ら悪影響は与えない」との見解は、「誤りであることは明白だ」と指摘している[DOE OpenNet: NV0706315][41]。

一九八四年の調査時までに、ウトリックで被曝した一六七人のうち一七人に甲状腺異常が確認され、うち四名は癌と診断された[DOE OpenNet: NV0403551][42]。さらに一九八七年の調査では、「医師団は、ウトリック島での検診で、『被曝』と『非被曝』の区分を問わず、甲状腺機能低下症が多発していることを発見し、極めて深刻な事態に至っていることを知った」[豊﨑 2005: 下372]と、報告書に記されている。医学調査団は甲状腺異常に注目し、異常が見つかれば米国に連れて行き、精密検査と手術が繰り返された。

マーシャル諸島自治政府の議員であったチェトン・アンジャイン[43]は、米議会の公聴会で一九八四年一二月、コナードらの医学調査は「健康問題を狭く定義している」[豊﨑 2005: 下312]と批判した。チェトンは、「圧倒的な数の甲状腺腫が見られ、DOE(米エネルギー省)はこれを放射線被曝が原因とする主要な病気とみなし……ロンゲラップ環礁住民の間で高い比率で見られる白内障、心臓病、癌、出産障害やその他の病気は放射線被曝とは関係がないと言っている」、「この狭い定義のために、これらの病気に苦しむロンゲラップ環礁住民は決して治療をしてもらえないのです」[豊﨑 2005: 下312]と訴えた。

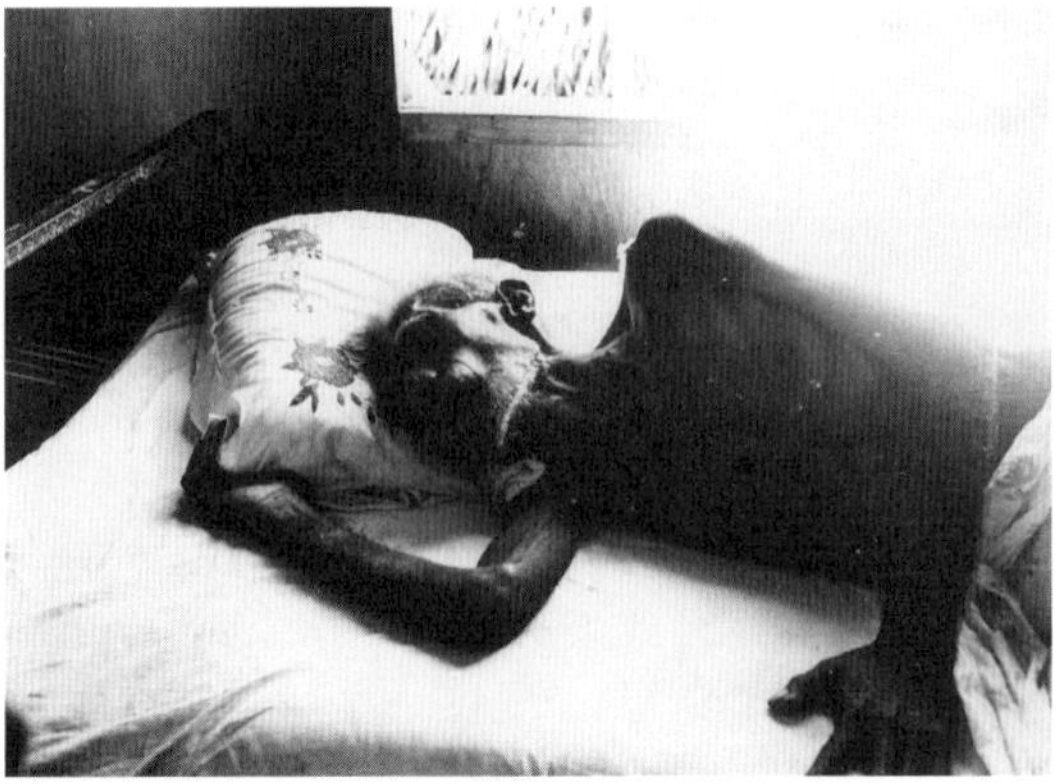

**写真5-9**　1974年7月27日，ジャーナリストの前田哲男氏と
島田興生氏がロンゲラップに取材に訪れた．
その時，「骨が見えるくらい細くなり，癌になった」とレメヨが語る，
ナプタリの最期に立ち会った．
この写真の3日後に亡くなった．胃癌だった．
写真撮影・提供：前田哲男氏

**写真5-10**　1974年8月6日，ナプタリの埋葬式．
島の全員が集まり，死者を送った．
写真撮影・提供：前田哲男氏

甲状腺の異常にのみ焦点を当てて医学調査が実施されたため、他の健康問題がなおざりにされ、治療がなされていないと、チェトンは指摘したのである。医師のコンラッド・コトラディは、一年間マーシャル諸島に滞在した経験を踏まえ、「ほんの小さな限られた分野にしか関心を持たないのではなく、かれらの問題のすべてに注意を向けてくれる」ことが住民から医師に求められていると、医学調査のありようを批判した［DOE OpenNet: NV0706315］[44]。レメヨも、「骨が見えるくらい細くなり、

癌になった住民がいた時も何もしてくれませんでした。情報収集をひたすら繰り返すだけ。研究している。モルモット扱いしている。わたしたちを治療しに来ているのではないと、疑いを持った」と語る（写真5-9・5-10）。

医学調査の中で、米国側が甲状腺異常に多大な関心を寄せ、患者を渡米させて精密調査を行い、手術が繰り返されたのは、なぜなのだろうか。住民の間に甲状腺異常が顕著に見られたという説明だけで、反復された手術の理由を理解しようとしても無理がある。そもそも甲状腺の手術は本当に治療だったのだろうか。

マーシャル諸島で甲状腺異常が多発していることを受け、一九八〇年、米国で甲状腺疾患の治療に長年携わってきた医師のルーベン・メーリス（Reuben Merliss）が独自調査に入った。メーリスは手術に関して、「甲状腺全体が常に摘出されているが、手術は通常、甲状腺癌の場合に実施されるもので、良性の腺腫の場合は行わないものである」［DOE OpenNet: NV0403081］[45]と指摘している。マーシャル諸島の外務大臣トニー・デブルムも、「正常な状態であっても、住民の甲状腺摘出手術を行う」［豊﨑 2005: 下547］と、医学調査を批判する。

甲状腺の摘出手術は過剰に行われ、治療とは別次元のデータ収集の一環ではなかったのかとの疑念を拭い去ることはできない。ロンゲラップの人びとは、一九八〇年時点で、「被曝者集団」八四人中、甲状腺癌と診断されたのは四人であったのに対し、三一件にもおよぶ摘出手術が実施された［DOE OpenNet: NV0403551］[46]。また、ウトリックの「被曝者集団」の場合、先に紹介したように「低線量という点から見て、この事例は放射線被曝によるものだとは信じられない」としつつも、一七件にもおよぶ甲状腺摘出手術［DOE OpenNet: NV0403551］[47]が一九八〇年時点で実施された。甲状腺が全摘されると、ホルモン剤などの薬を生涯にわたって服用しなくてはならず、声のかすれや高い声が出ないなどの後遺症が発生する場合がある。

被曝の後、「医学調査」の名で、治療とは無縁のデータ収集が行われていた事例は、アイリーン・ウェルサムの『プルトニウムファイル』［ウェルサム 2000］をはじめ、すでにいくつかの文献で明らかになっている。マーシャル諸島に限っても、ロンゲラップの一部の人びとに対し、一九五七年に破傷風毒性化学物質の注射が打たれ［前田 1991: 22］、また、一九六〇年から六三年にかけては放射性クロムの注射が打たれた［朝日新聞 1998.1.20］。いずれも医学調査の中で、本人の同意なしに実施されていた。

一九七七年、米上院エネルギー・天然資源委員会の公聴会で発言したジョンは、医学調査に言及し、次のように証言した。

「医師たちはいまも毎年やってきます。時には年に二回やってきますが、私たちは幸せではありません。私たちはいまなお恐れています。医師たちは、私たちは病気ではないといっています。それならば、なぜ医師たちは私たちを連れ出し、甲状腺を切り取るのでしょうか。……医師たちは、ただ私たちを診たいのだと言います。爆弾から二二年が過ぎました。医師たちはいまでも甲状腺の病気を見つけています。いまではウトリック島でも見つかっているそうです。私たちはいまなお不安です。医師たちは灰が降り落ちたのは事故と言っています。私たちは、医師たちが、私たちみんなを実験に使っているのではないかと思っています。私たちはアメリカ人が好きです。私たちに親切でした。私たちは怒っているのではなく、ただ恐れているのです……」[豊崎 2005: 下146]。

原子力委員会が医学調査を行い、ロンゲラップとウトリックに医師を送り込んでも、収集したデータは米政府が独占的に管理した。米政府にとって、被曝した住民は治療・救済の対象ではなく、データの供給源でしかなかった。医師は送り込まれても、住民は長い間、自らの健康状態すら把握しえない状況に置かれ続けたのである。

## 五　米政府に拒まれた原水禁現地調査

### ◒原水爆禁止世界大会への初参加

「マーシャル諸島の人びとは今も病気に苦しんでいる。十分な治療を受けられないばかりか、年一回やってくるＡＥＣ(米原子力委員会)派遣の医師たちによって恰好の研究対象になっている」[豊崎 2005: 下19–20]。一九七一年八月、ミクロネシア議会でマーシャル諸島選出の下院議員を当時務めていたアタジ・バロスは、原水爆禁止日本国民会議(以下、原水禁)が主催した原水爆禁止世界大会に参加し、このように訴えた。同時に、日本人医師を現地に派遣し、被曝住民の調査を行うよう要請した。米政府による被曝者調査の独占管理に風穴を開けようとしたのである。米核実験場とされたマーシャル諸島の代表が、原水禁世界大会に参加することは初めてのことであった。

アタジ・バロス議員の動きに、コナード医師は敏感に反応した。「政治的妨害」と捉え、「マーシャル人の下院議員が、でたらめな攻撃を米国と医師団に仕掛けてきた」［DOE OpenNet: NV0402939］(48)と後に述べている。

バロスの強い要請に応え、原水禁は一九七一年一二月、現地に調査団を派遣することを決めた。原水爆禁止運動は「広島・長崎に収れんされて、『なぜ日本人だけ』」［前田監修 2005: 331］と、偏狭な「ヒバク・ナショナリズム」（長岡弘芳）の中で運動が展開された。マーシャル諸島の現地の人びとの存在は、原水爆禁止運動の中でも視野の外に置かれてきた。そうしたなか、マーシャル諸島の核実験被害問題を原水爆禁止運動の課題に先駆的に位置づけたのは、当時、原水禁の事務局次長を務めていた池山重朗であった。

池山は、「沖縄問題から被曝者が置かれている状況が想像できた。高等弁務官の絶対的支配下にあり、このままでは浮かばれない」と、当時の心境を筆者に語った。米占領下にあった沖縄の延長線上に、米信託統治領下にあったマーシャル諸島の核実験問題を視野に収めたのである。沖縄原水禁の仲吉良新とミクロネシアの独立運動家であるフランシス・ウルドンを介して、池山はマーシャル諸島のバロス議員と出会うことになる。

「フランシス・ウルドンという男がハワイにいた。ベラウ（パラオ）出身の男だ。ミクロネシアの独立運動をしていた。沖縄の原水禁がウルドンと連絡を取りだした。原水禁がベトナム反戦運動でアメリカに行く途中でハワイに立ち寄った。沖縄の仲吉良新さんがハワイでウルドンに会う」。そして、ウルドンから紹介されたのが、アタジ・バロスであり、「一年間の手紙のやりとり」を通じて招聘が実現した。

アタジ・バロスとともに来日したモーゼス・ウルドンは、フランシス・ウルドンの弟で、当時二一歳の若きミクロネシアの独立運動家であった。ミクロネシアの中で、ハワイに留学した学生が外部からの知識を得て、自分たちが置かれている境遇について徐々に知るようになり、ミクロネシアの独立運動が展開され始めていた。そこに米占領下にあった沖縄が結節点となり、マーシャル諸島と原水禁はつながっていったのである。

池山は、バロスと出会い、提起された現地調査団の派遣要請を積極的に受けとめた。池山は当時の思いをこう語る。「反核平和運動は、ベトナム戦争や全共闘運動の影響を強く受け、原水禁運動の原点である『死の灰』の問題が薄れていた。『死の灰』の問題がどれほど重要なのか、ビキニ問題をもう一度やって知らせたかった」。

さらに池山は、「被爆者援護法の交渉をしに厚生省衛生局に行っても、出てくるのは結核予防の人で、放射能の予備知識がない。一九六〇年代から原発の問題にも取り組み始めていた」と続ける。マーシャル諸島の現地を視野に入れ、ビキニ事件にもう一度向き合うことで、「死の灰」の問題をふたたび見つめ直し、広島・長崎原爆の被害者、さらに原発被曝の問題に取り組む力にしようとの狙いが、池山にはあったのである。「ビキニを忘れ、何の原水禁運動か」との信念が、池山をマーシャル諸島の現地調査へと突き動かしたのである。

## ●原水禁の現地調査団派遣

原水禁は一九七一年一二月、マーシャル諸島に現地調査団を派遣した［原水爆禁止日本国民会議ミクロネシア調査団編 1972］。医師の本多喜美を団長に、広島大学の甲状腺外科医の江崎治夫が加わり、調査団は計六名で編成された。池山重朗が事務局長を務め、朝日新聞、毎日新聞、中国新聞、共同通信の四名の記者が同行した。

原水禁調査団一行は、出発の約一カ月前の一一月九日には、米太平洋諸島信託統治領政府に入域申請を行った。マーシャル諸島現地からも、「入域許可を出すよう」米高等弁務官に要請がなされた。しかし、高等弁務官は何らの返答もせず、原水禁は現地側と打ち合わせ、とりあえず「観光ビザ」でマジュロまで行き、現地で「正式の入域許可」を得る交渉を行うことにした［原水爆禁止日本国民会議ミクロネシア調査団編 1972: 2］。

原水禁調査団一行は、一二月七日に羽田空港を発ち、グアムを経由し、現在の首都マジュロに予定どおり翌八日に到着した。原水禁の調査団は地元から歓迎された。しかし、原水禁が被曝地ロンゲラップに入島することを、信託統治領政府は固く阻んだ。

原水禁の調査団を招致したアタジ・バロス議員は、入島許可を求めて信託統治領政府の司法長官代理ロバート・ボウルズ（Robert Bowles）と何度も交渉を続けた。その模様は米内務省の公文書に記録されている。同記録によれば、「一行は観光客ではなく、信託統治領内に立ち入る許可は有しておらず、ホノルル行きの午後の便で退去しなければならない」［DOE OpenNet: NV0402962］(49)と、退去勧告がボウルズから出された。

同行取材をしていた元朝日新聞記者の岩垂弘は、「当時の取材メモを読みますと、アメリカ側の態度は硬く、神経質になっていた。……現地住民たちに、アメリカは、原水禁の調査に協力したら『コナードの調査団をやめるぞ。ヒバクシャ自身が最大の犠牲者となるであろう』と言っていました」と、原水禁側に協力する住民に米側が脅しをかけていたことを証言する。

「一〇人のうち医師はわずかに二人だけで、残りは新聞記者あるいは政党の関係者であり、太平洋諸島信託統治領政府が干渉する（intervene）ことに決定した。……多くの新聞が、日本人一行の治療を論説に書きたて、話題にし、法的策動もあり、信託統治領政府は、何らかの抑制策を講じなくてはならないと、非民主的な行動をとった」［DOE OpenNet: NV0409491］(50)と記された、原子力委員会生物医学部の環境部門長による報告が、米公文書館に残されている。

信託統治領政府による「非民主的な行動」が具体的に何を指すのかは、同報告に記されてはいない。しかし、同行取材をした岩垂は、「グアムから、CIA（米中央情報局）と思うんですが、ずっと尾行して、監視していた。非常に不気味でした。……取材ノートを見ますと、何かあった時に備えて、記者同士で相談していたんですよね。非常に怖かったですよ」と、緊迫した当時の様子を語る。池山も、「CIAは三人で、日本語がしゃべれる女性が一人いた。べったりついてきた。被曝者の話を聞いている時、怖かったですよ。いつ途中でドアを開けて踏み込んでくるか」と、滞在中に恐れを感じたことを筆者に語った。

第二次大戦後のマーシャル諸島を含めたミクロネシア地域の米国統治は、「動物園政策」［松島

2007: 112–119］と呼ばれた。ミクロネシアへの出入りを行政官・軍人・人類学者等に限定し、外部の経済的投資を抑制し、ミクロネシアを外部社会から閉ざして、軍事戦略上の拠点としてのみ利用する政策であった。

しかし、世界的な植民地独立運動の高まりを受け、ミクロネシア地域を外部社会に開放し、それまでの援助政策の転換を促す「ソロモン報告」が一九六三年に出された。そこでは、日本のビジネスマンや技術者、一般人のミクロネシアへの出入りを認めることや、日本企業の投資の自由化が提案されていた。原水禁が調査団を派遣したのはソロモン報告が出された後であった。

そうした時期であったにもかかわらず、原水禁調査団は被曝地ロンゲラップ入りを信託統治領政府に拒まれたのである。この事実は、核実験終了から一三年経った一九七一年の時点でも、被曝地域が外部社会から閉ざされ、マーシャル諸島住民の自決権が疎外され続けていたことを如実に示す。日本人のロンゲラップ入りを拒否した米政府に対し、招聘したアタジ・バロスは後にミクロネシア議会で、「かれらにはそうした権限はない。ここはわれわれの島だ」と批判した［DOE OpenNet: NV0402962］(51)。

ロンゲラップ行きを阻まれた原水禁の調査団は、帰りの飛行機を待つ間に、ロンゲラップとウトリックで被曝し当時マジュロに住んでいたブラボー実験の生き証人たちに会った。池山はその時のことを、「ジョン・アンジャインに頼んで二二人に会えた。ジョン・アンジャインがいなかったらできなかった。通訳もしてくれた」と回想する。

ミクロネシア議会の上院議員を務めていたアマタ・カブアは当時、岩垂の取材に対し、「（原水禁）

調査団の来島はミクロネシアの実態を浮き彫りにした。今後も日本と仲よくしていきたい」〔朝日新聞 1971.12.15〕と答えている。原水禁調査団の調査は米政府の拒絶で実現されなかったが、住民はそれであきらめることはなく、逆に奮起していくのであった。

**写真5-11**　1972年の原水禁世界大会に初めて参加したジョン（左）と，1971年に引き続き2度目の参加となったアタジ（右）．
写真提供：原水爆禁止日本国民会議

## ◒原水爆禁止運動との交流

マーシャル諸島のロンゲラップと日本の原水爆禁止運動を結ぶ絆は、一九七一年の調査団の派遣以降、より確かなものになっていった。米政府に調査を阻まれ、マジュロに留め置かれていた時、バロス議員との間で、第五福竜丸の母港である静岡県焼津市で開かれるビキニデー集会にミクロネシア代表を招く話が固まり〔朝日新聞 1972.2.18〕、一九七二年三月に初めて実現した。

また、同年夏の原水爆禁止世界大会には、ジョン・アンジャインが、アタジ・バロスとともに参加した（写真5-11）。ロンゲラップで被曝した当事者が原水爆禁止世界大会に初参加したのである。長崎の原爆資料室を見学した時、ジョンは原爆の後遺症を持って生まれた無脳児の写真を前に、しばらくの間、足を止めて見入った。「これ、ロンゲラップでも、できたことあるよ。……四人から六人生まれた。これと同じだね……。普通なら生まれないよね」〔朝日新聞 1972.8.11〕と、ジョンが記者に語りかけたことが、当時の朝日新聞に報じられている。また、広島では、ＡＢＣＣ（原爆傷害調査委員会）は「血液を採るだけ」なのに、「（患者が）死亡すればすぐ解剖のために飛んで来る」という日本側の話を聞いて、「ＡＥＣ（米原子力委員会）と同じだ。やっぱり治療なんか、していないのじゃないか」とジョンは記者にもらしている。ジョンの目は、開かれていったのである。

さらに、ジョンは原水爆禁止世界大会で、カリフォルニアから参加していた「ミクロネシアの友」（Friends of Micronesia）の責任者であるロジャー・ゲール（Roger Gale）と出会う〔齋藤 1975: 252–253〕。その後も両者は密接に連絡を取り合い、一九七二年の原水爆禁止世界大会は、「ミクロネシアの友」が被曝問題に本格的に取り組むきっかけとなった。

一九七五年には、ヨットで航海しながら非核太平洋キャンペーンを行う「フリー号」が、ニュージーランドを出発し、ロンゲラップに立ち寄った。同船が日本に向かうことを聞いたネルソン・アンジャイン（ジョンの弟）は、日本の医師をぜひ島に呼ぼうと考え、すぐさまヨットに乗ることを決断した〔桐生 1990: 29〕。ビザは取得していなかった。

ネルソンは「フリー号」に乗って、初めて日本に到着した。原水爆禁止日本協議会（原水協）がネルソンの身元保証人となった〔桐生 1990: 29–41, 142–144〕。ネルソンはビキニデー集会などに参加して、「島民は放射能障害による死の影におびえている。同じ被爆国の日本から医学調査団を派遣してもらい、実情をよく調べてほしい」〔朝日新聞 1975.3.12〕と訴えた。広島にも立ち寄り、被爆者治療に携わる医師らとも懇談した。

**写真5−12**　1975年，日本各地でロンゲラップの実情を訴え，日本からの医師団の派遣を要請したネルソン（右）．東京での訴え．写真撮影・提供：前田哲男氏

その後、前田哲男や島田興生らと行動をともにし、ネルソンは東京で次のように訴えた。「アメリカの医師は来ますが、核実験の影響を調べるための検査ばかりで治療はしてくれません。体調の悪いことを訴えても、死の灰の影響ではなく普通の病気だということを繰り返すだけです。しかし、ロンゲラップでは誰もその言葉を信じていません」、「私たちは何もわかりません。日本には専門の医者や科学者がいます。その人たちに私たちの体とか島の土とかを調べてもらいたい。島に帰ると、私も体の具合がとても悪い。その理由を知りたいのです」[FRIニュース 1975.3.15]（写真5−12）。

ネルソンは一カ月以上日本に滞在し、別れの会が催された。そこで次のような言葉をネルソンは残した。「広島に行くまでは、私は何も知らなかった。……もしアメリカがビキニで水爆実験をしなかったら、私は日本へ来なかったでしょう。広島もひどい状態でした。ロンゲラップと同じです。それでも日本には病院があり、医者もたくさんいる。だが私の島の人たちは、何も知らず判らず死んでいくのです。いま私ははじめて目が見えるようになりました。耳もきこえるようになりました。そして口も。これから私は一生けん命やります」[FRIニュース 1975.4.10]。

ネルソンは日本からの帰路、フィジーに立ち寄り、一九七五年四月に行われた非核太平洋会議に参加した。そこでネルソンは、住民は被曝とともに、不十分な医療のもとで放置され、被害はより深刻化していることを訴えた[*Honolulu Star Bulletin* 1975.4.7]。

一九七六年五月には、原水禁運動とのつながりを活かし、ロンゲラップの青年が二人来日した。かれらは、日赤長崎原爆病院で検診を受け、「島で年二回検診を受けている。原子力委員会は、よくなっている、というが本当にそうなのか。これら(症状)がどうなるのか教えてくれない、……いまも時折、激しい頭痛がする。薬から早く解放されたい」[朝日新聞 1976.5.12]と検診医に訴えた。

ロンゲラップとの交流が深まるなか、一九七六年八月、原水禁九州ブロックが、米原子力委員会の医学調査団のカルテを入手したと発表した[朝日新聞 1976.8.4]。ロンゲラップの診療所の保健士が、『棄民の群島』[前田 1979]を著したジャーナリストの前田哲男に渡し、託されたものであった。以下は、ある被曝した男性のカルテの一部抜粋である。

「爆発の翌日吐き気、二日間下痢。足にベータ線火傷。背中から腹部にかけて痛み、一〇年に及ぶ。喘息の発作。五七年、歯槽膿漏、顔面のゆがみ、直腸の出血。六一年、前立腺肥大。六四年、中程度の動脈硬化。六三年、視力減退、軽度の水晶体混濁。六四年、右眼手術、失語症、心音不整。六六年、五七年以来体重約九キロ減、著しい老化。七一年、視力・聴力減退、関節炎。七四年、胃がんで死亡」[朝日新聞 1976.8.5]。

住民のカルテを見た日赤長崎原爆病院の医師は、朝日新聞社の取材に答え、癌をはじめ甲状腺異常が際立っており、目の異常が目立つことを指摘した後、「今後も、癌や白血病などの発生が予測される」［朝日新聞 1976.8.4］との所見を述べた。

その後、朝日新聞社はコナード医師に医学調査の内容を確かめた。するとコナードは、記者に対して直接は答えず、「かれら（原水禁）はどのようにしてカルテを入手したのか」と逆に質問し、「隠すことは何らしていないが、カルテを入手することは倫理に反する妨害行為である」［DOE OpenNet: NV0706141］[52]と、批判の矛を原水禁側に向けたことが、米公文書に記録されている。

また、原子力委員会の後継機関であるエネルギー研究開発局（ＥＲＤＡ）の生物医学部の環境部門長ジェームス・L・レバーマン（James L. Liverman）は、原水禁とその報道、さらには長崎の医師をより辛辣に批判した。

「日本人は倫理に反し、われわれが持つロンゲラップの人びとの医療記録を入手した。そのことは、住民の福祉（well-being）に不幸な結果をもたらした。長崎の医師の所見は、……不完全な記録にもとづく予測であり、それが報じられたわけである。報道人が所見を誤って解釈したか、さもなければ医師が基本的に誤っており、著しく誇張されたものである。……『マイクロネシア・ニュース』で報じられ、ロンゲラップの人びとの間に不要な不安を招いた」［DOE OpenNet: NV0401343］[53]。

コナードやレバーマンの言動から、カルテの外部流出が、原子力委員会の後継機関であるエネルギー研究開発局には、痛打になっていたことが透けてみえる。

# 六　自ら安全を求める行動

マーシャル諸島のとりわけロンゲラップの人びとは、原水爆禁止運動や非核独立太平洋運動とのつながりを深めるなかで、米国の医学調査に対する批判を強め、より明確に異議申し立てを行うようになった。

## ◒米医学調査へ高まる住民の反発

一九七一年一二月、原水禁が計画した現地調査が米国に阻まれたことに、マーシャル諸島の現地住民から強い不満が噴出し、さらに批判の声は在住米国人にも広がった［DOE OpenNet: NV0402211］(54)。そうしたなか、米原子力委員会は、新たに日本人医師を医学調査に招くことを計画し［朝日新聞1972.3.4］、久保山愛吉の主治医を務めた熊取敏之、外科医の早川知男、原水禁の調査団に同行した江崎治夫の三名を招聘した。日本人医師を招くことで、マーシャル諸島現地での「批判を打ち消す」狙いがあったと、原子力委員会の一九七二年二月八日付の内部報告には記されている［DOE OpenNet: NV0408253］(55)。

しかし、熊取医師は都合がつかず、また江崎医師も参加を見送った。その結果について、原子力委員会は国務省に対し、「江崎博士の訪問は無理になった。どうやら、バロス議員の使者として反核の会議である日本のビキニデーに参加した、パラオのウルドン氏の圧力があったようだ」［DOE

OpenNet: NV0404234〕[56]との見方を示している。

結局、日本からは早川医師一人が一九七二年三月、コナード率いる医学調査に同行した。マーシャル諸島の現地で早川医師が目にしたのは、住民の受診拒否だった。原水禁の現地調査が叶わなかった際、ミクロネシア議会上院議員のアマタ・カブアは、「もしも日本人の滞在が許可されないのであれば、ロバート・コナード博士と原子力委員会を締めだす」と、米側に警告していた〔DOE OpenNet: NV0402962〕[57]。その三カ月後、医学調査のボイコットを住民に呼びかけ、実際に行動に移した。コナードらは、「被曝者」一九二人と「比較対照群」六〇人の調査を予定したが、協力が得られたのはわずかに「被曝者」四〇人と「比較対照群」一五人だけ〔DOE OpenNet: NV0409491〕[58]で、「ロンゲラップでは、一三五人（の調査）を予定したが、一人も応じなかった」〔朝日新聞 1972.5.8〕。

原子力委員会は国務省に対し、「ロンゲラップの人びとの多くは診察を望んだが、議員の指示に反して行くのを恐れた」〔DOE OpenNet: NV0404234〕[59]と、受診拒否は現地の議員が悪いと言わんばかりの説明をした。

しかし、同行した早川医師は帰国後、新聞のインタビューで現地の様子をこう説明した。「調査団は住民から血液をとってもキャンディーを渡すだけで、何も説明しない。住民にしてみれば、どこが悪いとか、悪くないとかいってもらいたいという気持ちが強いようだ。……現地には、昨年暮れ、現地を訪れた原水禁国民会議の調査団が米政府によって退去させられたことに対する不満がまだくすぶっていた」〔朝日新聞 1972.5.8〕。

前述したが、一九七四年にヨットの「フリー号」に乗って日本を訪れ、ビキニデー集会に参加し、さらに非核太平洋会議にも立ち寄ったネルソンは、帰途に経由したハワイで、次のような手紙をコナードに宛てて書いた[60][DOE OpenNet: NV0401976]。

「あなたが島を訪れた時、留守にしていてすみません。日本やフィジーを数カ月かけて旅をし、原爆被害者に対する治療や、太平洋の核の脅威に終止符を打つ取り組みを学びました。……わたしたちを研究対象として使い続けることに対するわたしの思いをはっきり述べるために、あなたに手紙を書きます。……あなた方の功績は、わたしたちの病気のうえに成り立っています。わたしたちがあなた方を必要としている以上に、あなた方がわたしたちを必要としています。そのことをわたしは今、感づいています。あなた方から、わたしたちは人間として扱われたことは一度もありませんでした。ただ爆弾の効果を調べるモルモットとしてわたしたちは扱われてきました。わたしにとっても、ほかのロンゲラップの人びとにとっても、命が何よりも大切です。しかしあなた方にとっては、データと数字が何より大切なのでしょう。……あなた方は毎年、島にやってきますが、治療はしません。座って親身になってわたしたちの問題に手を貸そうとしたことは、一度もなかったではありませんか。『最悪の状態は脱した』と、あなたは言いました。しかしその後、レコジ・アンジャインが亡くなったのです。……新聞記者に話していたあなたの言葉を、わたしは決して忘れません。『レコジが亡くなったのはかれらに落ち度があったからだ』と、あなたは言い放ちました。忘れているのではないですか。レコジを殺したのは、あなたの国であり、あなたが働いている機関です。……旅をし、心に決めました。もう二度とあなたには会いたくありません。そのことを伝えます。米政府の戦争指導者の情報集めにされるのではなく、気遣ってくれる医師にわたしたちは診てもらいたいのです。常に生活をともにしてくれる医師を求めているのです。……あなたに心から信頼を寄せることはできません。ですから、広島からわたしたちを気遣って診察してくれる医師に来てもらうつもりです。……一九七二年、わたしたちはあなたに初めて抵抗しました。その時からあなたの動機は見抜いています。助けてくれる人が世界にいることを、わたしたちは今、知っています。もはやあなたには、ロンゲラップに来てもらいたくありません」。

ロンゲラップの住民が抱く率直な思いを代弁したネルソンの手紙は、米上下両院議員それぞれ一名と国連事務総長にも送られ、地元紙にも掲載された。

住民は外部社会から閉ざされ周縁化されてきたが、原水爆禁止世界大会や非核独立太平洋運動などを通して、自らの存在と閉ざされてきた核被害を外部社会に開き、理解者を得ていった。そうしたなかで被害者としての確信をもち、米国への主張を強め、コナードを団長とする医学調査に反発していった。データ収集の対象に客体化されてきた住民が、国境を越えた外の世界とつながりあい、被害を前に立ち向かい、自ら主体的に安全を求めて行動した軌跡は注目に値する。

ロンゲラップほどダイナミックではないが、ウトリックの住民からも医学調査に対する反発が起こっていた。米医師団が「ウトリック島には被曝の影響はない」と発言し続けるなか、ウトリック住民は一九七五年三月、甲状腺異常や亡くなった人びとのことを訴え、健康状態の説明を米医師団に求めた［豊﨑 2005：下107］。翌一九七六年にもふたたび住民説明会がもたれ、話し合いは、ビキニやロンゲラップを上まわる二、三時間にもおよんだ［DOE OpenNet: NV0402261］[61]。

それでも米医師団の説明に納得できなかったウトリック住民は、一九七六年七月、原子力委員会の後継機関であるエネルギー研究開発局（ＥＲＤＡ）のロジャー・レイ（Roger Ray）に宛てて、住民代表を筆頭に三五人の連名で手紙を送った［DOE OpenNet: NV0706129］[62]。その中で、住民自身が医師を選択できるようにすることを訴え、米医師団の二人の中心人物を名指しで批判した。「ウトリックの人びとは、クヌーセン（Knud D. Knudsen）医師に好感を持っていません。同医師は、ウトリック住民全員を調査するわけでもなく、ウトリックの人びとをまるで科学実験の動物のように扱い、往診もありません」、「ウトリックの人びとは、コナード医師にも好感を抱いていません。彼はわたしたちに嘘をついています。人びとが放射線とその影響に向き合っている問題を理解し、助けようとはしません」。

一九七六年九月、クヌーセン医師が四半期ぶりにウトリックを訪れた時、住民は実際、島からの退去を求めた［DOE OpenNet: NV0401346］[63]。さらにウトリックの人びとは、「奪われた命、継続する疾患とその脅威、環境の異常、モルモットのように扱われた屈辱に対し、補償がなされるべきである」と、カリフォルニアの弁護士事務所と補償請求の契約を交わし、米国に対して訴訟を辞さない構えを見せつけた［DOE OpenNet: NV0401703］[64]。

ウトリックの人びとが反発の声を公にした背景には、米国の平和部隊員としてウトリックに一九七五年から二年間にわたり常駐していたグレン・アルカレイの存在があった。ウトリックの人びとはロンゲラップのような国境を越えたネットワークは築かなかったが、平和部隊員という外の世界を知る人とつながり合うことで、感化され、米国に対し声をあげたのである。

一九七六年一二月に予定されていた米政府の医学調査は中止された。コナードは、一九七七年一月の手紙の中で、「クヌーセン医師が島から去るよう求められたことが真の理由である」と述べている[DOE OpenNet: NV0401128][65]。医学調査はウトリックでも中止に追い込まれたのである。

## ◒ミクロネシア議会での特別委員会設置――「人体実験」疑惑の提起

一九七〇年代に入り、ミクロネシア議会の場でも、ロンゲラップとウトリックの人びとの被曝実態に目が向けられるようになり、米国の医学調査のありようが問題として浮上した。主導したのは、原水禁の調査団を招聘したアタジ・バロス議員だった。

原水禁調査団がロンゲラップ入りを拒絶された一カ月後の一九七二年一月、アタジ・バロス議員は、ミクロネシア議会にロンゲラップとウトリック両環礁に関する特別委員会の設置を発議し、次のように議会で米医学調査を批判した。

「本議会に提出する決定的な証拠を持ちあわせてはいませんが、米政府は一九五四年に、放射性降下物でロンゲラップとウトリックの人びとが被曝することを知りながらも、意図的に目をつぶったと、わたしは今、確信しています。米政府は、ロンゲラップとウトリックの人びとを人間モルモットのように扱い、それゆえ、敵国との戦争で放射線被曝する恐れがある市民に対する医療を発展させることができたのです。これは……犯罪です。……米政府がわが人びとをモルモットに選んだのです。白人ではなく、褐色系の太平洋の僻地の島に暮らす人だったからできたことなのです」[DOE OpenNet: NV0402962][66]。

ミクロネシア議会は、民選議会の設立を提案したソロモン報告を受け、一九六二年に内務省の布告で発足した二院制の立法府である。マーシャル諸島を含む六つの地区から代議員が選出される自治議会であった。しかし、占領下の沖縄と同様に、ミクロネシア議会は高等弁務官の管理下に置かれ、議会が採択するすべての法律・決議は、高等弁務官の承認を必要とし、拒否権が高等弁務官に付与されていた。

そうしたなか、アタジ・バロス議員の痛烈な米国批判は議会内で議論を呼んだが、ロンゲラップとウトリック両環礁に関する特別委員会の設置法案(House Bill No.199)は最終的には可決され、一九七二年四月に施行された[Congress of Micronesia. Special Joint Committee Concerning Rongelap and Utirik Atolls ed. 1972: 3]。設置された特別委員会は、ウトリック、ロンゲラップ、マジュロ、サイパンで公聴会を開催し、さらに広島や長崎を訪問するなど情報収集を重ねた。ロンゲラップでは、コナードを団長とする医学調査にも一部同行した。

当然ながら、高等弁務官は特別委員会の動向を注視し、情報は電報で本国に逐次伝えられていた[DOE OpenNet: NV0400313][67]。米原子力委員会は、ミクロネシア議会を舞台にしたアタジ・バロス議員

**写真5–13** 日曜礼拝が終わり，集まるロンゲラップの人びと（1974年8月）．
写真提供：前田哲男氏

の「手厳しい非難は、日本人グループ（原水禁調査団）を最近追い出したことが、どうやら引き金になっているようだ」[DOE OpenNet: NV0408253][68]と見ていた。

一年におよぶ調査を経て、一九七三年二月、ロンゲラップとウトリック両環礁に関する特別委員会は、二六六頁におよぶ報告書[Congress of Micronesia. Special Joint Committee Concerning Rongelap and Utirik Atolls ed. 1973]をミクロネシア議会に提出した。報告書で注目されるのは、「人体実験」の疑いをⅥ章で提起していることである。「影響の結果がそこまで注意深く研究されている人間集団は世界のどこにもない。……そうした点ではロンゲラップとウトリックの人びとはモルモットである」とした。しかし結論では、米国側への政治的配慮なのか、米医学調査が人体実験であるか否かの「判断は読者に委ねる」とされた[Congress of Micronesia. Special Joint Committee Concerning Rongelap and Utirik Atolls ed. 1973: 133–153]。

報告書のⅧ章「勧告」では、マーシャル人を対象とした医学調査に謝意を示すべきだとの見解に断固反対すると述べたうえで、米政府とともに太平洋諸島信託統治領政府の責任への言及もなされた。

「ロンゲラップとウトリックの人びとは、自分の島で核実験をやってくれと米国を招待したのか？　ロンゲラップとウトリックの人びとは、爆弾を爆発させ、被曝させてくれと頼んだのか？　皮膚の火傷、甲状腺結節、癌、白血病は、米国からの贈り物なのか？　何らかの補償を受けるまで、一〇年以上にわたって黙って苦しむことを自ら願い出たのか？　祖先の土地を接収し、その土地を放射線に曝してくれと自ら申し出たのか？　不安で先が見えない未来を自分たちや子どもたちに引き継ぐことを求めたのか？　――すべてはノーである。委員会は、この状況に対する第一義的な責任は米政府にあると考えるが、その負担は道義的に太平洋諸島信託統治領政府も分かち合わなくてはならない」[Congress of Micronesia. Special Joint Committee Concerning Rongelap and Utirik Atolls ed. 1973: 167–172]。

同報告は、ミクロネシア独立連盟のフランシス・ウルドンによって早速、その年の原水禁世界大会に持ち込まれ、注目を集めた[朝日新聞 1973.8.6]。ウルドンと親交があった池山重朗の証言によれば、フランシス・ウルドンこそ、ミクロネシア議会の特別報告書のもとをつくった人物だと言う。

続いて特別委員会から、ロンゲラップとウトリックの人びとへの補償を求める報告書[Congress of Micronesia. Special Joint Committee Concerning Rongelap and Utirik Atolls ed. 1974]が、一九七四年二月にミクロネシア議会に提出された。この結果、同年四月に、「ロンゲラップとウトリックの人びとが健康を護り維持するために、特別な健康管理と治療が信託統治領政府によって与えられるべき」とする放射性降下物被害者法案(Public Law 5-52)が可決された[DOE OpenNet: NV0401089]。その翌月には、同特別委員会の議長と委員の代表が同法案を携えて渡米し、米上下両院議会議員に補償要請が行われた[DOE OpenNet: NV0402880](69)。

## ◒健康管理制度の創設

ミクロネシア議会の場でも問題視された医学調査は、住民の反発が強まるなかで、一九七〇年代の半ば頃以降、変化の兆しが多少は出てきた[DOE OpenNet: NV0400379](70)。医学調査に先立って住民説明会が行われ、調査結果がマーシャル語で語られ、住民との質疑応答の時間が設けられるようになった。また、調査結果を記したマーシャル語の小冊子が発行され、医師の常駐も始まった。一九八〇年の米内務省文書には、「ロンゲラップとウトリックの人びとに対する医療は、調査が基本であるが、ここ数年の間で、放射線と関連しない病の治療が含まれるようになり拡大されている」[DOE OpenNet: NV0402869](71)と記されている。住民の要求に押され、徐々にではあったが、治療の要素が盛り込まれるようになったのである。

また、医学調査の部分的改善にとどまらず、ウトリックやロンゲラップの人びとの不満を受け、健康管理制度が新たに構想された。「ご存知のように、ウトリックとロンゲラップの人びとの間で健康管理に関する不満の声が明確な形で上がってきている。その二つの環礁の人びとに対する健康管理の拡充措置に関し、貴兄の助言を求めるためこの手紙を書いています」との書き出しで始まる書簡が、エネルギー研究開発局（ＥＲＤＡ）のジェームス・Ｌ・レバーマンから高等弁務官代理宛てに、一九七六年一〇月一八日付で送られた[DOE OpenNet: NV0401342][72]。コナード医師は一九七七年三月二四日付の書簡の中で、信託統治領政府との会合で「マーシャル諸島での医学調査の見直しが要請される」[DOE OpenNet: NV0401636][73]との見通しを示した。

住民の不満を受けて検討された健康管理制度は、議論の末、医学調査とは別立てとなり、内務省が主導する新たな制度が設けられることになった[DOE OpenNet: NV0402869][74]。この新たな制度のもとで、一次保健医療、二次保健医療、三次保健医療を含む、統合的かつ包括的な健康管理の実施が定められた。

医学調査で「被曝者」とされている人のみならず、「非被曝者」とみなされて比較の対象として扱われているロンゲラップの人びとも含め、ロンゲラップとウトリックの人びとは、大人も子どもも全員、分け隔てなく健康管理制度の受益者となった。また核実験場とされ、帰島・再居住に当時揺れていたビキニとエニウェトクの人びとも、健康管理の受益者に加えられた。

関連法案（公法九六・二〇五号）は米議会で一九八〇年三月に可決され、その後、実施に移された。マーシャル諸島自治政府の外務次官を務めていたチャールズ・ドミニクは、「ロンゲラップとウトリックの人びとが、医学調査の対象にされるのではなく、ついに治療が受けられる公法九六・二〇五号が成立したことは、マーシャル諸島政府にとって非常に大きな喜びである」[DOE OpenNet: NV0402869][75]と、健康管理制度の確立を評価する見解を示した。現在、この制度は縮小され、一次保健医療のみが実施されており、「四環礁健康管理事業」(Four Atolls Health Care Program)、あるいは「177健康管理事業」(177 Health Care Program)と呼ばれる。

## ◒ロンゲラップからの集団移転――故郷の地を離れる決断

こうして健康管理制度が新たに設けられた。しかし、他方で医学調査そのものは部分的改善が図られながらも継続され、住民が抱いていた米国の医師に対する不信や不安は、容易に払拭されるものではなかった。

一九七三年三月、ミクロネシア議会特別委員会は、ロンゲラップとウトリックの人びとの意識調査をアンケート形式で実施した。同アンケート結果は、ミクロネシア議会から出された前述の補償を求める報告書に所収され、心理的影響として紹介されている[Congress of Micronesia. Special Joint Committee Concerning Rongelap and Utirik Atolls ed. 1974]。

アンケートでは、ロンゲラップの三五人から回答が寄せられた。そのうちの三〇人が一九五七年の帰島後、「体調は思わしくない」と答えた。大半が体調不良を感じているものの、何が起こっているのか「理解できない」との回答が二三人にものぼった。回答者の中で「甲状腺の手術を受けた」と答えた者は七人いたが、うち六人が「手術後も体調は思わしくない」と答えている。

また、三五人のうち三四人が、ロンゲラップで採れる「ローカルフードを食べることに、いまだに恐れがある」と回答し、「将来、爆弾による病気にかかることを心配している」との回答が、三五人中三一人から寄せられた。さらに二六人が「子どもが将来、病気になるかもしれない」と心配していた。

医学調査で「大丈夫」と言われ続けても、現地の人びとは、ロンゲラップに住み続けることへの不安を抱きながら日々を暮らしていたことが、同アンケートからうかがえる。

そうしたなか、米政府が一九七八年にマーシャル諸島北部一帯で実施した残留放射能調査の結果が小冊子[Bair 1982]にまとめられ、マーシャル語にも翻訳され、一九八二年にロンゲラップの人びとの手にも渡された。そのことは、医学調査に対する現地の批判の高まりを受け、以前に比べれば説明責任を果たそうとする、米エネルギー省の動きのようにも一見思われる。しかし、「配付することで核実験による被害を限定し、マーシャル諸島住民に対する補償に決着をつける予定だった」[豊﨑 2005: 下276]と、ジャーナリストの豊﨑博光は指摘する。

同冊子によれば、ロンゲラップの調査[Bair 1982: 38–39]では、ロンゲラップ島住民二三三人が、もしもロンゲラップ島で採れたものだけを食べ続けた場合、放射性同位体から「年間最大四〇〇ミリレム(四ミリシーベルト)」、三〇年間の積算値では「最大二五〇〇ミリレム(二五ミリシーベルト)」、「骨髄は最大三三〇〇ミリレム(三三ミリシーベルト)」の放射線量を受けると推定された。そのうえで「今後三〇年の間で、放射線に起因する癌で亡くなるのは〇・一から〇・六人、……健康上の欠陥を持って生まれる子どもは、〇・〇〇七から〇・一人だろう」と見積もられた。

また、ロンゲラップの本島はロンゲラップ環礁の南部に位置するが、核実験場により近い同環礁の北部の島々で採れたものを食べた場合、二〜五倍の被曝量に達する可能性があるとされた。

「マーシャル諸島の放射線の状況を査定したマーシャル語と英語によるエネルギー省の小冊子は、

マーシャル人が抱くロンゲラップ環礁の放射能に関する疑問に対し、満足する答えにはならなかった」[DOE OpenNet: NV0400171]と、エネルギー省のトミー・F・マックロー(Tommy F. McCraw)が述べているように、発表された数値と予測は、住民の納得が得られるものではなかった。そもそも、核実験が開始された一九四六年から調査時点の一九七八年までにどれくらいの量の放射性物質が住民の体内に蓄積されてきたのかは、同報告書では何ら言及されていない。(76)

しかし、エネルギー省が配付したこの小冊子の内容には、ロンゲラップの人びとの実感と重なる部分もあった。ロンゲラップの残留放射能がビキニと同レベルにあることが、地図上で示されていたのである[Bair 1982: 8–9; 島田 1994: 88]。前章で紹介したように、ビキニはいったん一九六八年に米大統領の名で「安全宣言」が出され、帰島が奨励されたものの、一九七八年に取り消されてふたたび閉鎖されていた。ロンゲラップの残留放射能が、そのような状況下にあるビキニと似た水準にあると示されたのである。

レメヨはこう語った。「一九八二年報告(小冊子のこと)で、わたしたちの環礁がまだまだ汚染されていると知った時、わたしたちは怒りを覚えました。かれらはそれまでに何度も、もう安全だと言っていたわけですから。食べる気も失いました。実際のところ、報告書はわたしたちがすでに知っていたことを追認しただけなのです」[Dibblin 1990: 66]。

ロンゲラップ自治体は、同報告書を機に集団移転へ本格的に舵を切った。一九八四年二月、同自治体は、自らの土地であるロンゲラップ環礁から全員を退去させ、新天地に集団移転するという重大な決断を下した。「ロンゲラップを離れ、ほかのところに行くとチェトンが言った。移住はしたくはなかった。しかし、次世代のために移住した」と、カトリーヌが語るように、ロンゲラップ選出の国会議員チェトン・アンジャイン（ジョン・アンジャインの弟）が集団移転を主導した。

一方的に医学調査の対象とされ、米国から来た医師に身を委ね、調べられる、受け身の存在であったロンゲラップの人びとが、自らが主体となり、積極的に安全を求める行動に出ていった。その行き着いた先が、全員退去という重い決断であった。安全か否かを米国側や専門家の判断に委ね、思考を止めるのではなく、ロンゲラップの地域社会自らが主導権をとり、考え抜き、結論を導いたのである。そこには地域社会の自治の精神が働いていたと評価することができる。ジーバン・リクロンは当時、「祖先の土地をわれわれは心から愛している。しかし、祖先の土地を犠牲にしても、愛する子や孫たちのために、ただちに立ち退くことを選択した」[*MIJ* 1985.5.3]と地元紙に語っている。

反対の声も当然あったが、話し合いを重ね、チェトンのリーダーシップで、ロンゲラップの人びとは一つにまとまっていった。それでも集団移転を現実化するには越えなければならない壁があった。

チェトンはまず、マーシャル諸島自治政府の国会にあたるニティジェラに働きかけた。「汚染された環礁に住み続けることで生じる、現世代と将来世代の健康と安全性に対する不安、住民に与える肉体的および精神的影響が深刻であること」をニティジェラは認め、ロンゲラップ住民の集団移転を支持し、ロンゲラップ環礁住民の再居住資金を米国に求める決議を全会一致で採択した[豊崎 2005: 下281]。

次にチェトンは米議会に働きかけ、集団移転に必要な資金を得ようとした。しかし、それは困難をきわめた［豊崎 2005: 下308–313］。エネルギー省のロジャー・レイは、「ロンゲラップの人びとの不安は、被曝で金を得ようとする弁護士の作り話である」と発言し、ある内務省高官からは、「ロンゲラップの放射線量は、ワシントンDCと比べて多いとは言えない水準である」との発言まで飛び出した［*MIJ* 1985.5.3］。

米国からの支援の見通しが立たないなか、手を差し伸べたのは、環境NGOのグリーンピースであった。間を取り持ったのは米国出身のギフ・ジョンソンだった。現在、地元紙『マーシャル・アイランド・ジャーナル』の編集長を務めるギフは、当時ハワイを拠点に太平洋の非核独立運動に取り組む「ミクロネシア支援委員会」の活動家だった。ロンゲラップの状況やチェトンのことはもちろん知っていた。同時に、グリーンピースが船を出し、太平洋の非核キャンペーンを計画しているという情報もつかんでいた。

チェトンの思いをくみ取ったギフは、グリーンピースをチェトンに紹介した。当時の様子をギフは次のように回想している。

「チェトンは何かをしないといけないと考えていた。グリーンピース代表のスティーブ・ソーヤーとチェトンにわたしを交え、三人でシアトルで会った。初めて三者で顔を突き合わせて、何ができるのかを相談した。スティーブは協力を申し出たが、世間やマスコミの関心を引くために、何か象徴的な行動を取りたいのだろうと考えていた。しかし、チェトンの考えは違った。パフォーマンスではなく、本気で全員を避難させたいということだった。家もすべてのものを運び出すというものだった。スティーブは衝撃を受けていた。その時のスティーブの驚きようは今でも鮮明に覚えている。米政府はいまだに住民を見下し、ロンゲラップの人びとは、グリーンピースに言われて行動に移したと考えているが、そうではない。自ら主導し集団移転を進めたのだ」。

チェトンは並行して、公聴会証言などの米議会に対する働きかけを継続し、小額の援助と、ロンゲラップ環礁の放射能調査の予算を米国側から引き出した［豊崎 2005：下319］。

ロンゲラップでは移住に向けた準備が進められ、島のココヤシを数える作業が始められた。将来の賠償請求の時に、喪失した資産として計上するためである［豊崎 2005：下319］。

一九八四年五月、グリーンピースが用意した船がロンゲラップに姿を現した［豊崎 2005：下321］。五月二〇日、船はゆっくりとロンゲラップ島を離れた。マーナリックは、「ロンゲラップを去る時、申し訳ないと思う気持ちでいっぱいだった」と語る。「はしゃぎまわる子どもたちとは対照的に大人たちは黙り込んでいた」［豊崎 2005：下323］と、同行していた豊崎博光は記している。

翌五月二一日、移住先のクワジェリン環礁メジャト島に到着した。船は四往復し、五月三一日、島に残る資材がすべて移住先に運び込まれた。

ロンゲラップの人びとの移住に対し、エネルギー省のトミー・マックローらは一九八五年七月二二日付の覚書で、「ロンゲラップ環礁からの立ち退きは、完全に無意味な行動のように見える」［DOE OpenNet: NV0400171］[77]と述べているが、他方マックロー自身、集団移転に先立つ一九八二年一二月に、「(ロンゲラップ北部の)摂取制限は強化される必要がある」［DOE OpenNet: NV0400171］[78]との見解を示していた。なぜならば、一九八二年七月の調査［DOE OpenNet: NV0400171］[79]で、その一年前に比べて、ロンゲラップの人びとのセシウム137の体内負荷量が、一一歳以下の女性で八二％、成人男性で五六%、それぞれ顕著に増加していたことを、マックローは把握したからである。

一九八二年一二月八日から九日にかけて、ローレンス・リバモア米国立研究所のウィリアム・L・ロビソン(William L. Robison)は、マーシャル諸島自治政府代表との会合で、「ビキニとロンゲラップの北部を除けば心配する必要がない。……ロンゲラップの北部とビキニを除いて、調査したほかの環礁のすべては大丈夫だ」[DOE OpenNet: NV0400171][80]と発言した。この発言を裏返せば、ロンゲラップの北部は、残留放射能が依然として懸念されるレベルにあり、大丈夫ではないということである。一九八八年には、ロンゲラップ住民の尿からプルトニウムが検出されていたことが、チェトンの要請で開かれた米議会の公聴会で明るみに出た[豊崎 2005: 下411]。

ロンゲラップの人びとが自主的に島を出て行ってから二カ月後、マックローは先の覚書の中で、小冊子を一九八二年に配付したことに触れ、「医学上の追跡と助言をロンゲラップの人びとに行うことは大変よいことである。しかし、放射線被曝の状況に関する情報を、かれらに全面的に提供するのはよくない」[DOE OpenNet: NV0400171][81]と述べている。

チェトンはロンゲラップを離れた後も、残留放射能を除去してロンゲラップでふたたび生活ができるよう、米政府に求め続けた。そしてついに一九九一年、エネルギー省とは異なる第三者機関がロンゲラップ環礁を再調査する必要性を、米政府に認めさせた。

同年、ロンゲラップの人びととチェトンに対し、もう一つのノーベル賞と呼ばれる「ライト・ライブリフッド賞」(Right Livelihood Award)が贈られた。[82]「汚染されていないロンゲラップに暮らす権利を掲げ、米国の核政策に断固たたかいを挑んでいる」と評価されての受賞であった。

# 七　現実感なき帰島再居住計画

## ◐ロンゲラップ再居住計画の実際

一九九六年九月、米内務省がロンゲラップ自治体に四五〇〇万ドルを支払うことで、再居住計画はついに合意に達し、米内務省とロンゲラップ自治体の間で協定が締結された（Agreement Regarding Under States Assistance in the Resettlement of Rongelap Concluded between the United States Department of the Interior and Rongelap Atoll Local Government）。そして一九九八年、除染を含めた工事がロンゲラップの本島で始まった。生活拠点であった自分たちの土地を取り戻そうとする人びとの熱意と行動が、再居住計画の実施までこぎつけたのである（写真5－14・5－15）。

しかし、再居住計画から帰島への道のりは単純ではなかった。工事着工から一五年あまりの歳月が流れたが、第一章でみたように、ロンゲラップの人びとは今なお帰島していない。

そうしたなか、米エネルギー省が残留放射能調査を委託しているローレンス・リバモア米国立研究所は、「再居住は可能」との見解を二〇一〇年に発表した[83]［LLNL 2010］。二〇一一年には、共同通信が六月一五日付で、「来年末にも希望者帰島　水爆実験で死の灰降った環礁」と題した記事を配信した［共同通信 2011.6.15］。さらに二〇一一年九月九日、読売新聞が後を追い、「核実験の地　除染進む」との見出しを一面トップに掲げ、「ロンゲラップ環礁の本島では、来年（二〇一二年）、元住民の帰島が実現する見込み」と報じた［読売新聞 2011.9.9］。ロンゲラップの人びとが「核の難民」としての暮らしから解放される日が、間近に迫っているかのような報道である。

他方、二〇一二年一月、ピースボートなどが主催する「脱原発世界会議」に招聘されたロンゲラップの元国会議員アバッカ・アンジャイン・マディソンは、除染の不十分さを指摘し、「ロンゲラップの人びとは帰島を強要されている」［Maddison 2012］と訴えた。また同年三月、ブラボー実験で被曝した母をもつ三〇代のグレースが原水協の招きでビキニデー集会に参加し、「アメリカに島民を島に帰すことを考え直してほしい」［アボン 2012］と訴えた。

日本のマスコミ関係者からは、東京電力福島第一原発事故と重ねながら、「帰島はいつ頃になるのか」、「帰島までを追いたい」などの問い合わせが筆者に相次いで寄せられた。

**写真5-14**　ロンゲラップ再居住計画で，新たに整備された海の玄関口・港湾（2003年9月）．

**写真5-15**　同じく整備された空の玄関口・空港（2010年1月）．
写真提供：Grace Abon氏

**写真5–16**
2012年，ついに50戸の家屋がロンゲラップに完成した（2013年8月）．
写真提供：Grace Abon氏

**写真5–17**
ロンゲラップに整備されたリゾート用宿泊施設（2006年11月）．
写真提供：Grace Abon氏

実情はどうなっているのだろうか。二〇一二年四月下旬に筆者がマーシャル諸島を訪れた際、ロンゲラップやメジャト島には足を延ばせなかったが、首都マジュロでロンゲラップの関係者と会いインタビューを重ね、関連文書を収集した。

ロンゲラップの自治体長を務めるジェームス・マタヨシは、「港、空港、道路が建設され、五〇戸の家屋の建設がおおむね終了した。発電や水道の施設も整っている」と胸を張った。観光客用のリゾート宿泊施設も完備され、養豚や黒真珠の養殖が始まっており、帰島後の働く場も創出していると説明する。また、七〇人あまりの再居住計画の作業従事者やその家族が、すでにロンゲラップ島に住んでいることを挙げ、「再居住はゆっくりだが進んでいる」と述べた（**写真5–16・5–17**）。

しかし、住民に聞き書きを重ねても、帰島に向けた機運が盛り上がり、ロンゲラップの人びとの間で期待が高まっている様子はうかがえなかった。ブラボー

実験の時、ロンゲラップで被曝したレメヨは、二〇〇三年時点では「戻るかどうかは決めていない。もし安全ならば帰る」と語っていたが、二〇一二年には「ロンゲラップに行って死にたいという人もいる」と前置きをしつつも、「わたしはロンゲラップへの帰島に反対し続ける」と、明確に反対の意思を表明した。また、ロンゲラップで被曝したジョニータは、「もうしばらくしたら、(米本土の)シアトルに行くことにしたわ。娘に呼ばれたの」と語り、帰島はまったく視野に入っていなかった。

再居住計画推進の立場にたつロンゲラップ自治体の議員であるディーンに聞いても、「ロンゲラップに戻ることを考えている」としつつも、「いつになるかはわからない。小学校と診療所が必要だ」との答えが返ってきた。同じく推進派に数えられるボルカインも、「家が建ち、学校と診療所ができ、すべてが終わったら、島に帰るべきだ」としたうえで、「帰島するのはそんなに簡単にはいかない」と付け加えた。

二人が帰島条件に挙げた小学校と診療所の建設は、二〇一四年時点でもまったくめどすら立っていない。再居住計画の旗を振る自治体長のマタヨシも、「再居住を祝う式典を開く計画はない」と二〇一二年時点で筆者に語っている。

### ◒再居住計画を読み解く

再居住計画をめぐる今とこれからは、残留放射能の線量だけに目を奪われるのではなく、築いてきた暮らしや歩んできた歴史への理解を深め、さらに住民の心のうちへも想像力の射程を広げ、読み解いていくことが求められる。

ローレンス・リバモア米国立研究所は、再居住に向け、ロンゲラップ本島の住宅地周辺の土壌表面を剝ぎ取り、入れ替えるとともに、カリウムを撒き、植物へのセシウム137の吸収を抑える措置を取り、被曝のリスクを軽減させたとし、ホールボディカウンターも設置して放射線防護基準が守られるようにするとの見解を示している[LLNL 2012]。

しかし、そこには内部被曝の問題とともに、帰島した後、住民がその地でどのように暮らしを立てていくのか、生活への想像力が決定的に欠如している。すでに紹介したが、ロンゲラップは六〇あまりの島々から成り、住民は本島に家を構えつつも、環礁全域を使って生活を成り立たせてきた。ところが、除染はロンゲラップ本島のしかも住宅地周辺に限られている。生活域全体に除染が行われたものではないのである。

**写真5-18** 2006年3月,
ロンゲラップ再居住に向けた住民説明会が首都マジュロで開かれ,
レメヨは再居住への疑問の声をあげた.

「わたしたちはロンゲラップでどうやって暮らしていくの？　建物はできたけれども、食べものは？　ローカルフードも食べるだろう。いくら北部のほうはダメだと言われても、生きるためにはローカルフードを採りに行くだろう。年寄りはいいが、子どもや孫たちへの影響は？」と、レメヨは問いかける(**写真5-18**)。

加えて、「ロンゲラップの人が、アメリカのことを信じるのは難しい。多くの疑問があるが、誰も答えていない」と、地元紙『マーシャル・アイランド・ジャーナル』の編集長を務めるギフ・ジョンソンは指摘する。ブラボー実験の時、ロンゲラップで被曝したチマコは、「戻りたい。怖いけど。ロンゲラップはもう安全だとアメリカの人は言ったけど、信じられない。まだ安全ではないわ」と、複雑な胸のうちを二〇〇三年に語っていた。

水爆ブラボー実験での被曝から三年後の帰島措置、さらにはコナード医師らの医学調査を経て、今ふたたび米国の安全宣言が発せられる。前章で言及した、米大統領の安全宣言が取り消されたビキニの先例もある。過去の謝罪が省かれて語られる「安全」の言説は、いくら数値やリスク評価を持ち出して科学的に語られても、住民の多くに説得力を与えるものではない。

「コナードの一団は、見た目はよさそうな人で、礼儀正しかった。全員いい人で、親切だった。ストウ博士もそうね。話すのがうまいし、飴を配ったりして、人を集めるのがうまかった。しかしその裏で、治療ではなく、調査をしていたのよね」と、ビリアムは語る。

「安全」や「大丈夫」との言説が安易に語られ、住民の訴えに真正面から向き合わなかった歴史的なつけが今、帰島をめぐる問題をさらに複雑化させ、困難にしているのである。

## ◒帰島を求める米国の圧力

住民が背負う文化や歴史が抜き取られ、住民の気持ちが十分追いつかないまま、ロンゲラップ自治体は帰島を推進する。ロンゲラップの土地の伝統的権力者であるイロジとアラブ、さらにはマーシャル諸島政府も、おおかたは帰島再居住に慎重な立場をとる。それにもかかわらず、ロンゲラップ自治体はなぜ、帰島を推進するのであろうか。そこには、米政府機関の圧力があった。二〇一〇年三月二九日、米内務省のニコラオ・I・プーラ・Jr.(Nikolao I. Pula Jr.)島嶼局長は、ロンゲラップ自治体長のマタヨシに宛てて次のような書簡を送っている。

「内務省は、ロンゲラップ自治体が再居住基金をロンゲラップ島での活動にのみ使用することを認めている。……ロンゲラップ自治体は、マジュロ環礁やクワジェリン環礁イバイ島やメジャト島の居候先に再居住基金を用いることを漸次取り止めること」、「繰り返すが、ロンゲラップ島は安全に居住できることは証明されている。ロンゲラップ自治体は、ただちに移住する選択をし、再居住しないと自ら選択した者は、もはや移住者とみなしてはならない」[Letter from Nikolao I. Pula Jr. to James Matayoshi, March 29, 2010][84]。

実際、マジュロやイバイ、メジャトの移住先でも、ロンゲラップの人びとが家を建てるために再居住基金が使われていたが、「今はできない」と、ロンゲラップ自治体議員のジャキーンは指摘する。米内務省はロンゲラップ自治体に対し、ロンゲラップ島への帰島を迫り、移住生活を支えるために資金を振り向けることを止めるように迫ったのである。さらに期限を切って、二〇一一年一〇月一日までに帰島するようにと、ロンゲラップ自治体は迫られた。

帰島の期限が迫った二〇一一年五月六日、米内務省次官補のアンソニー・M・バボータ(Anthony M. Babauta)は、ロンゲラップ自治体長のマタヨシに宛て、「あなたとロンゲラップの議員が確約した、ロンゲラップの人びとがメジャト島からロンゲラップの本島に戻る期日が二〇一一年一〇月一日であることを、あなたは覚えていることでしょう」[Letter from Anthony M. Babauta to James Matayoshi, May 6, 2011][85]と、帰島の期限が迫っていることを伝える書簡が届けられた。

ロンゲラップ選出の国会議員ケネス・ケディは、「米国は帰島を強制しようとしている。自由に選べばいいというが、頭に銃を突きつけている。自由に選択なんてできるものか」と語気を強める。さらに、『ロンゲラップに戻りたいか』と聞くのは間違っている。皆、帰りたいと思うのは自然なことだ。問うべきは、帰りたいか否かではなく、安全かどうかだ」と続けた。

**写真5-19**　ジョン（左）に寄り添い，ロンゲラップの人びとの体験を世界に向けて語るアバッカ．
写真提供：Abacca Anjain Maddison氏

元国会議員のアバッカ・アンジャイン・マディソンは、「マーシャル諸島の人びとは、核実験を通じて冷戦の勝利に貢献したという米大使の話を聞いたでしょう。今度はどんな貢献をさせようとしているの。プロジェクト4・2、4・3……、調査することを考えているのよ、米国は。マーシャル諸島の人は親切で友好的だから、そこにつけこんできたのよ」と、米国への不信感を露わにした（写真5-19）。

ロンゲラップで進められている再居住計画と帰島をめぐる動きは、ロンゲラップの住民や自治体の動向を追うだけでなく、米政府の権力の考察なくしては十分には読み解けない。「米国としては補償交渉の窓口を閉じたい。ロンゲラップに住民が帰れば問題は終わりにできると考えている」と、地元紙の編集長を務めるギフ・ジョンソンは指摘する。設定された帰島の期限は過ぎた。しかし、二〇一四年八月現在、労働者やその家族が五〇名程度住んでいることは確かだが、ロンゲラップ全体が帰島に向けて動いている様子はまったくうかがえない。推進の旗振り役であるロンゲラップ自治体長のジェームス・マタヨシも、ロンゲラップ市庁舎で執務する機会は減った。二〇一三年八月に訪問した時には、米国や台湾から援助を引き出し、首都マジュロで養殖魚のプロジェクトに精を出す[*MIJ* 2013.8.30]など、再居住計画に集中している様子はうかがえなかった。二〇一四年三月一日のブラボー実験六〇周年の記念式典では、挨拶する機会が与えられていながらも欠席した。

ロンゲラップの人びとの移住先であるメジャト島をフィールドにしている人類学者の中原聖乃は、メジャトでは、ロンゲラップへの帰島希望者が以前と比べて少なくなり、一斉帰島への疑問が人びとの間で高まっていることを伝えている[中原 2012: 149]。そして、ロンゲラップの人びとは、故郷に定住はしなくても、故郷へのアクセス権を取り戻しながら、故郷を中心にまとまることで、放射能という危機を生き抜こうとしていることを、中原は伝えている[中原 2012: 133–156]。

## 八　「サバイバーズ」として生きる

核実験による影響は、歳月が流れれば自然と緩和されていくものではなかった。むしろ逆に、核実験のその後に、新たに積み重ねられた被害があったのである。一九五四年三月一日のブラボー実験による被曝を基点に、遅れた避難、医学調査、他の核実験による汚染に加え、「安全」や「大丈夫」の言説が安易に流され、被曝の事実と調査結果が機密にされたことが輪をかけ、三月一日のその後も被害は積み重ねられてきた。核実験のあの日だけでなく、あの日を起点に歴史的に積み上げられてきた被害が、マーシャル諸島の核実験被害問題を今日までさらに複雑化させ、深刻化させている。

本章で追究してきた水爆実験後の「帰島」あるいは米医師たちの追跡調査は、被曝のその後に増幅された被害の代表例である。米国がマーシャル諸島住民を意図的に被曝させたか否かの事実関係は、今後も慎重に精査していかなくてはならないが、被曝のその後、米国が被曝住民の治療をせず、被曝データの収集を計ってきたことは、明白なる事実である。

コナード医師らによる一連の医学調査のもとで、被曝住民は非人間化され、まさに監察の対象として扱われてきた。そこには、米ソ冷戦への備えや核エネルギーの産業利用の促進という米国の国策が働いていた。『米国先住民族と核廃棄物』[石山 2004]の著者である石山徳子の言葉を借りるなら、マーシャル諸島は、核開発を進めた米政府の「国家の犠牲区域」に、核実験の実施期間中はもちろんのこと、その後も組み込まれていたのである。

マーシャル諸島のとりわけロンゲラップの人びとは、核開発による安全保障の追求に付随し、被曝の受苦を背負わされ、米政府の「国家の犠牲区域」に押し込まれ、世界と隔絶させられてきた。そうしたなかでも、かれらは被害を前に、沈黙し泣き寝入りし続けてきたわけでは決してなかった。

浮き彫りにしてきたように、被害者として声をあげ、国境を越えた連携を築き、超大国の米国を相手に、サバイバーズとして生きてきた。外部社会の目と知恵を借りながら被害者になっていき、さらに生き抜く道を自分たちで切り開いてきたのである。米国からの人種差別的な措置、さらにはマーシャル諸島内の差別にも抗して生きてきた。

ロンゲラップのアバッカは、米国と自分たちとの関係を、象(米国)と蟻(マーシャル諸島)にたとえる。核大国、超大国である米国という巨象を相手に、蟻である住民の抵抗は一筋縄ではいかない。象に踏みつけられること、逃げ惑うこと、あるいは恐れを抱き沈黙したり、従ったりすることはある。権力の比重において非対称の関係にある二者の間では、被曝は矮小化され問題化すらされず、不可視化されることが常である。マーシャル諸島でも、「安全」や「大丈夫」との言説は繰り返し流布されてきた。

しかし、ロンゲラップの人びとは、コナードら「専門家」の言説に自らの生き方や考え方を一方的に預けることはしなかった。ロンゲラップのリーダーは、生活実感を出発点に、医学調査に疑義を提起し、共同体の生存をかけて外部社会とつながり、理解者を得てきた。

周縁の島で、核実験中は閉鎖区域が敷かれ、「動物園政策」が採られ、住民の状況は、「原住民も丈夫で幸福そうに思えた」「帰島した」との断片的な情報のみが拡散され、残留放射能にまつわる問題が省かれて広報されていった。そうして二重にも、三重にも、外部社会から遮断され、周縁化されてきた被曝問題が、当事者の手で外に開かれていったのである。被曝問題を対米関係の枠組みにのみ閉じ込めるのではなく、外に開き、第三者の目を主体的に取り入れていったことが、蟻としての知恵であった。

そこには、核大国の米国に操られるだけでなく、自分たちの生き方は自分たちで決めるという自治の精神が綿々と息づいていた。そうして生き抜こうとする姿勢が、超大国米政府に対して交渉の扉を開き、医学の追跡調査を一部改善させ、治療の要素が加わり、かつ新たな健康管理制度が構築される力にもなった。さらには、「住むには安全である」と言ってきた米政府に対し、第三者の調査を認めさせ、除染を含む再居住計画の着手にまで導いた。

自分たちから行動を起こすことで再居住計画の扉が開かれた。しかし、事は単純には進んでいないことは述べてきたとおりである。再居住の主導権が米政府側に奪われ、現行の再居住計画は、新たな強制移住の側面さえも見せている。

再居住計画まで導いた住民側の抵抗や要求は、挫折したのだろうか。いや、住民側の抵抗と要求は、土地がもつ多様な機能を取り戻そうとした軌跡であり、被曝を背負いながら、それをどう取り戻していくのか、今はその葛藤の中にあると言えよう。ロンゲラップの人びとが、自分たちの土地に住まなくとも、土地がもつ機能は活かし、地域社会の崩壊を防いできた点は、大いに注目される。米国が期限を設けて帰島を迫っても、どこで自分たちの暮らしを立てていくのか、住民はよりよい暮らしを求め、自分たちのペースを守っている。結果として、帰島計画は米国側が描いたペースでは進んでいない。

再居住計画をめぐっては、もともとの土地に戻るか、戻らないのかに世間の注目は集まる。しかし、帰る、帰らないの二者択一で問題を捉えるのではなく、故郷の土地がもつ機能をどう取り戻そうとしているのか、その過程に着目すべきである。

また、再居住をめぐる問題は、残留放射能の数値だけで測れるほど、事は単純ではない。住民がその土地で築いてきた暮らし、これまで体験してきた歴史、住民の心の問題、さらには政治的、経済的な問題が複雑に絡み合う。

水爆ブラボーが爆発した三月一日は、国の公休日になっている。ブラボー実験から半世紀を目前に控えた二〇〇三年、同公休日の名称が、"Nuclear Victims Remembrance Day" から "Nuclear Survivors Remembrance Day" に変更された(86)。"Victims" から "Survivors" への名称変更は、核被害者団体「エラブ」で中心的に動いてきたヒロコやレメヨをはじめとする、ロンゲラップの女性たちの要求であった(写真5-20)。

「サバイバーズ」は、単に生存者を意味する言葉ではない。本章で明らかにしてきたように、苦難のなかでも生き抜いてきた軌跡が、「サバイバーズ」の言葉には刻印されているのである。さらにこれからも苦難のなかでも生き抜く決意が、「サバイバーズ」の言葉には込められている。

しかし、「サバイバーズ」として生きる道は決して平坦ではない。再居住計画で見られるように、いずれの選択をとっても、住民は被曝から完全に逃れられるわけではない。そうしたなかで、核被害に対する「サバイバーズ」として生きなければならない側面があることもまた現実である。

さらに、被曝という現実に対し、抵抗して生き抜くだけでなく、核開発を推進する権力に寄り添い、生き抜こうとする動きがあることもまた事実である。それはロンゲラップの中でも見られるが、ビキニではより顕著に見られる。

二〇一三年八月、筆者がマーシャル諸島を訪問した際、ビキニの自治体の一部で、核廃棄物の受け入れが水面下で前年末あたりからふたたび話題にのぼってきているとの情報をつかんだ。ビキニ自治体長のニイジマ・ジャモーレ（Nishma Jamore）と、同顧問弁護士のジョナサン・ワイズゴールとの間で話し合われたという。その話は、マーシャル諸島内部でもほとんど知られていなかったが、ビキニ自治体の渉外担当を務める米国出身のジャック・ニーデンタル、前自治体長のアルソン・ケレン（Alson Kelen）、さらにはマーシャル諸島共和国外務大臣のトニー・デブルムらの耳には入っていた。

**写真5-20**　2003年9月，核被害者団体「エラブ」のメンバーが，被害の認知や補償を求め，駐マーシャル諸島米大使館前に集結した．

二〇一〇年、ビキニは世界遺産（文化遺産）に登録された。そのビキニで、核廃棄物を誘致しようとする話がふたたび持ち上がっているのである。第一章で述べたように、ビキニ住民は、一九九〇年代に住民集会で核廃棄物の受け入れを拒否し、「核廃棄物処分場計画の検討は行わない」とのマーシャル諸島政府の閣議決定がある。またマーシャル諸島住民、さらに太平洋の近隣諸国をはじめとする国際的な反発も予想される。こうしたなか、核廃棄物の受け入れが現実の政策になるとは、現段階では考えにくい。

しかし、「どうせ放射能汚染されていて、元に戻すことは容易にはできず、ビキニの土地は使いものにならないのだから、放射能汚染物質を世界から受け入れる」という発想がふたたび頭をもたげていることは、看過できない。ビキニに戻ることができる日が、ますます遠のいていることだけは確かである。第四章で言及したような「安全宣言」の取り消しもあり、ビキニの人びとの間で、帰還が現実感を失い、その気力すら削がれているように見受けられる。

世界遺産に登録されたビキニ、再居住計画が実施されたロンゲラップ、これらの被曝地はこの先、どうなっていくのだろうか。被曝とどう向き合い、生きていくのか、3・11原発震災のその後を生きなければならないわたしたちが今、直面している現実そのものとも交差する。

一九五四年三月一日に水爆ブラボー実験が実施された時、ロンゲラップには、アイリングナエにいた人を含め八二人が居住し、四人が胎内にいた。ブラボー実験から六〇年を経た二〇一四年八月現在、八六人のうち、生存している方は二三人を数えるが、当時一〇歳以上であったのは、ナミコ、レメヨ、リノックのわずか三人のみである。ウトリックでブラボー実験を直接体験した人は四〇人あまりが生存している。かれらに対し米エネルギー省は、ハワイのインターナショナル・アウトリーチ・サービス社に委託し、医学的な追跡調査を今なお続けている。

終章

# 「視えない」核被害

## 実態にどう迫るのか

ブラボー実験から60年を迎え，「この影響はいつまで続くかわからない」と歌を披露するロンゲラップの女性たち（2014年3月1日）．

## 一 可視化装置としての「グローバルヒバクシャ」

マーシャル諸島で核被害を抱えている地域社会の人びとに本書は光を当て、米核実験被害の実態を、住民の証言と米公文書の両面を駆使し解明してきた。明らかにしてきたマーシャル諸島の核被害の実態を思い起こしながら、東京電力福島第一原発事故を見据え、世界に広がる核被害者の存在と、かれらが訴える核被害をどのように捉え、接近しうるのか。その方途を提示し、本書のまとめとし、実態調査で得られた知見をグローバルヒバクシャ研究として普遍化を図っていく。キーワードは、視覚的には捉えがたい「視えない核被害」である。

本書の冒頭で述べたように、「核なき世界」が叫ばれ、そして3・11の原発震災を経ても、マーシャル諸島の存在はいまだ周縁にあり続けている。「核なき世界」と「脱原発」からこぼれ落ちる、核被害を訴える地域社会の人びとの存在と、かれらが提起する核被害の問題は、どのようにして可視化しうるのであろうか。

核開発で被害を受けた人びとの存在とかれらが提起する核問題を視野に収めるには、軍縮にとどまらない新たなアプローチが求められる。そこで核問題が、核被害の究明を後景に退けた状況で捉えられることへの批判の中から、「グローバルヒバクシャ」という新たな概念装置を本書は構築した。

グローバルヒバクシャとは、「安全保障」あるいは「経済」のためなどと核問題を捉えて思考停止するのではなく、広島・長崎の原爆被害とともに、世界各地で核被害を訴える人びとの存在を視野に収め、甚大な環境汚染が地球規模で引き起こされてきた現実を想起する、核被害の可視化装置である。無論、東京電力福島第一原発事故にともなう核被害もその視野に収められている。

序章で言及したように、核被害が世界的な広がりをもっていることは、学術研究に先立ち、先駆的なジャーナリストや原水爆禁止運動によって告発され、問題提起されてきた。そうした先駆的な取り組みに光を当て、核被害をわかったつもりにならず、核被害に心を寄せる新たな研究・教育・実践を生み出し磨いていく一つの場を作ろうと、グローバルヒバクシャ研究会を広島平和研究所の高橋博子氏とともに二〇〇四年に創設し、同研究会を母体に、分科会グローバルヒバクシャを日本平和学会に発足させた。

グローバルヒバクシャは、横糸でさまざまな核被害を結ぶ。広島・長崎と世界の核被害を、「被爆」と「被曝」で切り分けるのではなく、核開発にともなう被害として同じ地平に収める。それぞれの地域で派生する核被害を、局地的出来事として封じ込め個別化するのではなく、空間を超え地球規模で結びつけ、総合的に捉える回路をグローバルヒバクシャの概念は開く。そして、ウラン鉱開発の原料調達から核廃棄物の処理に至るまで、核開発のすべての過程にともなう被害を総合的に捉え、核開発の推進と明確に対置する。「唯一の被爆国」という視野を超えて「意識のグローバル化」を図り、核被害を訴える人びととその支援者が、研究者も含め、世界規模で結びつくことを志向した実践性をもたせた言葉がグローバルヒバクシャである。

グローバルヒバクシャはまた、縦糸で核被害を訴える人びとの存在やかれらが背負う諸問題を、過去に埋もれさせるのではなく、現在さらに未来へと結ぶ。「戦後補償」という概念が、半世紀以上を経ても未解決な平和の課題を鋭く現在に問いかけ、アジア太平洋戦争に未来的な意味を付与している。戦後補償がそうであるように、忘却に抗い、核被害を新たに発見しながら、時を超えて位置づけるのが、グローバルヒバクシャの射程である。

本書では、グローバルヒバクシャを概念装置に、周縁に追いやられている核開発の被害を背負う人びとの存在を照らし、議論の中心に据えて、核被害の実態に迫っていった。

## 二　視えない核被害

### ◒知覚しがたい核被害

しかし、グローバルヒバクシャを概念装置に用いて、核被害を訴える人びとの存在は捉えられても、それだけでは核被害の実態にとうてい迫ることはできない。核被害は知覚できない、あるいは知覚しがたい側面が多分にあるからである。

広島・長崎の瞬時の大量破壊に代表されるように、強烈に目に迫り、直視しなければならない核被害が存在することは無論承知している。しかし、そうした目に迫る被害だけでなく、外見上はうかがい知ることのできない、原爆で生き残った人が背負う「心の傷」が、原爆被害を探究する一つの課題になっている［中澤 2007］。また、瞬時の大量破壊の延長線上では決して捉えられない内部被曝の問題が、福島第一原発事故を含め、グローバルヒバクシャの実像に迫る一つの鍵に浮上している

［肥田・鎌仲 2005; 市民と科学者の内部被曝問題研究会編 2012］。

以上の現状を踏まえ、「ヒロシマ・ナガサキのピカドン＝瞬間大量死と異なる、放射線の後遺的影響によってじりじり崩壊していく……緩慢な死の世界が――チェルノブイリよりも三二年もまえに――ここで起こっていた」［前田 2012: 120］と指摘される、マーシャル諸島の核被害の実態に本書は迫っていった。

第一章で言及したが、現在、マーシャル諸島に行っても、さらに核実験場とされた地に足を運んでも、「楽園」を連想する光景が広がる。核被害が目に飛び込んでくることは決してない。他方、核被害は今なお続いていることが、住民の間で訴えられる。

核実験場とされたビキニは、見た目は「美しい」が、住民が暮らし、地域社会を営む光景は失われたままの状況にある。ビキニだけではない。ロンゲラップの人びともまた、自らの土地が奪われ、移住生活を強いられている。その光景は福島第一原発事故で避難中の人びとと重なるが、マーシャル諸島の場合、避難は数十年の単位で継続し、かつ常態化しており、かれらは「核の難民」と呼べよう。

現地の人びとが「ポイズン」と呼ぶ、核実験で放出された放射性降下物は、身体を被曝させるとともに、土地を被曝させた。その土地に暮らしてきた住民は、暮らしの源にある土地と物理的に切り離され、生活が破壊され、マーシャル・カヌーをはじめとする文化までも剝奪され、アイデンティティーの揺らぎなどへと核被害は連鎖していくことを、第一章で示した。移住先では配給缶詰が住民の食を支えている。

知覚しがたい核被害に日々向き合う住民が、マーシャル諸島に今なおいる。「汚染されたローカルフードを食べたり、飲んだりしていた。いつもナイフを刺されているようだ」と、視えない核被害への不安を、ブラボー実験の時にアイルックで胎児被曝したある男性は筆者にそっと打ち明けた。自立的な生活様式が奪われ、伝来の生活や文化、さらに心までもが「じりじり」と廃れていくのである。

核被害は、当事者の住民自身にとっても知覚できない、あるいは知覚しがたい側面をもつ。例えば第五章で言及したが、一九五四年三月の水爆ブラボー実験の時、「白い粉」を手に取り遊んだ子がロンゲラップにいた。「死の灰」という認識はなく、知らぬ間に外部被曝するとともに、放射性物質を体内に取り込み内部被曝を招いたのである。

第二章、第三章、第四章で言及したように、重大な放射性降下物が住民の暮らす島々に降り注いだのは、ブラボー実験の一回だけでは決してなかった。マーシャル諸島で米核実験は計六七回実施されたが、無自覚なまま住民は被曝を重ねていたのである。

放射線や放射性物質を測定し、ある基準値以下であれば不安が解消できるかといえば、事はそう単純ではない。エニウェトクには、米エネルギー省に雇われてホールボディカウンターを管理しているマーシャル人技師がいる。同技師は「検出量はごくわずか」と説明する。しかし、「将来、何が起こるかわからない。本当に安全なのか、確信はもてない」と、同技師は話し込んでいくうちに一住民としての顔を覗かせ、拭いきれない不安を口にし始めたのであった。

物理的損害や疾病の有無、線量の値など、目につきやすいもの、表面化するものをなぞるだけでは、とうてい捉えることのできない奥行きを核被害はもつ。「甲状腺の手術はしました。しかし、すべてを取り除いたわけではありません。悲しみは心の中にあります。外からは視えません」と、ロンゲラップで被曝したある女性は語る。

「物理的な悲惨さ、あるいは医学的な後遺症という、誰にでもわかる、いってみれば目に見える悲惨さ」[梁木 1999]を追うだけでは、核被害は捉えきれないのである。表面上では捉えられない核被害、それは福島県飯舘村に暮らしていた小林麻理さんの次の語りとも交差する。「今回降り注いだ放射能によって『ただちに健康に害はない』のかも知れません。けれども、目に見える物は何一つ破壊されていない、この明るく美しい放射能地獄の中で、避難地域だけでなく福島のすべての人たちが、真綿で首を絞められるような苦しみに苛まれ、翻弄されて、心が壊れてしまう危険に晒されています」[小林 2012: 93]。

## ◒不可視化された核被害

核被害が視えないのは、物理的に知覚しがたいからだけではない。社会的、政治的要因で、不可視化され、視野の外に置かれ、視えなくさせられる側面が、核被害には多分にある。米社会学者のバレリー・L・クレッツ(Valerie L. Kuletz)は、核開発の犠牲となった先住民族の存在が社会的に不可視化されてきたことを指し、「視えない核の光景」と呼ぶ[Kuletz 1998: 5]。「視えない核の光景」は、マーシャル諸島でも社会的、政治的に創出されてきたと言える。

第三章で明らかにしたように、核実験場の建設は、米本土の外で、しかも本土の八〇〇キロ圏外で、かつ、ほかの都市から離れているところで行う方針が立てられた。米本土のネバダで核実験が開始されたのちも、「隔絶されている太平洋地域は引き続き使用することが欠かせない」と、一九五八年まで六七回におよぶ核実験がマーシャル諸島で繰り返された。

マーシャル諸島をはじめ、日本の委任統治領であったミクロネシア地域は、一九四七年に、米国が施政権を握る形で国連信託統治領の戦略地区に組み込まれた。戦略地区のもと、米軍基地を建設しかつ閉鎖区域を設けることが、「安全保障」の名で正統化された。さらに「動物園政策」と呼ばれる米統治政策が敷かれ、出入りを行政官・軍人・人類学者などに限定し、外部からの経済的投資は抑制された。

二重、三重に障壁が設けられ、国際社会から隔絶させられた状況を作り上げ、米国はマーシャル諸島で核実験を実施したのである。国連信託統治領下であったが、生じた核被害は視えず、国連などで問題化されることは一九五四年までなかった。

例えば第三章で言及したが、一九五二年、核実験マイクがエニウェトクで実施された時、エニウェトクの人びとは、米核実験実施部隊の手で移住先のウジェランから船に乗せられ、海上に一時退避させられた。住民は、ウジェランに戻ると「白い粉」が痕跡を残し、「皮膚が痒くなった」、「下痢や脱毛をしたり、頭が痛くなった」と語る。米公文書上にも、同実験で「放射性降下物の増大を招いた」ことが記録されている。しかし住民の被曝が公になることは一切なかった。

さらに第三章、第四章で言及したが、放射性降下物の飛散は、実験場周辺だけでは収まらず、太平洋一円、さらには地球規模におよんだ。米原子力委員会は、放射性降下物の観測地点を世界一二〇カ所に設置し、放射性降下物が北半球全体に広がることを、一九五二年の段階ですでに把握していた。しかし、「大衆は降下物の現象に関して何も知らされなかった」と、核物理学者のラルフ・ラップが指摘するように、核実験にともなう放射性降下物は不可視化され、一般に問題視されることはなかった。

転機となったのは、第四章で扱ったように一九五四年三月のブラボー実験であった。第五福竜丸の被曝が公となり、核実験にともなう放射性降下物が国際的に広く可視化され、原水爆禁止を求める世論が呼び覚まされた。

世論を喚起した福竜丸の存在は、米政府にとって、政治的脅威以外のなにものでもなかった。同船を海に沈める計画やソ連のスパイ疑惑がかけられた。心理戦略や秘密工作を担当する米政府の工作調整委員会が事件の処理に関わり、米政府が日本政府に二〇〇万ドルの見舞金を支払い、賠償責任が米国に問われないまま「完全決着」とされた。福竜丸をはじめ太平洋の核実験で放射性降下物を浴びた船員は、「原水爆被害者の救済」の枠の外に置かれていったのである。

第四章で明らかにしたように、ブラボー実験を含むキャッスル作戦の後も、マーシャル諸島で米核実験は続行されたが、住民から反発が生じ始め、核実験反対の国際世論も盛り上がりを見せた。そうしたなか、世論対策として米国は「きれいな爆弾」の開発を重視するとともに、実験前に予防措置が万全であるとの広報を始めた。加えてハードタック作戦では、実験の公表を二〇〇キロトン以上に限定し、実験回数を少なく見せた。

実験終了後には「放射能汚染はない」との記者会見が繰り返された。だが第四章で見てきたように、放射性降下物はマーシャル諸島各地に広がっていた。米国は観測していたが、住民に被曝の事実が伝えられることはなかった。

第五章で明らかにしたように、一九五四年以降、米原子力委員会が医学的調査を行い、ロンゲラップとウトリックに医師が送り込まれたが、収集データは米政府に独占管理された。医師が送り込まれても、被曝をめぐる健康への影響は、住民には視えない、理解できない状況が続いた。「島の人たちは、何も知らず死んでいく」と、ロンゲラップの住民代表を務めたネルソンは訴えた。

住民の要請に応え、一九七一年、原水爆禁止日本国民会議が調査団をマーシャル諸島に派遣した。しかし、第五章で言及したように、調査団は米中央情報局(CIA)に尾行され、ロンゲラップ入りを阻まれた。核実験が終了し一〇年以上を経ても、被曝地が外部社会に閉ざされ、いわば目隠しされ続けていたことを入域拒否は如実に示す。

一九八六年、マーシャル諸島は米国と自由連合協定を締結し、国連信託統治領から脱してマーシャル諸島共和国が誕生した。その際に米国は、核実験場のビキニとエニウェトクに加え、ロンゲラップとウトリックにも被害がおよんだことは認め、一億五〇〇〇万ドル規模の補償金が払われた。引きかえに、マーシャル諸島の核実験問題は「完全決着」とされ、核被害がもつ時と空間を超えた拡がりは封印された。第二章で明らかにしたアイルック環礁をはじめ、米政府が核被害を認めていない地域にも被害はおよぶ。視野の外に置かれたままの被害者は無数に存在する。

被害を隠すこと、過小に見せることは、加害者である米政府が行ってきただけではなかった。被害者である住民自らが被害を隠すこともあった。第二章で言及したが、メーナルド・アルフレッドは、「異常な事象があれば、写真で記録してと言ったが、理解されない。流産をしたら、誰にも見られないうちに包んで、すぐ墓に埋葬してしまう。隠したがる」と指摘する。また、マーシャル諸島の中で差別された体験をはじめ、当事者の口からはあまり語られない、語りたがらない体験は当然ながらあり、表沙汰にならない被害は無数にあることが容易に想像できる。

述べてきたように、マーシャル諸島の米核実験被害は、知覚しがたいだけでなく、政治的、社会的要因で幾重にも見えなくさせられ、不可視化されてきたのである。公式声明の延長線上では、核被害はとうてい捉えられるものではない。視えない核被害にどう接近していけばいいのだろうか。

## 三　マクロの観点からのアプローチ

### ◒核被害を取り巻く差別構造

視えない核被害に接近するには、グローバルヒバクシャのフレームに加え、「視えない核被害」を見つめるレンズが必要である。では、視えない核被害を可視化していくためには、どんなレンズが求められるのであろうか。

「被害だけ見て、被害は捉えられるのか」。グローバルヒバクシャ研究会などの場で筆者に対し、繰り返し問いを投げかけた方がいた。在野の立場で占領史研究に取り組み、『米軍占領下の原爆調査』[笹本 1995]を上梓した笹本征男である。広島・長崎原爆をめぐり、被害は語られても、加害者の存在をはじめ被害を取り巻く背景が出てこない違和感を、生前、笹本は繰り返し指摘していた[上田 2005]。

マーシャル諸島で核被害を生みだし拡大させた背景に、差別構造があったことは見逃せない。マーシャル諸島が核実験場に選定された過程は第二章で解明したが、核実験場の選定段階で、核実験で放射性物質が周囲に放出される危険性はすでに認識されており、ゆえに米本土内および八〇〇キロ圏内では、核実験は行わないとの方針が示されていた。一九五一年から米本土のネバダで核実験が開始された後も、「高い威力を持つ兵器や装置は、米国内で爆破させることができない「太平洋の試験場は辺鄙なところにあり適している」、「米国内で許容限度を超えるであろう放射線の危険がともなう実験にエニウェトク……は使用する」と、マーシャル諸島での核実験は続けられた。

核実験を実施すれば放射性降下物が飛散し被曝問題が生じることを、米政府機関は十分予想したうえで、だからこそ、ビキニとエニウェトクが核実験場に選ばれたのである。核実験場の選定過程を追うと、米本土から周縁化されたマーシャル諸島の土地を奪取し、米本土では実施できない核実験を米政府は繰り返していた事実が明瞭に立ち現れてくる。

第三章で論じたように、核実験場に選ばれたビキニやエニウェトクの人びとの存在と、その地で培われてきた暮らしの価値は不可視化され、住民は強制移住させられた。土地を追われた住民への対策は後手にまわり、住民は食糧や物資の不足に襲われ、「動物のように置き去りにされた」と、「核の難民」として生きた人びとは訴える。ビキニの人びとは餓えに直面し、再移住を余儀なくされた。

差別は実験場選定だけにとどまらなかった。第五章で明らかにしたように、米原子力委員会は、被曝した住民を「文明人ではないが、ネズミよりはわれわれに近い」と見下し、ロンゲラップとウトリックの人びとを対象に、医学の追跡調査に着手した。原子力の産業利用を含め、核開発を推進していくうえで、「最も価値あるデータを提供する集団」にかれらは位置づけられた。医学調査は治療ではなく、住民の健康状態は米国の監察下に置かれた。医学調査の対象者には犠牲者番号(客体番号)が振られ、かれらは非人間的な扱いを受けて「生きた標本」にされたのである。

「わたしたちは人間として扱われたことは一度もありませんでした。ただ爆弾の効果を調べるモルモットとしてわたしたちは扱われてきました」と、ネルソンは医学調査の責任者ロバート・コナード医師に宛てた手紙で訴えている。「白人ではなく、僻地の太平洋の島に暮らす褐色系の人だったからできた」と、マーシャル諸島を代表する政治家の一人アタジ・バロスは指摘する。

広島・長崎の原爆投下で非戦闘員が無差別に殺傷されたことを踏まえ、核被害では無差別性が強調されるが、差別性も見逃してはならないのである。植民地主義や人種差別を背景に、核被害は先住民族の土地に多く集積してきた。同時に被曝は空間を超え、さらに時を超えて持ち越され、核被害は時と空間を超えた無差別性をもつ。

「核開発には、地球規模で環境正義の問題が最も典型的にあらわれている」[戸田 2009: 38]と、長崎大学の戸田清は指摘する。差別構造を見据えて核被害に迫っていくうえで、環境問題の背後にある社会的不平等を焦点化する環境正義の視点[原口 1997]は手がかりになろう。

## ◒核被害の括り方を問い直す

米政府が核被害を不可視化したことは先に指摘したが、情報を絶えず全面的に隠すのではなく、積極的に表に出す核被害もあった。

例えば、第二次大戦後初の核実験となったクロスロード作戦は、七〇〇台以上のカメラがビキニに備え付けられ、核実験の模様は全米にラジオで生中継され、報道陣や議員、さらには外国人やビキニ住民の代表も招待されて実施された。クロスロード作戦はある面では積極的に公開された。

しかし、第三章で明らかにしたように、核実験を実施した第一合同任務部隊は広報指針を定め、放射能に関わるデータは機密にされていた。核爆発にともなう破壊力の部分だけが切り取られ、焦点化され、大きく引き伸ばされ、見学者に見せつけようとしていたのである。破壊力の大きさに見学者は酔いしれたが、同時に広がっていた放射能汚染は見学者の目には視えていなかった。

先述したように、米原子力委員会は医学調査を実施した。コナード医師らは甲状腺疾患に強い関心を寄せ、住民を渡米させて精密検査をし、甲状腺の摘出手術を繰り返した。対照的に、その他の疾患、あるいはぶらぶら病を思い起こさせる身体の不調は「被曝と関係ない」とされ、健康問題は狭く捉えられた。

そもそも疾患の有無の枠内では、核被害は十分捉えられず、生活、文化、心など広範におよぶことは、第一章で明らかにしたとおりである。さらに第二章では、米政府が核被害を認めていない地域の核被害の広がりを、証言と米公文書の両面から裏付けた。被害の内実と被害地の範囲という両面から、マーシャル諸島の米核実験被害像の見直しが迫られているのである。

加害者側が注目あるいは提示する被害像の延長線上で、核被害の実態に迫ることはできない。甲状腺疾患や癌のみを被曝の影響とする見方、あるいは被害認定地域の枠内でのみ被害を捉える見方など、加害者側が提示する核被害の括り方を批判的に洗い出し、その「視野の外」にあるものを探究し、核被害像を塗り替え続ける作業が、不可視化された核被害に迫るうえで必須である。

以上述べてきたように、視えない核被害と向き合い、可視化していくうえで、差別構造を踏まえることと、米政府による核被害の括り方を批判的に問い直す作業の必要性を本書は浮き彫りにした。核被害を追いかけても、それだけでは被害は視えてはこない。被害だけに着目するのではなく、被害を取り巻くマクロの観点を持ちあわせることが、核被害に迫っていくうえで重要である。

## 四　ミクロの観点からのアプローチ

### ◒「サブシステンス」の視座

マクロの観点をもち、核被害が部分的に切り取られて矮小化されることを浮き彫りにしたうえで、核被害を総合的に捉えていくには、地域社会の内部を掘り下げるミクロの観点を持つことがあわせて求められる。

本書は、序章で述べたように、「命」そのものと形容される土地がもつ機能に着目し、その土地を共同で利用調整しながら、環礁全域を使い、限られた資源を多彩に利用している生活の術への理解を深めながら、核実験体験の聞き書きを進めた。

そうするなかで、第一章で言及したように、核実験で「土地が奪われる」ことの意味、さらには移住先の「島が小さい」と被害者が訴える意味が透けて見えてきたのである。さらに、土地が放射能に汚染される、ココヤシが放射能に汚染される、それらが引き起こす被害の重みが、一定の具現性をともなって立ち現れてきた。

核被害調査では、被害だけに目が向きがちである。しかし、太平洋に浮かぶ小さな島々でどのように生活を立ててきたのか、暮らしへの理解を深めることが、被害地やその土地につながる人びとに寄り添い、より多層的に核被害を可視化していく礎となっていったのである。

地域社会の暮らしの成り立ちを捉えるうえで、注目されるのは、日本平和学会の分科会「環境・平和」の母体である環境・平和研究会が提唱する「サブシステンス」の概念である。同研究会が提唱するサブシステンスは、生存が保たれる最低限度の状況を指す用語ではない。サブシステンスという用語を用いて、市場経済に包括されない経済がもつ価値に光を当てたカール・ポラニー(Karl Polanyi)やイバン・イリイチ(Ivan Illich)などを踏まえ、「サブシステンスという用語のもっている豊かな可能性」[郭ほか編 2004: 12]を、環境・平和研究会は引き出していった。そして、サブシステンスという用語を、生業や自給自足経済から拡張し、「生命の存続および再生産を支える生命維持系」すなわち生存基盤であると、環境・平和研究会は再定義する[郭ほか編 2005: 224]。

サブシステンスの視座をもち、環境・平和研究会は、環境に適応した暮らしの源に意識的に光を当て、開発ありきではなく、各地に息づくサブシステンスに立脚することを説き、開発主義批判を展開している［郭ほか編 2004: 1–13］。サブシステンスの視座から地域社会の生存基盤に光を当てることは、開発の問い直しにとどまらず、知覚できない、あるいは知覚しにくい核被害を捉えていく一つの扉になりうるものである。

なぜならば、サブシステンスを見据えることは、不可視化されてきた「国家の犠牲区域」とされた地域社会がもっていた豊かさや、当該地域で築かれてきた生活世界がもつ価値、そこを生きる場としてきた人びとの存在を映し出すからである。

加えて、サブシステンスの視座は、疾患と放射線の因果関係の有無だけで核被害が切り取られることを批判的に問い返し、核被害をより包括的に捉えていく回路を開くものでもある。さらに、住民が大切に守りたい、取り戻したいと願う生活世界を浮き彫りにし、再居住や移住あるいは補償の内実を問い、被曝地の未来を探究する礎になるものでもある。

### ◒「サバイバーズ」の視座

ミクロの観点をもち核被害に接近していくうえで、サブシステンスとともに鍵となる概念がもう一つある。それは「サバイバーズ」の視座である。

核被害者団体「エラブ」（ERUB）のメンバーは、自らを「サバイバーズ」と規定する。サバイバーズは、単に生存者を意味する言葉ではない。核被害を受けたが、住民は被害の前に泣き寝入りせずに立ち向かってきた。その生き抜いてきた軌跡が、サバイバーズの言葉に込められているのである。

同時にサバイバーズは、これからも苦難のなかでも生き抜く決意の証でもある。

当事者の住民自身も、最初から核被害が視えていたわけでは決してない。無意識の被曝が重ねられてきた。しかし、今は「ポイズン」という言葉で、視えない核被害の存在を捉えている。

核被害をどう捉え、いかに向き合い、生きていくのか。第五章で明らかにした、被曝を背負いながらも国境を越えたネットワークを築き、かつ自分たちの土地に住めなくなり、住むという形での土地との関係性が切断されても、自らの土地の機能は活かし続け、共同体の崩壊を防ぎ、地域社会をつないできたロンゲラップの歩みは大いに注目に値する。

住民が被害を前に沈黙したり、泣き寝入りしたりするのではなく、被害者になっていき、さらにサバイバーズとして生きて生き抜き、語るからこそ、被害者や被害地に寄り添い核被害に向き合う入口が、公に開かれるのである。サバイバーズとして生きる人びとの声は、核被害を可視化し、その奥行きを探究する扉を開くものである。住民の声を手がかりに、キーワードを抽出し、新たな視点をもって米公文書に当たることもできる。

## 五　3・11原発震災に引き寄せて

### ◉グローバルヒバクシャを眼鏡にして

核被害を訴える人びとの存在とかれらが提起する核被害は、どのように見出し、可視化しうることができるのだろうか。

本書では、グローバルヒバクシャという新たな概念装置を設け、核被害を受けた人びとの存在を中心に据え、焦点化した。しかし、グローバルヒバクシャの概念装置だけでは、核被害は知覚しがたく、かつ不可視化されており、核被害の実態はなかなか視えてはこない。大枠の概念装置としてグローバルヒバクシャを用いながら、細部を固める補足的な概念装置がほかに求められる。

視えない核被害にどう迫っていくのか。加害者の権力を捉えるためには、マクロの観点が求められる。「ニュークリア・レイシズム」(核による人種差別)とも称される核被害を取り巻く差別構造を射程に収めるとともに、加害者が提示し、その遡上で議論が進む核被害の括り方そのものを批判的に問い直し、その視野の外にあるものを意識的に探究する。

同時にミクロの観点をあわせ持ち、より意識的に被害地・被害者に寄り添っていく必要性もある。具体的には、被害地の暮らしの現場のリアリティーを捉えるため、サブシステンスを探究し、住民の生存基盤となってきたものを掘り下げていくとともに、サバイバーズとして生き抜いてきた人びとの軌跡にも目を向けていくことが重要である。

グローバルヒバクシャという概念装置を用いて、核被害者の存在を可視化する。そのうえで、マクロの観点で核被害を取り巻く差別構造を押さえ、ミクロの観点でサブシステンスとサバイバーズの軌跡を押さえる。核被害を、住民の「生活史」の観点から聞き書きで再構築し、被害地・被害者に寄り添っていくとともに、米政府内部の公式文書を探究することで、被害に対する権力側の動向を照射していくのである。以上のような、グローバルヒバクシャという眼鏡に、遠近両用レンズを装着し、視えない核被害に迫っていく一つの方法を、本書は提示した。

核被害に迫っていくうえで大前提となることがある。それは被曝がもたらす負の現実は、安易にわかったつもりになってはならないということである。核被害の視えない領域は無限に広がっている。核被害は長い間にわたって、それも徐々に姿を現す。核被害は日々、新しいものである。核被害を固定的、限定的に捉える見方を批判的に洗い出し、その外にあるものを意識的に拾い上げていく作業が求められる。

四日市公害の語り部である澤井余志郎が、被害者に寄り添う地道な取り組みを続けてきた［澤井 2012］ことに学び、核被害を日々発見する姿勢と核被害の「概念崩し」が、今まさに求められているのである。

### ◒マーシャル諸島の人びとの体験に学ぶ

核被害は線引きできるものではとうていない。「唯一の被爆国」の枠組みで閉じ込めるのではなく、グローバルヒバクシャという見方を本書は提示した。3・11原発震災より前にも核被害を受けてきた人たちがいる。福島第一原発事故の問題と向き合っていく時も、被曝を背負って生きている人たちが世界にいることを忘れてはなるまい。

「否定し、嘘をつき、機密にする。マーシャル諸島でなされたことが、福島でも繰り返されている。これが核の文化だ」と、マーシャル諸島共和国のトニー・デブルム副大統領（当時）は、二〇一四年三月に福島から来た学生らを前に指摘した。

福島の原発事故の影響をめぐって、個々の癌や甲状腺疾患に関心は集中する傾向がある。しかし、核被害は癌や甲状腺疾患の有無だけで括れるものではとうていなく、文化や心の領域にもおよぶことを本書は指摘した。文化や心の領域におよぶ影響は、間接的な影響、あるいは二次的影響と過小評価してはならない。身体におよぶ健康への影響と並ぶ、被曝がもたらした歴然とした直接的影響である。核被害は、生存基盤の剝奪として、より総合的に捉える必要があるのだ。

米政府が被害認定している範囲だけで括るのではなく、それを超える核被害の広がりを本書は具体的に実証した。核実験にともない、太平洋一面、さらには地球規模で無意識の被曝が広がっていたことも本書は浮き彫りにした。福島第一原発事故も、避難指示区域や福島県の枠内で、鳥瞰的に捉えるのではなく、周縁化された枠外の地域にも意識的に目を向けて、虫の目、いや蟻の目を持って、住民の声に耳を傾け、被害地域の線引きや固定化を問い直す姿勢は重要である。核被害は空間を限定できるものではない。

福島第一原発事故そのものは起こってしまったことであり、時計の針は戻せない。しかし、政治的、社会的に新たに再生産される被曝にまつわる被害をこれ以上増幅させないことは、今できることである。本書が浮き彫りにした、核実験のその後の帰島、あるいは米医師による追跡調査は、被曝のその後に増幅された政治的被害の一例である。

福島第一原発事故が起き、除染をしても終わらない核被害の問題と腰を据えて長くどう向き合い、生きていくのか、マーシャル諸島の体験に、今こそ目を向け、学ぶ時である。

例えば、第五章で論じたロンゲラップの人びとの歩みからは、放射能をめぐる「安心・安全」をどう考えていけばいいのか、大いに示唆を得ることができよう。

ロンゲラップの人びとの歩みは、「安心・安全」は外から与えられるものでも、また自然に到来するものでもないということを教えてくれる。「安心・安全」は、問題を外に開き、第三者の協力を得ながら、自治の精神を持ち、自ら求め続けなくてはならないものである。生活する当事者が、悩み葛藤しながら、生活知をくみ上げ、生活者にとってのよりましな暮らしを築いていくことの重要性を、ロンゲラップの人びとの歩みからは教えられる。「安全」かどうかは、指図されたり、押しつけられたりするものではない。

「安全」の言説は、過去の行為への謝罪や償い、また、未来に繰り返さない証を築いていくことなしには、それが仮に自然科学的に正確なデータであろうとも、住民の心を捉えることは難しい。そればかりか、「安全」の言説がさらなる不安を住民に招き、未来の可能性を閉ざす暴力として働く場合があることを、マーシャル諸島の人びとの歩みは浮き彫りにする。

ロンゲラップの人びとの歩みはまた、「安全」や「大丈夫」の言説を鵜呑みにし、思考を停止するのではなく、権力構造を読み解き、その背景に迫っていく必要性をわたしたちに教えている。

福島の原発事故のその後を生きるうえで、専門医師の調査は不可欠である。しかし、治療なきデータ収集になっていないか、データの行方はどうなっているのか、その目的は何なのか、医学に独占させず、社会科学の視点、あるいは住民の目を入れていく必要がある。

「安全」や「大丈夫」と外から言う前に、被曝した人の不安や疑問にどれだけ寄り添えているのか、自問する必要もある。同様に、住民の生活実態を顧みずに外から「危険」を叫ぶことも、個人や地域社会に新たな混乱を生む。被曝をめぐる問題は、「安全」か「危険」かと二者択一的に線引きできるほど単純ではない。

## 六　本書の意義と課題——被曝地の未来をどう拓いていくのか

本書で明らかにした、マーシャル諸島の米核実験被害の実態はあくまで一端であり、視えない核被害の領域はいまだ無限に広がっている。そもそも核被害は現在進行形であり、その全貌を現してはいない。しかし、マーシャル諸島の米核実験被害の実態を解明し、核被害を可視化する方途を提示した本書には、以下に挙げる三つの意義が認められよう。

### ◉グローバルヒバクシャの概念装置を創出

第一の意義は、グローバルヒバクシャという概念装置を本書が新たに創出したことである。

本書が提示したグローバルヒバクシャは、核被害の可視化装置であるとともに、何が核問題なのか、加害者によって核問題の設定がなされてきた流れを批判的に捉え、被害者の側から核問題の設定のあり方の転換を図っていく言葉でもある。日本平和学会の設立趣意書や、「被害者や居住者、生活者に視点を定め」て日本の環境社会学会が設立されたことを想起し、核被害を受けた人びとを中心に据えた研究を活性化させ、平和学や環境社会学がもつ特性を磨いていく狙いが、グローバルヒバクシャの概念にはある。

グローバルヒバクシャの概念はまた、社会学における広島・長崎原爆被害者の生活史調査で確立されてきた「原爆と人間」の視点を援用したものであり、原爆被害者の生活史調査を世界の核被害者に開いていく扉となる概念でもある。

### ◒核被害像の見直しを提起

グローバルヒバクシャの射程をもち、現地調査の成果を米公文書分析と突き合わせる方法によって、単なる線量測定に終わらない被曝の様相が描き出され、核被害像の見直しを提起したことが、本書の第二の意義である。核被害像の見直しは、被害地域の範囲と被害の内実の両面から提起する内容を本書はもっている。

もはや、米政府が被害を認定しているビキニ、エニウェトク、ロンゲラップ、ウトリックの四つの地域社会の枠内で、マーシャル諸島の米核実験問題を捉えることはとうていできないことを、あらためて強調しておきたい。

マーシャル諸島各地や太平洋一円、さらにはその周辺を通過した船舶などにも視野を広げ、マーシャル諸島の米核実験被害の実態を今後解明していく必要がある。

本書では、マーシャル諸島の核実験として関心が集中する水爆ブラボー実験だけでなく、それ以外の核実験でも放射性降下物が周辺の島々に広がったことを、第二章、第三章、第四章を通じ、一部ではあるが明るみにした。六七回におよぶマーシャル諸島の核実験の全体に目を配ることも重要である。

「ビキニ事件」や「ビキニ水爆被災」といった呼称は、一九五四年三月一日のビキニが焦点化される呼び方である。マーシャル諸島の米核実験が引き起こした被害の実態に迫るうえで、それらの呼称がもつ限界に自覚的になり、実態をもとにした新たな名称の構築が今後求められよう。

核被害の括り方を問い直し、核被害の影響が否定されている、「視野の外」に置かれている地域社会の人びとの声に耳を傾けることを出発点に、加害者側が提示する核被害像を塗り替え続けていく作業が必須である。

核被害を捉える視野は、固定化させ閉ざしてはならない。広島・長崎の原爆被害も然りである。被爆者手帳を交付されている人びと、すなわち法的な被爆者だけで原爆被害を捉えるのではなく、その外に置かれている人びとの声を聞く作業が、広島・長崎の原爆被害の実相解明でも求められる。福島第一原発事故にともなう被曝も、県域をはるかに越えた被害であり、地域を固定化した問題として捉えてはならないことは言うまでもない。

核被害の実態に迫っていくうえで、被害範囲とならんで、核被害の内実という観点からも、本書は核被害像の見直しを提起した。個々の疾患にのみ注目するならば、地域社会の生活基盤を破壊する核被害の広がりが捨象され、核実験の影響が過小評価されかねないことに、本書は警鐘を鳴らすものである。

生活や文化という要素を射程に入れ、核被害をより包括的に捉えていくうえで、フィールド調査を用いた社会学的研究が果たす役割は大きいと考えられうる。東京電力福島第一原発事故をめぐる影響調査でも然りである。現場のリアリティーを捉えるうえで、環境破壊に由来する被害を多面的、多層的に描き出してきた環境社会学の先達である飯島伸子の「被害構造論」[飯島 1993: 77–144]を念頭に置くことは有用であろう。その時、健康被害にはじまる被害の連鎖だけでなく、土地の被曝にはじまる被害の連鎖も押さえ、さらには住民と加害者の関係性に目を配り、被害を取り巻く加害構造と核権力にも踏み込んでいく必要性を、本書は指摘するものである。また、唯一無二のものとして福島の原発事故を捉えるのではなく、放射線被曝をめぐる歴史の中に位置づけ、広島・長崎はもちろんのこと、グローバルヒバクシャの研究・報道・実践、さらには被曝を背負って生きてきた世界の人の生活知をくみ取る視野をもつ重要性を、本書は指摘するものである。

福島の原発事故の今とこれからを探究するにあたり、マーシャル諸島の経験に学ぶべき点が多々あることは、繰り返し指摘したとおりである。しかし、マーシャル諸島の米核実験被害を固定的に捉え、核被害を新たに発見していく姿勢を持たずして、福島の原発事故と比較を試みることは、核被害の過小評価につながる可能性がある点には十分留意する必要がある。

### ◓米政府を揺り動かした住民の抵抗

本書は、住民の生活史の観点から、聞き書きにより核実験体験を再構築するだけでなく、住民と米政府の対抗関係に注目し、米政府内部の公式文書を探究することで、権力側の被害認識や政策の一端を照射することができた。そのなかでもとりわけ、米政府をも揺り動かした住民側の抵抗の力を一定程度浮き彫りにしたことは、本書がもつ第三の意義である。

例えば第四章では、水爆ブラボー実験の直後に、「死に至らしめる兵器の爆発を我が島の領内で行うことへの苦情」を国連に申し立てる請願運動がマーシャル諸島で起きていたことを紹介した。さらに国連信託統治理事会に提出された同請願は、核被害の問題を国際社会に開き、米政府に危機感を与え、核実験は継続されながらも、米政府に再発防止と被害への対応を促す呼び水となったことを明らかにした。同請願は、部分的核実験禁止条約成立の一つの補助線になったのである。

現地住民側の抵抗、あるいは原水爆禁止を求める日本や世界の世論は、決して無力ではなかった。マーシャル諸島の核実験被害者は、泣き寝入りを続けた弱者としてのみ捉えられる存在では決してない。

以上、本書は、報道や運動の成果をくみ取りつつ、学術研究として仕上げ、今後のマーシャル諸島の米核実験被害実態調査、さらにはグローバルヒバクシャ調査の一つの礎を築いたといえよう。平和学の分野でグローバルヒバクシャ研究という新たな研究分野を切り開いていく研究であり、また社会学の分野で、原爆被害者の生活史調査を世界の核被害者に開くとともに、公害研究の蓄積を活かし、グローカルな視野をもち、軍事活動にともなう環境被害研究を展開していく一助に、本書はなるものである。

### ◒本書の課題

本書は同時に多くの課題を残していることもまた事実である。例えば、本書が提示したグローバルヒバクシャの射程を活かし、マーシャル諸島以外にも目を向けて比較研究を展開することは、今後の課題である。本書は、マーシャル諸島の米核実験被害の実態には迫ったが、他地域の核被害の実態を掘り下げて比較するところまでは至っていない。

それでも、マーシャル諸島の核実験と広島・長崎の原爆との接点は、わずかながらでも提示した。例えば、不十分ながらも、第三章で核実験場の選定過程を追うなかで、広島・長崎からビキニへと至る米核開発の連続性を浮き彫りにした。

ビキニの核実験に至る米国側の動きをみると、広島・長崎の原爆投下において中心的な役割を担った人物が次々と登場する。それもそのはずである。広島・長崎への原爆投下を導いたマンハッタン工兵管区は、原爆投下の直後に解散してはいない。一九四七年一月一日に原子力委員会が誕生し、担っていた機能が同委員会に移管されるまで、第二次大戦後もマンハッタン工兵管区は存在し続けたのである。広島・長崎とビキニ・エニウェトクを戦時と平時とで切り分けるのではなく、米核開発の連続性という視点でつなげて捉える必要があるのである。

第四章では、マーシャル諸島での医学追跡調査と原爆傷害調査委員会（ABCC）との接点にも触れた。マーシャル諸島の核実験被害の実態解明を図るなかで、広島・長崎の原爆の問題が照射できる可能性があることを、本書は示唆するものである。

これまで築いてきたグローバルヒバクシャ研究会のネットワークを活かしながら、本書を土台に、マーシャル諸島の米核実験被害の探究は無論続けていく。核被害補償法廷（NCT）は資金不足のため機能せず、開店休業状態になっているが、NCTで住民代理人を長年務めたビル・グラハムは現在、マーシャル諸島の外務省核問題顧問に就いている。ビルは、マーシャル諸島の被曝をめぐって、「米国は嘘をつき続けてきた」と指摘し、対米交渉で情報公開を求めているが、今なお米政府は応えず、情報は隠され続けていることを指摘する。視えない核被害の領域はまだまだ拡がっていることを心に留め、住民はなぜ被曝をさせられたのか、今後も問い続けていく。同時に比較の観点を横軸で磨きながら、縦軸では核被害地の未来を見据えた研究をより展開していく所存である。

水俣病患者と向き合い続けてきた原田正純は、「全面解決」論や「水俣の再生」に疑問を投げかけつつも、「『水俣病の終わり』というのはいったいなんなのだろうか」［原田・花田編 2008: 108］と、未来を見据えた水俣病研究を続けた。そうした原田の姿勢に学び、本書で明らかにした住民の抵抗の側面をさらに掘り起こしながら、マーシャル諸島の核被害地の過去と現在、そして未来を結ぶ研究を、積極的に展開していきたい。

二〇一四年四月、マーシャル諸島共和国は、米国を含む核保有九カ国を相手に、核拡散防止条約に定められている核軍縮義務に違反し続けていることを指摘し、核軍備の撤廃を求めてオランダ・ハーグにある国際司法裁判所（ICJ）に訴訟を起こす行動に出た。米政府を相手に、米国の連邦裁判所にも同様の訴訟を起こした。トニー・デブルム外相が主導し、国際反核法律家協会（IALANA）および核時代平和財団の国際NGOと連携して提訴した。トニー・デブルムは、水爆ブラボー実験の時はリキエップ環礁におり、米政府は認めていないものの、自分も被曝したとの思いをもっている。

同訴訟は、補償要求をしないことが明記されている。マーシャル諸島国内では、軍縮よりも被曝問題の対応に政府は優先して取り組むべきであり、国際司法裁判所がマーシャル諸島政府の訴えを仮に認めたとしても、それで自分たちはどうなのかとの意見が聞かれる。

しかしながら、マーシャル諸島共和国政府が、国際司法裁判所への提訴に踏み切ったことは、世界のニュースになった。世界地図の砂粒のように周縁化されてきたマーシャル諸島の存在が、中心に踊り出てきたのである。

米国の核実験場とされたマーシャル諸島が背負い続ける被曝問題にも、この先に光が当たる可能性はある。同提訴をきっかけにして、弁護士やNGOなどとマーシャル諸島との間で新たな連携が生まれている点は注目される。同訴訟は、自らの体験を踏まえて、核被害を二度と繰り返さない証を世界に向けて、さらに未来世代に向けて築こうとする積極的な動きである。

被爆国を名乗る日本、被爆地を名乗る広島・長崎の行動力も問われよう。日本にも続いてほしいとの意向がマーシャル諸島では聞かれる。

同訴訟は、被曝地の未来を内発的に拓いていこうとする動きとして注目していきたい。被曝を背負う極小国が、国際社会でどうふるまうのかという点でもユニークである。マーシャル諸島は、米国との外交関係上、太平洋非核地帯条約(ラロトンガ条約)を批准しておらず加盟していない。しかしトニー・デブルム外相は、提訴を機に二〇一五年早々にも批准したいとの意向を、二〇一四年八月の筆者とのインタビューの中で表明した。

マーシャル諸島の人びとの被曝とその後の体験は、太平洋の小さな島で起こった過去の問題で片づけられることでは決してない。福島第一原発事故は、逃れることができない被曝という現実をわたしたちに突きつけている。

そうしたなかで、被曝地の未来をどう拓いていくのか——。3・11原発震災が生んだ、避難自治体と避難者の行方に重ねるならば、マーシャル諸島では、被曝が原因で自分たちの土地に住めなくなっても、土地がもつ機能を活かし、地域社会の崩壊を防ぎ、地域を未来につなげてきた歩みに、今後より注目していきたい。ビキニでもロンゲラップでも、土地に人が住んでいなくても、今なおそれぞれの自治体は機能し、首長と議員が選ばれ、国会議員も選出されていることにも注目していく必要がある。

ロンゲラップの再居住計画をめぐり、「帰るとは、『定住』を必ずしも意味しない。『帰る』とは『あちこちの人が、故郷を中心にまとまる』ことである」［中原 2012: 149］との人類学者の中原聖乃の指摘は、新たな考察の視点を提起するものとして注目される。

3・11原発震災が生んだ現場にも足を運び、その現実とも結びながら、マーシャル諸島の人びとのサバイバーズとしての軌跡の解明、マーシャル諸島の再居住をめぐる問題の追跡、さらには本書では十分な言及ができなかった補償の問題とそのあり方の探究を進めていく所存である。

本書では、かつて日本の統治下にあったマーシャル諸島と「日本の核のゴミ」の接点を示した。本書の内容は、太平洋の小さな島で米国が行った過ぎ去った話として片づけられるものでは決してない。「唯一の被爆国」として括られる日本社会のあり方を問う中身も含まれているのである。「唯一の被爆国」という視野からこぼれ落ちる、米国の核に依存した安全保障体制のもとで経済発展を遂げ、原発大国になっていった日本社会の歩みの捉え直しとも、より接合させた研究を展開していきたい。

# 註

## 序章

（1）「地球上でもっとも『楽園』に近い」とは、BS-TBSの紀行番組「【地球百景】豪華客船でいく　南太平洋楽園クルーズ」（全八話、二〇〇九〜二〇一〇年放映）の番組案内の一節である。

（2）核開発にともない放射線被曝が地球規模で広がりを見せていることを先駆的に告発したジャーナリストとして、豊崎博光が果たした役割は大きい。

（3）日本平和学会は一九七三年に設立され、九〇〇名あまりの会員を擁し、年二回、全国規模の研究大会・集会を開催し、学会誌『平和研究』（早稲田大学出版会）を刊行している。

（4）グローバルヒバクシャとは、各地の被曝問題を結ぶ概念であるが、もちろんのこと、すべてが同じであると主張するものでは決してない。被曝という共通項で結び、同じ議論の遡上にのせるからこそ、地域性や特色、あるいは差異も明瞭になるのである。

（5）グローバルヒバクシャは、ほかにもさまざまな可能性をもった概念装置である。例えば中原聖乃は、グローバルヒバクシャという視角は、「核技術による被害者をグローバルに考察する視点」を提供するもので、ひいては「既存の科学を問い直し未来に可能性を残すための視点」として有効性をもち、「グローバルヒバクシャという視点は、放射線の被害について、『既存の科学』を支える『厳密な因果関係』から被害の実態へと、『視点』を転換した」［中原 2009: 141–158］と指摘する。

（6）マーシャル諸島全体の概要については、総合ガイド書としての性格を持つ中原・竹峰［2013］にくわしい。

（7）自由連合協定の全文は、Marshall Islands. Committee on Political Education ed. ［1983］に所収されている。同協定を紹介した書としては、小林［1994: 149–173］がある。

(8) マーシャル諸島の政治は、対米関係を含め、中原・竹峰[2013: 154–173]に概要が紹介されている。
(9) クワジェリン環礁の米軍ミサイル基地は、中原・竹峰[2013: 140–151]に概要が紹介されている。
(10) 「プロジェクト4・1」はコードネームであり、実際の名称は「偶発的に放射性降下物に著しく被曝した人間の作用にかかわる研究」であった。核実験で実施される調査に、プロジェクト1・1、1・2、2・1……と番号が順に付けられ、4・1にあたるのが同研究であった。
(11) 人類学的調査は、ビキニではKiste[1974, 1985]、エニウェトクではCarucci[1997]、ロンゲラップではJohnston and Barker[2008]や中原[2012]などがある。
(12) 広島・長崎原爆被害者の生活史調査の歩みは、濱谷[1994]がまとめている。
(13) 聞き書きは、基本的に通訳を介し、英語からマーシャル語へ翻訳してもらい実施した。通訳は同じ環礁の人に依頼した。英語で十分な意思疎通ができる方とは直接英語で行い、英語よりも日本語ができる年配者には日本語を用いた聞き書きも行った。筆者が次第に片言でもマーシャル語が理解できるようになるにつれ、英語に一部マーシャル語の単語を組み込む形で、聞き書きを進めた。聞き書きの正確性を期すため、通訳された証言内容は、自分の理解に従って繰り返し、相手に確認してもらいながら進めた。
(14) 二〇〇九年六月一六日、都内で行われた「被爆体験をどう受け継いでいくのか」という議論の中で、池田眞規弁護士が発言したものである。
(15) マーシャル諸島の現地調査はこれまでのべ一〇回実施した。
①二〇〇一年一月七日～二月二三日……マジュロ環礁、ロンゲラップ環礁、クワジェリン環礁メジャト島、同環礁イバイ島、アイルック環礁
②二〇〇一年四月二二日～七月二〇日……マジュロ環礁、アイルック環礁、ウォッチェ環礁など
③二〇〇三年八月一八日～一〇月九日……マジュロ環礁、同環礁エジット島、キリ島、エニウェトク環礁、クワジェリン環礁イバイ島、ロンゲラップ環礁
④二〇〇四年二月二四日～三月一二日……マジュロ環礁など
⑤二〇〇四年五月二八日～六月一二日……マジュロ環礁、アイルック環礁など
⑥二〇〇六年二月二六日～三月二七日……マジュロ環礁、ビキニ環礁など

⑦二〇一二年四月三〇日〜五月八日……マジュロ環礁
⑧二〇一三年八月五日〜八月二九日……マジュロ環礁、アイルック環礁、ロンゲラップ環礁
⑨二〇一四年二月一四日〜三月七日……マジュロ環礁
⑩二〇一四年八月二二日〜九月六日……マジュロ環礁
ほかに一九九八年七月に約一カ月間、現地に滞在したことがあるが、大学四年生の時であり、同調査で得た聞き書きは本書に用いなかった。

(16) アイルックで二〇〇一年、二〇〇四年に得た四八人分の聞き書き記録は、竹峰[2005]にすべて所収されている。

(17) アイルックの人びとは、アイルック環礁に土地の権利をもつ人びとから成る地域社会の構成員である。アイルックに現在住んでいる人だけでなく、首都マジュロなどに出て行った人も、アイルックに土地を有していれば、アイルックの人びとに含まれる。

(18) エクスポージャーの手法については、横山[1993]や勅使川原[2013: 47–50]にくわしい。

(19) 口述資料の使い方は中村と筆者では異なる。個人の人格を明確に表現する方向で中村は口述資料を用いる。一方、本書では、個々人ではなく、地域社会がもつ核実験体験を浮き彫りにすることに力点を置く。よって中村は少人数の口述資料を長く引用するが、本書はできるだけ多数の口述資料を紹介することに力点を置き、結果として引用はそれぞれ短くなる。日本オーラル・ヒストリー学会創立大会で、記念講演を行ったローリー・マーシエが、歴史記述にオーラル・ヒストリーを用いる際には多様なアプローチがあり、「短いオーラル・ヒストリーの抜粋を使用する」[マーシエ 2006]ことも一つの方法として紹介していることを想起しておきたい。

(20) 大田昌秀氏とは二〇〇八年五月、カレッジパークの米公文書館でお会いし、話をうかがう機会に恵まれた。その時にも同氏は、沖縄戦の解明にあたって、住民の証言とともに、米公文書さらには字史(郷土史)を相互に突き合わせる重要性を筆者に切々と語った。二〇〇八年六月二三日の「ニュース23」(TBS)に大田氏が出演した時も同趣旨の発言がなされた。

**第一章**

(1) 海の放射能汚染の解明は、海水だけでなく、海底にも着目し、海底蓄積物の調査が求められる。海の放射能汚染を

まとめた書として、湯浅［2012］がある。

（2）「核の難民」を、都市部への人口流出と同列に扱うことはできない。マーシャル諸島でもたしかに、マジュロやイバイの都市への人口集中は進んでいる。しかし、故郷の土地で暮らし続ける人びとはおり、故郷の土地は暮らしの場として生き続けている。都市に出てきても、一時的、あるいは将来的に帰る故郷はあり、その土地で得られたものが送られてきたりして、自分たちの土地からもたらされた恵みを享受することは可能である。他方、核実験にともなう移住は、集団移住であり、その土地で生活を立てる選択肢が奪われている。戻りたい、あるいは一時的にでも立ち寄りたいと切望しても、自分の意志ではどうしようも叶わない。自分たちの土地であるにもかかわらず、その土地をどうしていくのか、地域社会がもつ自治の機能が著しく制約される状況にある。

（3）「難民の地位に関する条約」（難民条約）では、難民は「国籍国の外にいる者」と規定されており、マーシャル諸島の人びとは条約上の「難民」ではない。しかし、自国内にいても、同条約上の「難民」と近似する生活を余儀なくされている人びとの存在が「国内避難民」（ＩＤＰ：Internally Displaced Person）と認知され、国連難民高等弁務官（ＵＮＨＣＲ）の援助対象はＩＤＰにも拡げられている［墓田 2003］。また、環境が破壊され居住地を離れなければならなくなった人びとが「環境難民」と呼ばれ、環境省発行の『平成一四年度　環境白書』では、チェルノブイリ原発事故で避難を余儀なくされた住民が環境難民の代表例に挙げられている。以上を踏まえ、核実験によって自らの土地で暮らせなくなっている人びとを「核の難民」と本書では呼ぶ。

（4）ビキニの最新情報は、同自治体の公式ウェブサイト（http://www.bikiniatoll.com）を参照（二〇一三年七月三〇日閲覧）。

（5）ローレンス・リバモア米国立研究所の公式ウェブサイト（https://www.llnl.gov）内の〈History〉および〈Missions〉を参照。「卓越した科学技術を刷新し、国務省を支援して貢献者となる」とも謳われている（二〇一四年一二月三日閲覧）。

（6）ベクテル社の公式ウェブサイト（http://www.bechtel.com）を参照（二〇一四年一二月三日閲覧）。

（7）マーシャル諸島の土地は共同で利用されている。利用権をもつ「リジェロバル」と呼ばれる人が複数いる。加えて、日常的にその土地の管理に責任をもつ「アラップ」と呼ばれる人がいる。「アラップ」は、利用権者であるとともに、日常的にその土地を管理する立場にある。さらに「アラップ」の上に「イロージ」と呼ばれる首長がいる。首長である「イロージ」は、土地管理上の責任者であるが、土地所有者あるいは地主とは言えない。土地管理の責任者としての日常の任務は、地区長である「アラップ」に預けられ、その下で「リジェロバル」をはじめ全構成員が土地を利用する構図にある。マーシャル諸島の土地制度について、よりくわしくは竹峰［2010: 91–93］を参照。

(8) キリ島の小学校は八年間である。高校は島にないため、小学校を卒業すれば、首都マジュロなどに出て行く。

(9) キリ島の人口はかならずしも明確ではない。二〇〇一年九月一日現在、ビキニ自治体は一一〇〇人と発表している［Niedenthal 2001: 177］。二〇〇一年九月から二年弱、青年海外協力隊員としてキリ島に赴任した多田智恵子は、「キリに住むビキニアンは七〇〇人とも一〇〇〇人とも言われる」［多田 2004: 12］と記している。また、国勢調査では、キリ島の人口は一九九九年は七七四人、二〇一一年は五四八人と発表されている。

(10) メジャト島をフィールドにしている人類学者の中原聖乃は、二〇〇二年一〇月一日現在、メジャトには「三七一人が居住し、五二戸の世帯を形成している」［中原 2006: 21］と報告している。

(11) ウトリック環礁の人口は、二〇一一年の国勢調査時には四三五人であった。

(12) Johnston and Barker［2008: 57］の頁左下に、ウトリックで相次いだ異常出産の写真が掲載されている（写真31）。

(13) 放射線影響研究所の公式ウェブサイト（http://www.rerf.or.jp）内の「放影研ではこんな研究をしています」「現在までに分かったこと」を参照（二〇一四年一二月三日閲覧）。

(14) マーシャル語で「毒」を意味する言葉とその使い分けは、首都マジュロで手工芸品店を営むクレードル・アルフレッド氏に教えてもらった。

(15) レコジの死を「水爆死第一号」と米国政府が認定した事実はない。「水爆死第一号」とレコジの死が記憶されるようになった経緯は、前田監修［2005: 81–84］にくわしい。

**第二章**

(1) Richard A. House "Radsafe, Narrative Sequence of Events" included MEMO FOR RECORD, BRAVO EVENT, OPERATION CASTLE, Authors: GRAVES, A. C.; CLARKSON, P. W., 1954 Apr 12, DOE OpenNet, Accession Number: NV0410804.

(2) 同右。

(3) Richard, A. House "Discussion of Off-Site Fallout" included MEMO FOR RECORD, BRAVO EVENT, OPERATION

CASTLE. 以下、前掲(1)。

(4) 「広島原爆の爆心地から約二キロ地点の線量に相当する」とは、広島大学原爆放射線医科学研究所の星正治氏に、二〇〇四年三月一〇日に筆者が広島大学原爆放射線医科学研究所で発表をした際に教示いただいた。またその後、二〇〇五年八月五日に筆者がグローバルヒバクシャ研究会で発表した際にも、京都大学原子炉実験所の今中哲二氏に教示いただいた。

(5) R. H. Maynard "Pattern of Fallout Following Bravo Event" in MEMO FOR RECORD, SUBJECT: OPERATION CASTLE, SHOT BRAVO WITH ATTACHMENTS, 1954 Apr 12, DOE OpenNet, Accession Number: NV0410202.

(6) LETTER TO COMMANDER JTF7, SUBJECT: REPORT ON SOIL AND WATER SAMPLING MISSION, 1954 Mar 8, DOE OpenNet, Accession Number: NV0410413.

(7) Richard A. House "Radsafe, Narrative Sequence of Events" included MEMO FOR RECORD, BRAVO EVENT, OPERATION CASTLE. 以下、前掲(1)。

(8) MEMO FOR RECORD, BRAVO EVENT, OPERATION CASTLE. 以下、前掲(1)。

(9) Richard A. House "Discussion of Off-Site Fallout" included MEMO FOR RECORD, BRAVO EVENT, OPERATION CASTLE. 以下、前掲(1)。

(10) アイルックの人びとの暮らしぶりは、竹峰[2010]や中原・竹峰[2013: 53–98]にくわしい。

(11) DISCUSSION PAPER HEALTH PLAN FOR THE MARSHALL ISLANDS, 1980 Aug 4, DOE OpenNet, Accession Number: NV0403101.

(12) Letter from Charles T. Domnick to Wallace O. Green, August 8, 1980 in MEMO TO MULTIPLE ADDRESSES, SUBJECT: HEALTH CARE PROGRAM FOR THE MARSHALL ISLANDS, Author: WACHHOLZ, B. W., 1980 Aug 19, DOE OpenNet, Accession Number: NV0402869.

(13) ATOLLS UPON WHICH SIGNIFICANT NUCLEAR FALLOUT COULD HAVE OCCURRED FROM THE PACIFIC PROVING GROUNDS DURING ATMOSPHERIC TESTING, 1973 Jun 22, DOE OpenNet, Accession Number: NV0410289.

(14) Table 1. Possible Significant Nuclear Fallout from Pacific Proving Grounds, Suspected Atolls in ATOLLS UPON WHICH

SIGNIFICANT NUCLEAR FALLOUT COULD HAVE OCCURRED FROM THE PACIFIC PROVING GROUNDS DURING ATMOSPHERIC TESTING. 以下、同右。

(15) Fallout from Pacific Tests in A REVIEW OF PERSONNEL MONITORING AT BIKINI, Author: CONARD, R. A, 1975 Sep 19, DOE OpenNet, Accession Number: NV0403095.

(16) Historical Information in MEMO TO ET AL, SUBJECT: OPERATIONS PLAN – NORTHERN MARSHALL ISLANDS RADIOLOGICAL SURVEY, DOE OpenNet, Accession Number: NV0706710.

(17) Appendix 1 Fallout from Pacific Tests in MEMO TO ET AL, SUBJECT: OPERATIONS PLAN – NORTHERN MARSHALL ISLANDS RADIOLOGICAL SURVEY. 以下、同右。

(18) LETTER TO M J CIFRINO, SUBJECT: LONG-RANGE PLANS AND COSTS IN PACIFIC, Author: WACHHOLZ, B. W., 1978 Oct 17, DOE OpenNet, Accession Number: NV0402854.

(19) 同右。

(20) INCREASED DOE RESPONSIBILITIES IN THE MARSHALL ISLANDS, Author: WACHHOLZ, B. W., 1980 Jan 22, DOE OpenNet, Accession Number: NV0402855.

(21) PRESS RELEASE, SUBJECT: REPORT BY THE US AEC ON THE EFFECTS OF HIGH-YIELD NUCLEAR EXPLOSIONS, 1955 Feb 15, DOE OpenNet, Accession Number: NV0403293. 括弧内は筆者が補記した。

**第三章**

(1) 日本統治下のミクロネシアについては、松島[2007: 34–77]にまとめられている。

(2) Eniwetok Atoll attached to Davis, O. Thomas, "Tactical Effects of Bombardment Committee Reports – 20 October 1944" in NM-84 Entry 487, Series Title: Security-Classified Office File of Gen. W. A. Borden, Director of the New Developments Division, 1942–45, Box 152, RG 165, National Archives at College Park, Maryland.

(3) 序章でも記したように、日本統治時代、日本本土の出身者は「一等国民」で、沖縄出身者や朝鮮半島出身者は「二等国民」、そして太平洋諸島の現地住民は「三等国民」との序列が作られていた。

(4) PRELIMINARY ANTHROPOLOGIST'S REPORT – BIKINI ATOLL SURVEY 1967, Authors: TOBIN, J. A. and

GVSTAFSON, P. F., 1967 Dec 31, DOE OpenNet, Accession Number: NV0401189.

(5) From H. P. Gibson, Memorundum for Members, Joint Committee on New Weapons and Equipment, 18 August 1945 and 27 August 1945 in Folder: Top Secret Material, Presidental Board for Security of the U.S., Joint New Weapons Committee, Subject Files 1942–46, Box 4, RG 218, National Archives at College Park, Maryland.

(6) ヴァニーヴァー・ブッシュについては、歌田[2005]にくわしい。

(7) Operation Crossroads address by W. S. Parsons at Fort Belvoir, Virginia, 24 September 1946 in Armed Forced Special Weapons Project Office of the Historian Reports 1943–48, Entry 19, Box 18, RG 374, National Archives at College Park, Maryland.

(8) Discussion of Navy Tests, 20 December, 1945 in Folder: Navy Tests, Central Decimal File 1951–53, Entry UD10, Box 162, RG 218, National Archives at College Park, Maryland.

(9) 同右。

(10) For Immediate Release to Press and Radio from Advanced Headquarters, Joint Army-Navy Task Force One, 20 March 1946 in Trust Territory of the Pacific Islands General Administration, Files of the office of the High Commissioner 1946–1951, Entry 341, Box 6916, RG 313, National Archives at College Park, Maryland.

(11) The Army Air Forces Participation in Operation Crossroads address by Thomas S. Power, Virginia, 24 September 1946. 以下、前掲(7)。

(12) Abriged Crossroads Public Information Policy by Joint Task Force One in Folder: Navy Tests, Central Decimal File 1951–53. 以下、前掲(8)。

(13) Subject: Request for Taking High Altitude Air Samples During Forthcoming Atomic Bomb Tests, From L. R. Groves to Commanding General, Army Air Forces, 4 March 1946 in Folder: Air Sampling, Operation Crossroads, Dec. 1945– Sept. 1946, Entry 4, Box 24, RG 77, National Archives at College Park, Maryland.

(14) Memorandum for the Commanding General, Army Air Forces, from H. C. Gee, 28 August 1946 in Folder: Air Sampling. 以下、同右。

(15) For Immediate Release to Press and Radio from Advanced Headquarters, Joint Army-Navy Task Force One, 16 April 1946

in Trust Territory of the Pacific Islands General Administration. 以下、前掲(10)。

(16) ロンゲリックとビキニの面積は、Mason[1948]を参照。

(17) 詩の翻訳にあたっては、マーシャル諸島で青年海外協力隊員を務めた古川智絵氏の協力を得て、マーシャル語から解釈した。この詩には曲がつけられ、「ビキニの国歌」(Bikini Anthem)として、今もビキニの人びとの間で歌い継がれている。

(18) Title: Protest Letters and Petitions, 1946 Records Relating to the Atomic Bomb Experiment Conducted during Operation Crossroads, Entry 49, Boxes 214-223, RG 374, National Archives at College Park, Maryland.

(19) MEMO TO THE PRESIDENT, SUBJECT: TEST OF ATOMIC WEAPONS, Aurtor: Lilienthal, D. E., 1947 Nov 20, DOE OpenNet, Accession Number: NV0030306.

(20) INFORMATION FOR THE PRESS PREPARED IN COLLARBORATION WITH THE DEPT OF STATE+THE NATIONAL MILITARY ESTABLISHMENT TO SUPPLEMENT THE STATEMENT OF THE US AEC ON THE ESTABLISHMENT OF PACIFIC EXPERIMENTAL INSTALLATIONS, 1947 Dec 1, DOE OpenNet, Accession Number: NV0409585.

(21) MEMO TO CHIEF OF NAVAL OPERATIONS, SUBJECT: DANGER AREA IN THE VICINITY OF ENIWETOK ATOLL, Author: WILSON, C. L., 1947 Dec 23, DOE OpenNet, Accession Number: NV0029637.

(22) LETTER FROM REPRESENTATIVE OF THE UNITED STATES ADDRESSED TO PRESIDENT OF THE SECURITY COUNCIL DATED 2 DECEMBER 1947 AND ENCLOSURES, Author: AUSTIN, W. R., 1947 Dec 2 , DOE OpenNet, Accession Number: NV0029636.

(23) NOTE BY THE SECRETARY, SUBJECT: DECISION ON AEC 9/3, ALLOCATION OF COMMISSION OBSERVER SPACE FOR OPERATION SANDSTONE, Author: SNAPP, R. B, 1948 Jan 30, DOE OpenNet, Accession Number: NV0409236.

(24) From Governer Marshall Islands, To the High Commissioner, Trust Territory of the Pacific Islands, Subject: Public Informaiton re Eniwetok Natives: Background Data for, 11 December 1947 in Folder: Secret 1948, Trust Territory of the Pacific Islands General Administration. 以下、前掲(10)。

(25) SUGGESTIONS FOR INCLUSION IN THE ENVIRONMENTAL IMPACT STATEMENT FOR THE ENIWETOK ATOLL CLEANUP, Author: LEACHMAN, R. B., 1973 Apr 30, DOE OpenNet, Accession Number: NV0044184.

(26) GREENHOUSE REF: MCCORMACK'S MEMO TO TYLER, Author: BRADBURY, N. E., 1950 Jul 21, DOE OpenNet, Accession Number: NV0754427.

(27) 同右。

(28) BACKGROUND INFORMATION ON NEVADA NUCLEAR TESTS, 1957 Jul 15, DOE OpenNet, Accession Number: NV0410810.

(29) ATOMIC ENERGY COMMISSION LOCATION OF PROVING GROUND FOR ATOMIC WEAPONS NOTE BY THE SECRETARY, Author: SNAPP, R. B., 1950 Dec 13, DOE OpenNet, Accession Number: NV0750356.

(30) SUGGESTIONS FOR INCLUSION IN THE ENVIRONMENTAL IMPACT STATEMENT FOR THE ENIWETOK ATOLL CLEANUP. 以下、前掲(25)。

(31) 前掲(25)。

(32) 前掲(25)。

(33) MINUTES ADVISORY COMMITTEE FOR BIOLOGY AND MEDICINE THIRTY – FOURTH MEETING, Dec 5 and 6, 1952, DOE OpenNet, Accession Number: NV0711867.

(34) FACT SHEET: OPERATION IVY, 1983 Feb 17, DOE OpenNet, Accession Number: NV0402495.

(35) From: Staff Anthropologist, Marshall District, To: Civil Administrator, Marshalls, Subj: Negotiations with the ex-Bikini people, 5 Feb 1951 in Pacific Islands (Trust Territory). Marshalls District ed. "Papers on Kili", University of Hawaii, Manoa Library, Call Number: DU710.9.K5 T78.

(36) 同右。

(37) LETTER TO J P DAVIS, SUBJECT: INQUIRIES CONCERNING CONDITIONS ON KILI, Author: MCCONNELL, J. A., 1952 Apr 1, DOE OpenNet, Accession Number: NV0138947.

(38) 同右。

(39) MEMO TO G DEAN, SUBJECT: FORMER INHABITANTS OF BIKINI, Author: DAVIS, J. P., 1952 Apr 7, DOE OpenNet, Accession Number: NV0400521.

(40) MEMO TO DEAN, SUBJECT: RE THE KILI PEOPLE WILL EVER RETURN TO BIKINI THE TEST IN ENIWETOK MAY RESULT IN ITS ELIMINATION, Author: BOYER, M. W., 1952 Apr 9, DOE OpenNet, Accession Number: NV0137054.

(41) MEMO TO BOYES, SUBJECT: PLIGHT OF THE NATIVES WHO HAD FORMERLY INHABITED BIKINI, Author: DEAN, G., 1952 Apr 17, DOE OpenNet, Accession Number: NV0400537.

(42) LETTER TO G DEAN, SUBJECT: CONVERSATION RE THE PLIGHT OF THE BIKINIANS WHO ARE LIVING ON KILI ISLAND, 1952 Apr 17, DOE OpenNet, Accession Number: NV0404284.

(43) MEMO TO K E FIELDS, SUBJECT SELECTION OF ALTERNATE SITE FOR CASTLE, Author: TYLER, C. L., 1952 Aug 27, DOE OpenNet, Accession Number: NV0103583.

(44) 同右。

(45) AEC MEETING NO.746, SEPTEMBER 11, 1952, SUBJECT: FUTURE TEST PROGRAM, Author: SNAPP, R. B., 1952 Sep 11, DOE OpenNet, Accession Number: NV0030999.

(46) AEC MEETING NO.748 2:30 P.M., FRIDAY, SEPTEMBER 12, 1952 – SELECTION OF OPERATING CONTRACTOR FOR PORTSMOUTH, Author: SNAPP, R. B., 1952 Sep 12, DOE OpenNet, Accession Number: NV0408457.

(47) LETTER TO SECRETARY GENERAL, SUBJECT: THE TRUST TERRITORY OF THE PACIFIC ISLANDS (BIKINI ATOLL AREA IS CLOSED), Author: LODGE, H. C., 1953 Apr 3, DOE OpenNet, Accession Number: NV0029650.

(48) AEC MEETING NO.746, SEPTEMBER 11, 1952. 以下、前掲(45)。

(49) 辺境化とは、周縁化と同義であり、地理的に米中央政府から離れた場所であったマーシャル諸島が、米国の統治政策と差別構造のもとで国際社会からさらに切り離され、不可視化され取り残されていく状況を指す。辺境をキーワードに核開発の問題性に迫った書としては鎌田[2006]がある。

## 第四章

(1) OPERATION ORDER, CJTF SEVEN NO.2-54, 1954 May 7, DOE OpenNet, Accession Number: NV0125831.

(2) 米軍関係者ではロンゲリック環礁にいた気象観測員二八名も被曝し、救助措置が取られた。

(3) 一九五五年の原水爆禁止世界大会の議事速報には、「みな被害者から直接きいた実相に医者や学者からきいた時よりもずっと原爆の恐ろしさを感じ、心の底から原子兵器の禁止をしなくては、苦しい生活をしている原爆被害者に愛の手をさしのべなくてはと思った」[小林編 1995: 299]と記されている。

(4) WORLD-WIDE FALLOUT FROM OPERATION CASTLE, Author: LIST, R. J., 1955 May 17, DOE OpenNet, Accession Number: NV0051383. 同観測報告書は一九八三年に公開されたが、一部数値が削除されている。削除部分は、同文書の複写版 DOE OpenNet, Accession Number: NV0039820 で捕捉ができる。

(5) 巨大な核兵器の登場によりメガ(＝一〇〇万)トンの単位が一般化した。第二次世界大戦で使われた砲弾や爆弾の総威力は、広島・長崎原爆を含めても計三メガトンであった。他方、マーシャル諸島での核実験の総威力は一〇八メガトンであり、第二次世界大戦と比べても、爆発威力が桁違いに大きいことがわかる。

(6) グアムも核実験の風下地域であり、被曝補償を求める声がグアム住民の間にもある。

(7) REPORT ON PROJECT GABRIEL, 1953 Jul 1, DOE OpenNet, Accession Number: NV0720894.

(8) WORLD-WIDE EFFECTS OF ATOMIC WEAPONS PROJECT SUNSHINE, 1953 Aug 6, DOE OpenNet, Accession Number: NV0714601.

(9) Bone Sample Analysis by AEC-NYOO, Series 3: ABCC Program Components, Atomic Bomb Casualty Commission 1945–1982, National Academy of Sciences Archives.

(10) Memorandum from Kenneth B. Noble to Gorge B. Darling, Subject: Shipment of bones from ABCC to AEC, April 28, 1959 in Bone Sample Analysis by AEC-NYOO. 以下、同右。

(11) Project Sunshine Chicago Bulletin No.10, January 10, 1955, Institute for Nuclear Studies University of Chicago in Folder: Project Sunshine Bulletins, Secret/RD, Records Relating to Fallout Monitoring and Studies, compiled 1953–1964, Box 10, Entry P73A, RG 326, National Archives at College Park, Maryland.

(12) Letter from Mason Sears to John Foster Dulles, July 23, 1954 in LETTER TO L L STRAUSS, SUBJECT: COPIES OF LETTERS RECEIVED RECENTLY BY THE SECRETARY FROM THE U.S. REPRESENTATIVE TO THE U.N., AMBASSADOR HENRY CABOT LODGE, JR., & TRUSTEESHIP COUNCIL, MASON SEARS, 1954 Sep 11, DOE OpenNet, Accession Number: NV0408783.

(13) Letter from Henry Cabot Lodge Jr. to John Foster Dulles, August 26, 1954 in LETTER TO L L STRAUSS. 以下、同右。

(14) Letter from Walter B. Smith to Lewis L. Strauss, September 11, 1954 LETTER TO L L STRAUSS. 以下、前掲(12)。

(15) LETTER TO P OLIVER, SUBJECT: REFERRING TO AUGUST 12 TH LETTER REQUESTING INFORMATION ON EARLIER PAYMENTS TO INDIVIDUALS OR COMMUNITIES AFFECTED BY THE NUCLEAR TESTING PROGRAM, Author: BROWN, H. U., 1987 Aug 21, DOE OpenNet, Accession Number: NV0400324.

(16) SUGGESTIONS FOR INCLUSION IN THE ENVIRONMENTAL IMPACT STATEMENT FOR THE ENIWETOK ATOLL CLEANUP, Author: LEACHMAN, R. B., 1973 Apr 30, DOE OpenNet, Accession Number: NV0044184.

(17) LETTER TO L L STRAUSS, SUBJECT: AT THE CONCLUSION OF OPERATION CASTLE, THE DANGER AREA SURROUNDING ENIWETOK AND BIKINI ATOLLS WAS DISESTABLISHED, Author: HANLON, B. H., 1955 Dec 29, DOE OpenNet, Accession Number: NV0103128.

(18) Department of Defense and the U.S. Atomic Energy Commission, For Release and Safety Precautions for Eniwetok Tests Announced in PRESS RELEASE,SUBJECT: PUBLIC HEALTH AND SAFETY PRECAUTIONS FOR ENIWETOK TESTS ANNOUNCED, 1956 Apr 27, DOE OpenNet, Accession Number: NV0405646.

(19) Kennedy, W. R. Jr., Fallout Forecasting: 1945 Through 1962, Los Alamos National Laboratory, March 1986, INFORMATION BRIDGE, DOE Scientific and Technical Information, Identifier Numbers: LA-10605-MS.

(20) ATOLLS UPON WHICH SIGNIFICANT NUCLEAR FALLOUT COULD HAVE OCCURRED FROM THE PACIFIC PROVING GROUNDS DURING ATMOSPHERIC TESTING, 1973 Jun 22, DOE OpenNet, Accession Number: NV0410289.

(21) SUGGESTIONS FOR INCLUSION IN THE ENVIRONMENTAL IMPACT STATEMENT FOR THE

ENIWETOK ATOLL CLEANUP. 以下、前掲(16)。

(22) PRESS RELEASE, SUBJECT: STATEMENT BY LEWIS L STRAUSS CHAIRMAN ATOMIC ENERGY COMMISSION AND CHARLES E WILSON SECRETARY DEPARTMENT OF DEFENSE, Author: STRAUSS, L. L., 1956 Jul 23, DOE OpenNet, Accession Number: NV0138778.

(23) Atomic Energy Commission, Joint AEC-DOD Operation Hardtack Public Information Plan, Report to the General Manager by the Director of Division of Information Services, p.12 in Folder: Military Research & Application 7, Hardtack Vol.3, Office of the Secretary General Correspondence 1951–58, Entry 67B, Box 208, RG 326, National Archives at College Park, Maryland.

(24) Atomic Energy Commission, Joint AEC-DOD Operation Hardtack Public Information Plan, Report to the General Manager by the Director of Division of Information Services, p.12 in Folder. 以下、同右。

(25) Atomic Energy Commission, Joint AEC-DOD Operation Hardtack Public Information Plan, Report to the General Manager by the Director of Division of Information Services, p.5 in Folder. 以下、前掲(23)。

(26) Atomic Energy Commission, Joint AEC-DOD Operation Hardtack Public Information Plan, Report to the General Manager by the Director of Division of Information Services, p.11 in Folder. 以下、前掲(23)。

(27) Atomic Energy Commission, Joint AEC-DOD Operation Hardtack Public Information Plan, Report to the General Manager by the Director of Division of Information Services, p.13 in Folder. 以下、前掲(23)。

(28) Letter from Lewis L. Strauss to Carl T. Durham, May 16, 1958 in Folder: Military Research & Application 7. 以下、前掲(23)。

(29) 同右。

(30) Memorandum for Paul F. Foster and Herbert B. Loper from Philip J. Farley, Subject: HARDTACK and the Japanese Elections, June 5, 1958 in Folder: Military Research & Application 7. 以下、前掲(23)。

(31) PRESS RELEASE, SUBJECT: HEALTH AND SAFETY PRECAUTIONS FOR ENEWETAK PROVING GROUND TESTS, 1958 May 1, DOE OpenNet, Accession Number: NV0408477.

(32) RADIOLOGICAL SAFETY FINAL REPORT OPERATION HARDTACK, JOINT TASK FORCE SEVEN

(VOLUME I and II), 1958 Dec 31, DOE OpenNet, Accession Number: NV0411049 and NV0411123.

(33) 同右。

(34) SUGGESTIONS FOR INCLUSION IN THE ENVIRONMENTAL IMPACT STATEMENT FOR THE ENIWETOK ATOLL CLEANUP. 以下、前掲(16)。

(35) RADIOLOGICAL SAFETY FINAL REPORT OPERATION HARDTACK, JOINT TASK FORCE SEVEN (VOLUME I), 1958 Dec 31, DOE OpenNet, Accession Number: NV0411049.

(36) RADIOLOGICAL SAFETY FINAL REPORT OPERATION HARDTACK, JOINT TASK FORCE SEVEN (VOLUME II), 1958 Dec 31, DOE OpenNet, Accession Number: NV0411123.

(37) NOTE BY THE SECRETARY, SUBJECT: SPECIAL SHOTS FOR HARDTACK, Author: MCCOOL, W. B., 1958 Apr 9, DOE OpenNet, Accession Number: NV0072483.

(38) 同右。

(39) ENCL; From W. F. Libby to Carl T. Durham, 1958 Apr 8 in NOTE BY THE SECRETARY. 以下、前掲(37)。

(40) 同右。

(41) クリスマス島はキリバス共和国の東端に位置し、一九五七年から五八年にかけて英国の核実験が六回実施された。

(42) CHRON-12 – SUMMARIES OF – TWX'S FROM REEVES TO GEN. BETTS, DETAILS OF THE "BLUE STRAW" OPERATION, HIGHLIGHTS OF 14 NOV 61 OFO PROJECT LISTING, LASL REPORT LIBRARY, FROM NOVEMBER 1961, Author: CONRAD, J. C., 1961 Nov 30, DOE OpenNet, Accession Number: NV0411666.

(43) 同右。

(44) From William R. Norwood, High Commissioner, To Hertes John, Magistrate Ujelang, Feb 13, 1969 in Folder: TT-National Defense 7 "Ujelang Rehabilitation Projects", Central Files 1951–71 Trust Territories, Entry 3, Box 417, RG 126, National Archives at College Park, Maryland.

(45) Eniwetok/Ujeland Trust Agreement, Eniwetok Ex Gratia Payment, Aug 19, 1969 in Folder: TT-National Defense 7-1 Atomic Energy Commission Ujelang Trust Fund (Part 1), Central Files 1951–71 Trust Territories. 以下、同右。

(46) 米政府がエニウェトクの人びとに金銭を支払ったのは二回目であった。以前は一九五六年一一月で、「国際的な平和と安全を維持する利益のために、米政府がエニウェトク環礁を占有し使用する必要がもはやないと判断される時まで、エニウェトク環礁の使用権は米政府が所有する」ことが確認され、その見返りに米政府が一七万五〇〇〇ドルをエニウェトクの人びとに支払う使用協定が締結され、うち一五万ドルで基金が設立された(TRUST TERRITORY OF THE PACIFIC ISLANDS MAJURO MARSHALL ISLANDS. AGREEMENT IN PRINCIPLE REGARDING THE USE OF ENEWETAK ATOLL, 1956 Nov 19, DOE OpenNet, Accession Number: NV0706532)。この一五万ドルの基金は、一九六九年に一〇二万ドルの基金が設立された際に統合された。

(47) クワジェリンのミサイル実験について、よりくわしくは、前田[1991: 161–175]、豊﨑[2005: 上527–529, 下252–259]、斉藤[1975: 194–223]、中原・竹峰[2013: 140–151]を参照。

(48) CONCERN OVER DEPLETED URANIUM BEING PRESENT IN THE KWAJALEIN LAGOON, 1979 Jul 23, DOE OpenNet, Accession Number: NV0706576.

(49) TRUST TERRITORY OF THE PACIFIC ISLANDS MAJURO, MARSHALL ISLANDS. AGREEMENT IN PRINCIPLE REGARDING THE USE OF BIKINI ATOLL, 1956 Nov 22, DOE OpenNet, Accession Number: NV0706536.

(50) Preliminary Anthropologist's Report – Bikini Atoll Survey 1967 by Jack A. Tobin in NOTE BY THE SECRETARY, SUBJECT: RADIOLOGICAL HAZARDS OF RESETTLEMENT OF THE BIKINI ATOLL, 1968 Jul 10, DOE OpenNet, Accession Number: NV0075978.

(51) Brief Summary of the Radiological Status of the Bikini Atoll, by Philip F. Gustafson in NOTE BY THE SECRETARY. 以下、同右。

(52) MEMO TO THE PRESIDENT, SUBJECT: RETURN OF THE BIKINI PEOPLE, 1968 Jul 25, DOE OpenNet, Accession Number: NV0408361; NEWS RELEASE, SUBJECT: BIKINI RESETTLEMENT PROGRAM RELEASED, 1969 Jan 18, DOE OpenNet, Accession Number: NV0405607.

(53) Bikini Resettlement Program in Folder: TT-National Defense 7 Atomic Energy Commission (Part 9), Central Files 1951–71 Trust Territories. 以下、前掲(44)。

(54) NOTE BY THE SECRETARY, SUBJECT: BIKINI, COMPLETION OF CLEANUP, Authors: MCCOOL, W. B and GILLER, E. B. 1969 Oct 28, DOE OpenNet, Accession Number: NV0075986.

(55) LETTER TO R M NIXON, SUBJECT: DETAILED DISCUSSION OF THE PAST TRIALS, FEARS, AND SUFFERINGS OF THE BIKINI PEOPLE, WRITTEN WITH INTENTION OF PLACING THE GRIEVANCES OF THE BIKINI PEOPLE BEFORE THE U.S, Author: BARRY, H. J. and LICKE, J., 1973 May 4, DOE OpenNet, Accession Number: NV0411688.

(56) Martin B. Biles to Edward E. Johnston, 17 Jun 71, in Collection: McCraw, Folder: 5-3-(NEES Administration) Files #4 Unclassified Reading File 1971, Box 15, RG 326, National Archives at College Park, Maryland.

(57) LETTER TO S CARPENTER, SUBJECT: VISIT TO ENEWETAK AND BIKINI ATOLLS, Author: BILES, M. B., 1974 Nov 8, DOE OpenNet, Accession Number: NV0135789.

(58) AEC Recognition for Bikini Atoll in Cross Reference Sheet to SECY-74-682, May 22 1974, in Collection: Secretariat, Folder: MHIS 3 Radiation Vol. 3, Box 7929, RG 326, National Archive at College Park, Maryland.

(59) MEMO TO L J DEAL, SUBJECT: SUMMARY OF BIKINI-ENEWETAK CONFERENCE, Author: MCCRAW, T. F., 1975 Jan 22, DOE OpenNet, Accession Number: NV0071159.

(60) CIVIL ACTION, THE PEOPLE OF BIKINI NO.75-348, VS USA, ET AL, 1975 Oct 9, DOE OpenNet, Accession Number:NV0402257.

(61) AEC Recognition for Bikini Atoll in Cross Reference Sheet to SECY-74-682, May 22 1974. 以下、前掲(58)。

(62) LETTER TO S CARPENTER. 以下、前掲(57)。

(63) PRELIMINARY EXTERNAL: DOSE ESTIMATES FOR FUTURE BIKINI ATOLL INHABITANTS, 1975 Aug 6, DOE OpenNet, Accession Number: NV0410293.

(64) MEMO TO DIRECTOR OF TERRITORIAL AFFAIRS,SUBJECT: INTERAGENCY MEETING ON BIKINI, DOI, Author: CONRAD, R. A., 1975 Oct 14, DOE OpenNet, Accession Number: NV0042166.

(65) LETTER TO O DEBRUM, SUBJECT: RECENT FINDING OF PLUTONIUM IN URINE SAMPLES FROM SAMPLES FROM SOME OF THE PEOPLE AT BIKINI YOU ASKED FOR ADVICE REGARDING FURTHER BIKINI RESETTLEMENT, Author: RAY, R, 1976 Aug 5, DOE OpenNet, Accession Number: NV0401380.

(66) MEMO TO HAL HOLLISTER, SUBJECT: SUGGESTED DOE RESPONSES TO QUESTIONS ON BIKINI

ATOLL RESETTLEMENT, Author: MCCRAW, T. F., 1978 May 17, DOE OpenNet, Accession Number: NV0042226.

(67) 同右。

(68) STATEMENT OF UNDERSTANDING ON THE PART OF THE GOVERNMENT OF THE US AND THE GOVERNMENT OF THE TRUST TERRITORY OF THE PACIFIC IS. CONCERNING THE MOVE OF PEOPLE OF BIKINI ISLAND, Authors: MILNER, G. R., JOSEPH, J., VANCLEVE, R. G. and WINKEL, A., 1978 Aug 31, DOE OpenNet, Accession Number: NV0042059.

(69) 同右。

## 第五章

(1) LETTER TO E J BAUSER, SUBJECT: MEDICAL STATUS OF MARSHALLESE FROM 3/1/54 TEST AT BIKINI, Author: BLOCH, E. J, 1969 Sep 22, DOE OpenNet, Accession Number: NV0717576.

(2) 沢田ほか [1999: 196–199] 参照。

(3) THYROID ABSORBED DOSE FOR PEOPLE AT RONGELAP, UTIRIK, AND SIFO ON MARCH 1, 1954, Author: LESSARD, E. T., DOE OpenNet, Accession Number: NV0403551.

(4) From: Edward L. Heller, Subject: Fallout Pattern from First Castle Shot, March 11, 1954 in Folder: Weapons Tests Pacific Proving Ground (Castle) 1954, JCAE#DCCLXX111, March 15, 1954, Returned: September 22, 1992, Declassified Records (in Full or in Part), From the Classified Joint Committee on Atomic Energy Executive Session Transcripts, As of 11/24/97, Box 80, RG 128, National Archives at College Park, Maryland. 同資料は高橋博子氏に提供を受けたものである。

(5) LETTER TO K D NICHOLS, SUBJECT: CHRONOLOGY OF ESTABLISHMENT OF DANGER AREA AROUND PACIFIC PROVING GROUNDS, Author: HUSTON, V. G., 1954 Mar 30, DOE OpenNet, Accession Number: NV0029635.

(6) Joint Intelligence Committee on Intelligence Requirements For Joint Task Force Seven in Folder: Future Test of Atomic Weapons 12, Bulky Package, Central Decimal File 1951–53, 471.6 (4-18-49) Sec.9 to 471.6 (10-16-45) B. P. Pt.1, HM 1994, Entry UD 10, Box 162, RG 218, National Archives at College Park, Maryland.

（7） CASTLE SERIES 1954, Authors: MARTIN, E. J.; ROWLAND, R. H., DOE OpenNet, Accession Number: NV0407565.

（8） Report from Commanding Officer to Commander, Task Group 7.3, Evacuation of Rongelap and Ailinginae Atolls on 3 March 1954 in MEMO TO DISTRIBUTION, SUBJECT: REPORTS ON EVACUATION OF NATIVES AND SURVEYS OF SEVERAL MARSHALL ISLAND ATOLLS, 1954 Apr 9, DOE OpenNet, Accession Number: NV0410617.

（9） 同右。

（10） Informal Narrative of Evacuation of Natives from Utrik Atoll, Marshall Islands in MEMO TO DISTRIBUTION. 以下、前掲（8）。ブラボー実験の時、ウトリック環礁で被曝した人は一五七名とも言われている。

（11） TWX TO FIELDS, SUBJECT: CONCERN ABOUT DECISION NOT TO MAKE A RELEASE ON EVACUATION OF NATIVES UNLESS FORCED TO DO SO, Author: GRAVES, A. C, 1954 Mar 4, DOE OpenNet, Accession Number: NV0125331.

（12） アメリカ人二八人とは、ロンゲリックにいた気象観測員である。前章で紹介したオキーフら発火グループのことではない。

（13） TWX TO CLARKSON, SUBJECT: PERSONNEL AND RESIDENTS TRANSPORTED FROM NEIGHBORING ATOLLS TO KWAJALEIN ISLAND AS A PRECAUTIONARY MEASURE, Author: FIELDS, 1954 Mar 11, DOE OpenNet, Accession Number: NV0400634.

（14） 同右。

（15） STUDY OF RESPONSE OF HUMAN BEINGS ACCIDENTALLY EXPOSED TO SIGNIFICANT FALLOUT RADIATION, Author: CRONKITE, E. P. et al., 1954 Oct 31 and 1954 Apr 29, DOE OpenNet, Accession Number: NV0726276, ALLA0007412.

（16） REPORT TO THE SCIENTIFIC DIRECTOR, OPERATION CASTLE, PROJECT 4.1, Author: BOND, V. P. et al., DOE OpenNet, Accession Number: NV0006205.

（17） 同右。

（18） EFFECTS OF NUCLEAR WAR – BETA RADIATION SKIN LESIONS (BETA BURNS) FROM FALLOUT

RADIATIONS, DOE OpenNet, Accession Number: NV0401040.
(19) CONFERENCE ON LONG TERM SURVEYS AND STUDIES OF MARSHALL ISLANDS, U S ATOMIC ENERGY COMMISSION DIVISION OF BIOLOGY AND MEDICINE, 1954 Jul 13, DOE OpenNet, Accession Number: NV0404633.
(20) ADVISORY COMMITTEE ON BIOLOGY AND MEDICINE, 1956 Jan 13, DOE OpenNet, Accession Number: NV0750059.
(21) LETTER TO R A CONARD, SUBJECT: HEALTH AIDE AT EJIT, Author: HICKING, A., 1956 May 21, DOE OpenNet, Accession Number: NV0726426.
(22) NOTE BY THE SECRETARY, SUBJECT: AEC-RETURN OF RONGELAPESE TO THEIR HOME ISLAND, Author: MCCOOL, W. B., 1957 Feb 6, DOE OpenNet, Accession Number: NV0726362.
(23) 同右。
(24) MINUTES 56 TH MEETING ADVISORY COMMITTEE FOR BIOLOGY AND MEDICINE, MAY 26–27, 1956, Authors: FAILLA, G. et. al., DOE OpenNet, Accession Number: NV0411749.
(25) Letter from Delmas H. Nucker to Anthony T. Lausi, July 2, 1957 in Folder: TT-National Defense 7, Rongelap & Utirik Atolls (Pt.-2), Central Files, 1951–71 Trust Territories, Entry 3, Box 415, RG 126, National Archives at College Park, Maryland.
(26) Letter from C. L. Dunham to D. H. Nucker, June 26, 1959 in Folder. 以下、同右。
(27) Letter from John Anjain to Amata Kabua, Subject: The situation on Rongelap, 1959 in Folder. 以下、前掲(25)。
(28) Letter from D. H. Nucker to Anthony T. Lausi, December 22, 1958 in Folder. 以下、前掲(25)。
(29) ヒロコは、ブラボー実験の時にロンゲラップで被曝し、一九五七年に帰島した一人である。その後、首都マジュロに移住し学校の教師をしていたが、夏休みになるとロンゲラップに戻り生活した。
(30) MARCH 1957 MEDICAL SURVEY OF RONGELAP AND UTIRIK PEOPLE THREE YEARS AFTER EXPOSURE TO RADIOACTIVE FALLOUT, Authors: CONARD, R. A. et al., DOE OpenNet, Accession Number: NV0404569.
(31) Letter from C. L. Dunham to D. H. Nucker, June 26, 1959 in Folder: TT-National Defense 7, Rongelap & Utirik Atolls

(Pt.-2). 以下、前掲(25)。

(32) Rongelap Council Meeting of March 2, 1959, Dr. Canard, Dr. Held, and Morriss present in Folder. 以下、前掲(25)。

(33) Letter from D. H. Nucker to Anthony T. Lausi, November 14, 1958 and Letter from Vern Stephens to Charles L. Dunham, November 18, 1958 in Folder. 以下、前掲(25)。

(34) MEMO FOR CHAIRMAN SEABORG, ET AL, SUBJECT: RECENT INFORMATION ON THE STATUS OF THYROID DISEASE IN THE MARSHALLESE EXPOSED TO FALLOUT FROM THE BIKINI TEST OF 3/1/1954, Author: DUNHAM, C. L., 1967 Jan 17, DOE OpenNet, Accession Number: NV0403524.

(35) The 1968 Annual Medical Survey of the Rongelap People Exposed to Fallout in 1954, Interim Report in Folder: TT-National Defense 7, Rongelap & Utirik Atolls (Pt.-5), Central Files, 1951–71 Trust Territories, Entry 3, Box 416, RG 126, National Archives at College Park, Maryland.

(36) Letter from Robert A. Conard to Ruth G.Vancleve, April 29, 1968 in Folder. 以下、同右。

(37) Letter from Robert A. Conard to Edward E. Johnston, September 17 1969 in Folder. 以下、前掲(35)。

(38) Brookhaven Team Reports on 1969 Examination of Marshallese Islanders, Hold for release, October 15, 1969 in Folder. 以下、前掲(35)。

(39) Letter from Elizabeth P. Farrington to Edward E. Johnston, August 15 1969 in Folder. 以下、前掲(35)。

(40) STATEMENT CONCERNING UTIRIK GRIEVANCES, Author: CONARD, R. A., 1976 Aug 10, DOE OpenNet, Accession Number: NV0402939.

(41) THE BROOKHAVEN MEDICAL PROGRAM TO DETECT RADIATION EFFECTS IN MARSHALLESE PEOPLE, Author: KOTRADY, K. P., 1977 Jan 1, DOE OpenNet, Accession Number: NV0706315.

(42) THYROID ABSORBED DOSE FOR PEOPLE AT RONGELAP, UTIRIK, AND SIFO ON MARCH 1, 1954. 以下、前掲(3)。

(43) チェトンは、ジョンの弟で、当時マーシャル諸島自治政府のロンゲラップ選出議員を務めていた。

(44) THE BROOKHAVEN MEDICAL PROGRAM TO DETECT RADIATION EFFECTS IN MARSHALLESE PEOPLE. 以下、前掲(41)。

(45) LETTER TO G STEMPLE, SUBJECT: MEDICAL SURVEILLANCE OF THE MARSHALLESE, Author: MERLISS, R. R., 1980 Jul 15, DOE OpenNet, Accession Number: NV0403081.

(46) THYROID ABSORBED DOSE FOR PEOPLE AT RONGELAP, UTIRIK, AND SIFO ON MARCH 1, 1954. 以下、前掲(3)。

(47) 同右。

(48) STATEMENT CONCERNING UTIRIK GRIEVANCES. 以下、前掲(40)。

(49) Memorandum from D. F. Olsen, Subject: Visit of Japanese Medical Survey Team in HOUSE JOURNAL – 16TH DAY (CONCERNING THE CONSTITUENTS FROM THE ISLANDS OF RONGELAP AND UTIRIK IN THE MARS HALLS), Author: TAKESY, A. R., 1972 Jan 25, DOE OpenNet, Accession Number: NV0402962.

(50) NOTE BY THE SECRETARY, SUBJECT: REACTIVATION OF THE MEDICAL SURVEY TEAM FOR THE MARSHALLESE EXPOSED TO FALLOUT FROM THE "BRAVO" TEST ON MARCH 1, 1954, Author: MCCOOL, W. B, DOE OpenNet, Accession Number: NV0409491.

(51) HOUSE JOURNAL – 16TH DAY. 以下、前掲(49)。

(52) LETTER TO J L LIVERMAN, SUBJECT: JAPANESE PHYSICIANS' INTEREST IN THE PEOPLE OF THE MARSHALL ISLANDS, Author: CONARD, R. A., 1976 Jul 27, DOE OpenNet, Accession Number: NV0706141.

(53) LETTER TO A BALOS, SUBJECT: HEALTH CARE PROGRAM FOR PEOPLE LIVING ON RONGELAP, UTIRIK, BIKINI, AND ENIWETOK, Author: LIVERMAN, J. L., 1976 Oct 31, DOE OpenNet, Accession Number: NV0401343.

(54) TWX TO AMBASSAD, SUBJECT: RE MEDICAL TEAM TO RONGELAP, DOE OpenNet, Accession Number: NV0402211.

(55) EXTRACT FROM SECY-2304-GM INFORMATION REPORT NO.60, 1972 Feb 8, DOE OpenNet, Accession Number: NV0408253.

(56) MEMO TO J L LIVERMAN, SUBJECT: MATERIAL FOR THE 1973 U.N. TRUST TERRITORY COUNCIL MEETING, 1973 Apr 26, DOE OpenNet, Accession Number: NV0404234.

(57) Memorandum from D. F. Olsen, Subject: Visit of Japanese Medical Survey Team in HOUSE JOURNAL – 16TH DAY. 以下、前掲(49)。

(58) NOTE BY THE SECRETARY. 以下、前掲(50)。

(59) MEMO TO J L LIVERMAN. 以下、前掲(56)。

(60) LETTER TO R CONARD, SUBJECT: TREATMENT OF ATOMIC BOMB VICTIMS AND ATTEMPTS TO END THE NUCLEAR THREAT IN THE PACIFIC, Author: ANJAIN, N., 1975 Apr 9, DOE OpenNet, Accession Number: NV0401976.

(61) SUMMARY OF MEDICAL FINDINGS OF THE 1976 SURVEY OF THE MARSHALLESE EXPOSED TO FALLOUT IN 1954, Author: CONARD, R. A., 1976 Dec 31, DOE OpenNet, Accession Number: NV0402261.

(62) LETTER TO R RAY, SUBJECT: QUESTIONS FROM THE PEOPLE IN UTIRIK ATOLL, Authors: ALEE, A.; KIOS, A.; PETER, J., 1976 Jul 9, DOE OpenNet, Accession Number: NV0706129.

(63) LETTER TO O DEBRUM, SUBJECT: VISIT TO UTIRIK, Author: CONARD, R. A., 1976 Oct 7, DOE OpenNet, Accession Number: NV0401346.

(64) LETTER TO R SEAMANS, SUBJECT: RE OUR CLIENT: PEOPLE OF UTIRIK ATOLL MARSHALL ISLANDS NEGLIGENCE – MARCH 1, 1954, Author: BAKAL, R. G., 1976 Nov 15, DOE OpenNet, Accession Number: NV0401703.

(65) LETTER TO W W BURR, SUBJECT: DECEMBER 1976 MEDICAL SURVEY EXPEDITION TO THE ATOLL WAS CANCELLED AS A RESULT OF THEIR CLIENTS DEMAND FOR COMPENSATION, Author: CONARD, R. A., 1977 Jan 12, DOE OpenNet, Accession Number: NV0401128.

(66) HOUSE JOURNAL – 16TH DAY. 以下、前掲(49)。

(67) TWX, SUBJECT: AEC COMMITTEE IS SERIOUSLY CONSIDERING A TRIP TO JAPAN TO OBSERVE RADIATION VICTIMS AND SEEK POSSIBLE ASSISTANCE FROM CONSULTANTS IN JAPAN, DOE OpenNet, Accession Number: NV0400313.

(68) EXTRACT FROM SECY-2304-GM INFORMATION REPORT NO.60. 以下、前掲(55)。

(69) LETTER TO T. NAKAYAMA AND B. HENRY, SUBJECT: RECENT DEVELOPMENTS ON THE WORK OF

THE SPECIAL JOINT COMMITTEE CONCERNING RONGELAP AND UTIRIK ATOLLS, Author: BALOS, A., 1976 Jul 26, DOE OpenNet, Accession Number: NV0402880.

(70) Problems Affecting the Program in FALLOUT, THE EXPERIENCES OF A MEDICAL TEAM IN THE CARE OF A MARSHALLESE POPULATION ACCIDENTLY EXPOSED TO FALLOUT RADIATION, Author: CONARD, R. A, 1992 Sep 30, DOE OpenNet, Accession Number: NV0400379.

(71) Background Paper on a Health Plan for the Marshall Islands in MEMO TO MULTIPLE ADDRESSEES, SUBJECT: HEALTH CARE PROGRAM FOR THE MARSHALL ISLANDS, Author: WACHHOLZ, B. W., 1980 Aug 19, DOE OpenNet, Accession Number: NV0402869.

(72) LETTER TO P COLEMAN, SUBJECT: HEALTH CARE COMPLAINTS BY THE PEOPLE LIVING ON UTIRIK AND RONGELAP ATOLLS Authors: Liverman J. L., 1976 Oct 18, DOE OpenNet, Accession Number: NV0401342.

(73) MEMO TO W WEYZEN, ET AL, SUBJECT: RECENT ITEMS MEDICAL PROGRAM MARSHALL ISLANDS, Author: CONARD, R. A., 1977 May 27, DOE OpenNet, Accession Number: NV0401636.

(74) MEMO TO MULTIPLE ADDRESSEES. 以下、前掲(71)。

(75) Letter from Charles T. Donick to Wallace O. Green, August 8, 1980 in MEMO TO MULTIPLE ADDRESSEES. 以下、前掲(71)。

(76) MEMO TO E J VALARIO, SUBJECT: DOE INVOLVEMENT IN THE EVACUATION OF RONGELAP ATOLL, Authors: MCCRAW, T. F. et. al, 1985 Jul 22, DOE OpenNet, Accession Number: NV0400171.

(77) 同右。

(78) Memorandum from Tommy McCraw, Subject: Meeting on DOE/EP Northern Marshalls Survey, Dec 16, 1982 in MEMO TO E J VALARIO. 以下、前掲(76)。

(79) July 1982 Field Trip Report, enclosed Letter from Edward T. Lessard to Roger Ray, Nov 8, 1982 in MEMO TO E J VALARIO. 以下、前掲(76)。

(80) Transcription of Meeting between DOE Representative and Government officials of the Republic of the Marshall Islands at Majuro, Dec 8 and 9, 1982. 以下、前掲(76)。

(81) MEMO TO E J VALARIO. 以下、前掲(76)。
(82) Right Livelihood Award は公式ウェブサイト(http://www.rightlivelihood.org)を参照(二〇一三年七月三〇日閲覧)。同ウェブサイトの〈laureate〉には歴代受賞者と受賞理由が掲載されている。同賞は、反原発運動をリードし、市民科学者の道を切り開いた高木仁三郎や、構造的暴力論を提起し平和学の父と言われるヨハン・ガルトゥングにも贈られている。
(83) ローレンス・リバモア米国立研究所はロンゲラップだけでなく、ビキニやエニウェトク北部も、住宅地周辺の土壌表面を一五センチメートル剝ぎ取り、ポタジウムを散布すれば、いずれも再居住は可能であるとの見解を示している。
(84) 同資料は、マーシャル諸島内で関係者から直接入手した。
(85) 同右。
(86) 二〇〇三年に変更された三月一日の休日の名は、二〇〇五年、国会でふたたび"Nuclear Victims Remembrance Day"に改称された。しかし、"Nuclear Survivors Remembrance Day"とも今も呼ばれており、現地では"Victims"と"Survivors"が並行して用いられている。

# 聞き書き一覧

＊以下は、本書で引用した話を聞かせていただいた方々の一覧である。一人ひとりの人格を尊重し、謝意を込めて、匿名にはせず、ここに名を記す。今後の調査の礎になればとも思う。名に続けて、アルファベット表記とその方が登場する章・節（〇-〇）を記す。そのうえで、その方のプロフィールと話を聞いた日と場所を記した。地域別（アイルック、エニウェトク、ビキニ、ロンゲラップ、マーシャル諸島内その他、日本）に分け、五〇音順に掲載する。

## アイルック

＊故人は二〇一三年八月の調査時点である。

**エマ**［Ema］　3-1

一九二九年生まれ、女性。水爆ブラボー実験の時、アイルック環礁で被曝、当時二四歳。話はアイルックで二〇〇一年二月に聞いた。故人。

**エルシーアイ**［Lci］　2-5

一九四五年生まれ、男性。水爆ブラボー実験の時、アイルック環礁で被曝、当時八歳。二〇〇四年六月、アイルックを訪れた際、核実験問題をテーマにした住民集会で発言を聞いた。

**エルティーネ**［Ertine］　2-2

一九四四年生まれ、女性。水爆ブラボー実験の時、アイルック環礁で被曝、当時九歳。話はアイルックで二〇〇一年六月一四日に聞いた。

**エンディ**［Endy］　2-2, 2-4, 2-5

一九二四年生まれ、女性。水爆ブラボー実験の時、アイルック環礁で被曝。話はアイルックで二〇〇一年一月三一日および同年六月一五日に聞いた。故人。

**カンジ**［Kanji］　2-2, 2-3, 2-4, 2-7

一九三八年生まれ、女性。水爆ブラボー実験の時、アイルック環礁で被曝、当時一五歳。アイルックに滞在中、泊まっていた家の隣で、片言のマーシャル語を交えてよく話をした。まとまった話はアイルックで二〇〇一年六月二三日に聞いた。

**キーロン**［Killon］　2-3

一九二七年生まれ、男性。アイルック環礁で生まれ育ったが、水爆ブラボー実験の時は、クワジェリン環礁の米軍基地に勤めていた。七カ月後の一〇月頃、一度アイルックに戻る。米軍基地の仕事は一九五七年か五八年頃まで続け、その後、アイルックに帰郷した。手工芸品作りの達人で、カヌーの模型なども製造していた。よく話をしたが、本書に引用した話は二〇〇一年五月三一日に聞いた。故人。

**クレードル**［Cradle］　序-2, 1-7

一九三四年生まれ、女性。たびたび話をしてきたが、本書で紹介した戦争中の出来事は二〇一四年九月五日に、ポイズンの話は二〇〇四年三月に、それぞれマジュロで聞いた。

**ゴジュ**［Koju］　2-2, 2-4, 2-7

一九三二年生まれ、男性。水爆ブラボー実験の時、アイルック環礁で被曝、当時二二歳。話はアイルックで二〇〇一年一月三一日および同年六月一六日と六月二九日に、弟であるテンポーの通訳を交え実施した。故人。

**コダマ** [Kodama] 2-2, 2-4, 2-7

一九四二年生まれ、女性。水爆ブラボー実験の時、アイルック環礁で被曝、当時一一歳。アイルックに滞在中、泊まっていた家の隣で、片言のマーシャル語を交えてよく話をしたが、まとまった話はアイルックで二〇〇一年六月四日に聞いた。二〇一二年一二月死去。

**ジーメン(セメント)** [Cement] 2-2, 2-3, 2-4, 2-5

一九三八年生まれ、男性。名は日本語の「地面」に由来する。「セメント」とも現地で呼ばれる。水爆ブラボー実験の時、アイルック環礁で被曝、当時一六歳。アイルックに滞在中、泊まっていた家の隣で、英語もできるのでよく話をした。まとまった聞き取りは二〇〇一年七月一日にアイルックで実施。また同年七月一〇日、補足的な話をマジュロで聞いた。故人。

**ジェピ** [Jepe] 2-4

一九五六年生まれ、女性。水爆ブラボー実験の時、アイルック環礁で被曝したリーゼの娘。一九九〇年代に入り、アイルックを訪れた日本の医師による調査で甲状腺疾患が確認された。アイルック滞在中に家に泊めていただき、寝食をともにするなかで、夫のテンポーの通訳を介して、甲状腺疾患の不安などを聞いた。二〇一三年にアイルックを再訪した時は、体調不良のためマジュロにいて、病院に通い検査を受けていた。

**ジャト** [Jato] 2-2, 2-3, 2-4, 2-5

一九三七年生まれ、男性。水爆ブラボー実験の時、アイルック環礁で被曝、当時一六歳。話はアイルックで二〇〇一年六月二七日に聞いた。故人。

**ジョアタ** [Joata] 2-2

一九三〇年生まれ、男性。水爆ブラボー実験の時、アイルック環礁で被曝、当時二三歳。話は二〇〇一年五月にマジュロで聞いた。故人。

**ジョルビ** [Jorbi] 2-2, 2-5

一九二九年生まれ、男性。水爆ブラボー実験の時、アイルック環礁で被曝、当時二四歳。当時、英語ができた数少ない住民で、アイルックにやってきた米駆逐艦の乗組員と英語で会話。話は二〇〇一年七月にマジュロで聞いた。その後、二〇〇四年六月にアイルックを訪れた際、核実験をテーマにした住民集会でも発言を聞いた。

**ステラ** [Stella] 2-2, 2-4

一九四七年生まれ、女性。水爆ブラボー実験の時、アイルック環礁で被曝、当時七歳。話はアイルックで二〇〇一年六月六日に聞いた。その後、家族が暮らす米オレゴン州に移住した。

**ターニィ** [Tane] 1-6, 2-5

一九四五年生まれ、男性。水爆ブラボー実験の時、アイルック環礁で被曝、当時八歳。地元小学校の教師で、英語ができるため、気軽に話を聞くことができた一人。話は二〇〇一年六月にアイルックで聞いた。JICA研修で来日した時、長崎の原爆資料館に立ち寄った経験を持つ。故人。

**ダイナ**［Daina］ 2-2, 2-4
一九三六年生まれ、女性。水爆ブラボー実験の時、アイルック環礁で被曝、当時一七歳。話は二〇〇一年六月一四日にアイルックで聞いた。故人。

**ティーオス**［Tious］ 2-4
一九四三年生まれ、男性。水爆ブラボー実験の時、アイルック環礁で被曝、当時一〇歳。話はアイルックで二〇〇一年六月二八日に聞いた。故人。

**テリオ**［Telio］ 2-4
一九四一年生まれ、女性。水爆ブラボー実験の時、アイルック環礁で被曝、当時一二歳。話は二〇〇一年六月四日にアイルックで聞いた。故人。

**テンポー**［Tempo］ 序-5, 1-4, 2-2, 2-4, 2-7
一九四一年生まれ、男性。水爆ブラボー実験の時、アイルック環礁で被曝、当時一三歳。地元小学校の元校長であり、英語ができる。アイルック滞在中に家に泊めていただき、寝食をともにし、通訳としてもお世話になった。アイルックでの一番の話し相手で、核実験にまつわる話も日常的にし、意見交換を重ねた。そのうえで、二〇〇一年六月二六日にアイルックでまとまった話を聞いた。二〇一三年八月、久しぶりにアイルックを訪問した際にも寝食をともにしながら話し合った。

**トゥルシラ**［Trsusila］ 2-4, 2-5
一九四八年生まれ、女性。水爆ブラボー実験の時、アイルック環礁で被曝、当時五歳。話はアイルックで二〇〇一年六月二八日に聞いた。

**ニコルド**［Necheld］ 2-5
一九五一年生まれ、男性。水爆ブラボー実験の時、アイルック環礁で被曝、当時三歳。二〇〇一年六月七日、アイルックからウォッチェに向かう船内で、ウトリックから乗船してきて出会い、船内で話を聞いた。

**ネイトック**［Neitok］ 2-2
一九三五年生まれ、女性。水爆ブラボー実験の時、アイルック環礁で被曝、当時一八歳。二〇〇一年六月一〇日、ウォッチェ環礁を訪れた時に紹介され、話を聞いた。故人。

**ネーウィン**［Neiwin］ 2-2. 2-3
一九一七年生まれ、女性。水爆ブラボー実験の時、アイルック環礁で被曝、当時三六歳。当時の住民代表であったタイフーンの妻であり、二〇〇一年七月一二日と一七日にマジュロで話を聞いた。「タイフーンは一九六一年に亡くなった」と語った。故人。

**ネティ**［Neti］ 2-2, 2-4
一九四七年生まれ、女性。水爆ブラボー実験の時、アイルック環礁で被曝、当時六歳。話はアイルックで二〇〇一年六月一六日に聞いた。故人。

**ネライ**［Nerai］ 1-6, 2-3, 2-4, 2-5, 2-7
一九五二年生まれ、男性。水爆ブラボー実験の時、アイルック環礁で被曝、当時一歳。話はアイルックで二〇〇一年六月二七日に聞いた。その後、二〇一三年にアイルックを訪問した時、久しぶりに再会を果たし、八月一〇日と八月一二日に話を聞いた。

**ハッキニー**［Hackney］　2-7
一九五四年七月生まれ、男性。水爆ブラボー実験の時、アイルック環礁で被曝したエンディの息子で、胎児被曝した。二〇〇一年一月当時、アイルック自治体長を務めており、マジュロで幾度となく話をした。また二〇〇四年三月一日、水爆ブラボー実験から半世紀を迎えた式典で再会し、話を聞いた。

**バーリック**［Balik］　2-7
一九五六年生まれ、男性。アイルックで生まれ育ち、小学校卒業後にマジュロの宣教学校(ミッションスクール)に通った以外は、アイルックを拠点に暮らす。水爆ブラボー実験の時はまだ生まれていなかったものの、残留放射能の影響を気にする。アイルック滞在中に、離島にカヌーで連れて行ってもらったりした仲であり、「核実験のことを誠一郎と話したい」と声をかけてきて、二〇一三年八月一五日にまとまった話をアイルックで聞いた。

**ビーエン**［Bieam］　序-5, 2-2, 2-5
一九二四年生まれ、男性。水爆ブラボー実験の時、アイルック環礁で被曝、当時三〇歳。日本語が話せる。一九九八年にアイルックを訪問した時、家に泊めてもらい、その後もアイルックを訪れるたびによく話をした。まとまった話は二〇〇一年一月に日本語で数回実施し、その後、二〇〇一年六月一三日に通訳を交えて補足した。故人。

**ペーロ**［Pero］　2-2
一九二〇年生まれ、男性。水爆ブラボー実験の時、アイルック環礁で被曝、当時三四歳。話はアイルックで二〇〇一年一月三〇日および同年六月一八日に聞いた。故人。

**ベリ**［Beri］　2-2, 2-5
一九四五年生まれ、女性。水爆ブラボー実験の時、アイルック環礁で被曝、当時八歳。話はアイルックで二〇〇一年六月二七日に聞いた。故人。

**ベリス**［Bellis］　2-5
一九四六年生まれ、男性。水爆ブラボー実験の時、アイルック環礁で被曝、当時七歳。話は首都マジュロで二〇〇一年七月に聞き、二〇〇四年六月にアイルックで補足した。その後、米ワシントン州シアトルに移住した。

**マタ**［Mata］　2-3, 2-5
一九三六年生まれ、女性。水爆ブラボー実験の時、アイルック環礁で被曝、当時一七歳。話はアイルックで二〇〇一年一月三一日および同年六月一五日に聞いた。故人。

**ミジョン**［Mejjon］　2-2, 2-4, 2-5
一九三六年生まれ、男性。水爆ブラボー実験の時、アイルック環礁で被曝、当時一七歳。話はアイルックで二〇〇一年一月三〇日に英語で聞き、その後、同年六月二六日に通訳を交えて補足した。二〇一三年八月、マジュロで再会した。

**メーナルド**［Maynard］　2-4, 2-6, 2-7, 終-2
一九五三年生まれ、男性。水爆ブラボー実験の時、アイルック環礁で被曝。アイルック環礁選挙区（定数1）の国会議員（一九九九年から二〇一四年現在）で、マーシャル諸島訪問のたびに、マジュロの国会事務所などで話を重ねた。二〇〇四年六月には一緒にアイルックを訪問した。

**メナージャ**［Menaja］　2-7
一九五四年一二月生まれ、男性。水爆ブラボー実験の時、母親がアイルックで被曝し、本人は胎児被曝した。一九九七年、アイルックを訪れた日本人医師による調査で甲状腺の疾病が判明した。二〇一三年八月一三日、アイルックでまとまった話を聞いた。

**ラーン**［Lene］　2-2, 2-3, 2-4
一九三三年生まれ、男性。水爆ブラボー実験の時、アイルック環礁で被曝、当時二〇歳。話はアイルックで二〇〇一年一月二九日、五月二九日、五月三〇日に聞いた。故人。

**ライブ**［Rive］　2-7
一九八六年生まれ、男性。地元小学校の教師。二〇一三年に久しぶりにアイルックを訪れた時に親しくなり、同年八月九日および一二日に、アイルックの若い人の話なども交え、まとまった話を聞いた。「核実験は、ひどいことをしてくれたもんだ。実験の影響は何かしらは受けている」との実感をもつ。

**ライルモック**［Lailmok］　2-2
一九三五年生まれ、男性。水爆ブラボー実験の時、アイルック環礁で被曝、当時一八歳。話はアイルックで二〇〇一年六月二三日に聞いた。故人。

**ライン**［Lain］　2-4, 2-7
一九五四年八月生まれ、男性。水爆ブラボー実験の時、アイルック環礁で被曝したリーネンの息子で、胎児被曝した。保健士になりアイルックの診療所を支えた。二〇〇一年、アイルックを訪れた時、アイルックの人びとの健康状態を聞くとともに、先天性障害を持った当時一六歳であった息子のことなどを聞いた。住民からは「ドクター・ライン」と呼ばれ信頼されていたが、二〇一三年五月、肝臓癌で死亡。享年五七歳。

**ラジャー**［Lajre］　2-2
一九四四年生まれ、女性。水爆ブラボー実験の時、アイルック環礁で被曝、当時三二歳。話はアイルックで二〇〇一年二月七日に聞いた。故人。

**リーゼ**［Rise］　2-3, 2-4
一九三九年生まれ、女性。水爆ブラボー実験の時、アイルック環礁で被曝、当時一五歳。話はアイルックで二〇〇一年二月五日および同年六月二八日に聞いた。その後、米アーカンソー州に移住。

**リートック**［Ritok］　1-6, 1-7, 2-4
生年月日は不確かだが、長老の一人で、一九二〇年代あるいは三〇年代生まれだと思われる。男性。水爆ブラボー実験の時、アイルック環礁で被曝。話はアイルックで二〇〇一年一月三〇日と同年六月五日に聞いた。故人。

**リーネン**［Rine］　2-2, 2-4
一九二七年生まれ、女性。水爆ブラボー実験の時、アイルック環礁で被曝、当時二六歳。日本語が少し話せる。話はアイルックで二〇〇一年二月九日に日本語で聞き、そのうえで、二〇〇一年五月、六月の滞在中に通訳を交えて補足した。日本の歌も覚えていて、パーティーで一緒に童謡を歌ったこともあった。故人。

**リーロン**［Rilong］　2-2
一九四二年生まれ、男性。水爆ブラボー実験の時、アイルック環礁で被曝、当時一一歳。話はアイルックで二〇〇一年二月一日および同年六月二八日に聞いた。故人。

**リラ**［Lilla］　2-2, 2-5
一九二七年生まれ、女性。水爆ブラボー実験の時、アイルック環礁で被曝、当時二七歳。話はアイルックで二〇〇一年二月一日に聞き、同年六月の再訪時に補足した。故人。

**レディー**［Ready］　2-4
一九四八年生まれ、女性。水爆ブラボー実験の時、アイルック環礁で被曝、当時六歳。話は首都マジュロで二〇〇一年二月六日および二月七日に聞いた。その当時は小学校の校長を務めていたが、現在は退職。

**ロシャ**［Rosha］　2-2, 2-3
一九四四年生まれ、女性。水爆ブラボー実験の時、アイルック環礁で被曝、当時九歳。話はアイルックで二〇〇一年六月二三日に聞いた。故人。

## エニウェトク

＊故人は二〇一四年八月の調査時点である。

**アキオ**［Akio］　1-5, 3-2, 3-7
一九三七年生まれ、男性。「アキオ」の名は、商人としてやってきた日本人が、父と友達になり名付けられた。戦争に巻き込まれ、「穴に隠れ、おびえていた」体験を持つ。話は二〇〇三年九月二一日、エニウェトクで聞いた。その後、ハワイ諸島ハワイ島に移住。

**クニオ**［Kunio］　1-5, 1-7, 3-2, 3-4, 3-7, 4-7
一九三七年生まれ、男性。戦争に巻き込まれ、逃げ惑い足を負傷した。核実験終了後もエニウェトクは、「アメリカだけが知っている秘密の島だった。信託統治領政府の船さえも訪問できなかった」と証言する。長年、エニウェトクの自治体議員を務め、渡米経験も多い。二〇〇三年九月、エニウェトクを訪れた時に家に通い、話を聞いた。故人。

**サリナ**［Sarina］　3-2, 3-4
一九三〇年代生まれ、女性。エニウェトクで始まった戦争に巻き込まれ、「エンジェビ島からルジョール島に逃げ、穴を掘って隠れた」体験を持つ。第二次大戦後、核実験場建設のため、ウジェランに移住を余儀なくされた。一九五二年の水爆マイク実験が実施された時、「米国に、船に乗るようにと言われ、船の上から光が見えた」とも語る。二〇〇三年九月、エニウェトクで話を聞いた。日本統治下で習った日本語を時に口にした。故人。

**ジェームス**［James］　1-5, 3-4, 4-7
一九三六年生まれ、男性。姓はGITEONで、ロンゲラップのJames MATAYOSHIとは別人。移住先のウジェランで住民が不満を爆発させた、一九六七年の日のことをよく覚えている。「エニウェトク住民は放射線の被害者でもあり、戦争の犠牲者でもあり、また核の被害者でもあるのだ」と語る。二〇〇三年九月二二日、エニウェトクで話を聞いた。当時、エニウェトクの自治体長代理であった。故人。

**タウィウェル**［Tawiwel］　1-5, 4-7
一九三八年生まれ、男性。アルノ環礁に生まれ、ミリ環礁で育ち、「飛行機から爆弾が落とされ、穴の中で脅えていたことを覚えている」。一九五七年にウジェラン環礁の小学校に赴任し、避難生活の実態を知る。二〇〇三年九月二二日、エニウェトクで話を聞いた。故人。

**ドナルド**［Donald］　1-7
一九六七年生まれ、男性。エニウェトクで生まれ育ち、米エネルギー省がエニウェトクに設置したホールボディカウンター装置の技師をしている。「リバモア研究所で年一回技術研修があり、参加している」と語る。二〇〇三年九月に職場を何度か訪れ、話を聞いた。

**バリケン**［Baliken］　4-7
一九五三年生まれ、男性。エニウェトク環礁のルニット・ドームのことを憂慮し、「DOE（米エネルギー省）は大丈夫だと言っている。でも嘘つきだ、かれらのことは信じていない」と語る。二〇〇三年九月、エニウェトク自治体議員の一人として、マジュロとエニウェトクで話を聞いた。その後、ハワイ諸島ハワイ島に移住。

**メアリー**［Mary］　1-5, 3-4, 4-7
一九三六年生まれ、女性。姓はJOHNで、核問題研究所のMary SILKとは別人。エニウェトクに生まれ、核実験前のエニウェトクを知る一人で、核実験場の建設にともなう移住を経験した。移住先では「魚を釣るのにも、フックや紐がなく、木から紐を作っていた」、食糧の確保に忙しかったと語る。二〇〇三年九月二〇日、エニウェトクで話を聞いた。

**ルース**［Ruth］　1-5, 3-4
一九三二年生まれ、女性。エニウェトクに生まれ、その後、ポナペ国民学校で日本語を勉強し、片言の日本語が話せる。太平洋戦争に巻き込まれ、逃げた経験を持つ。戦後、核実験場建設のため移住を余儀なくされ、「生活に希望はなかった」と語る。一九五二年の水爆マイク実験の時、船に乗せられ、「どこかに連れて行かれた」経験も持つ。二〇〇三年九月、エニウェトクで話を聞いた。故人。

## ビキニ

＊故人は二〇一四年八月の調査時点である。

**アルソン**［Alson］　1-4, 5-8
一九六八年生まれ、男性。二〇〇九年五月から二〇一二年一月までビキニ自治体長を務め、ビキニ環礁の世界遺産登録に立ち会う。マーシャル・カヌーを若い世代に継承する社会教育団体

「WAM」を創設し、活動している。二〇一三年八月二六日、マジュロで話を聞いた。

**イチロー** [Ichiro] **1-4, 3-3, 3-5**
一九四二年生まれ、男性。「ビキニが毒されているとは俺は思わない。ビキニに戻るほうがいい。キリは、ビキニよりもっと毒されている」と語る。キリ島に訪問した時、地元の小学校校長で英語で会話ができたため、よく家に通った。まとまった話は二〇〇三年一〇月二日に聞いた。

**カールトン** [Garlton] **1-3, 1-4**
一九七二年生まれ、男性。「エジットは小さいけれども、マジュロの市街に近くて、場所はいいし食べものもある。ビキニには、おそらく帰らないだろう」と語る。二〇〇三年八月、エジット島で話を聞いた。

**キーボン** [Kibon] **1-2, 3-2, 3-3, 3-5**
一九三九年生まれ、女性。核実験前のビキニを知る一人で、宣教学校(ミッションスクール)が当時あったと言う。ビキニを離れることを経験し、その前には戦争体験も持っている。二〇〇三年一〇月三日、キリ島で話を聞いた。二〇〇九年死去。

**コーマイ** [Kōmawi] **1-3, 3-2, 3-5**
一九三三年生まれ、女性。核実験前のビキニは「美しい島々だった。ほぼ毎日、小さな島々に行って、食べものを取ってきたり、魚を釣ったりしていた」と回想する。ビキニを離れることを経験し、その前には戦争体験も持つ。二〇〇三年一〇月三日、キリ島で話を聞いた。二〇一二年死去。

**シーア** [Sear] **1-2, 1-3**
一九四六年生まれ、男性。二〇〇三年九月三〇日、キリ島で移住生活の経過や実態の話を聞いた。ビキニ環礁に行った時、「とても残念な気持ちになった。ホームシックになった」と語る。二〇一〇年死去。

**ジーエン** [Jien] **1-3, 1-4, 3-3**
一九三六年生まれ、男性。核実験前のビキニを知る一人。その後、米軍基地があるクワジェリン環礁で働き、イバイ島に住んでいたが、「お金がないと住めない。だからキリ島に今はいる」と語る。妻はジャルート生まれで、片言の日本語を話す。二〇〇三年一〇月一日、キリ島で話を聞いた。二〇一一年死去。

**ジャック** [Jack] **1-2, 3-2, 5-8**
米ペンシルバニア州出身、男性。一九八一年、米平和部隊員としてマーシャル諸島に赴任し、ナム環礁に派遣された。任期終了後もマーシャル諸島に残り、一九八四年にビキニ環礁のキリ島で小学校の教師になり、ビキニと関わり始める。一九八七年、ビキニ自治体の渉外担当に就き、翌年にビキニの人と結婚した。二〇〇一年、ビキニの人びとから聞いてきた話を、書籍〈*For the Good of Mankind*〉にまとめた。マーシャル諸島に訪問するたびに、ときどき話をうかがったが、引用した核廃棄物の話は二〇一三年八月二六日にマジュロで聞いた。

**ジャブコン** [Jabkon] **1-2, 1-4, 3-2, 3-3, 3-5**
一九三二年生まれ、女性。二〇〇三年九月二六日にマジュロで話を聞いた。核実験前のビキニに暮らしていた記憶をもつ一人で、ビキニを離れることを経験した。

**ジャモレ** [Jamore]　**1–2, 1–3, 1–4, 3–2, 3–3, 3–5**
一九二一年生まれ、男性。二〇〇三年九月三〇日、キリ島で話を聞いた。核実験前のビキニに暮らしていた一人で、ビキニを離れることを経験した。二〇〇八年死去。

**トシロー** [Toshiro]　**1–3, 1–4, 4–8**
一九四七年生まれ、男性。二〇〇三年九月三〇日に、キリ島の移住生活の話を聞いた。その後も、宿泊していた部屋を訪ねてくれたりして、いろいろと話を交わした。

**ニイジマ** [Nishma]　**1–4, 5–8**
一九七三年生まれ、男性。二〇〇一年一月、マジュロのビキニ自治体事務所で、若い世代の一人として話を英語で聞いた。当時、新人の自治体議員で、ビキニの土地を踏んだことはまだなかったが、「わが心はビキニにある」と語っていた。二〇一二年一月から自治体長を務める。曾祖父が増島保治という名の日本人で、二〇一三年八月、日本の親類と対面を果たした。

**ネーマン** [Neman]　**1–2, 4–8**
一九五一年生まれ、女性。二〇〇三年一〇月三日、キリ島で移住生活の話を聞いた。ビキニのことを尋ねると、故郷の思いが詰まった「ビキニの国歌」(Bikini Antem)を歌い始めた。

**ハーバート** [Herbert]　**1–3, 3–3, 3–5**
一九四〇年生まれ、男性。二〇〇三年九月、キリ島を訪問した時に話を聞いた。核実験前のビキニに生まれ、その後の移住体験を持つ。ビキニの自治体に声をかけられ、再居住計画の労働者として半年間働いたこともある。「お金のためだよ」と語る。

**ヒントン** [Hinton]　**1–2, 1–4, 4–8**
一九六五年生まれ、男性。二〇〇一年五月、マジュロで英語で話を聞いた。当時、ビキニ自治体の若手議員の一人であった。また、二〇〇六年三月一三日、ビキニを訪問した帰りにマジュロの空港に迎えに来てくれて、空港からの帰路の車内でビキニの現状を話した。子どもの頃、再居住計画に従事した父の仕事の関係で、二年間ビキニに暮らしたことがある。

**フィリップ** [Phillip]　**3–2, 3–3**
一九一八年生まれ、男性。二〇〇三年一〇月三日、キリ島で話を聞いた。ビキニに生まれ、核実験前のビキニに暮らしていた一人で、ビキニを離れることを経験した。いろいろ忘れていることが多く、インタビューは困難を強いられたが、ビキニの暮らしは忘れていなかった。二〇〇四年死去。

**ヘンリー** [Henly]　**1–2, 1–3**
一九四六年生まれ、女性。二〇〇三年一〇月一日、キリ島で話を聞いた。キリ島の小学校時代のことなど、移住生活について話を聞いた。ビキニには二度、訪問したことがある。

**ボーン** [Bourn]　**1–4, 4–8**
一九四九年生まれ、男性。二〇〇三年九月三〇日、三一日の二度にわたり、キリ島で移住生活の話を聞いた。ビキニの除染作業に労働者として参加し、ビキニに帰島し暮らした経験を持つ。「放射線のことは心配していなかった。ただ、すぐにでもビキニ環礁に戻りたかった」と語る。

**ボボニ** [Boboni]　4-8

一九五八年生まれ、男性。二〇〇三年九月、エジット島で話を聞いた。移住先のキリ島で生まれ、育った後、一九七二年から七五年までビキニに帰島して暮らした。ビキニが再閉鎖されると、キリ島ではなく、エジット島に移住した。二〇〇三年当時、エジット島で警察署長を務めていた。

**マシュー** [Mathew]　1-3

一九五二年生まれ、男性。二〇〇三年一〇月一日、キリ島で移住生活を中心に話を聞いた。「ビキニには行ったことがない」と語る。

**ユーラ** [Iulla]　1-6

一九四六年生まれ、女性。二〇〇三年九月三〇日、キリ島で移住生活の経過や実態の話を聞いた。「子どもたちにビキニの話をするけれど、かれらには実感が湧かないのよ」と語る。

**ラッキー** [Lucky]　1-4

一九五四年生まれ、男性。二〇〇三年九月から一〇月にかけてキリ島を訪問した時、二度にわたり話を聞いた。小学生の頃、キリ島に食糧が十分になかったなかで、パンノキの実は最初に採った人のものになるので、「朝早くからパンノキの下に行って、実が落ちてくるのをじっと待っていた」ことや、ある牧師夫妻の笑い話など、時にユーモアも交えて語る。一九七三年、高校生の頃、マジュロに出てきていて、キリ島の状況を訴えるため、「我が心は完全に痛めつけられている」(100% of my mind is problem)と、地元紙の〈*Micronitor*〉に投書した。

**ラニージ** [Lannij]　3-5

一九五七年生まれ、男性。二〇〇三年八月三〇日、エジット島で話を聞いた。キリ島に生まれ、移住先で飢えをいかにしのいだのかを語った。現在、エジット島で牧師を務める。

**リーロック** [Lirok]　3-3, 3-5, 4-8

一九二八年生まれ、女性。二〇〇三年八月三〇日、エジット島で話を聞いた。ビキニに生まれ、ビキニに暮らしていた記憶をもつ。「ビキニにとどまりたかった。自分の島なのだから」と、ビキニを去った時を回想する。キリ島などで移住生活を送った後、一九七〇年代にビキニへ帰島した。ビキニが再閉鎖されると、キリ島ではなくエジット島に移住した。

## ロンゲラップ　＊故人は二〇一四年八月の調査時点である。

**アバッカ** [Abacca]　1-4, 1-7, 5-7, 5-8

一九六六年生まれ、女性。核実験問題に奮闘するチェトン・アンジャインらの姿をじかに見て育つ。チェトンの後継として一九九九年の総選挙で初当選し、二期八年間、ロンゲラップ選出の国会議員を務めた。日本にもしばしばやってきて、原水爆禁止世界大会などに参加している。

マジュロ滞在中のホスト・ファミリーであり、会話を積み重ねた。本書に引用した話は、第一章「揺らぐ土地との結びつき」は二〇〇九年二月二八日に来日中の静岡県で、「心に忍び寄る被曝」は二〇〇一年一月にマジュロで、第五章「帰島を求める米国の圧力」は二〇一三年五月五日にマジュロで、それぞれ聞いた。

**エトリ** [Etri]　5–2, 5–3, 5–4

一九三八年生まれ、女性。水爆ブラボー実験の時はロンゲラップ環礁にいて、ラグーンの砂浜で遊んでいる時に被曝。二〇〇六年九月一三日、イバイで話を聞いた。子どもは一二人で、「一人が生後六カ月で死んだ。長男は甲状腺に障害がある」。故人。

**カトリーヌ** [Cathrine]　1–3, 5–4, 5–6

一九三五年生まれ、女性。水爆ブラボー実験の時は、現ミクロネシア連邦のコスラエの学校に通っていた。コスラエからも「光は見えた」と語る。その後、一九五七年のロンゲラップ帰島の時、父とともに戻った。一九六〇年代に二度、流産を経験。「なぜ、安全ではないロンゲラップに米国はわれわれを戻したのか」と語る。ロンゲラップからメジャトへの移住も経験する。二〇〇三年九月四日にマジュロで、レメヨの通訳で話を聞いた。

**キャッシー** [Katty]　1–6

一九四八年生まれ、女性。水爆ブラボー実験の時、ロンゲラップ環礁で被曝。二〇〇一年一月、ロンゲラップの人の移住先であるメジャト島で、通訳を交えて話を聞いた。

**グレース** [Grace]　5–7

一九七四年生まれ、女性。水爆ブラボー実験の時、ロンゲラップ環礁で被曝したレメヨの娘。ニックネームでクマと呼ばれている。ハワイ大学卒で、二〇一三年現在はロンゲラップ自治体に勤務。二〇一二年、原水協の招聘でビキニデー集会に参加。話は何度もしているが、二〇一二年五月三日にマジュロで話を聞いた時、「ロンゲラップの人は、アメリカにスポイルされている」と指摘したうえで、再居住計画に関し、「ロンゲラップには新しい家が建ち、電気がついて、クーラーも完備されている。快適な生活が永遠に続くと思って、それで帰りたいと考えているのよ。そんな生活が永遠に続くのかしら、まあお幸せにというところね」と語る。

**ケネス** [Kenneth]　1–2, 1–7, 5–7

一九七一年生まれ、男性。二〇〇七年、ロンゲラップ選出の国会議員に初当選し、二〇一四年現在、二期目。二〇一二年五月三日、マジュロで話を聞いた時、再居住計画の推進を鋭く批判。二〇一三年八月二三日、マジュロで話を聞いた時、ロンゲラップの土地やリジョンの話になると、珍しく感情的に語り始めた。また、「177健康管理事業は崩壊している。特別な医療を施すことになっているが、その実態はない」とも指摘する。

**ジェームス** [James]　序–3, 5–7

一九六八年生まれ、男性。姓はMATAYOSHIで、沖縄出身の祖父を持つ。エニウェトクのJames GITEONとは別人。水爆ブラボー実験の時、ロンゲラップ環礁で被曝したアルミータの息子。一九九五年、二〇代でロンゲラップ自治体長に当選、以来、連続当選を重ねる。一九九七年には原水協が招聘し、3・1ビキニデー集会に参加。話は何度も聞いたが、本書で引用したロンゲラップ再居住計画についての見解は、二〇一二年五月七日にマジュロで聞いたものである。

**ジョニータ** [Jonita]　1–6, 5–7

一九五一年生まれ、女性。水爆ブラボー実験の時、ロンゲラップ環礁で被曝。ロンゲラップに戻ると身体にだるさを感じた。流産は六回経験し、甲状腺の異常が見つかり、一九六五年にボストンで手術を受ける。一九八六年にロンゲラップの人が移住する時、イバイに暮らしており、メジャト島に先まわりし、伝統的な作法で迎えた。二〇一二年五月一日と五日にマジュロで話を聞いた時、「アメリカ人は正直な人たちだとは思わない」としつつも、娘に呼ばれたからと、シアトルに移住予定であることを語る。

**ジョン**［John］　**1–2, 1–3, 2–5, 3–5, 5–1, 5–2, 5–3, 5–4, 5–5, 5–7**
一九二二年生まれ、男性。水爆ブラボー実験の時、ロンゲラップ環礁で被曝。当時のロンゲラップ住民代表。一九七三年に甲状腺摘出手術を受ける。白血病で亡くなったレコジの父である。ロンゲラップが置かれた状況を国際的に訴えた一人で、「本当のことが知りたい」と、日本にもやってきた。日本統治時代にヤルート（ジャルート）公学校で日本語教育を受け、日本語を話す。二〇〇三年九月一四日から一七日にかけて、イバイに滞在中に繰り返し話を聞いた。二〇〇四年六月、NHKの企画で、第五福竜丸乗組員の大石又七さんとマジュロで対談した。二〇〇五年、胃癌で死去。

**チマコ**［Jimako］　**5–2, 5–3, 5–4, 5–7**
一九四〇年生まれ、女性。水爆ブラボー実験の時、ロンゲラップ環礁で被曝、戦争の始まりを思う。その日の放課後、レメヨらと外に遊びに行き、髪が白くなるほどの白い粉を浴びる。移送先のクワジェリンで、「皮膚が赤く腫れ、髪が抜けてきた」。三年後にロンゲラップに戻された時、「とてもうれしかった」。地のものを食べることへの恐怖はなかった」と回想する。一九六四年以降、イバイに出てきた。一九九〇年代に胃の腫瘍が大きくなり、ハワイで手術をした。ロンゲラップには「戻りたい」、「怖いけど」、「アメリカ人は信じられない」など、複雑な胸のうちを語る。二〇〇三年九月一五日、イバイで話を聞いた。故人。

**ディーン**［Dean］　**5–7**
一九六八年生まれ、男性。水爆ブラボー実験の時、ロンゲラップ環礁で被曝したヒロコの息子。二〇〇七年、自治体議員に初当選、現在二期目で執行部の一人。二〇一二年五月三日にマジュロで話を聞いた。ロンゲラップ再居住推進の立場を表明し、「ミサイル実験が行われているメジャトよりもロンゲラップのほうが安全だ」と発言。

**ヒロコ（ロッコ）**［Hiroko］　**1–4, 1–7, 5–1, 5–2, 5–3, 5–4, 5–8**
一九四二年生まれ、女性。名は日本名のヒロコに由来する。ただし、現地ではHは発音しないため、ロッコ（Rokko）とも呼ばれる。水爆ブラボー実験の時、ロンゲラップ環礁で被曝。甲状腺の手術をし、流産も経験する。核被害者団体「エラブ」代表を務め、日本の原水禁世界大会などにも参加した。二〇〇八年死去。本書に引用した話は、第一章は二〇〇一年一月、第五章は二〇〇三年九月二六日に、それぞれマジュロで聞いた。

**ビリアム**［Billiam］　**1–6, 1–7, 5–7**
一九五二年生まれ、女性。水爆ブラボー実験の時、ロンゲラップ環礁で被曝したが、「覚えていない」。一九六〇年代、イバイの学校に行き、一九八二年の結婚を機にメジット島で暮らす。後にロンゲラップに戻ると、「気力を失い、生活は容易ではない様子だった」と語る。一九九二年、二〇〇〇年に、それぞれ甲状腺手術を二回受ける。話は二〇一二年五月五日にマジュロで聞いた。

**フレッド**［Fred］　1-2, 1-3, 1-4
一九六八年生まれ、男性。ロンゲラップで生まれ育つ。二〇〇一年一月、ロンゲラップの人の移住先であるメジャト島で、移住生活について話を聞いた。

**フレッドリー**［Freddly］　5-4
一九五二年生まれ、男性。現ミクロネシア連邦のコスラエ島で生まれ育ち、一九七〇年にロンゲラップの人と結婚。二〇〇一年一月、移住先のメジャト島で話を聞いた。妻は水爆ブラボー実験の時、ロンゲラップ環礁で被曝した。「身体が弱く、お産の時に亡くなった」。三番目の子は障害を持って生まれ、「放射能の影響だ」と考えている。

**マーナリック**［Mawnarik］　1-3, 1-4, 5-2, 5-3, 5-4, 5-6
一九一九年生まれ、女性。核実験前のロンゲラップを知る一人で、太平洋戦争が終わり「死なくてよかった」と語る。水爆ブラボー実験の時、ロンゲラップ環礁で被曝、「髪の毛も抜けた」と語る。移住先のメジャト島は、「とても小さい。でも放射線とはおさらばすることができた」などと語る。二〇〇三年九月四日、マジュロで話を聞いた。二〇〇六年死亡。

**ミジュア**［Mijue］　1-4, 1-7
一九二七年生まれ、女性。水爆ブラボー実験の時、ロンゲラップ環礁で被曝。一九六八年に甲状腺摘出手術を受ける。住民代表を務めたジョンの妻で、白血病で亡くなったレコジの母。二〇〇一年一月、移住先のメジャト島で、通訳を交えて話を聞いた。故人。

**リジョン**［Rijon］　1-7, 5-2, 5-3, 5-4
一九四七年生まれ、女性。三月一日は誕生日であるとともに、水爆ブラボー実験で被曝した特別の日になった。流産を七回経験し、実子はいない。養子を育てる。一九八一年に甲状腺摘出手術を受ける。ロンゲラップの議員として国際的に訴えた一人で、一九七三年、原水禁の世界大会にも参加。二〇〇六年三月一四日、マジュロで話を聞いた時、「『人体実験』の対象に使ってもいいわ。将来のため、世界の利益のために、わたし自身を捧げるわよ。DOE(米エネルギー省)がしていることをわたしに還元してほしい。単なる検診だけでなくてね」と語る。二〇一二年五月七日、入院先のマジュロの病院で、「世界中をかけまわった。世界の友達ができた。アメリカ人も含めて。広島・長崎にも行っていっぱい学んだ。わたしには未来はないが、若い人たちには未来がある。その先どう生きていくのか」と、涙を浮かべて語った。その三カ月後に死亡。

**リノック**［Rinok］　5-2, 5-8
一九三八年生まれ、女性。水爆ブラボー実験の時、ロンゲラップ環礁で被曝。レメヨと同じ家に寝泊まりをしていた。核被害者団体「エラブ」のメンバーの一人。二〇〇三年八月二五日にマジュロで話を聞いた。

**レオ**［Leo］　1–2

一九五八年生まれ、男性。二〇〇一年一月、移住先のメジャト島で、移住生活について話を聞いた。

**レメヨ**［Lemeyo］　1–2, 1–4, 1–6, 1–7, 5–2, 5–3, 5–4, 5–6, 5–7, 5–8

一九四〇年生まれ、女性。水爆ブラボー実験の時、ロンゲラップ環礁で被曝。一九八五年、甲状腺異常が見つかり手術。流産を二回経験。核被害者団体「エラブ」副代表を務め、日本の原水爆禁止世界大会などにも参加し、国際的に訴えてきた一人。メジャト島の小学校元校長。

本書で引用した話は、第一章「ミサイル実験場のそばで」は二〇〇三年八月二〇日、「引きちぎられた身体」「心に忍び寄る被曝」は二〇一二年五月一日、「我らの文化を奪った爆弾」は二〇〇四年二月二八日、「甲状腺疾患と癌」は二〇一二年五月四日、それぞれマジュロで聞いた内容である。第五章「戦争が始まった」は二〇〇三年八月二五日、「実験後の避難」「米軍基地での生活」「過剰に摘出された甲状腺」は二〇〇六年三月一六日、「住民が語る『異変』」「ロンゲラップ再居住計画の実際」「再居住計画を読み解く」は二〇〇三年八月二〇日、「ロンゲラップ再居住計画の実際」の二〇一二年時点の話は同年五月一日に、それぞれマジュロで聞いた話である。

## マーシャル諸島内その他

**ギフ**［Giff］　1–2, 2–1, 2–6, 5–6, 5–7

一九五六年生まれ、米国出身で、ハワイを拠点に太平洋の非核独立運動に関わり、一九八四年にマーシャル諸島に移住した。ジャーナリストとして地元発の記事を配信し、現在、地元紙『マーシャル・アイランド・ジャーナル』の編集長を務める。妻であった故ダーリン・ケジュの生涯を描いた書〈*Don't Ever Whisper: Darlene Keju, Pacific Health Pioneer, Champion for Nuclear Survivors*〉を二〇一三年に出版した。たびたび話を聞いたが、第二章は二〇〇一年四月三〇日、第五章は二〇一二年五月二日に、それぞれマジュロで聞いた話である。米国への核実験補償要求が放置されているなか、地元リーダーが核問題により力を入れて取り組むよう、奮起を期待している。

**ジョアネス**［Joanes］　5–2, 5–4

ウトリック環礁生まれ、男性。水爆ブラボー実験の時、ウトリックで被曝、当時一八歳であった。二〇〇四年二月二八日、核被害者団体「エラブ」が主催したワークショップでの発言を聞き、本書に引用した。

**タミコ**［Tamiko］　1–6

一九四三年、ウトリック環礁生まれ、女性。水爆ブラボー実験の時は、たまたま病院に行く母親に連れられ、マジュロにいた。ウトリックの人が帰島した後、ウトリックに戻った。その後、ローカルフードを食べてきた自分も、被害者だと考えている。ウトリックで被曝した夫を一九八五年に癌で亡くす。二〇〇三年一〇月七日、マジュロで話を聞いた。

**トニー**［Tony］　1–2, 1–7, 2–6, 5–4, 5–8, 終–5, 終–6
一九四五年生まれ、男性。水爆ブラボー実験の時、リエキップ環礁で被曝。ハワイ大学卒で、外務省政務官として米国との自由連合交渉や補償交渉に携わる。一九八四年、国会議員に初当選し、外務大臣などを歴任。二〇一四年、マーシャル諸島政府が国際司法裁判所に核軍備撤廃を求め、核保有国を訴えた、その主導者である。米政府は認めないが、自らも被曝したと考え、核問題への思いは熱い。幾度も話をしているが、第一章の核廃棄物の話は二〇一三年八月二七日、第一章の差別の話は二〇〇一年二月、第二章の補償交渉の話は二〇〇四年三月九日に、それぞれマジュロで聞いたことである。

**ビル**［Bill］　終–6
米国出身で、一九六九年、英語教員として平和部隊員でやってきて以来、マーシャル諸島で暮らす。核被害補償法廷（NCT）の住民代理人を一九九八年から二〇〇九年まで一一年間にわたり務めた。現在、マーシャル諸島の外務省核問題顧問に任命されている。たびたび話を聞いたが、本書に収録した話は、二〇一四年八月二七日および九月二日にマジュロで聞いた。

**ヒロシ**［Hiroshi］　1–6
一九五三年生まれ、男性。姓はヤマムラで、父のカナメは長崎出身の日本人の父をもち、日本語が堪能であった。ウトリック選出の国会議員を長年務める。二〇〇六年三月、マジュロで話を聞いた。

**メアリー**［Mary］　1–7
クワジェリン環礁生まれ、女性。一九九八年、マーシャル諸島短期大学核問題研究所所長に就き、同短大で核問題の授業を担当する。たびたび話を聞いたが、ロンゲラップの差別のことは、二〇〇一年四月二六日に聞いた話である。エニウェトク生まれのMary JOHNは別人。

## 日本関係

**池山重朗**　4–3, 5–5, 5–6
一九三一年生まれ、男性。ビキニ水爆被災に端を発した原水爆禁止運動に学生時代から関わり、「福竜丸」の後ろ側にあった、マーシャル諸島現地住民の被曝問題に着目した先駆者の一人である。原水爆禁止日本国民会議事務局次長を務めていた一九七一年、初となるマーシャル諸島の現地調査団を組織し、自らも現地に赴いた。二〇〇四年二月に都内でお会いするとともに、二〇〇五年三月一一日、第五福竜丸展示館で座談会「ビキニ水爆被災　過去に問い、未来につなげる」を開催し、筆者が進行役となり、当時の経緯などをお聞きした。故人。

**岩垂弘**　5–5
一九三五年生まれ、男性。一九五八年、朝日新聞社に入社し、原水爆禁止運動をはじめ、社会運動関係の取材に多く携わった。一九七一年、原水禁の初のマーシャル諸島現地調査団に同行取材した。二〇〇五年三月一一日、第五福竜丸展示館での座談会では筆者が進行役となり、当時のことなどをお聞きした。

# あとがき

本書が焦点を当ててきたマーシャル諸島は、人口五万三〇〇〇人ほどの実に小さな国です。しかしその小さな国が今、核兵器をめぐる国際的な議論の場で一躍注目を集めています。二〇一四年四月、マーシャル諸島政府が、核軍縮の完全な履行を求めて国際司法裁判所に米・ロをはじめとする核保有九カ国を訴える行動に出たからです。

二〇一四年暮れ、わたしはあらためてマーシャル諸島を訪れました。そしてトニー・デブルム外務大臣のご自宅でお話を伺いました。「援助をすれば思いどおりになると、いまだに思い込んでいる国がある。しかし、われわれは世界の一員として判断する」。国際司法裁判所への提訴は、「核ゼロ」を求め歩んでいく、マーシャル諸島の決意の現れであることは言うまでもありません。しかしそれだけでなく、援助の対象として援助国に操られるのではなく、地球社会の一員としての、太平洋に浮かぶ小さな島嶼国家の尊厳と誇りをかけた行動であることが、外相の話から見えてきました。

「核問題と気候変動は、ともに一カ国ではどうすることもできない地球規模の問題である。国益とか狭い視野ではどうにもならない。われわれの核実験の経験からも、またカザフスタンや福島でもそうであるが、一地域の問題にとどまらず、国境を越える問題であることを知っている。人類普遍の利益を求めてわれわれは行動する」と、トニー・デブルム外相は語ります。世界を見つめ、さらに人類の未来を見つめ、国益をはるかに超える「広角レンズ」を外相は持っていました。

二〇一五年は、広島・長崎への米国の原子爆弾投下、さらにアジア太平洋戦争の終結から七〇年目を迎えます。広島・長崎原爆投下以後、核兵器が戦争で使用されることは食い止められてきました。そのことは国際平和の一定の到達点として重要であります。しかし、それだけの視野で「ノーモア・ヒバクシャ」を叫ぶならば、地球規模に広がる核被害の現実に目を閉ざすことになります。広島・長崎への原爆投下以後、兵器の核拡散が進み、さらに「平和」の名のもとに原発が導入され、核被害が世界に拡散していった現実を見つめることなしに、核問題は十分には捉えられません。

「戦後」七〇年間、日本は「被爆国」と名乗りながら、米国の核実験が実施されたマーシャル諸島で住民がどうなっているのか、かつて「南洋群島」として統治下に置いた地に、想像力の射程が十分伸びなかったのはなぜだったのでしょうか。「ビキニ事件」と言いながら、現地住民の存在が忘れられる、あるいは軽視されていることは今なおあります。

そうしたことに疑問や時に苛立ちを覚えながら、本書は、「唯一の被爆国」の視野を脱し、グローバルヒバクシャの視野をもち、第五福竜丸の向こう側にいた現地住民の存在を中心に据えました。そして米国が核被害を認めていない地域にも目を向け、核実験被害の総体に迫ってきました。さらに、被曝に対し現地の住民がどう立ち向かっていったのかという点にも目を向けてきました。

マーシャル諸島にわたしが初めて訪れたのは一九九八年にさかのぼります。和光大学四年生の時でした。ロバート・リケット先生からの一押しが、マーシャル諸島のフィールド調査というわたしの強みを開花させていただきました。そして島田興生さんなどのご協力を得て、マーシャル諸島への第一歩を踏み出すことができました。また、本格的に現地調査を始めたのは、早稲田大学大学院に入学したあとの二〇〇一年のことでした。それから一四年の月日を重ね仕上げたものが本著になります。単著として世に出しますが、決して一人で書き上げたものではありません。多くの方々とのつながりのなかで、本書は育まれ、磨かれ、生まれた共同作品です。

マーシャル諸島の方々の協力なくしては、本書はまったく成り立たなかったことは言うまでもありません。Tempo さん Cradle さんをはじめとする Alfred ファミリー、Yuri さんをはじめとする Madison ファミリー、Abacca さんをはじめとする Anjain ファミリーの皆さまには、とりわけお世話になり、時に家族の一員として迎えていただきました。調査をする人／される人の固定的な一方通行の関係を超え、マーシャル諸島の中で築けたつながりこそが、現地調査の源にあります。

本書は、早稲田大学アジア太平洋研究科に提出した博士論文「視えない核被害——マーシャル諸島米核実験被害の実態を踏まえて」を土台に、追加調査を重ね、大幅に加筆修正を加えたものです。西川潤先生、篠原初枝先生、前田哲男先生、横山正樹先生に審査に加わっていただき、本書を学術書として世に出す土台を築いてくださいました。高木仁三郎市民科学基金、トヨタ財団、日本学術振興会・科研費（25380677, 26301003, 26760013）の研究助成を得たおかげで、現地調査を積み重ねることができました。

グローバルヒバクシャ研究会をともに創設した高橋博子さんをはじめ、研究に刺激を与え、励ましてくださる多くの良き仲間との出会いがありました。豊﨑博光さんをはじめ、マーシャル諸島の核実験被害現地調査の先達にも温かく見守っていただきました。そのおかげで前向きな気持ちを持ち続けて研究に取り組むことができました。本書は、グローバルヒバクシャ研究会、環境平和研究会（共同代表：鴨原敦子・平井朗）、「世界の核被害における後始末に関する調査研究」（代表：今中哲二）、「福島発　世界へ　世代を超え未来につなぐ被ばく体験のアーカイブ化とネットワーク構築」(代表:藍原寛子)、「軍事が地域社会に及ぼす影響に関する総合的研究」(代表:朝井志保)などの共同研究の成果でもあります。前任の三重大学、現所属の明星大学の皆さまにも支えていただきました。

大学関係者だけでなく、小木章男さん、佐藤ゆきさん、浜口美穂さん、池谷千穂さん、柏木まりこさんなどの協力もいただき研究を進めました。ジャーナリスト、出版関係者、NGO関係者などと出会い、さらには時に講演をさせていただいたことは、研究に向かう活力源となるとともに、市民に開かれた学術研究へと磨かれていきました。家族や友人の応援と理解にも感謝します。

本書は、新泉社の安喜健人さんの実に丁寧な精根込めた編集作業の賜物でもあります。学術書としての性格を担保しつつ、一般の方々にも読み物として届く広がりがある本に仕上げていただきました。さらにデザイナーの藤田美咲さんの手が加わり、魅せる本に仕上げていただきました。

本は完成しましたが、マーシャル諸島の核実験被害をテーマにした調査に終わりはありません。東京電力福島第一原発事故でマーシャル諸島の核実験被害調査に新たな意味が付加されたと考えています。本書を最後まで目を通していただいた読者の皆さまにも感謝申し上げます。どこかでお会いできる日を楽しみにしています。ホッと胸をなでおろしつつも、お世話になってきた現地の方々にこの恩をどう返していくのか、時代を見据え、これからへと決意を新たにしています。

二〇一五年一月　明星大学研究室にて

竹峰誠一郎

# 参考資料一覧

＊本書で引用した資料を，「米公文書（米政府内部公式文書）」「和書・日本語資料」「英書・英語資料」「新聞・テレビ・映画」に分け，以下に掲載する．

## 米公文書（米政府内部公式文書）

米公文書は以下より収集した．個別資料の出典は註に記した．

### ［ウェブ］

DOE OpenNet:

Department of Energy, OpenNet documents
<https://www.osti.gov/opennet/advancedsearch.jsp>

DOE Information Bridge:

"INFORMATION BRIDGE" Department of Energy Scientific and Technical Information
<http://www.osti.gov/bridge/advancedsearch.jsp>

OHP Marshall Islands Document Collection Search:

"Marshall Islands Document Collection Search" Department of Energy, the Office of Health, Safety and Security
<http://www.hss.energy.gov/HealthSafety/IHS/marshall/collection>

（OHPのウェブページは，2014年12月現在，閉鎖されている．マーシャル諸島政府は米エネルギー省に再開を求めている．DOE OpenNetとDOE Information Bridgeのウェブページは，それぞれ2014年12月に最終閲覧した．）

### ［米国内］

NARA: National Archives at College Park, Maryland (National Archives II)
NAS: National Academies of Sciences Archives
UH Manoa Lib.: University of Hawaii at Manoa Library, Pacific Collection

### ［マーシャル諸島内］

関係者から直接入手した．

**和書・日本語資料**

ISDA JNPC 編集出版委員会編［1978］『被爆の実相と被爆者の実情——1977 NGO被爆問題シンポジウム報告書』朝日イブニングニュース社.

朝井志歩［2009］『基地騒音——厚木基地騒音問題の解決策と環境的公正』法政大学出版局.

アボン，グレース［2012］「2012年 被災58年 3・1ビキニデー集会　グレース・アボンさんの発言」日本原水協ウェブサイト（http://www.antiatom.org/page/index.php?id=90，2013年7月閲覧）.

アレキサンダー，ロニー［1992］『大きな夢と小さな島々——太平洋島嶼国の非核化にみる新しい安全保障観』国際書院.

飯島伸子［1993］『改訂版　環境問題と被害者運動』学文社.

————［1995］『環境社会学のすすめ』丸善ライブラリー.

飯塚利弘［1993］『死の灰を越えて——久保山すずさんの道』かもがわ出版.

五十嵐正博［1995］『提携国家の研究——国連による非植民地化の一つの試み』風行社.

池山重朗［1978］『原爆・原発』現代の理論社.

石田忠［1986a］『原爆体験の思想化——反原爆論集Ⅰ』未來社.

————［1986b］『原爆被害者援護法——反原爆論集Ⅱ』未來社.

石山徳子［2004］『米国先住民族と核廃棄物——環境正義をめぐる闘争』明石書店.

————［2008］「ネバダ実験場とヤッカ・マウンテン——核の空間構築と人種主義」，『アメリカ研究』42: 57–76頁.

市川定夫［1999］『第三版　環境学』藤原書店.

イリイチ，イバン［2004］「平和とは，生活のあり方」鈴木一策訳，『環』19: 36–48頁.

宇井純［2014］『宇井純セレクション1　原点としての水俣病』藤林泰・宮内泰介・友澤悠季編，新泉社.

ウィンクラー，アラン. M.［1999］『アメリカ人の核意識——ヒロシマからスミソニアンまで』麻田貞雄監訳，岡田良之助訳，ミネルヴァ書房.

上田昌文［2005］「Interview『市民の科学をひらく』第5回　笹本征男さん」，『市民科学』7，市民科学研究室.

上村英明［2001］『先住民族の「近代史」——植民地主義を超えるために』平凡社.

ウェルサム，アイリーン［2000］『プルトニウムファイル』上・下，渡辺正訳，翔泳社.

歌田明弘［2005］『科学大国アメリカは原爆投下によって生まれた——巨大プロジェクトで国を変えた男』平凡社.

内田義彦［1985］『読書と社会科学』岩波新書.

大石又七［2007］『これだけは伝えておきたい　ビキニ事件の表と裏——第五福竜丸・乗組員が語る』かもがわ出版.

岡本三夫・横山正樹編［2009］『新・平和学の現在』法律文化社.

オキーフ，バナード［1983］『核の人質たち——核兵器開発者の告白』原礼之助訳，サイマル

出版会.
郭洋春・戸﨑純・横山正樹編［2004］『脱「開発」へのサブシステンス論——環境を平和学する！2』法律文化社.
————編［2005］『環境平和学——サブシステンスの危機にどう立ち向かうか』法律文化社.
金井利博［1970］『核権力——ヒロシマの告発』三省堂.
鎌田遵［2006］『「辺境」の抵抗——核廃棄物とアメリカ先住民の社会運動』御茶の水書房.
川野徳幸責任編［2003］『カザフスタン共和国セミパラチンスク被曝実態調査報告書』広島大学原爆放射線医科学研究所，広島大学・ひろしま平和科学コンソーシアム.
北村毅［2009］『死者たちの戦後誌——沖縄戦跡をめぐる人びとの記憶』御茶の水書房.
桐生広人［1990］『南の島のヒバクシャ』リベルタ出版.
原水爆禁止日本国民会議ミクロネシア調査団編［1972］『ビキニ水爆実験によるマーシャル群島民の被曝調査報告』原水爆禁止日本国民会議.
甲山員司［1975］「ミクロネシアにおける信託統治の本質——戦略的意図による支配」，『法學志林』72(2): 19–110頁.
高知県ビキニ水爆実験被災調査団編［2004］『もうひとつのビキニ事件——1000隻をこえる被災船を追う』平和文化.
小林泉［1994］『アメリカ極秘文書と信託統治の終焉——ソロモン報告・ミクロネシアの独立』東信堂.
小林徹編［1995］『原水爆禁止運動資料集　第2巻』緑蔭書房.
小林麻理［2012］『福島，飯舘　それでも世界は美しい——原発避難の悲しみを生きて』明石書店.
児玉克哉編［1995］『世紀を超えて——爆心復元運動とヒロシマの思想』中国新聞社.
斉藤達雄［1975］『ミクロネシア』すずさわ書店.
佐藤郁哉［1992］『フィールドワーク——書を持って街へ出よう』新曜社.
佐藤幸男編［1998］『世界史のなかの太平洋』国際書院.
笹本征男［1995］『米軍占領下の原爆調査——原爆加害国になった日本』新幹社.
澤井余志郎［2012］『ガリ切りの記——生活記録運動と四日市公害』影書房.
沢田昭二・永田忍・安斎育郎ほか［1999］『共同研究　広島・長崎原爆被害の実相』新日本出版社.
島田興生［1994］『還らざる楽園——ビキニ被曝40年　核に蝕まれて』小学館.
市民と科学者の内部被曝問題研究会編［2012］『内部被曝からいのちを守る』旬報社.
第五福竜丸平和協会編［2004］『写真でたどる第五福竜丸——ビキニ水爆被災50周年記念・図録』平和のアトリエ.
高橋博子［2012］『封印されたヒロシマ・ナガサキ——米核実験と民間防衛計画』新訂増補版，凱風社.
竹峰誠一郎［2005］『マーシャル諸島アイルック環礁民の被ばく証言集』広島大学ひろしま平

和科学コンソーシアム.
―――［2010］「太平洋島嶼地域は『脆弱』なのか――マーシャル諸島にみる『サブシステンス』からの問い」,『環境創造』13: 85–100頁.
田城明［2003］『現地ルポ　核超大国を歩く――アメリカ，ロシア，旧ソ連』岩波書店.
多田智恵子［2004］『きょうもえんまん！――ビキニ環礁を追われた人々と暮らして』健友館.
中国新聞「ヒバクシャ」取材班［1991］『世界のヒバクシャ』講談社.
勅使川原香世子［2013］『医療アクセスとグローバリゼーション――フィリピンの農村地域を事例として』明石書店.
戸田清［2009］『環境正義と平和――「アメリカ問題」を考える』法律文化社.
豊崎博光［1995］『アトミック・エイジ――地球被曝はじまりの半世紀』築地書館.
―――［2005］『マーシャル諸島　核の世紀――1914–2004』上・下，日本図書センター.
―――［2009］「マーシャル諸島の冷戦の負の遺産」,『福竜丸だより』354: 7頁.
豊下楢彦［1998］「太平洋をめぐる米ソ『勢力圏分割』――ミクロネシアと『ヤルタ密約』」，佐藤幸男編『世界史のなかの太平洋』国際書院，153–173頁.
トンプソン，ポール［2002］『記憶から歴史へ――オーラル・ヒストリーの世界』酒井順子訳，青木書店.
中川保雄［1991］『放射線被曝の歴史』技術と人間.
中沢志保［1995］『オッペンハイマー――原爆の父はなぜ水爆開発に反対したか』中公新書.
中澤正夫［2007］『ヒバクシャの心の傷を追って』岩波書店.
中原聖乃［2006］「被曝補償金をめぐる戦略――マーシャル諸島ロンゲラップの事例から」神戸大学大学院総合人間科学研究科提出博士論文.
―――［2009］「グローバルヒバクシャ――既存の科学を問い直し未来に可能性を残すための視点」，岡本三夫・横山正樹編『新・平和学の現在』法律文化社，141–158頁.
―――［2012］『放射能難民から生活圏再生へ――マーシャルからフクシマへの伝言』法律文化社.
中原聖乃・竹峰誠一郎［2013］『核時代のマーシャル諸島――社会・文化・歴史，そしてヒバクシャ』凱風社.
永原陽子編［2009］『「植民地責任」論――脱植民地化の比較史』青木書店.
中村尚司［1997］「民際学の課題と方法」,『龍谷大学　経済学論集』37(2): 123–134頁.
中村政則［2008］『昭和の記憶を掘り起こす――沖縄，満州，ヒロシマ，ナガサキの極限状況』小学館.
西川潤［2011］『グローバル化を超えて――脱成長期　日本の選択』日本経済新聞出版社.
日本原水爆被害者団体協議会編［1996］『原爆被害の特質と「被爆者援護法」の要求』日本被団協.
―――編［2009］『ふたたび被爆者をつくるな――日本被団協50年史　本巻』あけび書房.

NO DU ヒロシマ・プロジェクト編［2008］『ウラン兵器なき世界をめざして――ICBUWの挑戦』合同出版.
バーテル，ロザリー［2005］『戦争はいかに地球を破壊するか――最新兵器と生命の惑星』中川慶子ほか訳，緑風出版.
墓田桂［2003］「国内避難民（IDP）と国連」，『外務省調査月報』2003(1): 33–55頁.
濱谷正晴［1994］「原爆被害者問題の社会調査史」，石川淳志・橋本和孝・濱谷正晴編著『社会調査――歴史と視点』ミネルヴァ書房，273–310頁.
――――［2005］『原爆体験』岩波書店.
原彬久・大嶽秀夫・御厨貴［2004］「オーラル・ヒストリー鼎談」，『年報　政治学』55: 3–20頁.
原口弥生［1997］「マイノリティによる『環境正義』運動の生成と発展」，『社会学論考』18: 107–131頁.
原田正純・花田昌宣編［2008］『水俣学講義　第4集』日本評論社.
梁木靖弘［1999］「かくも長きヒロシマの不在――原爆映画の想像力」，『叙説』19: 12–25頁.
ハリス，マイケル［2006］『ぼくたちは水爆実験に使われた』三宅真理訳，文春文庫.
ビキニ水爆実験被災50年国際シンポジウム実行委員会編［2004］『ビキニ水爆実験被災50年国際シンポジウム報告集』日本原水協.
肥田舜太郎・鎌仲ひとみ［2005］『内部被曝の脅威――原爆から劣化ウラン弾まで』ちくま新書.
舟橋喜惠［2006］「広島は疲れている」，*Hiroshima Reserch News*，広島市立大学広島平和研究所，8(3): 1頁.
ブラッドリー，デイビット［1949］『隠るべき所なし――ビキニ環礁原爆実験記録』佐藤亮一訳，講談社.
ポーリング，ライナス［1959］『ノーモアウォー』丹羽小弥太訳，講談社.
マーシエ，ローリー［2006］「歴史叙述にオーラル・ヒストリーを用いる際のさまざまなアプローチについて」，『日本オーラル・ヒストリー研究』1: 4–9頁.
前田哲男［1978］『隠された被ばく――マーシャル群島住民の23年』原水爆禁止日本国民会議.
――――［1979］『棄民の群島――ミクロネシア被爆民の記録』時事通信社.
――――［1991］『非核太平洋　被爆太平洋――新編　棄民の群島』筑摩書房.
――――［2006］『新訂版　戦略爆撃の思想――ゲルニカ，重慶，広島』凱風社.
――――［2012］『フクシマと沖縄――「国策の被害者」生み出す構造を問う』高文研.
前田哲男監修，高橋博子・竹峰誠一郎・中原聖乃編著［2005］『隠されたヒバクシャ――検証＝裁きなきビキニ水爆被災』凱風社.
真下俊樹［2008］「フランス核実験被害者の権利回復運動」，『長崎平和研究』26: 63–77頁.

増田善信［1985］『核の冬――核戦争と気象異変』草友出版.
マッカートニー，レイトン［1988］『ベクテルの秘密ファイル――CIA・原子力・ホワイトハウス』広瀬隆訳，ダイヤモンド社.
松島泰勝［2006］「太平洋諸島の独立，再周辺化，抵抗」，戸田真紀子編『帝国への抵抗』世界思想社，141–187頁.
――――［2007］『ミクロネシア――小さな島々の自立への挑戦』早稲田大学出版部.
丸浜江里子［2011］『原水禁署名運動の誕生』凱風社.
三宅泰雄［1972］『死の灰と闘う科学者』岩波新書.
三宅泰雄・檜山義夫・草野信男監修［1976］『ビキニ水爆被災資料集』東京大学出版会.
銘苅仁［1996］「沖縄南洋移民の一考察――戦前のミクロネシアへの移民について」，『国際関係学研究』東京国際大学，9: 153–163頁.
本山美彦［2004］『民営化される戦争――21世紀の民族紛争と企業』ナカニシヤ出版.
山下正寿［2012］『核の海の証言――ビキニ事件は終わらない』新日本出版社.
湯浅一郎［2012］『海の放射能汚染』緑風出版.
ラップ，ラルフ. E.［1958］『福竜丸』八木勇訳，みすず書房.
――――［1963］『核戦争になれば』八木勇訳，岩波新書.
リリエンソール，D. E.［1969］『リリエンソール日記　3』末田守ほか訳，みすず書房.
横山正樹［1987］『太平洋諸民族の反核・独立運動』四国学院大学横山研究室.
――――［1993］「第三世界と先進工業諸国にわたる市民連帯は可能か」，久保田順編著『市民連帯論としての第三世界』文眞堂，25–64頁.

### 英書・英語資料

Advisory Committee on Human Radiation Experiments [1995] "The Proceedings of Advisory Committee on Human Radiation Experiments Public Meeting," February 15, 1995.
Ahpoy, Paul [2009] "Speech Transcription at International Meeting of World Conference against A & H Bombs in Hiroshima," Gensuikyo.
Alcaly, Glenn [1995] "Testimony to U.S.A. Advisory Committee on Human Radiation Experiments," March 15, 1995.
Alfred, Maynard [2004] "Statement for Nuclear Victims Remembrance Day: In remembrance of the overlooked victims of Bravo Shot," March 1, 2004.
Bair, William J. [1982] *Melelen radiation ilo ailiñ ko ituiōñ ilo Majōl, ko rar etali ilo 1978 (The meaning of radiation for those atolls in the northern part of the Marshall islands that were surveyed in 1978),* U.S. Department of Energy, available at University of Hawaii, Manoa Hamilton Library.
Barker, Holly M. [2003] *Bravo for the Marshallese: Regaining Control in a Post-Nuclear, Post-Colonial World,* Belmont: Wadsworth/Thomson Learning.

Carucci, Laurence Marshall [1997] *Nuclear Nativity: Rituals of Renewal and Empowerment in the Marshall Islands*, DeKalb: Northern Illinois University Press.

Congress of Micronesia. Special Joint Committee Concerning Rongelap and Utirik Atolls ed. [1972] *Interim Report Concering Rongelap and Utrik Atolls*, available at University of Hawaii, Manoa Hamilton Library.

——— ed. [1973] *A report on the people of Rongelap and Utirik relative to medical aspects of the March 1, 1954 incident injury, examination and treatment*, available at University of Hawaii, Manoa Hamilton Library.

——— ed. [1974] *Compensation for the people of Rongelap and Utirik: A report to the Fifth Congress of Micronesia*, available at University of Hawaii, Manoa Hamilton Library.

Cronkite, E. P., R. A. Conard and V. P. Bond [1997] "Historical Events Associated with Fallout from Bravo Shot: Operation Castle and 25 Y of Medical Findings," *Health Physics*, 73(1): 176–186.

DCEG (Division of Cancer Epidemiology and Genetics National Cancer Institute) [2004] *Estimation of the Baseline Number of Cancers among Marshallese and the Number of Cancers Attributable to Exposure to Fallout from Nuclear Weapons Testing Conducted in the Marshall Islands*, National Cancer Institute.

Dibblin, Jane [1990] *Day of Two Suns: U.S. Nuclear Testing and the Pacific Islanders*, New York: New Amsterdam Books.

Fehner, Terrence R. and F. G. Gosling [2000] *Origins of the Nevada Test Site*, U.S. Department of Energy, available at <http://www.dd.anl.gov/ddtraining/50yrsNTSHistory.pdf>.

Firth, Stewart [1987] *Nuclear Playground*, Honolulu: University of Hawaii Press.

Firth, Stewart and Karin von Strokirch [1997] "A nuclear Pacific," in Donald Denoon et al. eds., *The Cambridge History of the Pacific Islanders*, Cambridge: Cambridge University Press, 324–358.

Hacker, Barton C. [1994] *Elements of Controversy: The Atomic Energy Commission and Radiation Safety in Nuclear Weapons Testing 1947–1974*, Berkeley: University of California Press.

Hewlett, Richard G. and Oscar E. Anderson [1962] *The New World, 1939–1946*, University Park: Pennsylvania State University Press.

Hewlett, Richard G. and Francis Duncan [1969] *Atomic Shield, 1947–1952*, University Park: Pennsylvania State University Press.

Hewlett, Richard G. and Jack M. Holl [1989] *Atoms for Peace and War, 1953–1961: Eisenhower and the Atomic Energy Commission*, Berkeley: University of California Press.

Holden, Paul and Sarah Holden [2003] *Republic of the Marshall Islands, A Private Sector Assessment: Promoting Growth through Reform*, The Enterprise Research Institute under ADB.

Johnson, Giff [2013] *Don't Ever Whisper: Darlene Keju, Pacific Health Pioneer, Champion for*

*Nuclear Survivors*, CreateSpace Independent Publishing Platform.

Johnston, Barbara Rose and Holly M. Barker [2008] *Consequential Damages of Nuclear War: The Rongelap Report*, Walnut Creek, CA: Left Coast Press.

Keever, Beverly Ann Deepe [2004] *News Zero: The New York Times and the Bomb*, Monroe, ME: Common Courage Press.

Kiste, Robert C. [1970] *The Bikinians on Kill*, available at University of Hawaii, Manoa Hamilton Library.

——— [1974] *The Bikinians: A study in forced migration*, Menlo Park, California: Benjamin/Cummings Publishing.

——— [1985] "Identity and Relocation: The Bikini Case," *Pacific Viewpoint*, 26(1): 116–138.

Kuletz, Valerie L. [1998] *The Tainted Desert: Environmental and Social Ruin in the American West*, New York: Routledge.

LLNL (Lawrence Livermore National Laboratory) [2010] "LLNL reserch at Marshall Islands could lead to resettlement," News Release: For Immediate Release, February 11, 2010.

——— [2012] "Rongelap Atoll," in Marshall Islands Dose Assessment & Radioecology Program, available at <https://marshallislands.llnl.gov>, last modified: July 23, 2012.

Maddison, Abacca Anjain [2012] "Speech Transcription at Global Conference for Nuclear Free World Yokohama Conference Center," January 14–15, 2011.

Marshallese people ed. [1954] "Subject: Complaint regarding the explosion of lethal weapons within our home islands," Petition from the Marshallese People to the United Nations, April 20, 1954.

Marshall Islands. Committee on Political Education ed. [1983] *Compact of Free Association and Related Agreements between the Republic of the Marshall Islands and the United States of America*, Marshall Islands Journal.

Mason, Leonard [1948] *Rongerik Report*, available at University of Hawaii, Manoa Hamilton Library.

Matayoshi, James [2004] "Remarks of Rongelap Mayor James Matayoshi Bravo Day," March 1, 2004.

Micronesia Support Committee ed. [1981] *Marshall Islands, a chronology, 1944–1981*, available at University of Hawaii, Manoa Hamilton Library.

Morris, Greta N. [2004] "The 50th Anniversary of the Bravo Test Remarks by U.S. Ambassador Greta N. Morris," Majuro, Republic of the Marshall Islands, March 1, 2004.

Niedenthal, Jack [2001] *For the Good of Mankind: A History of the People of Bikini and their Islands*, 2nd Edition, Majuro: Bravo Publishers.

Palafox, Neal A., Johnston D. B., Katz A. R., Minami J. S. and Briand K. [1998] "Site Specific Cancer Incidence in the Republic of the Marshall Islands," *CANCER*, 83: 1821–1824.

Richard, Dorothy E. [1957] *United States naval administration of the Trust Territory of the Pacific Islands, Vol. III the trusteeship period, 1947–1951*, U.S. Office of Chief of Naval Operations.

RMI (Republic of the Marshall Islands) Office of Planning and Statistics ed. [1999] *1999 Census of Population and Housing Final Report*, Majuro: Marshall Islands.

RMI (Republic of the Marshall Islands) ed. [2000] "Petition: Presented to the Congress of the U.S.A. Regarding Changed Circumstances Arising from U.S. Nuclear Testing in the Marshall Islands."

Shurcliff, W. A. [1947] *Bombs at Bikini: The Official Report of Operation Crossroads*, New York: W. H. Wise, available at University of Hawaii, Manoa Hamilton Library.

Takahashi, Tatsuya, Klaus R. Trott, Keisei Fujimori et al. [2001] *Thyroid Disease in the Marshall Islands: Findings from 10 Years of Study*, Sendai: Tohoku University Press.

United Nations ed. [1954] *Year Book of the United Nations 1954*, Department of Public Information United Nations.

United States. Office of the Federal Register ed. [1947] *United States Statutes at Large*, Vol. 61, Part 3, United States of Government, Printing Office.

U.S. Department of State ed. [2004] *Report Evaluating the Request of the Government of the Republic of the Marshall Islands Presented to the Congress of the United States of America*, November 2004.

——— ed. [2013] *Voting Practices in the United Nations 2012: Report to Congress Submitted Pursuant to Public Laws 101–246 and 108–447*, April 2013.

Veterans of Foreign Wars of the United States. Kwajalein Post 10268 ed. [1981] *The Battles of Kwajalein and Roi-Namur*, available at University of Hawaii, Manoa Hamilton Library.

Weisgall, Jonathan M. [1994] *Operation Crossroads: The Atomic Tests at Bikini Atoll*, Annapolis: Naval Institute Press.

Wittner, Lawrence S. [2009] *Confronting the Bomb: A Short History of the World Nuclear Disarmament Movement*, Stanford: Stanford University Press.

### 新聞・テレビ・映画

#### [日本語]

朝日新聞［1971.12.15］「ビキニ被爆調査断念　原水禁調査団　米側に入域拒まれ」.

———［1972.2.18］「ミクロネシア代表　ビキニ・デー参加へ」.

———［1972.3.4］「ビキニ被災調査　日本人医師3人が参加　米原子力委が招く」.

———［1972.5.8］「AECの方法に不満——ミクロネシア住民の医学調査拒否」.

———［1972.8.11］「身にしみた原爆の恐怖　アンジャインさん滞日記」.

———［1973.8.6］「米のビキニ水爆実験『島民をモルモット扱い』」.

――――［1975.3.12］（夕刊）「同じ被爆国のよしみ『医学調査団を送って』」.
――――［1976.5.12］「ビキニ被爆　専門医の治療を受けたい　ミクロネシア2青年来日」.
――――［1976.8.4］「ビキニ被曝のカルテ入手　原水禁九州ブロック」.
――――［1976.8.5］「ビキニのカルテ」.
――――［1978.9.11］「核実験の島クリーン作戦　エニウェトク環礁を見る」.
――――［1980.9.5］「放射性廃棄物　海洋投棄は来秋　中川長官『理解深めて』」.
――――［1981.8.31］「核廃棄物で太平洋の心を知れ」（社説）.
――――［1994.11.3］「『日本の核ゴミ，わが無人島へ』汚染されたマーシャル諸島が誘致」.
――――［1998.1.6］「致死放射線量を推定　『広島・長崎』と比較　米のビキニ核実験」.
――――［1998.1.20］「人体実験消えぬ疑惑」.
――――［2003.11.16］「CIA，水爆実験偵察疑い第五福竜丸調査　証拠なし」.
――――［2004.12.20］「北極氷河から『死の灰』年代ごと，汚染の実態裏付け　京大計測」.
伊東英朗監督（南海放送）［2012］映画「放射線を浴びた『X年後』」.
伊東英朗撮影（南海放送）［2014.11.2］「放射線を浴びたX年後3　棄てられた被ばく者」NNNドキュメント.
NHK［2014.8.6］「水爆実験60年目の真実　ヒロシマが迫る“埋もれた被ばく”」NHKスペシャル.
FRI ニュース［1975.3.15］「アンジャインさん　核セミナーでアピール」フリー号連帯行動実行委員会発行，No.6.
――――［1975.4.10］「別れと出合いの初夜　3.25」フリー号連帯行動実行委員会発行，No.8.
共同通信［2011.6.15］「来年末にも希望者帰島　核実験で死の灰降った環礁」.
JAN JAN［2009.2.20］「大田昌秀・元沖縄県知事が自ら調べた沖縄戦の証言を聞く」.
中国新聞［2000.5.1］「原爆医療法　対象者拡大も論議」.
中国放送［1995.8.6］「補償なき半世紀　国の被爆者対策を問う」.
テレビ朝日［2008.5.31］「空から見た地球」.
東京新聞［2014.9.20］「延べ556隻，検査記録あった　ビキニ被ばく文書開示」.
――――［2014.10.21］「ビキニ被ばく資料『省庁越え公開を』市民団体求める」.
日本経済新聞［1980.4.8］「水爆にふるさとの島追われ　33年ぶり，やっと帰島」.
被団協新聞［2004.6］「被爆者・青年トークトーク　被爆者より」.
毎日新聞［1995.7.6］「廃棄物計画も浮上　核のごみ」.
森康行監督［1990］映画「ビキニの海は忘れない」.
読売新聞［1980.12.16］（夕刊）「原発推進を冒頭に　原子力白書『核燃料サイクル確立を』」.
――――［2011.9.9］「核実験の地　除染進む」.

［英語］
*ABC News* [2009.8.4] "Rocket Island" in Foreign Correspondent.
*Honolulu Star Bulletin* [1975.4.7] "Pacific Nuclear Ban Sought."
*Marianas Variety* [2005.1.10] "Bush Says No to Higher Marshalls Compensation."
*Micronitor* [1973.4.2] "ENANA PACE."
———[1973.4.16] "PACE, Eniwetok Hearing over."
———[1973.6.11] "PACE II CANCELLED."
*MIJ (The Marshall Islands Journal)* [1985.5.3] "Rongelap Radiation Danger Exaggerated?."
———[1995.2.24] "Forgotten Atoll Need Aid."
———[2000.9.29] "What about Ailuk?"
———[2001.4.13] "Ailuk Safe?"
———[2002.6.7] "Secret test exposed: Did Enewetak experiment cause deaths?"
———[2004.3.12] "Matayoshi's words capture people's mood."
———[2010.2.19] "Are N-isuues dead?"
———[2013.8.30] "Hatchery is big step for RMI."
*Pacific Daily News* [2011.11.3] "Senators Petition Congress for Inclusion in Radiation Exposure Compensation Act."
*Washington Post* [1969.9.16] "Two Islands in the Nuclear Age: A Time of Trial, A Recovery."
*Yokwe Online* [2009.6.29] "Missile Defense: Minuteman III Successfully Launched from Vandenberg to Kwajalein."

## 著者紹介

竹峰誠一郎（たけみね・せいいちろう）

1977年，兵庫県生まれ.
2012年，早稲田大学大学院アジア太平洋研究科博士後期課程修了.
博士（学術）.
現在，明星大学人文学部人間社会学科教員.

和光大学4年生の1998年からマーシャル諸島に通い続け，
現場にこだわった核被害の研究を進める.
2004年，グローバルヒバクシャ研究会を創設し，共同代表の一人.
「原爆の図」丸木美術館評議員，第五福竜丸平和協会専門委員などを務める.

主著：『核時代のマーシャル諸島――社会・文化・歴史，そしてヒバクシャ』
（共著，凱風社，2013年），
『隠されたヒバクシャ――検証＝裁きなきビキニ水爆被災』
（共著，凱風社，2005年）など.

## マーシャル諸島　終わりなき核被害を生きる

2015年3月10日　初版第1刷発行

著　者＝竹峰誠一郎

発行所＝株式会社 新 泉 社

東京都文京区本郷2−5−12
振替・00170 - 4 - 160936番　TEL 03(3815)1662　FAX 03(3815)1422
印刷・製本　萩原印刷

ISBN978-4-7877-1411-4　C1036